MORT ET VIE
DE MISHIMA

Henry Scott-Stokes

MORT ET VIE
DE MISHIMA

traduit de l'anglais
par Léo Dilé

BALLAND

Titre original :
The Life and Death of Yukio Mishima.

A Gilbert

La Beauté... Les choses belles...
sont maintenant mes ennemies mortelles.

Yukio Mishima, *Le Pavillon d'or*

Sommaire

IV

Les Quatre Fleuves
(1950-1970)

V

Post mortem

PROLOGUE

Impression personnelle

J'ai vu pour la première fois Yukio Mishima, dont le nom se prononce Mi-shi-ma, avec des voyelles brèves et des syllabes également accentuées, le 18 avril 1966, alors qu'il prononçait une allocution à l'issue d'un dîner au Club des correspondants étrangers à Tokyo. On parlait de lui comme d'un futur lauréat du prix Nobel de littérature, d'où son invitation au « club de la presse ». Il y vint accompagné de son épouse, Yoko. Après avoir pris un verre avec les membres de la direction, les Mishima s'assirent à la table d'honneur, à côté d'un journaliste de l'*Associated Press,* John Roderick, alors président du club. J'avais beau être placé à quelque distance de la table d'honneur, je pouvais constater que Mishima, pour un Japonais, avait un visage remarquablement mobile aux épais sourcils noirs, les cheveux coupés en brosse, et qu'il conversait couramment en anglais. Sa femme avait l'air modeste, effacé, mais elle était jolie, avec des lèvres un peu plus charnues que les autres Japonaises.

Dans sa présentation, ce soir-là, John Roderick retraça la carrière et l'œuvre de Yukio Mishima. Né Kimitake Hiraoka en 1925, il était le fils aîné d'une famille de la grande bourgeoisie de Tokyo ; après de brillantes études scolaires, il s'était vu décerner une récompense de l'Empereur pour avoir été reçu premier de sa classe aux Gakushuin (Ecole des pairs) en 1944. Appelé sous les drapeaux l'année suivante, il fut réformé, et ne servit pas dans l'armée impériale japonaise. Après la guerre, la publication de sa première œuvre majeure, *Confession d'un masque,* en 1949, le rendit célèbre ; à vingt-quatre ans, il fut salué comme un génie. Après quoi, ses romans importants furent *Le Tumulte des flots* (1954) et *Le Pavillon d'or* (1956), l'un et l'autre traduits et publiés en Amérique. Mais à ce que disait Roderick, Mishima était beaucoup plus qu'un simple romancier. Auteur dramatique, sportif et acteur de cinéma, il venait de terminer un film tiré de sa nouvelle intitulée *Patriotisme,* où il s'était mis lui-même en scène dans le rôle d'un lieutenant qui se fait hara-kiri. Homme aux talents nombreux et variés, Mishima était le « Léonard de Vinci du Japon moderne ».

Dans sa propre allocution, Mishima s'étendit sur ses expériences de guerre. Il décrivit le bombardement de Tokyo, en 1945 : « Le plus beau feu d'artifice que j'aie jamais vu. » Sa péroraison, qui succédait à une mention joviale de son épouse (« Yoko, déclarait-il, n'a pas la moindre imagination »), était la suivante, dans son anglais plein de force, quoique souvent incorrect :

> Mais parfois, parfois au cours d'une vie aussi paisible (Mishima venait d'évoquer son existence conjugale) — nous avons eu les deux enfants —, le vieux souvenir me revient pourtant à l'esprit.
>
> C'est le souvenir de pendant la guerre, et je me rappelle une scène qui s'est passée pendant la guerre, alors que je travaillais à l'usine d'avions.
>
> Pour amuser les étudiants qui travaillaient, on y a projeté un film tiré du roman de M. Yokomitsu. On était peut-être en mai 1945, tout à la fin de la guerre, et tous les étudiants — j'avais vingt ans — ne pouvaient pas croire que nous allions survivre à la guerre. Et je me rappelle une scène de ce film. Il y avait une rue, une scène de rue à Ginza, avant la guerre, un tas d'enseignes au néon, de magnifiques enseignes au néon ; ça brillait, et nous croyions que nous ne pourrions jamais voir tout ça dans notre vie. Mais, vous le savez, nous le *voyons* en réalité en ce moment même, dans la rue de Ginza, il y a là de plus en plus d'enseignes au néon. Mais quelquefois, quand le souvenir de pendant la guerre me revient à l'esprit, une certaine confusion se produit

dans mon esprit. Cette enseigne au néon sur l'écran pendant la guerre et la *véritable* enseigne au néon dans la rue de Ginza, je ne peux distinguer laquelle est illusion.

Cela pourrait bien être notre... mon thème fondamental et l'idée romantique fondamentale que je me fais de la littérature. C'est le souvenir de la mort... et le problème de l'illusion.

Mishima s'exprimait avec lenteur en articulant ses paroles. Sa prononciation lui était propre ; il disait « eurtiste » au lieu d' « artiste ». Ses fautes d'anglais ne paraissaient pas l'inquiéter ; à cet égard, il était remarquablement peu japonais.

Après le discours, les correspondants étrangers posèrent des questions. Je voulais savoir ce que Mishima, qui venait de parler si librement de la guerre, pensait de l'entrée du Japon dans la Seconde Guerre mondiale. Il déclara considérer que le tournant avait été l'affaire Ni Ni Roku du 26 février 1936, le plus spectaculaire des nombreux coups d'Etat qui eurent lieu au Japon dans les années 1930. Un autre journaliste, Sam Jameson (*Chicago Tribune*), interrogea Mishima sur l'origine de la pratique japonaise du seppuku, comme les Japonais appellent le hara-kiri : l'expression « hara-kiri » n'est presque jamais employée au Japon. Mishima répondit (j'ai quelque peu corrigé son anglais) :

Un jour, Mr. Basil Wright, le cinéaste anglais, m'a posé cette question, et je lui ai répondu par lettre : « Je ne puis croire à la sincérité occidentale parce qu'elle est invisible ; mais à l'époque féodale, nous croyions que la sincérité résidait dans nos entrailles ; et s'il nous fallait montrer notre sincérité nous devions nous trancher le ventre pour en sortir notre sincérité *visible*. C'était aussi le symbole de la volonté du soldat, le samouraï ; tout le monde savait que c'était le moyen le plus douloureux de mourir. Et si l'on préférait mourir de la façon la plus atroce, c'est qu'elle prouvait le courage du samouraï. Ce mode de suicide était une invention japonaise, que les étrangers ne pouvaient imiter ! »

De gros rires de l'auditoire ponctuaient les propos de Mishima. Il fit chorus avec un heuh-heuh-heuh bizarrement rauque.

Un an plus tard, envoyé de nouveau à Tokyo comme chef du bureau du *Times* de Londres, j'en vins à bien connaître Mishima, à la suite d'une première rencontre que je sollicitai moi-même au début de 1968. J'ai reconstitué une image de notre amitié à partir de journaux et de notes prises entre 1968 et 1970, les trois dernières années de sa vie.

Mars 1968. Rencontré Yukio Mishima pour la première fois cette semaine. Nous avions rendez-vous à l'hôtel Okura. J'ai confondu le lieu de rencontre. Il attendait au Bar du Chêne ; j'étais en bas, au Bar des Orchidées. Au bout d'une demi-heure, le garçon m'a apporté un message : « M. Mishima vous attend au Bar du Chêne. » J'y suis monté, et l'ai repéré tout de suite, assis dans un fauteuil, face à l'entrée. Première impression : irrité qu'on l'ait fait attendre ; pourtant, il s'est aussitôt levé d'un bond et avancé pour me serrer la main, avec un large sourire. Mishima ne m'arrivait qu'à l'épaule ; il doit avoir une quinzaine de centimètres de moins que moi. Les cheveux coupés très court. Un homme charmant, captivant. Fort peu japonais ; parle anglais couramment ; occidental dans ses gestes et sa façon de s'exprimer ; drôle de rire du fond de la gorge, très rauque... interminable « heuh-heuh-heuh » ; un rire gênant. Adore attirer l'attention ; très conscient des regards d'autrui (les barmen le connaissaient bien ; les autres clients l'avaient remarqué). Portait costume, chemise et cravate, à l'occidentale. Très cérémonieux dans un sens ; ne parlait pas de soi. Intrigué par la politique japonaise et les problèmes de défense internationale ; mal informé. Au bout d'un moment, nous sommes allés dans ma chambre (à l'Okura), et nous avons bu la majeure partie d'une bouteille d'eau-de-vie. L'alcool lui assombrissait et lui rougissait le teint, ce qui du moins est japonais. A fumé avec un vif plaisir un gros cigare. Donnait une impression d'énergie titanesque. Il a refusé l'eau-de-vie après onze heures (a l'habitude de travailler la nuit) et est rentré chez lui ; il a promis de garder le contact. Peut-on être moins japonais ? Très direct, il vous regarde droit dans les yeux. Il paraît plein de confiance en soi, et satisfait de son existence.

Mai 1968. Invité par Mishima chez lui pour dîner. Autres convives : Takeshi Muramatsu, critique littéraire et spécialiste de littérature française (il me rappelait un peu le genre *Action française* ; même mélange d'idées de droite et d'intelligence que l'on rencontrait à *L'Action française* dans les années 1930), et une importante personnalité des Jieitai (les Forces armées, le plus souvent appelées Forces d'autodéfense). Surpris du luxe dans lequel vit Mishima. Demeure moderne à trois étages, située bien en retrait de la route, dans une paisible banlieue de Tokyo — au sud-ouest de la ville ; un jardin fort vaste pour une maison japonaise ; dedans, un énorme Apollon sur un piédestal, entouré d'un genre de mosaïque (ne l'ai pas bien regardée). Le tout reluisant de propreté, et peint de frais ; surtout noir et blanc. Maison très solide aux murs solides, peints en blanc. Femme de chambre à la porte, en bonnet et tablier ! Introduit dans une pièce du bas, pleine de meubles, aux rideaux épais, puis en haut d'un escalier raide, d'un côté de la salle de réception, dans une petite alcôve où l'on nous sert des boissons et des amuse-gueule ; Mishima se dresse au-dessus d'une grande table roulante où sont les boissons. Conversation agressive : au Japon, jamais été soumis à pareil tir de barrage. Mishima donne le signal : « Pourquoi vous intéressez-vous à nous autres, gens de droite ? » Accompagne cela d'un rire monstrueux qui ne me laisse aucune chance de répondre. Muramatsu caustique et malin : rarement rencontré intelligence plus pénétrante ; mal à l'aise avec lui physiquement : un être nerveux aux gros sourcils. Dîner servi à table en bas par Yoko, qui ne s'assied avec nous ni ne nous adresse la parole. Mishima la traite en servante, à la mode japonaise. Après dîner, eau-de-vie et cigares. Ne connais pas d'autre intellectuel japonais qui reçoive ainsi à l'occidentale. Pas sûr de pouvoir prendre au sérieux ces « idées de droite » qu'avoue Mishima. Plus une plaisanterie qu'autre chose ? Toutefois, une énorme tension dans la pièce autour de lui ; sentiment d'être sous pression.

26 juillet 1968. N'avais pas vu beaucoup Mishima cet été ; mais reçu lettre hier. Propose que je descende le voir à Shimoda pendant les vacances d'été ; dit passer toujours ses vacances à l'hôtel Shimoda Tokyo avec sa famille (femme, deux enfants). Etrange lettre. Mishima écrit que Rintaro Hinuma (critique et ami à lui) vient de mourir ; Hinuma, dit-il, lui a souvent déclaré que le suicide serait l'unique solution à sa carrière littéraire (celle de Mishima). Depuis la mort de Hinuma, ajoute-t-il, cette remarque au sujet du suicide a pris l'aspect d'un commentaire sérieux. Cette lettre me trouble ; ne sais ce qu'il veut. Ne suis pas disposé à entrer dans un scénario de suicide avec Mishima que je connais à peine ; n'irai pas à Shimoda, et ne répondrai pas à la lettre. Ne puis pas ne pas déceler dans cette curieuse lettre à un presque inconnu de l'apitoiement sur soi-même ; un peu dégoûté.

25 septembre 1968. Mishima a fait paraître dans *Chuo Koron* (la principale revue intellectuelle) un étrange article où il affirme que l'Empereur devrait de nouveau présenter le drapeau. Ne peux le suivre dans cet article intitulé *Bunkaboeiron* (*De la Défense de la culture*). Ai écrit un papier pour le *Times,* où je critique cet essai. Ne comprends pas pourquoi un écrivain devrait se mêler ainsi de politique. Le plus énigmatique de cet essai, c'est qu'il n'existe aucun lien entre le corps du texte et sa conclusion pratique (que l'Empereur devrait présenter le drapeau comme il faisait avant la guerre) ; un article bizarrement vaseux pour un auteur aussi connu ; arguments faibles. Ai rendu compte des idées politiques d'autres écrivains de premier plan (Abé, Oe), opposant les attitudes de droite de Mishima aux idées de gauche de presque tous les autres auteurs japonais.

29 octobre 1968. Le prix Nobel est allé à Kawabata. Mishima s'est précipité à Kamakura pour être le premier à féliciter Kawabata. Une photographie parue dans la presse les montre tous deux ensemble ; Mishima fait son grand sourire, et Kawabata, comme d'habitude, a l'air intimidé ; front énorme et regard mélancolique. Mes amis japonais ont l'impression que Mishima est jaloux de Kawabata ; la presse et les interviews ont si fréquemment cité Mishima comme futur lauréat du Nobel, premier Japonais à remporter le Nobel, etc. Je soupçonne que ce n'est pas aussi simple. Mishima pas *seulement* jaloux. Un homme complexe.

Novembre 1968. N'ai pas vu Mishima, mais il semble avoir fondé un genre d' « armée personnelle ». Le *Mainichi du dimanche* (hebdomadaire amical envers Mishima) publie un compte rendu là-dessus. En vérité, je n'arrive pas à le croire. Qu'a-t-il besoin d'une armée personnelle ? Ça paraît fou. Est-ce une réaction quelconque au fait qu'il n'ait pas eu le Nobel ? Je ne crois pas : la chronologie ne concorde pas. Il semble avoir créé sa petite armée, appelée la Tatenokai (Société du bouclier), avant la nouvelle du Nobel. Dois l'appeler pour savoir ce qu'il peut bien trafiquer. Pourrait faire un bon papier pour le *Times*. « Un écrivain célèbre fonde une milice privée », etc. Mais ça paraît trop bête.

Décembre 1968. Rencontré Mishima, après lui avoir téléphoné la semaine dernière. Il déclare qu'il est vrai qu'il a une « milice privée ». Il a continué à jacasser sur la nécessité d'une milice civile et de « rétablir le sabre » au Japon ; a parlé du *Chrysanthème et le Sabre,* de Ruth Benedict, disant que cela insistait trop sur le premier (les arts) et pas assez sur le second (la défense). N'arrive pas à comprendre où Mishima voulait en venir. Tout ce jeu de la milice privée me paraît stupéfiant et bête. Aussi très drôle, si Mishima dit vrai. Il traitait toute l'affaire en plaisanterie. Disait que les uniformes étaient fantastiques, et riait aux éclats. Assurait qu'ils avaient été dessinés par l'unique tailleur japonais (Tsukumo Igarashii) qui eût fait un uniforme pour de Gaulle. Difficile de savoir ce que signifient ces clowneries de Mishima. Homme extraordinairement séduisant : l'on ne saurait moins se soucier du qu'en-dira-t-on.

Février 1969. Mishima téléphone pour demander si je veux voir la Tatenokai en action, quelque chose comme des manœuvres nocturnes sur le Fuji-Yama. Incapable de résister. Paraît trop beau pour être vrai. Un peu fatigant d'aller courir ainsi la nuit, mais il ne se passe rien d'autre au Japon pour le moment. Semble que la gauche estudiantine (la *Zengakuren*) soit en train de céder devant la police. Les émeutes se font de plus en plus molles ; et la police par là-dessus, avec des gaz lacrymogènes. Sommes-nous en train d'assister à une résurrection de la droite, par suite des excès de la gauche ? Ou bien Mishima fait-il uniquement le pitre ? Si oui, c'est un pitre séduisant. Lui ai dit que j'irais sur le Fuji-Yama passer en revue ses troupes ; il a éclaté de rire. Heuh-heuh-heuh. Interminablement. D'autres amis japonais considèrent la Tatenokai comme une blague. Je n'en suis pas sûr à cent pour cent.

Février 1969. Invité à une séance de karaté de Mishima. Déjà promis d'y aller auparavant, et renoncé au dernier moment (il était venu au bureau du *Times* me demander où j'étais passé).

Pas ma première expérience de karaté mais la première avec Mishima. Je n'étais pas très en forme, et n'ai pu me tirer de tous les exercices assez faciles que nous avons faits. Ça ne me disait pas non plus grand-chose de me prosterner devant un autel shintoïste, fût-ce pour la forme. Intéressant de voir Mishima lui-même en train de faire du karaté. Il consacrait un effort stupéfiant à ses exercices ; pliait, craquait, gémissait. Mais en réalité, il était un peu raide ; ne crois pas qu'il devienne jamais très fort au karaté, auquel il ne s'est mis que depuis deux ans. A son âge, il n'est plus assez souple, voilà tout. Je l'ai vu affronter des hommes plus jeunes, et cela sautait aux yeux. Tout à côté de nous, au gymnase, deux petits garçons faisaient des exercices, des victimes de la thalidomide, sans bras, les mains sur les épaules ; des mères tristes les accompagnaient. Mes yeux faisaient la navette entre ces enfants et Mishima. Atmosphère étrange. Pauvres mères. Ne pense pas que je referai du karaté. En tout cas, pas dans l'immédiat.

16 mars 1969. Rentré du Fuji-Yama à la fin de la semaine dernière. N'arrive pas à comprendre la Tatenokai. Nous avons défilé sur les pentes du Fuji-Yama comme une bande d'imbéciles. Du moins faisait-il un temps délicieux (il a fallu renoncer aux manœuvres de nuit à cause de l'épaisseur de neige). Neige crémeuse. Grande envie de skier ou de faire l'ascension de la haute montagne. Nous avons marché des heures dans la neige. La Tatenokai n'a pas d'habileté militaire et très peu d'entraînement. Ecrit papier pour le *Times,* mais la farce de la « milice privée » m'ennuie un peu. Ne vois pas où ça mène. Uniformes fantastiques, goût kitsch de Mishima, c'est à peu près tout. Couleur, un genre de jaune brunâtre ; des rangées de boutons de cuivre, qui descendent sur le devant, font une taille de guêpe aux jeunes hommes de Mishima. S'agit-il d'un club homosexuel ? Aucune preuve de cela. Dans l'exercice de la Tatenokai, je ne vois vraiment rien de plus que les uniformes. Rencontré Morita, apprenti chef de la « milice privée » ; un terne garçon d'environ vingt-trois ans ; semble dévoué à Mishima qu'il paraît confondre avec l'Empereur. A quoi tout ça rime-t-il, pour l'amour du Ciel ? En regagnant Tokyo avec moi en voiture de louage, Mishima s'est endormi. Enfin, une preuve qu'il s'agit d'un être humain qui a besoin de sommeil ainsi que nous autres.

Très fatigué par l'exercice. Ai fait prendre une photo que je garderai en souvenir. Quelqu'un du Camp Fuji me l'a fait parvenir ; on m'y voit, une fluxion à la joue, assis dans la neige, en train de déjeuner avec Mishima (j'essaie de digérer un plat effrayant appelé *sekihan,* riz collant et haricots rouges). L'image montre un Mishima un peu criminel, presque patibulaire ; il lui arrive en effet d'avoir cet air-là. Au camp, m'a dit que maintenant ses livres se vendent comme des petits pains. D'après lui, *Neige de printemps* s'est déjà vendu à deux cent mille exemplaires au cours des deux premiers mois. Je me demande ce que sera son roman. La tétralogie complète, veux-je dire. Ça paraît lui demander beaucoup de travail. Mais que signifiait cette lettre de l'an dernier ? N'ai jamais posé la question à Mishima. En un sens, je ne veux rien savoir de ses problèmes personnels, cette affaire de suicide, etc. C'est son affaire et non la mienne.

Avril 1969. Philip Whitehead m'a téléphoné de Londres — il est maintenant un important réalisateur à la Thames TV. Après lecture de mon article sur la Tatenokai dans le *Times,* veut envoyer une équipe afin de filmer Mishima. Nous avons eu quelques éclats de rire au téléphone. Il envoie un reporter appelé Peter Taylor.

Avril 1969. Monté au Fuji-Yama pour présenter Taylor à Mishima. Mais il n'a pas voulu nous laisser voir la Tatenokai à l'entraînement. Il semble que mon article ait fait l'effet d'un pavé dans la mare aux Jieitai ; il a été question de limoger un général pour négligence. Le problème, à ce qu'il semble, c'est que le *Times* ait employé le mot « droite » pour décrire la Tatenokai dans un titre. En réalité, j'utilisais le même terme dans mon article ; mais en fait, c'est le titre qui a provoqué l'incident. C'est la première fois que les Jieitai se voient attaquer pour avoir entraîné la Tatenokai. Mais c'est bien fait ! Les Jieitai sont un peu sottes. A moins que la Tatenokai ne soit qu'une farce de Mishima ?

Ce dernier a accepté de nous rencontrer au retour à Tokyo pour montrer le film *Patriotisme* à Taylor et aux autres membres de l'équipe de TV ; il nous offrira aussi à dîner. Une occasion de revoir cette étrange maison et son bric-à-brac victorien.

Avril 1969. Passé la soirée d'hier chez Mishima, avec Taylor.

Nous y sommes restés jusqu'à minuit, à boire de l'eau-de-vie et fumer de gros cigares. Pareil au plus généreux des grands manitous, Mishima offrait les cigares à la ronde. Il y a eu une étrange scène en haut, après le dîner (servi par Yoko, qui ne s'est pas assise avec nous — curieuse combinaison chez Mishima d'Occidental et de Japonais ; du moins aurait-il pu autoriser sa femme à nous adresser la parole !). Sommes montés ; Mishima a sorti son eau-de-vie et nous a demandé s'il nous plairait de voir ses sabres. Sur notre réponse affirmative, il est descendu et remonté avec un ballot d'armes enveloppées dans des linges ; il avait une douzaine de couteaux, sabres et ainsi de suite. Mishima tout excité au sujet de ses lames ; mais, dans ma complète ignorance du pedigree des sabres, je ne pouvais guère répondre à son enthousiasme. Tous les sabres étaient affilés et ornés de jolis motifs ; des motifs très subtils. Mishima a fini par demander à Taylor s'il souhaitait savoir comment s'exécutait le hara-kiri classique ; m'a fait agenouiller par terre et feindre de m'ouvrir le ventre. Pendant ce temps, il me visait le col avec son sabre. Semblait vouloir me décapiter ! Il riait de son rire rauque ; je me suis remis debout avec des fourmis dans la nuque ; j'ai vu Mishima, riant toujours à gorge déployée, tenant dans ses mains trois pieds d'acier tranchant comme un rasoir. Un long sabre à poignée pour les deux mains ; magnifiques incrustations noir et blanc, en forme de diamant. Une arme ancienne, xviie siècle, je crois. Et beaucoup trop tranchante.

Avril 1969. Quelle passion pour les sabres a Mishima ! Hier, il nous a envoyés dans une salle de Shinjuku, où il avait organisé une projection de *Patriotisme.* Je n'ai pu regarder l'écran d'un bout à l'autre de ce film. Il est court, une vingtaine de minutes seulement. Et il comporte une interminable scène de hara-kiri, interprétée par Mishima, également réalisateur du film. Je ne l'ai pas regardé s'ouvrir le ventre. J'ai fermé les yeux de toutes mes forces, en attendant la fin du film. Bande-son : la marche funèbre du *Crépuscule des dieux,* de Wagner. Goût détestable ! Les autres paraissaient capables de regarder le film ; pas moi. Et d'où lui est venue l'idée d'utiliser du Wagner ? Je parie qu'il n'a pas acquitté les droits. Je suppose que le sang du film provenait d'entrailles de mouton, ou quelque chose de ce genre. Beaucoup de sang, me dit-on.

Arnold (le réalisateur de télévision venu d'Angleterre) et les autres ont filmé Mishima sur le toit d'un édifice d'Ichigaya, la Salle Ichigaya, lieu que Mishima utilise pour la Tatenokai. C'est à côté d'un vaste camp de Jieitai situé sur une colline. Tous les membres de la Tatenokai paradaient sur le toit, Mishima avec eux. J'espère que la Thames TV tourne un bon film, mais ne suis pas certain que Mishima soit bien représentatif du Japon ! Voici une équipe de télévision qui a fait en avion la moitié du tour du monde, en première classe, bien entendu (il devrait y avoir un syndicat pour nous aussi !), et pas un seul Japonais n'accorde à la Tatenokai la moindre attention. La vérité sur la question doit se trouver entre les deux extrêmes : la « milice privée » n'est pas aussi abominable que le croient les Britanniques, mais a beaucoup plus d'intérêt que les Japonais eux-mêmes ne l'imaginent. Juste milieu à la Scott-Stokes.

3 juillet 1969. Invité par Mishima à la première de *Hitogiri,* film de samouraïs plein de sang et d'entrailles. Le film commence par un duel entre samouraïs, où le plus âgé est victime d'une jeune lame ; le plus vieux samouraï a une entaille de sabre à l'épaule, et le sang se met à lui jaillir du cou au rythme des pulsations cardiaques ; il n'en continue pas moins à se battre ; enfin, le sabre ennemi le décapite presque ; seulement alors, il se tient tranquille. Tout l'écran éclaboussé de sang. Une mort lente. Mishima lui-même jouait le rôle d'un samouraï nommé Shinbei Tanaka, célèbre homme d'épée du XIXᵉ siècle qui s'est fait hara-kiri dans la maison d'un ancêtre de Mishima (Naonobu Nagai, un dignitaire féodal), précisément. « Ça a plongé mon ancêtre dans un grand embarras », me dit Mishima. Je le crois sans peine. Intéressant de voir Mishima dans un long métrage (de Daiei). Il n'est pas du tout mauvais acteur. Il a pourtant raté une scène. A un certain moment, Shintaro Katsu (célèbre acteur du genre Anthony Quinn) pleure et sanglote sur l'épaule de son ami Tanaka ; c'est-à-dire sur l'épaule de Mishima. Katsu transpire à grosses gouttes et sanglote tout son soûl. Mishima se détourne, pris de fou rire. Je suppose que l'on n'a pas eu le temps de refaire la scène, ou que Mishima a refusé. « Vous n'étiez pas fameux dans cette scène avec Katsu », ai-je dit ensuite à Mishima. Il s'est contenté de rire à nouveau. Je n'ai pas regardé sa propre scène de hara-kiri.

Je ne pouvais m'y résoudre. La scène de crucifixion, à la fin du film, n'était pas fameuse non plus. Que de sang !

Juillet 1969. J'ai convenu avec Mishima qu'il écrirait un article pour un supplément spécial du *Times*. L'idée est de moi. Veux le forcer un peu à dire le fond de sa pensée. Il basera son article, en partie, sur les conversations que nous avons eues ensemble au sujet des problèmes de défense. Ne l'ai pas vu depuis quelques semaines ; parlé au téléphone. Vais à Shimoda chercher l'article ; en profiterai pour passer deux jours à la plage — presque mes seules vacances, par cet été brûlant. Qu'il fait chaud et poisseux à Tokyo ! Cette fois, rencontrerai la famille Mishima, non point seulement Yukio.

15 août 1969. Rentré de Shimoda. J'ai nagé dans la piscine de l'hôtel avec les Mishima. Taquiné Mishima sur sa « virilité », sa musculation, etc. Il est petit, mais mince, et il a les muscles des épaules et des jambes bien développés. Répondu qu'il n'aimait pas les hommes gros ; que les hommes gros sont paresseux dans le domaine spirituel, etc. A la piscine, je me suis approché de lui, lui ai fait mettre les bras sur mes épaules en disant : « Tâtez et voyez, je n'ai pas du tout de muscles ! » Il a obéi puis s'est détourné, comme gêné. Intimidé. N'aime ni toucher autrui, ni être touché.

A l'hôtel, lui et Yoko faisaient chambre à part. Yukio avait une petite chambre où il dormait et travaillait la nuit. En vacances, ce fou continue à travailler la nuit. Sa chambre est minuscule. Nous nous y sommes mis en costume de bain en parlant d'A. E. Van Vogt. Nous l'aimons bien tous deux. « Ah ! c'est mon auteur de science-fiction préféré », dit-il.

J'ai pris le manuscrit de Mishima. Les caractères japonais sont si nettement tracés que j'étais capable d'en déchiffrer quelques-uns tout seul. Il a l'écriture la plus étonnante qui soit. Si claire et droite, aisée à lire pour un étranger. Je me demande si aucun autre Japonais écrit comme ça : clair, droit, simple. Mes autres amis utilisent tous un genre de sténographie. Les caractères de Mishima s'avancent au pas. L'article lui-même n'est pas trop intéressant. Mishima semble tout ignorer de la politique japonaise ; et je ne m'intéresse pas à l'affaire Shinpu-ren (un événement de l'époque Meiji ; en 1877, une troupe de samouraïs qui rejetaient l'attitude occidentale du gouvernement

24

attaqua un camp militaire ; ils furent tués pour la plupart, et les survivants se firent hara-kiri), aux samouraïs, etc. Après tout, les samouraïs ont disparu du Japon voilà près d'un siècle ; ils ont disparu avec le système féodal. Mishima semble partager l'illusion occidentale que le Japon demeure une nation de samouraïs ; certes, l'esprit samouraï subsiste — mais non les formes (toupet de cheveux, paire de sabres, kimono, etc.). Pas étonnant que Mishima s'entende bien avec les étrangers ! En lui, ils trouvent un Japonais qui *est* un samouraï. Cela fait partie de l'attrait de Mishima.

Un soir, nous sommes allés dîner ensemble à Shimoda. Langoustes. Un merveilleux petit endroit sur la mer. Nous y sommes allés en taxi, et avons eu une petite salle perchée au-dessus des vagues. La côte avait l'air plus japonaise que nature : pins dressés à des angles bizarres ; lames furieuses et ligne côtière brutale ; le soleil se couchait lentement à l'ouest en frappant l'écume de ses rayons obliques, etc. Me suis véritablement soûlé au saké, ce qui n'est pas commode, en regardant les *funemushi* (insectes pareils à des bateaux de guerre) sur le balcon, à nos pieds. Dégoûtantes créatures. Etrange combinaison : la vue renversante et ces horribles insectes, rampant autour de nos chevilles.

Mangé une paire de langoustes crues, ruantes, en évidant l'intérieur avec des baguettes : délicieux. Beaucoup de riz. Mishima et moi sommes rentrés en taxi. Que de peine il se donne pour ses invités ! Plein de malice, m'a taquiné sur mon séjour au Kurofune (« kurofune » veut dire « navire noir » ; l'hôtel doit son nom aux « navires noirs » de l'amiral Perry, de la flotte américaine, qui apparurent au large de Tokyo en 1853, et constituèrent le premier signe indéniable que le Japon devrait ouvrir ses portes à l'Occident après des siècles de total isolement). Nous n'avons point parlé de la littérature de Mishima. Je ne sais qu'en dire. Probablement ma faute, mais je n'aime pas beaucoup *Le Pavillon d'or*. N'apprécie plus que la *Confession d'un masque*. Interrogé Mishima sur Sonoko (personnage féminin du livre, avec qui le protagoniste — Mishima dans la vie réelle — se trouve lié) ; il m'a répondu avoir eu « une liaison avec elle ensuite » (dans le livre, ils ne couchent pas ensemble). Il révélait cela comme un peu agréable souvenir.

Pourquoi m'a-t-il fait pareille confidence? Semblait s'être programmé pour avoir cette liaison. Je me demande qui est au juste cette Sonoko.

Hagiwara (un ami historien) dit que beaucoup de Japonais croient Mishima homosexuel. M'a demandé si j'étais de cet avis. Répondu que je n'en savais rien. N'en avons jamais parlé.

Septembre 1969. Parlé avec Mishima d'un livre en collaboration sur Byron. Il voulait connaître mon opinion sur la poésie de Byron. J'ai sauvé la face, mais en réalité je ne sais pas grand-chose de Byron; et je n'aime pas ce que j'en sais. Demandé à Mishima des photographies pour accompagner son article du *Times.*

Septembre 1969. Reçu de Mishima un incroyable paquet de photos. L'une, merveilleuse, de lui en costume occidental, debout derrière un acteur de nô — ce dernier en kimono, portant le masque utilisé dans la pièce *Hagoromo.* J'adore cette photographie, car elle montre Mishima sans le célèbre masque : il a l'air enfantin, silencieux, triste. Je suppose qu'il est véritablement comme cela, et que c'est la raison de son grand charme; peut-être qu'il fait le bouffon tout en sachant que les autres ne sont pas dupes; puisqu'il ne s'agit en effet que de bouffonnerie. Principal échantillon de ses clowneries : un autre portrait qu'il m'envoie le montre nu jusqu'à la ceinture, bombant des pectoraux insensés, emperlé de sueur, tenant un sabre, le long sabre que j'ai vu chez lui. L'expression de son visage est pathologique : les sourcils froncés, les yeux hors de la tête. M'a tout gâché mon petit déjeuner, et renforcé ma résolution de ne pas voir Mishima de quelque temps. Ne peux supporter que ce genre de truc atterrisse sur la table de mon petit déjeuner. Sur la photo, Mishima porte un *hachimaki* (serre-tête) sur lequel est inscrit un mot d'ordre de samouraï médiéval : *Shichisho Hokoku* (« Sers la Nation durant sept existences »). Grâce au Ciel, ce n'est pas le véritable Mishima. Vraiment ?

3 novembre 1969. Je rentre de la parade du premier anniversaire de la Tatenokai. Toutes sortes d'invités importants à la parade, organisée sur le toit du Théâtre national, juste en face du palais, de l'autre côté du fossé. Pas beau temps. Une petite pluie fine, presque sans arrêt. Tokyo gris. Parmi les invités,

Kazuko Aso (fille du plus connu des Premiers ministres d'après-guerre, Shigeru Yoshida) et le jeune Konoe (petit-fils adoptif du Premier ministre du temps de guerre) ; aussi des actrices — m'a plu particulièrement Mitsuko Baisho, une fille costaude ; devraient être plus nombreuses. La parade était fort embarrassante ; les élèves défilaient de long en large, dans leurs stupides uniformes, tandis que Mishima se tenait à une extrémité. Me sentais gêné pour lui. Je priais sans arrêt pour que les élèves ne ratent pas leur défilé, ne tombent pas du toit, ou quelque chose de ce genre ; je ne voulais qu'une chose : que cette parade prît fin. (Qu'est-ce que ça pouvait bien me faire ?)

La parade s'est achevée sur le salut à l'Empereur, par-dessus le fossé, des élèves de la Tatenokai ; un général en retraite des Jieitai a passé les « troupes » en revue ; Mitsuko Baisho et Eiko Muramatsu (une autre actrice) ont offert à Mishima des bouquets de fleurs. Me demande ce que l'Empereur pense de la Tatenokai et de son salut. A coup sûr, pas informé officiellement ; mais on doit être au courant de ce cirque, quelque part dans la Kunaicho (cour impériale). Nul doute qu'elle ne soit elle aussi gênée, à sa façon différente. Durant toute la parade, Mishima était plutôt contraint, exceptionnellement taciturne. Peu surprenant. Ensuite, il a prononcé un discours, sur *Le Chrysanthème et le Sabre* de nouveau : sa ligne habituelle. Chacun grignotait des sandwiches ou du *sushi* (poisson cru et riz), et buvait du thé en regardant ses pieds tandis que Mishima parlait. Ce n'est pas pour rien que ces activités avaient pour décor l'intérieur (et le sommet) d'un théâtre.

Novembre 1969. Invité par Mishima à sa pièce kabuki *Chinsetsu Yumiharizuki* (titre absolument intraduisible) au Théâtre national. Emmené Akiko (une amie). Pièce aussi longue que son titre. Pièce monumentale, avec une mise en scène monumentale. Un bateau paraît sur le théâtre, et se fend en deux sur un gros rocher ; également, un cheval blanc sur scène à un certain moment — un vrai cheval ; et il y avait une scène de hara-kiri, avec un enfant de sept ans qui s'éventre. Mélo kabuki typique, seulement plus mélo que nature ; plus sanglant. Une scène très Mishima. Neige ; les montagnes ; le pavillon d'une princesse belle comme le jour (en kimono, bien entendu). Un ennemi de la princesse débarque par hasard dans le pavillon, et est dûment fait prisonnier ; elle torture l'homme à mort au moyen d'alènes avec lesquelles ses servantes percent des trous minuscules dans le corps de leur captif, qui roule dans la neige en répandant du sang partout. Seul, Mishima, lequel a écrit et mis en scène la pièce, pouvait imaginer pareil épisode. Pourtant, le spectacle a un aspect curieusement amateur : nombreux accrocs techniques ; en coulisse, de lourds objets dégringolent ; les acteurs ne savent où se mettre. Digne d'un patronage. Mishima fait-il trop de choses, maintenant ?

Janvier 1970. Yukio venu dîner. Il est allé en Corée, et me presse de m'y rendre aussi pour jeter un coup d'œil aux exercices anti-guérilla de la côte orientale. Il était là-bas avec Ivan Morris (lettré britannique, ami de Mishima). Aurais bien voulu les accompagner. Ont sûrement passé de merveilleux moments. Me demande ce que les Coréens ont pensé de Mishima. Maintenant, les Japonais retournent vraiment là-bas en foule — surtout les hommes d'affaires. Dois tâcher d'organiser un autre voyage en Corée, de préférence avec Mishima : pour voir comment les Coréens traitent un Japonais de droite. Au dîner, nous avons parlé des étudiants de gauche, mais le sujet n'a pas tardé à s'épuiser. Aucun de nous deux ne s'intéresse beaucoup non plus à l'Exposition universelle (qui s'est ouverte en mars à Osaka). Joué de la musique rock au gramophone, dont *Badge* et *White Room* de Cream (morceaux de rock). Mishima ne s'y intéresse pas ; il n'est pas musicien, ou n'aime pas le rock. Trop de monde au dîner. Mishima vaut mieux en tout petit comité, ou seul. Il n'aime pas les grandes machines ; moi non plus.

Février 1970. Rude contretemps avec Mishima. L'autre matin, deux Japonais en costume sombre se présentent à ma porte. Les entends frapper, et sors. Deux petits bonshommes en complet-veston chantent en chœur : « Nous appartenons à la banque D... Nous représentons Yukio Mishima. » Sachant de quoi il retournait, j'aurais pu les tuer tous deux sur-le-champ ; j'avais intercepté un envoi de fonds à Mishima de la part d'un journal de Londres ; c'était destiné à régler une contribution qu'il avait faite à un supplément spécial sur le Japon, publié par ce journal. J'avais demandé l'article à Mishima, et Londres l'avait carrément refusé.

Je n'avais pas eu le courage d'annoncer à Mishima que mon pays n'avait pas approuvé son texte. Un tel rejet de ses écrits doit constituer un cas très rare, et je me suis demandé si ma traduction en était la cause. Quoi qu'il en soit, les deux banquiers venaient manifestement chercher l'argent ; il est à présumer qu'ils avaient téléphoné à Mishima pour lui demander ses instructions, et qu'il leur avait dit d'aller chercher l'argent tout de suite (il est fort précis quant aux questions d'argent). Fait entrer les banquiers et, m'étant fait confirmer la nature de leur mission, les ai priés de vider les lieux sans autre forme de procès ; je n'y suis pas allé par quatre chemins. « Nous représentons Yukio Mishima » ; voyez-vous ça ! Ils étaient si pénétrés de leur importance ! Il fallait voir leur figure, tandis que je les mettais à la porte : n'en revenaient pas ; probablement la première fois de leur vie qu'on les mettait à la porte. « Nous représentons Yukio Mishima ! » Ils s'étaient pris pour des messagers de l'Empereur. Pourtant, ai aussitôt envoyé l'argent à Mishima. Nous étions à égalité : match nul.

5 août 1970. Peu vu Mishima cette année, mais réinvité à Shimoda. Donald Keene (lettré américain, ami de Mishima) y va en même temps. Yukio voulait nous y voir tous deux simultanément ; je suppose qu'il a une cour d'invités comme d'habitude. J'y vais avec Akiko.

15 août 1970. Rentré de Shimoda. Même scénario que l'an dernier. Seulement, plus de monde. Mishima entouré d'une véritable suite, dont un beau jeune homme du Théâtre national. Toute une collection d'amis de la famille, en outre ; j'ignore qui ils étaient au juste. Un peu vu Yoko, cette fois. Jolie femme. Elle semble diriger la famille. Prend toutes les décisions quant à la vie quotidienne ; quand la famille se rend à la plage, etc. Quand et où. Mishima jouait le rôle de mari dont la femme porte la culotte. Aimait ça. S'encombrait d'épuisettes et de ballons pour les enfants, et suivait le mouvement en direction de la plage. Yoko pilotait la grosse voiture américaine bleu vif. Typique de Mishima d'avoir une grosse voiture étrangère (difficile à garer) plutôt qu'une voiture japonaise ordinaire, moins voyante. Mais il ne conduit pas du tout. Intéressant que Yukio choisisse de prendre toujours ses vacances à Shimoda, et non avec les autres bourgeois riches, à Karuizawa. Il cultive la différence.

Passé une charmante journée sur la plage avec les Mishima : sable blanc, soleil ardent. Yukio couché sur la plage au milieu d'un éparpillement de magazines bon marché, écoutant à la radio de la musique pop japonaise. Il portait un drôle de costume de bain, minuscule, en coton noir, à grosses boucles de cuir sur les cuisses : kitsch à nouveau. Il ne nageait guère. Yoko m'a confié qu'il a peur de la mer. Deux enfants avec nous : Noriko, la fille, belle et tranquille, très féminine pour ses onze ans ; Ichiro, un petit sauvage aux dents blanches, très bronzé — de deux ans plus jeune. Seule, Yoko peut en venir à bout. Les enfants taquinaient Mishima sur son costume de bain : « Tu ne veux pas nous faire un strip-tease, papa ? », etc. Mishima se roulait dans le sable sur le dos, avec une fois de plus un narcissisme évident. Quel drôle de bonhomme ! Est allé nager avec Ichiro, mais ne voulait mener son fils que de quelques mètres dans les brisants bien que les vagues ne fussent pas hautes ; ils avaient avec eux un matelas de caoutchouc. Malgré tout, il doit réellement avoir peur de la mer. Comique : alors que ses livres comportent de si nombreuses descriptions de la mer. On ne s'en douterait jamais.

Au début de mon séjour à Shimoda, une scène embarrassante. Descendu dans une *minshuku* (maison de location) sur la plage, avec Akiko, suis monté déjeuner à l'hôtel de Mishima. Cru amuser Yukio en lui décrivant mon récent voyage en Corée. J'étais monté en première ligne inspecter une base militaire américaine en remarquant le village de prostituées, tout à côté de la base ; de là, j'étais allé visiter une base coréenne proche, de l'autre côté de la route. La base coréenne était pleine de jeunes gens virils et sains ; et ils n'avaient pas de femmes : les Américains les avaient à leur place. Le colonel coréen qui commandait le régiment nous avait placés, Bernie Krisher (chef du bureau de *Newsweek* à Tokyo) et moi, sur une estrade au milieu du champ de manœuvre ; les soldats coréens exécutèrent alors à notre intention des exercices de karaté. Brisèrent des briques en deux. Racontai à Mishima tout cela ; il écouta avec intérêt. Puis j'en arrivai laborieusement au fait. Après les exercices de karaté, les soldats coréens avaient dansé pour nous.

A la mode occidentale. Les hommes grands faisaient les hommes, et les petits les femmes ; ils s'étaient enlacés l'un l'autre en tournant lentement devant nos yeux sur le terrain d'exercice, tandis que d'autres encore chantaient et frappaient des mains en cadence. Certains des hommes rougissaient jusqu'à la racine des cheveux. Moi-même, je ne savais quelle contenance adopter, mais Bernie avait pris des photos avec beaucoup de sang-froid. En terminant cette histoire, je m'aperçus que Yukio ne la trouvait pas drôle. Pas drôle du tout. En fait, il avait un visage glacial.

Un soir, à Shimoda, Mishima proposa que nous allions voir un film de *yakuza* (gangsters). J'acceptai ; il n'y avait pas grand-chose à faire. Venu à pied de l'auberge, à un kilomètre et demi, je l'attendis devant un petit cinéma crasseux de Shimoda. Au bout d'un moment, les Mishima sont arrivés, Yoko au volant de la grosse voiture. Nous sommes tous entrés en bande ; Mishima se comportait en hôte, comme d'habitude ; il pénétra en tête avec Yoko dans le cinéma. C'était une salle sordide et presque entièrement vide, juste quelques pêcheurs et quelques durs. Ça pouvait aller. Le problème, c'était l'air conditionné. Avec si peu de gens dans la salle, il faisait légèrement frisquet : un gros appareil à air conditionné soufflait de l'air froid depuis le côté gauche, à environ cent cinquante kilomètres-heure. Je me plaçai aussi loin que possible de la machine. Fus atterré de voir Mishima s'asseoir en plein devant. Une tempête glacée l'enveloppait ; et il ne portait qu'une chemise noire (lacée sur le devant). Yoko resta un moment assise là, un châle sur les épaules, puis s'écarta du trajet du typhon.

Le film lui-même était bien curieux. C'était la première fois que je voyais un film de *yakuza*. Pourtant, je pigeai du premier coup. Un peu comme un western. Le « héros », provoqué par les « méchants », agissait à contrecœur ; enfin, il se déchaînait — son arme : UN SABRE ! C'est l'élément bizarre de la tradition du film de *yakuza :* l'emploi de sabres. Au dénouement, nous avons eu droit au bain de sang des traîtres. De façon mystérieuse, les sabres, aux mains des héros, se révélaient beaucoup plus efficaces que les pistolets des traîtres. Mais une blessure de pistolet ne fait pas couler assez de sang. D'où les sabres. Mishima était absolument captivé ; deux heures plus tard, il se trouvait toujours assis devant la gigantesque machine à air conditionné. A la fin du film, il ne bougea pas. Me demandai s'il avait attrapé un lumbago, assis là. Enfin, il se leva et revint vers nous, très lentement, en secouant les épaules comme afin de s'extraire d'un grand rêve. Comme il prend au sérieux le film de *yakuza* !

Dans la voiture, Yukio m'a dit qu'il se proposait d'intituler le dernier volume de *La Mer de la Fertilité Five Signs of a God's Decay* (Cinq signes du déclin d'un dieu), en anglais. Il a déclaré que l'idée était de Seidensticker (lettré américain qui traduisit par la suite l'ouvrage, après la mort de Mishima, sous le titre définitif *The Decay of the Angel,* en français *L'Ange en décomposition*). Semblait avoir terminé le livre, ou presque. Me demande ce qu'il projette ensuite. Yukio nous a aussi invités, Donald et moi, au restaurant où j'avais mangé des langoustes avec lui l'an dernier ; pour être certain que nous aurions assez à manger, il a commandé langoustes et fruits de mer pour cinq personnes ; cela ne lui paraissant pas suffisant, il a porté sa commande à sept portions... pour trois personnes.

3 septembre 1970. Yukio venu dîner. Il avait l'air en pleine forme, bronzé, solide comme toujours. Assis par terre sur les coussins, il buvait du scotch que lui avait apporté Akiko. A bu une quantité respectable de whisky, mais à sa manière habituelle : mesurée et lente. Jamais il ne s'enivre, ne fût-ce que légèrement. Maîtrise, maîtrise. On ne saurait l'imaginer ivre.

Il était d'une humeur curieuse. Parlait mélancoliquement des héros de la tradition japonaise. « Tous nos héros ont échoué ; ils ont tous été de lamentables ratés », affirmait-il. Je n'arrive pas à comprendre ce qu'il voulait dire. Que peuvent bien nous faire les héros, à lui ou à moi ? D'habitude, il est si enjoué ! Mais aujourd'hui, il était vraiment déprimé. J'ai eu beau critiquer ses remarques sur les héros, il a ignoré mon hostilité, et s'est lancé dans une histoire sur Heihachiro Oshio (héros japonais du XIXe siècle), en vantant ses mérites de grand homme. J'ai tenté de taquiner Yukio. Il a poursuivi, imperturbable, et conclu : « Le corps est un vase empli d'un espace vide. Oshio a touché le vide, et en est mort. » J'étais véritablement incapable de le suivre. Alors, j'ai préparé notre repas. Les steaks que j'ai fait griller étaient beaucoup trop saignants. Quelque chose, chez

Yukio, me déroutait. Il a fallu remettre à la poêle la viande sanguinolente. Après dîner, Yukio a continué dans sa veine pessimiste. Il y avait toutes sortes de malédictions au Japon, déclarait-il ; dans l'histoire du Japon, les malédictions avaient joué un rôle important. Une certaine famille, la famille Konoe, avait été la proie d'une malédiction : le fils aîné mourut jeune — et cela dura pendant neuf générations.

Normalement, lorsqu'il vient chez moi, Mishima est heureux et jovial d'un bout à l'autre de la soirée. Pas ce soir. Il était intarissable sur les malédictions. Le Japon tout entier, d'après lui, est victime d'une malédiction. Tout le monde court après l'argent ; la vieille tradition spirituelle a disparu ; le matérialisme est à l'ordre du jour. Le Japon moderne est laid. Puis Yukio a recouru à une image bizarre. Le Japon, a-t-il déclaré, « est en proie à la malédiction d'... un serpent vert. » Il s'est arrêté quelques instants avant de trouver cette image ; du moins à ce qu'il m'a semblé. Ensuite, il a répété : « Dans le sein du Japon, il y a un serpent vert... et c'est la malédiction à quoi nous ne pourrons échapper. » Il buvait de l'eau-de-vie, mais il n'était sûrement pas ivre. Je ne savais que penser de ses remarques. Après son départ, nous sommes restés quatre. Reiko (une amie) a dit qu'il était seulement d'humeur pessimiste. Nous avons ri. Mais je me suis joint sans entrain à ces rires. Un serpent vert, je vous demande un peu !

A la fin du dîner, Yukio s'est esquivé après avoir passé un rapide coup de téléphone. Il parlait à son interlocuteur sur un ton dur, impérieux. A en juger par ce ton, Akiko pensait qu'il devait s'agir d'un membre de la Tatenokai. Pourtant, nous n'entendons plus parler de la Tatenokai, ces temps-ci. Le sujet est épuisé. La sensation initiale est retombée. Nul n'écrit quoi que ce soit là-dessus dans la presse étrangère ou japonaise, à l'exception d'un seul article dans le *New York Times* (en août 1970, signé Philip Shabecoff — mais il datait du début de l'année).

Septembre 1970. Eté à *Boris Godounov* : le Bolshoï est en ville. Eu les billets par Hagiwara ; accompagné par Keene. Avions de très bonnes places, quoique chères. Au premier entracte, nous sommes allés au foyer nous dégourdir les jambes. Soudain, voilà Donald qui traverse en flèche le foyer. Il avait repéré Mishima dans la foule. M. était avec Yoko. Bavardé un moment, puis il m'a présenté à Yoshie Fujiwara (le doyen de l'Opéra japonais). Devinais à part moi que la scène de *Boris* que Yukio préférerait serait la scène somptueusement rococo de la cour polonaise. Le Bolshoï ne lésine pas sur la scène polonaise. Très kitsch, en comparaison du reste de l'opéra : fadasse. Ensuite, sauté sur M. en l'accusant d'aimer la scène polonaise ; il a aussitôt avoué, en riant de son grand rire. Il oscillait sur ses talons : « Oh ! oui... oh ! oui ! » Content de le trouver plus gai.

4 octobre 1970. Lettre de Yukio. Ecrit qu'il arrive enfin au bout de *La Mer de la Fertilité.* Il semble très déprimé. Dit que terminer ce livre est « comme la fin du monde ». Cela m'évoque la lettre de 1968 où il faisait allusion au suicide. Déprimé, moi aussi. Lui ai écrit pour le prier de téléphoner.

12 novembre 1970. Dîné avec Mishima. Il était d'humeur fort agressive. Charmant comme d'habitude, mais éclairs de violente agressivité. Sous-entendait que je pourrais tout aussi bien faire mes valises et rentrer chez moi, car « aucun étranger ne pourra jamais comprendre le Japon ». Je crois qu'il est allé un peu loin. Dans un sens, aucun Japonais ne pourra jamais « comprendre » l'Occident. Et puis après ? L'homme est un perfectionniste. Emmené Janie (une amie irlandaise) faire la connaissance de Mishima ; elle a paru lui plaire ; il l'a complimentée abondamment sur sa beauté — peau blanche, cheveux roux — et encouragée à écrire. En outre, a eu avec elle une étrange conversation sur la prostitution au Japon. Prétendait que le fait de coucher avec une geisha vierge coûtait deux millions de yens (huit mille dollars). Yukio insistait beaucoup sur ce point. Il se montrait aussi étrangement critique sur les érudits occidentaux dans le domaine des études japonaises ; en me considérant droit dans les yeux, il assurait que les érudits ignorent le côté « sombre » de la tradition japonaise, et se concentrent sur les aspects « tendres » de la culture japonaise. Pourquoi donc est-il grossier, ces temps-ci ? Et qu'a-t-il fait de son sens de l'humour ? J'ai tenté de ragaillardir Mishima en lui racontant des histoires de voyages aux Philippines ; aussi choisi quelques sanglants détails sur la prison de Manille où une douzaine d'hommes ont été récemment assassinés par des compagnons de geôle. Lui ai parlé du système « Seigneur de la guerre » local :

34

comment les chefs locaux élèvent des barrages de routes les uns contre les autres. Il m'a interrogé sur mon prochain voyage à Manille (afin d'assister à la première visite du pape), et prophétisé qu'il y aurait de la violence. (En effet, il y a eu tentative d'assassinat du pape à l'aéroport de Manille.)

Yukio m'a donné une invitation pour une exposition consacrée à des documents sur lui dans un grand magasin (Tobu, à Ikebukuro). Ne pense pas avoir le temps d'y aller avant mon départ pour Manille. A la fin de la soirée, il semblait formidablement pressé ; il est sorti en trombe du restaurant (le Fontainebleau, à l'Impérial Hôtel), au milieu des courbettes des garçons en veste blanche. En partant, il a fourré un billet dans la main du garçon d'ascenseur ; me suis demandé ce qu'il pouvait bien faire là (le pourboire est tout à fait exceptionnel au Japon).

Telle a été ma dernière vision de Yukio Mishima — l'air agité, en train de glisser un pourboire à un garçon d'ascenseur. Normalement, il aurait attendu pour descendre avec nous dans l'ascenseur ; mais il semblait fort pressé — de se rendre à un autre rendez-vous, ou peut-être désireux de ne point prolonger les adieux.

Si mon voyage s'était déroulé comme prévu, je n'aurais pas été au Japon le 25 novembre 1970 ; mais un typhon me fit annuler mon billet pour Manille ; aussi me trouvais-je encore à Tokyo quand arriva la première nouvelle.

C'était une belle journée ensoleillée, typique de l'automne à Tokyo lorsqu'un vent du nord chasse au-dessus de la baie, vers le sud, l'air pollué de la capitale japonaise. Le matin, je travaillai chez moi ; j'étais à mon bureau, un peu avant midi, quand je reçus un coup de téléphone de Sam Jameson, mon ami du *Chicago Tribune*. J'appris de lui la nouvelle que la radio commençait à peine d'annoncer : Yukio Mishima avait pris en otage un général de l'armée à la base militaire des Jieitai d'Ichigaya, et menaçait de se tuer. A cette nouvelle, je fus effondré. J'étais sûr que Mishima mettrait sa menace à exécution ; il n'était pas homme à faire à demi les choses. S'il avait annoncé qu'il risquait de se tuer, alors il le ferait, bon gré mal gré. J'avais complètement ignoré les avertissements donnés par Mishima sur ses intentions. Sans tenir compte du fait qu'il s'agît ou non d'une action de « droite » — et j'avais des doutes quant à l'intérêt de Mishima pour la politique —, j'étais atterré d'avoir négligé un ami.

Je pris un taxi devant chez moi ; vingt-cinq minutes plus tard, j'étais aux portes de la base d'Ichigaya. Devant, il y avait un petit rassemblement à travers lequel je me frayai un passage ; je montrai ma carte de presse aux gardes, et grimpai en courant l'allée carrossable. Elle menait au sommet d'une colline. Devant moi se dressait une longue bâtisse utilitaire — construite après le grand tremblement de terre de 1923, à en juger par la laideur de ses lignes ; d'un gris jaunâtre, elle avait fortement besoin d'être repeinte. Au centre du bâtiment, un balcon d'où pendait une paire de banderoles blanches qui flottaient dans la brise. Un franc soleil de novembre chauffait le champ de manœuvre où je me tenais.

Il était presque désert, mais à l'entrée du quartier général — celui de l'armée de l'Est des Jieitai — je trouvai des soldats. Ils se tenaient çà et là sous le porche, au-dessous du balcon. De l'un de ces badauds j'appris que Mishima était mort, quelques minutes auparavant ; nul ne savait au juste ce qui s'était passé. Cinq minutes plus tard, à un peu plus de douze heures trente, j'appris que Mishima et Morita, l'élève-chef de la Tatenokai, s'étaient l'un et l'autre fait hara-kiri dans le bureau du général commandant l'armée de l'Est, appelé Mashita ; ce bureau se trouvait au deuxième étage des bâtiments du quartier général, juste au-dessus de nous. Nous ne fûmes pas autorisés à voir les corps.

Quel grand courage immoral avait permis à Mishima de se tuer de cette manière ? En 1960, il avait écrit une nouvelle, *Patriotisme*, où il glorifiait le hara-kiri ; cinq ans plus tard, il tirait de *Patriotisme* un film où il se réservait le rôle du héros de l'histoire, un lieutenant qui s'éventrait. En 1968, il achevait *Chevaux échappés* (second volume de sa tétralogie, *La Mer de la Fertilité*), dont le protagoniste, un terroriste de droite, se fait aussi hara-kiri. Et l'année suivante, Mishima tenait le rôle d'un samouraï dans un film de long métrage, *Hitogiri* ; une fois encore, il interprétait un personnage d'homme qui s'ouvre le ventre. Ainsi, Mishima répéta-t-il sans fin sa propre mort.

I

LE DERNIER JOUR

1

En route pour la parade

Au matin du 25 novembre, Yukio Mishima se leva de bonne heure. Il se rasa lentement, avec soin.

Ce devait être son visage mortuaire. Il devait être sans défaut.

Il prit une douche et mit un *fundoshi* (pagne) propre en coton blanc. Puis il revêtit son uniforme de la Tatenokai.

Sa femme, Yoko, était sortie avec les enfants pour les conduire à l'école. Il avait la maison — une vaste demeure de style occidental, dans la banlieue sud-ouest de Tokyo — à lui tout seul.

Il vérifia les objets qu'il emportait avec lui ce jour-là. Il avait une mallette brune contenant des poignards et des papiers, entre autres choses ; il avait également un long sabre de samouraï et son fourreau.

Sur une table du vestibule, il disposa une grosse enveloppe. Elle renfermait le dernier tome de son long roman, *La Mer de la Fertilité,* sur lequel il avait passé six années. L'enveloppe était adressée à son éditeur, Shinchosha, qui devait envoyer quelqu'un la prendre dans la matinée.

A dix heures, Mishima passa deux brefs coups de téléphone. Il parla à des amis reporters dont il souhaitait la présence pour assister aux événements de la journée. Mais il ne leur expliqua pas ce qui devait se produire au juste.

Peu après dix heures, il vit un élève de la Tatenokai monter l'allée qui traversait le jardin depuis le portail du devant. C'était Chibi-Koga, un petit adolescent au nez pointu. Mishima sortit de la maison pour l'accueillir.

Il remit trois enveloppes à l'élève. Elles étaient adressées à Chibi-Koga, à Furu-Koga, un second élève de leur petit groupe, et à Ogawa, le grand garçon pâle, porte-drapeau de la Tatenokai.

— Portez-les dans la voiture, ordonna Mishima à Chibi-Koga. J'arrive. Lisez les lettres maintenant !

L'élève redescendit l'allée.

Mishima rassembla ses affaires : la mallette et le sabre. Il attacha le sabre à son ceinturon du côté gauche. Puis il quitta la maison.

Un homme âgé, aux cheveux argentés — Azusa Hiraoka, père de Mishima —, jeta un coup d'œil hors de sa propre maison, voisine de celle de son fils.

« Ah ! le voilà donc à nouveau en route vers une parade de la Tatenokai », se dit le père, désapprobateur.

Mishima descendit les marches vers la paisible rue de banlieue.

Les membres de la Tatenokai étaient venus dans une Toyota-Corona blanche, une voiture de taille moyenne. Elle stationnait dans la rue.

Mishima se mit sur le siège avant, à côté du chauffeur, Chibi-Koga. Il se tourna vers les autres : Furu-Koga et Ogawa. Avec eux se trouvait un troisième élève, un jeune homme trapu, impassible, aux lourdes mâchoires — Masakatsu Morita, le chef de la Tatenokai sous les ordres de Mishima, et son ami intime.

— Avez-vous lu les lettres ? demanda Mishima. Vous comprenez ? Vous, vous ne devez pas vous tuer. C'est clair ? Occupez-vous seulement du général. Veillez à ce qu'il ne se suicide pas. Voilà tout.

Mishima et Morita devaient se faire hara-kiri. Les trois plus jeunes membres du groupe devaient rester en vie. A leur procès, conformément aux lettres de Mishima, ils devaient exposer les principes de la Tatenokai ; ils devaient suivre le mot d'ordre *Hokoku Nippon* (« la reconstruction impériale du Japon »), mot d'ordre impérialiste du temps de guerre.

Mishima avait mis dans chacune des enveloppes une somme d'environ cent vingt dollars, trois billets de dix mille yens pour chacun des élèves, afin de couvrir les dépenses initiales.

— ... Très bien, partons, dit Mishima. En route !

2

Le Combat dans le bureau du général

La voiture transportant Mishima et ses quatre disciples parvient à la base Ichigaya des Jieitai, au cœur de Tokyo, un peu avant onze heures du matin.

Les gardes, à la grille, voyant Mishima à l'avant, font signe à Chibi-Koga qu'il peut passer. Ils téléphonent au Q.G. de l'armée de l'Est à Ichigaya pour avertir l'état-major que Mishima et son groupe sont arrivés.

Chibi-Koga conduit la voiture en haut de la route escarpée qui mène de la grille d'entrée au sommet de la petite colline où se dresse le Q.G. Il se gare au bord d'un vaste champ de manœuvre, devant le Q.G. de l'armée de l'Est.

Les hommes descendent de voiture. Mishima, sa mallette à la main, les précède vers le bâtiment. Son sabre se balance à son côté.

Le bâtiment du Q.G. de l'armée, de couleur gris-jaune, a trois étages. Au centre de cet édifice cubique : l'entrée principale, dotée d'un vaste portique massif. Au sommet du portique, un spacieux balcon fait face au terrain d'exercice que traversent Mishima et ses hommes.

Un aide de camp du général Kanetoshi Mashita, commandant l'armée de l'Est, sort de l'entrée principale. Ce commandant porte l'uniforme gris-bleu des Jieitai.

— Entrez donc, dit-il à Mishima. Le général Mashita vous attend.

Cet officier, le commandant Sawamoto, les précède. Le groupe de la Tatenokai le suit à l'intérieur du hall d'entrée sombre. Par un escalier circulaire ils montent au premier étage.

— ... Veuillez m'attendre un petit instant, dit le commandant à Mishima en disparaissant dans la pièce 201, bureau du général, juste en haut des marches.

Le groupe de la Tatenokai se tient au-dehors. A droite et à gauche, il y a de longs corridors sombres, hauts de plafond. Des officiers supérieurs de l'armée de l'Est, le commandement responsable de Tokyo et de la plaine de Kanto environnante, travaillent à cet étage.

De part et d'autre de la porte de la pièce 201 se trouvent des fenêtres de verre dépoli. Une simple vitre sépare le couloir du bureau du général, de l'autre côté.

Le commandant Sawamoto reparaît à la porte.

— ... Entrez donc, dit-il. Le général est prêt à vous recevoir.

Mishima franchit le seuil, suivi de ses hommes.

Le commandant désigne quatre chaises, alignées près de la porte.

— ...Asseyez-vous ici, dit-il aux élèves.

Sur quoi, le commandant Sawamoto quitte la pièce en fermant derrière lui la porte.

Mishima s'avance pour saluer le général Mashita, officier fort digne, aux cheveux gris. Agé de cinquante-sept ans, il a fait la guerre du Pacifique ; ses manières sont discrètes, sans prétention.

— Quel plaisir de vous revoir ! dit-il à Mishima.

Le bureau n'est pas grand, pas plus de huit mètres sur six. Haut de plafond, il a de hautes fenêtres face au sud, qui donnent sur le balcon. Un brillant soleil entre à flots par les fenêtres.

On accède au bureau des quatre côtés : par la porte d'entrée, par le balcon et par deux hautes portes qui s'ouvrent dans la boiserie, de part et d'autre de la pièce. Une porte conduit au chef d'état-major, l'autre au bureau de son adjoint, le sous-chef d'état-major.

— ...Veuillez venir vous asseoir par ici, dit le général à Mishima, en désignant une table basse entourée de fauteuils.

Mishima prend un siège à côté du général.

— ...Asseyez-vous, je vous en prie, dit Mashita aux élèves.

Sur l'invitation de Mishima, ils ont apporté leurs sièges au milieu de la pièce ; ils s'asseyent en rang, dans leurs uniformes brun-jaune.

— J'ai amené ces membres de la Tatenokai pour qu'ils vous rencontrent, mon général, déclare Mishima, qui les présente l'un après l'autre.

Mashita les salue de la tête.

— ...Nous venons de terminer un exercice au Fuji-Yama. Au cours de l'exercice, quelques-uns de nos hommes ont été blessés. Ces quatre, qui m'accompagnent aujourd'hui, se sont distingués en transportant les blessés au bas de la montagne.

— Ah ! vraiment ?

— Je voulais qu'ils eussent l'honneur de vous rencontrer, poursuit Mishima. C'est pourquoi j'ai sollicité l'entrevue d'aujourd'hui. Plus tard dans la journée, nous tiendrons une réunion régulière de la Tatenokai, où ces quatre élèves seront félicités.

— Hum, je vois.

— Si nous sommes en uniforme aujourd'hui, c'est que nous avons notre réunion mensuelle.

— Je comprends.

Mishima a enlevé son sabre avant de s'asseoir. L'arme est appuyée contre un des sièges, où Mashita peut la voir. A la poignée pend un gland orange.

— ...Dites-moi, demande Mashita après avoir considéré l'arme, quel est ce sabre que vous avez avec vous ? En entrant, personne ne vous a posé de question à son sujet ? Je ne suis plus très au fait du règlement concernant les sabres, étant donné que nous-mêmes n'en portons plus.

— Il est séant de porter ce sabre, répond Mishima. Il s'agit d'un sabre militaire. Un sabre ancien. J'ai sur moi un certificat d'expert.

Mishima produit une feuille de papier.

— ...D'après ceci, le sabre est l'œuvre de Seki no Magoroku. C'est une authentique lame du XVIIᵉ siècle. L'école Seki.

Le général jette un coup d'œil au sabre. La poignée s'orne de motifs taillés en diamants, incrustés de nacre. Une pièce de musée...

— ...Vous plairait-il de le voir ? demande Mishima.

— Volontiers, répond le général. Il a des *sambon sugi*, n'est-ce pas ?

Il veut parler de l'aspect fuligineux, ondoyant, de la trempe d'un sabre de l'école Seki.

— Permettez-moi de le dégainer, dit Mishima.

Il se lève, ramasse le sabre, et tire la lame du fourreau d'un mouvement étudié. Il tient dressée l'arme étincelante.

Lui et Mashita examinent un moment la lame. De la graisse en ternit la surface.

— ...Koga, ordonne Mishima à Chibi-Koga, un mouchoir !

Pour Chibi-Koga, ces paroles constituent un mot de passe.

L'étudiant se lève de sa chaise et s'approche des deux hommes, à côté de la table. Il tient à la main une *tennugui*, serviette mince et solide.

C'est le « mouchoir ». Chibi-Koga doit s'en servir pour bâillonner le général Mashita. Ses instructions consistent à passer la *tennugui* au-dessus de la face du général, par-derrière.

Mais à cet instant, le général s'éloigne. Il va à son bureau chercher un chiffon quelconque afin d'essuyer le sabre.

L'élève ne sait trop que faire. Il ne peut attendre à l'endroit où il se trouve ; cela ne fait point partie du plan. Et il est incapable d'improviser.

Chibi-Koga tend la serviette à Mishima, et regagne son siège.

Mishima essuie méthodiquement la lame. Il la tient droite, en admirant le fil tranchant comme un rasoir. Elle est dans un état impeccable.

Le général, retourné à la table, se tient auprès de Mishima qui lui tend l'arme. Il la tient dressée afin d'y faire jouer la lumière.

— Oui, je les vois, dit-il à Mishima en jetant un coup d'œil aux ombres fuligineuses, semi-circulaires, qui courent au long de la lame. Ce sabre est magnifique. Je n'ai jamais rien vu de pareil dans une collection particulière.

Il rend le sabre à Mishima, et s'assied. Il est onze heures cinq du matin.

Mishima jette un coup d'œil aux élèves assis en rang, tout près. Chibi-Koga s'avance pour la seconde fois. Du regard, Mishima lui adresse un ordre silencieux.

L'adolescent fait un pas en avant, qui le mène derrière

Mashita ; soudain, il entoure gauchement de ses mains le cou du général, et serre.

L'acte de Chibi-Koga met les autres en mouvement.

Furu-Koga et le grand et maigre Ogawa se portent à son aide. De leurs poches, ils tirent deux longueurs de corde avec laquelle ils ligotent les bras et les jambes de Mashita, et l'attachent à son siège.

Mishima gagne le centre de la pièce en brandissant le sabre.

La tâche de Morita consiste à bloquer les portes. Au moyen de fil de fer et de pinces, il travaille en silence à assujettir les poignées des portes. N'ayant aucune prise solide où fixer le fil de fer, il ne fait pas du bon travail. Aidé par les autres élèves, il déplace le lourd bureau de Mashita pour bloquer l'une des portes ; ils barricadent la deuxième porte avec la table et les chaises, à quoi ils ajoutent un palmier en pot.

Mashita, bâillonné, ligoté, observe tout cela. D'abord, il a cru qu'il s'agissait d'un exercice de commando de Mishima. Toutefois, quand il le regarde dans les yeux, il se rend compte qu'il ne s'agit pas d'un simulacre.

Mishima se tient au milieu de la pièce, les yeux étincelants, le sabre haut.

Il ne sait pas qu'un judas permet de regarder dans la pièce. Ce judas se trouve près de la porte d'entrée, dans la vitre opaque, du côté gauche. Il consiste en un morceau de ruban transparent, collé sur le verre, du côté du couloir ; cela permet d'entrevoir ce qui se passe dans le bureau de Mashita.

Peu après que le groupe de Mishima a frappé, son action est découverte. Le commandant Sawamoto, en sortant d'un bureau adjacent, a regardé par le judas pour voir si les hommes sont assis, prêts à prendre de l'*ocha* (thé vert). D'abord, il croit qu'un élève de la Tatenokai administre au général Mashita un massage de l'épaule. Mais il regarde à nouveau, se rend compte qu'il se passe quelque chose — en voyant la corde et le bâillon —, et court chercher son supérieur immédiat, le colonel Hara.

Les deux hommes, ayant essayé d'entrer dans le bureau par la porte principale et l'ayant trouvée bloquée, ont informé le général Yamazaki, le chef d'état-major, en conférence avec une douzaine d'officiers dans la pièce voisine de celle de Mashita. A tour de rôle, les officiers ont regardé par le trou, et vu Mashita.

Puis ils se sont assemblés de nouveau dans le bureau de Yamazaki.

De là, tout en décidant de la conduite à tenir, ils peuvent entendre que l'on déplace des meubles dans la pièce contiguë.

— Quel jeu jouent-ils ? demande un officier.

— Allons voir, dit le général.

A ce moment, les membres de la Tatenokai se sont barricadés de leur mieux. Mishima se trouve sur le point de passer à la phase suivante de son plan : forcer le général à donner l'ordre à ses hommes de convoquer la garnison du quartier général de l'armée de l'Est, soit un millier d'hommes. Il veut que les soldats se réunissent sur le terrain d'exercice, devant les bâtiments du Q.G. ; du balcon, il leur adressera un discours patriotique.

Déjà, son plan commence à mal tourner.

A onze heures vingt, un groupe d'hommes cogne à la porte qui sépare du bureau de Mashita celui du chef d'état-major.

— Ouvrez ! crient-ils. Ouvrez !

Mishima fait signe aux élèves de se tenir derrière lui, et s'avance vers la porte, le sabre brandi. Chibi-Koga se tient à côté de Mashita, avec un poignard tiré de la mallette. Il a ordre de rester auprès du général retenu en otage.

Les officiers tambourinent des poings contre la porte.

— ...Ouvrez ! Qu'est-ce qui se passe ? Ouvrez !

L'un d'eux tourne la poignée et pousse. La frêle barrière s'effondre, et cinq militaires, trois colonels et deux sergents-chefs, se précipitent dans la pièce avec à leur tête le colonel Hara.

Mishima leur barre le passage.

— Dehors ! leur crie-t-il.

Ces hommes se trouvent tout près de Mishima. Ils hésitent, face à lui. Aucun n'est armé. Le colonel Hara n'a qu'un vieux sabre de bois qu'il a attrapé avant d'entrer.

— ...Dehors ! crie à nouveau Mishima.

Les hommes, en face de lui, ne bougent pas.

Mishima lance vers eux un coup de sabre qui siffle au-dessus de leurs têtes. Certains s'écartent ; d'autres reculent. Les sergents se faufilent vers lui, un colonel à leur tête.

— ...Dehors ! Dehors ! Dehors !

Soudain, Mishima passe à l'attaque, visant obliquement les hommes. Un colonel prend la fuite. Mishima le frappe dans le dos. L'homme lève un bras pour se protéger ; Mishima le frappe de nouveau.

Un sergent s'approche de Mishima qui le frappe au poignet, lui tranchant presque la main.

— ...Dehors ! crie Mishima.

Il fixe les hommes d'un regard furibond.

Il frappe un second colonel, trois coups de suite aux bras et au dos tandis que le colonel Hara cherche à parer les coups avec son sabre de bois.

Les deux membres indemnes du groupe aident les autres à quitter la pièce. Derrière eux, la porte claque. Les blessés saignent abondamment.

On appelle des infirmiers ; il s'ensuit une deuxième conférence. Les officiers, tout excités, sont incapables de penser clairement ; cette soudaine alerte les dépasse. Leur souci majeur est la sécurité du général Mashita, mais ils s'inquiètent également au sujet de leurs carrières. Un scandale énorme s'annonce. Qui donc en prendra la responsabilité ? Que veut Mishima ? Faute d'apprécier l'importance de cette dernière question, le général Yamazaki adopte une conduite peu sage : il prend la décision de mener un deuxième groupe dans le bureau de Mashita sans avoir de plan d'action, sans armes, pas même des gourdins. Il choisit pour l'accompagner six hommes et officiers.

Les hommes forcent la porte qui sépare du bureau de Mashita celui du sous-chef d'état-major. Yamazaki pénètre le premier dans la pièce. Mishima est aussitôt devant lui, brandissant son sabre ensanglanté. Le général hésite. Derrière Mishima se trouve le supérieur hiérarchique de Yamazaki, ligoté sur un siège ; Chibi-Koga dirige un couteau contre son flanc droit.

A côté de Mishima se tiennent trois disciples. Le pâle Ogawa a empoigné une matraque noire. Furu-Koga se trouve derrière lui, un lourd cendrier à la main. Près de Mishima se tient Morita ; il porte un poignard.

Yamazaki avait beau s'attendre à une situation de ce genre, il n'en croit pas ses yeux.

Mishima voit derrière Yamazaki la demi-douzaine d'hommes. Combien d'autres y en aura-t-il ? Du sabre, il les maintient groupés dans l'angle de la pièce, sans leur permettre de se déployer de part et d'autre de lui-même. Ses propres hommes ne sont pas solides.

— Eh bien ! vocifère Mishima. Maintenant, vous avez vu ! Regardez bien ! Si vous ne partez pas, je tue le général.

Yamazaki regarde, derrière Mishima, son supérieur. Il veut des directives.

— ...Je répète, crie Mishima : sortez, sinon... !

— Cessez de faire l'idiot ! dit Yamazaki d'une voix forte. Calmez-vous.

— Dehors ! crie une fois de plus Mishima, en s'avançant d'un pas vers Yamazaki, le sabre contre le cou du général.

— Cessez cette comédie, fait Yamazaki.

— Si vous ne partez pas, répète Mishima, je tue le général en chef.

Les officiers s'avancent obliquement. Les hommes de tête sont grimpés sur la barricade de meubles, les autres derrière eux. Alors, on entend un fracas de verre brisé. D'autres hommes des Jieitai viennent de fracasser la vitre dépolie entre le bureau de Mashita et le couloir. Ils regardent à l'intérieur.

Soudain, Mishima recule. Il a besoin d'espace pour manier son sabre.

Yamazaki reprend la parole :

— Nous ne comprenons pas ce que vous voulez. Dites-le-nous.

Il parlemente.

Mishima flaire une ruse. Il y a sept officiers en tout, dont Yamazaki. Mishima ne possède que trois hommes ; Chibi-Koga doit rester à côté du général.

Mishima lance sa lame en direction de Yamazaki, qu'il manque exprès.

— Dehors !

Derrière Yamazaki, les officiers avancent. L'un d'eux bondit en direction de Morita.

Mishima brandit à nouveau le sabre en arrière au-dessus des épaules. Il recule d'un pas, et vise Yamazaki. Le général plonge ; Mishima lui balafre le dos. La blessure est légère, mais Yamazaki chancelle. Un officier le rattrape par-derrière et le soutient un moment.

Un autre officier, aux prises avec Morita, tente de lui arracher des mains le couteau.

Trois hommes s'avancent simultanément vers Mishima. Frappant d'arrière en avant, tranchant à droite, à gauche, à droite, à gauche, il atteint de sa lame nue les hommes aux bras, aux épaules, au dos.

Les uniformes des trois colonels sont maculés de sang.

Morita a abandonné son couteau à son adversaire.

— ... Dehors ! crie Mishima aux officiers. Dehors !

Il agite le sabre au-dessus de leurs têtes.

— ... Dehors ! Ou je tue le général.

Yamazaki et ses hommes n'ont pas le temps de débattre si Mishima bluffe ou non.

— ... Dehors ! crie-t-il encore en frappant un colonel qui s'est trop rapproché, et en l'atteignant au bras.

Les hommes des Jieitai ne peuvent comprendre où Mishima veut en venir. Est-il devenu fou ?

Mishima ne leur laisse plus de répit. Les aiguillonnant avec son sabre et leur administrant de grands coups dans les fesses, il chasse leur troupe hors du bureau.

Les sept hommes redégringolent dans le bureau du sous-chef d'état-major, tandis que derrière eux la porte se referme avec fracas. Ils entendent les disciples de Mishima élever de nouveau les barricades.

Yamazaki, bien que sa blessure ne soit pas grave, est prostré. Son second, le colonel Yoshimatsu, sous-chef d'état-major, prend le commandement. Il fait venir des infirmiers, et confère avec ses officiers.

Alors, le colonel Hara, lequel observe du couloir, prend l'initiative.

— Quelles sont vos exigences ? crie-t-il en regardant fixement par la vitre brisée Mishima qui se tient à quelques pas de lui.

Les deux hommes se mettent à vociférer entre eux. Mishima insiste pour que les officiers des Jieitai convoquent un rassemblement devant le Q.G. de l'armée de l'Est, et Hara répond qu'il n'en fera rien. Mishima finit par remettre à Hara une note manuscrite où il formule le détail de ses demandes. Le colonel va s'entretenir avec son supérieur, le colonel Yoshimatsu, dans une salle proche. Les deux hommes téléphonent au quartier général principal des Jieitai, au ministère de la Défense, à quinze cents mètres de là, pour demander des instructions ; on leur répond de faire face à la situation comme ils le jugeront bon.

Dans le bureau de Mashita, Mishima précipite le mouvement. Par suite des deux assauts des Jieitai, il est en retard sur son horaire. Il a formé le projet de commencer son discours à onze heures trente, après avoir forcé Mashita et ses hommes à appeler la garnison à se rassembler devant le Q.G. de l'armée de l'Est.

Il est déjà onze heures trente. Mishima craint de voir lui échapper la maîtrise de la situation.

Il essuie le sabre. Puis il s'avance vers Mashita, l'arme haute. Il brandit le sabre au-dessus du général.

— Otez le bâillon, dit-il à l'un des élèves... Et maintenant, écoutez-moi, mon général. J'ai des demandes à formuler. Si vous les acceptez, je me porte garant de votre sécurité. Si vous ne les acceptez pas, je vous tue, après quoi je me fais hara-kiri.

— Qu'est-ce que c'est que cette folie ? interroge Mashita.

— Lisez les demandes au général, ordonne Mishima.

L'un des élèves tire de la mallette une feuille de papier. Elle contient une brève liste de conditions moyennant quoi Mishima épargnera la vie de Mashita.

— ...Lisez !

Tous les soldats de la garnison d'Ichigaya — un millier d'hommes du 32e régiment d'infanterie, une unité de transmissions, et le personnel du Q.G. — devront se rassembler à midi devant les bâtiments du Q.G.

Du balcon situé devant le bureau du général, Mishima leur adressera un discours qui devra être écouté dans un silence absolu.

Les Jieitai devront faire venir les quarante membres de la Tatenokai qui attendent à la Salle Ichigaya, un centre de Jieitai situé juste devant les grilles d'entrée de la base. Ils devront être présents pour écouter le discours de Mishima.

Il y aura une période de trêve d'une durée de quatre-vingt-dix minutes. Pendant ce temps, les Jieitai doivent s'engager à ne pas attaquer Mishima et son groupe.

A l'issue de la trêve, Mishima remettra Mashita à ses propres hommes. Si toutefois la trêve était rompue ou paraissait risquer de l'être, Mishima tuerait le général et se suiciderait.

Il exige une action immédiate.

— C'est absurde, dit Mashita. Qu'avez-vous à y gagner ? Mishima ne répond pas.

— Je vais communiquer ces demandes à vos officiers. Vous leur ordonnerez de m'obéir, dit-il.

Il ne perd plus de temps avec le général. Il se fait tard.

Mishima se dirige vers les vitres brisées qui donnent sur le corridor.

— ...Qui commande ? crie-t-il. Amenez-le.

Un soldat court avertir Yoshimatsu. L'officier paraît quelques instants plus tard.

— Yamazaki étant blessé, j'ai pris le commandement. Qu'y a-t-il ?

Les deux hommes se font face à travers la vitre brisée. Yoshimatsu voit le sabre à la main de Mishima.

— J'ai posé mes conditions, réplique ce dernier. Si vous les refusez, je tue le général et je me suicide.

L'officier regarde par la vitre brisée. A l'autre bout de la pièce il y a Mashita, attaché à son siège.

— ...Le général vous ordonne d'exécuter mes ordres, déclare Mishima.

Mashita acquiesce de la tête.

— Quand ? demande Yoshimatsu.

— Maintenant. Et vite !

Il est onze heures trente-cinq.

Yoshimatsu regagne son bureau. On décide d'appeler une aide extérieure.

L'état-major de l'armée de l'Est téléphone à un poste de police proche des grilles d'entrée de la base d'Ichigaya. Il demande aussi des ambulances. En outre, il fait part de sa décision au quartier général des Jieitai à Roppongi, à trois kilomètres de là. Et il décide qui fera l'annonce à la garnison pour rassembler les soldats ; ils se rassembleront après l'arrivée de la police.

Cependant, Mishima, qui se repose tranquillement avec ses hommes, ne se doute pas que l'on appelle la police.

De la mallette, les élèves tirent un lot de *hachimaki*. Ces serre-tête sont teints de cercles rouges — le Soleil levant — et blasonnés à l'encre de Chine : *Shichisho Hokoku* (« Sers la Nation durant sept existences »), cri de guerre des samouraïs médiévaux.

— Desserrez vos cols et attachez-vous le *hachimaki*, dit Mishima aux élèves.

Des soldats postés au-dehors suivent par la vitre brisée les mouvements des hommes. Mishima ne s'en soucie pas. Il sort une cigarette d'un paquet apporté dans sa mallette, et en tire des bouffées allègres.

L'appel par haut-parleur au rassemblement de la garnison aura lieu d'un instant à l'autre. D'ici là, Mishima et son groupe n'ont rien d'autre à faire qu'à attendre.

A onze heures trente-huit, on entend les sirènes de police. D'abord faibles, venues de la grand-route qui passe au pied de la colline au sommet de laquelle se dresse le Q.G. de l'armée de l'Est. Les sirènes se rapprochent ; les voitures doivent gravir la colline, dans l'enceinte de la base.

Un cortège de véhicules stoppe devant les bâtiments du Q.G., sur le terrain d'exercice. Des hommes en blanc, casqués, sautent à bas de leurs ambulances, et pénètrent en courant sous le porche. Des policiers en armes les accompagnent.

— ...Que de monde à la réception ! dit Mishima.

Quelques instants plus tard, les haut-parleurs du camp diffusent une annonce. Toutes les troupes doivent se rassembler devant le Q.G. de l'armée de l'Est. De la base entière, les hommes courent au terrain d'exercice. En quelques instants, presque toute la garnison se trouve réunie.

A l'intérieur du bâtiment, la police prend le commandement. Des hommes en uniforme bleu foncé paraissent à la vitre brisée afin d'épier Mishima.

— Quelles armes ont-ils ? demande la police.

— Un sabre. C'est Mishima qui l'a. Et un poignard... c'est l'élève debout à côté de Mashita qui l'a.

La police accepte calmement la trêve.

Elle poste des hommes sur les marches, dans le couloir et aux portes donnant sur le bureau de Mashita. Elle ne songe pas à se servir de ses armes. Mishima est pris au piège.

Des photographes de la police sont postés à la vitre brisée ; leurs photos seront utiles au procès. Mishima et Morita sont l'un et l'autre pleinement visibles.

On fait des rapports au quartier général des Jieitai à Roppongi et au quartier général de la police métropolitaine à Sakurada-mon, près du palais impérial, également à trois kilomètres de là.

A onze heures quarante-cinq, arrivent les premiers hélicoptè-res. De la direction du palais, ils volent vers le nord. Quelques-uns, des hélicoptères de la police, se posent sur un terrain situé derrière le Q.G. de l'armée de l'Est. D'autres, des hélicoptères de la presse et de la TV, tournoient au-dessus du bâtiment ; ils filment la foule des soldats qui se tiennent sur le terrain d'exercice ; ils filment le bâtiment du Q.G., le vaste balcon situé devant, ainsi que les ambulances où l'on transporte les blessés sur des civières.

Pourtant, le groupe des quarante élèves de la Tatenokai n'est pas en vue. Leurs chefs ont refusé d'obéir aux ordres donnés par les Jieitai de se rassembler sur le terrain d'exercice d'Ichigaya ; ils n'ont pas compris que ces ordres émanaient de leur propre chef.

Peu avant midi, Morita, silhouette trapue, apparaît sur le balcon, suivi d'Ogawa. Les deux élèves, sortis par une des fenêtres du bureau de Mashita, s'avancent sur le devant du balcon, chargés de papiers et de tissus.

Le balcon est vaste : une dizaine de mètres entre les fenêtres du bureau du général et le devant de la terrasse.

Les élèves — les pans de leur *hachimaki* flottent par-dessus leur uniforme brun-jaune — se rendent au parapet. Penchés au bord du balcon, ils déploient de longues banderoles de calicot face à la foule. Ils les attachent au parapet de manière à les faire pendre au-dessus du terrain d'exercice ; sur elles sont inscrites les conditions moyennant quoi l'on garantit la sauvegarde du général Mashita.

L'une de ces conditions, c'est que le discours de Mishima sera écouté en silence. Pourtant, à ce moment, il règne un formida-ble vacarme. Les soldats excités s'interpellent. Motos, voitures et ambulances de la police pétaradent à qui mieux mieux sur le terrain d'exercice. De nouvelles voitures affluent sans arrêt, y compris des véhicules de presse. Les hélicoptères, en s'approchant pour filmer la scène, font le plus de bruit.

Les deux élèves de la Tatenokai lancent des tracts par-dessus le bord du balcon sur la foule massée en bas. Certains de ces tracts, emportés par la brise légère, dérivent au-dessus du terrain d'exercice.

Ces tracts sont des copies du *gekibun* de Mishima, son dernier manifeste, un document modelé sur des déclarations faites par des officiers rebelles au cours des nombreux coups d'Etat avortés des années 1930 au Japon.

Voici le texte du *gekibun* (tel que je l'ai condensé à partir de ses deux mille mots) :

> Nous, membres de la Tatenokai, avons été généreusement traités par les Jieitai. Pourquoi donc mordons-nous la main qui nous a nourris ?
>
> Simplement parce que nous révérons les Jieitai. Les Forces armées sont l'âme de Nippon.
>
> Nous avons vu les chefs de la nation traiter les Jieitai comme un joujou. Ainsi, les Jieitai protègent-elles l'instrument même qui leur dénie le droit à l'existence : la Constitution de la Paix (la Constitution de 1947, rédigée par les puissances alliées).
>
> On a manqué plusieurs occasions de rectifier cette affreuse erreur. Le 21 octobre 1969, les Jieitai auraient dû être mobilisées et jetées dans la bataille contre ceux qui manifestaient contre la guerre. Les Jieitai auraient dû alors prendre le pouvoir et exiger la révision de la Constitution.
>
> Elles ont manqué l'occasion. L'honneur de la nation est en jeu. Les Jieitai sont inconstitutionnelles ; et l'on ne prend aucune mesure pour les sauver. (Mishima fait allusion à l'article 9 de la Constitution, stipulant que le Japon n' « entretiendra jamais » de forces armées.)
>
> Nos valeurs fondamentales, en tant que Japonais, sont menacées. L'on ne donne pas à l'Empereur la place qui lui est due au Japon.
>
> Nous avons attendu en vain que les Jieitai se rebellent. Si l'on n'agit pas, les puissances occidentales domineront le Japon durant tout le siècle à venir !

Le manifeste s'achève sur cet appel :

> Restaurons Nippon dans son état véritable, et mourons.
> N'accorderez-vous de valeur qu'à la vie, et laisserez-vous l'esprit
> mourir ?... Nous vous montrerons une valeur plus grande que le
> respect de la vie. Ni la liberté, ni la démocratie. Nippon !
> Nippon, terre de l'histoire et de la tradition. Le Japon que nous
> aimons.

Sur le terrain d'exercice, les soldats ramassent des exemplaires du *gekibun.* Certains lisent le document. D'autres fourrent
les tracts dans leurs poches. Les hommes sont perplexes. Jeunes
pour la plupart, ils n'ont de la guerre aucune expérience.
Depuis vingt-cinq ans, le Japon est en paix ; l'alliance avec
l'Amérique, pierre angulaire de la politique japonaise, n'a été
contestée que par la gauche. Rien dans l'expérience de ces
jeunes gens ne les prépare à un tel assaut de la droite. Beaucoup
d'entre eux connaissent l'existence de la Tatenokai, mais ils
n'ont aucune idée de son but. Ils ne comprennent pas non plus
pourquoi Mishima — un romancier célèbre — s'est mêlé à cette
entreprise. A leur perplexité s'ajoute le spectacle des blessés que
l'on évacue du bâtiment. Pourquoi Mishima a-t-il attaqué et
blessé leurs officiers ?

A midi juste, Mishima en personne apparaît sur le balcon. A
grandes enjambées, il s'avance vers le devant de la terrasse,
petite silhouette dans l'uniforme brun jaunâtre de la Tatenokai.

Les hommes d'en bas ne voient que sa tête, ceinte d'un
hachimaki, avec au milieu du front le symbole du Soleil
levant.

Il saute sur le parapet. Sa petite forme sèche et nerveuse se
montre tout entière. Les boutons de son uniforme étincellent au
soleil de novembre. Il porte des gants blancs où l'on distingue
des taches de sang.

Il bande ses forces, épaules effacées, mains aux hanches.

3

Tenno Heika Banzai !

— Sale histoire, commence Mishima, que d'avoir à parler à des hommes des Jieitai en pareilles circonstances.

Les hélicoptères font grand tapage. Dans la foule, beaucoup sont incapables d'entendre les paroles de Mishima.

— ... Je croyais, continue-t-il, que les Jieitai étaient la der-nièce chance de Nippon, la dernière citadelle de l'âme japo-naise.

Les hélicoptères couvrent ses paroles.

— ...Mais... les Japonais d'aujourd'hui pensent à l'argent, à l'argent seul. Où se trouve aujourd'hui notre esprit national ? Les politiciens se soucient du Japon comme d'une guigne. Ils sont assoiffés de pouvoir.

Les Jieitai doivent être l'âme de Nippon, poursuit Mi-shima. Les soldats ! L'armée !

Or... les Jieitai nous ont trahis !

Des cris jaillissent de la foule :

— La ferme !

— *Bakayaro !* (Gros mot intraduisible.)

— Trou du cul !

Mishima devient nerveux :

— Ecoutez ! Ecoutez ! Laissez-moi finir ! Ecoutez ! Ecoutez ! Ecoutez-moi !

Il reprend :

— ...Nous pensions que les Jieitai étaient l'âme de l'honneur national !

Cris :

— Descends de là !

— Pas d'accord !

Mishima continue :

— La nation n'a aucun fondement spirituel. Voilà pourquoi vous n'êtes pas d'accord avec moi ! Vous ne comprenez pas le Japon. Les Jieitai doivent remettre les choses en ordre.

Huées violentes.

— Ecoutez ! vocifère Mishima. Silence ! Ecoutez !

— *Bakayaro !*

Mishima tente de poursuivre.

— Enculé ! hurle d'en bas un soldat.

— Vous n'entendez donc pas ! hurle en réponse Mishima. Je vous demande de vous taire ! Ecoutez ! Laissez-moi finir !

— Arrête de jouer les héros ! crie un autre interpellateur.

— Ecoutez-moi ! réplique Mishima. Qu'est-il arrivé l'an dernier ? Le 21 octobre ? Il y a eu une manifestation, une manifestation contre la guerre. Le 21 octobre de l'année dernière. A Shinjuku. Et la police l'a réprimée. La police ! Après ça, il n'y avait, et il n'y aura, aucune chance d'amender la Constitution.

— Et alors ?

— Alors, le Jiminto (le parti démocrate libéral), les politiciens, ont décidé qu'ils ne pouvaient recourir qu'à la seule police. La police se chargerait des manifestations. Vous ne voyez donc pas ?

— Hourra ! Appelez la police. Que quelqu'un compose le 110.

Mishima ne s'avoue pas vaincu :

— Ecoutez ! Le gouvernement n'a pas recouru aux Jieitai. Les Forces armées sont restées dans leurs casernes. La Constitution est fixée à jamais. Il n'y aura aucune chance de l'amender. Comprenez-vous ?

— Non, non. Absolument pas !

— Non, nous ne te suivons pas.

— Non !

— Très bien, dit Mishima. Ecoutez ! Depuis le 21 octobre ·dernier, depuis ce moment-là, c'est vous qui protégez la Constitution. Les Jieitai défendent la Constitution. Il n'y aura aucune chance de l'amender. Pas avant vingt-cinq ans ! Les Jieitai attendaient cette chance, les larmes aux yeux. Trop tard !

— Le Japon est en paix !

Mishima regarde sa montre. Il parle depuis moins de cinq minutes.

— Pourquoi ne comprenez-vous pas ? Pensez au 21 octobre de l'année dernière ! Depuis ce moment-là, j'attendais que les Jieitai agissent ! Quand donc les Jieitai reviendront-elles à la raison ? J'attendais. Il n'y aura aucune autre occasion de réviser la Constitution ! Jamais les Jieitai ne deviendront une armée ! Elles n'ont pas de fondations, pas de centre !

Les Jieitai doivent se dresser. Pourquoi ? continue-t-il.

— Descends ! Descends !

— Pour protéger le Japon ! Vous devez protéger le Japon ! Pour protéger le Japon ! Oui, pour protéger le Japon ! La tradition japonaise ! Notre histoire ! Notre culture ! L'Empereur !

Son auditoire explose en vociférations et en quolibets.

— Ecoutez ! Ecoutez ! Ecoutez ! Ecoutez !

Un homme en appelle à vous ! Un homme ! Je mets en jeu ma vie là-dessus ! Vous m'entendez ? Vous me suivez ? Si vous ne vous dressez pas, si les Jieitai ne se dressent pas, la Constitution ne sera jamais amendée !

Il fait une pause.

— ...Vous ne serez que des mercenaires de l'Amérique. Des troupes américaines !

— *Bakayaro !*

— Ta gueule !

— Descends !

Mishima peut à peine se faire entendre au-dessus du tintamarre :

— Voilà quatre ans que j'attends ! Oui, quatre ans ! Je voulais voir les Jieitai se dresser ! Quatre ans !

J'en arrive à la dernière demi-heure, dit-il. Oui, à la dernière demi-heure. J'attends. Je veux...

Ses paroles se perdent dans le vacarme des moteurs d'hélicoptères.

— ...Etes-vous des *bushi ?* Etes-vous des hommes ? Oui, vous êtes des soldats ! Alors, pourquoi soutenez-vous la Constitution ? Vous défendez la Constitution qui dénie votre existence même !

La foule pousse des cris d'alarme ironiques.

— Alors, vous n'avez pas d'avenir ! rugit Mishima. Vous ne serez jamais sauvés ! C'est la fin. La Constitution subsistera à jamais. C'en est fait de vous !

Il insiste :

— ...Vous êtes inconstitutionnels ! Ecoutez-moi ! Vous êtes

inconstitutionnels ! Les Jieitai sont inconstitutionnelles ! Vous êtes inconstitutionnels, tous !

La foule ne réagit pas.

— ...Vous ne comprenez donc pas ? Vous ne voyez donc pas ce qui se passe ? Vous ne comprenez donc pas que c'est vous qui défendez la Constitution ? Pourquoi ne le comprenez-vous pas ? Je vous ai attendus. Pourquoi donc ne vous réveillez-vous pas ? Vous voilà dans votre monde minuscule. Vous ne faites rien pour Nippon !

— C'est pour ça que tu as blessé nos hommes ?

— Ils résistaient.

— Ne fais pas l'idiot ! Qu'est-ce que tu veux dire : « Ils résistaient » ?

Une fois de plus, Mishima fait appel aux hommes :

— Aucun d'entre vous ne se dressera-t-il avec moi ?

Il attend dix secondes.

— *Bakayaro !*

— Qui donc se dresserait avec un type de ton acabit ?

— Espèce de cinglé !

— Personne ? demande Mishima.

— Et toi, es-tu un homme ?

— Vous osez me demander ça ! Avez-vous étudié *Bu* (l'éthique du guerrier) ? Comprenez-vous la voie du sabre ? Pour un Japonais, que signifie le sabre ?... Je vous le demande. Vous, êtes-vous des hommes ? Etes-vous des *bushi* ?

La voix de Mishima se fait plus calme :

— ...Je vois bien que non. Vous ne vous dresserez pas. Vous ne ferez rien. La Constitution ne signifie rien pour vous. Ça ne vous intéresse pas.

Mon rêve sur les Jieitai s'écroule ! ajoute-t-il.

— Descends !

— Qu'on le tire de là par la peau du cou !

— Pourquoi est-ce que personne ne le fait taire ?

— *Bakayaro !*

Tandis que se poursuivent ces interpellations sporadiques, le gros de la foule regarde en silence.

— Je salue l'Empereur ! crie Mishima.

Tenno Heika Banzai ! Tenno Heika Banzai ! Tenno Heika Banzai !

Tandis qu'il crie ce salut traditionnel (« Vive l'Empereur ! Vive l'Empereur ! Vive l'Empereur ! »), Morita, qui se tenait debout derrière lui — les hommes d'en bas ne voient que sa tête —, fait chorus. Les deux chefs de la Tatenokai lèvent les mains trois fois en criant.

— Abattez-le !

— ABATTEZ-LE !

Mishima redescend d'un bond du parapet. Avec Morita sur ses talons, il regagne le bureau du général. Se courbant à la fenêtre basse, il redescend dans la pièce, hors de vue des caméras de TV. Puis Morita disparaît, lui aussi. La fenêtre se referme.

4

Hara-kiri

Mishima descend les quelques marches tapissées de rouge qui mènent au bureau du général.

— Ils ne m'ont pas très bien entendu, remarque-t-il à l'intention des élèves.

Morita le suit dans la pièce.

Mishima commence à déboutonner sa tunique. Il est dans une partie de la pièce, proche de la porte qui donne sur le bureau du chef d'état-major, où les hommes qui se trouvent dans le couloir ne peuvent le voir à travers la vitre brisée.

On a enlevé le bâillon du général. Il regarde Mishima se dépouiller de sa tunique. Mishima est nu jusqu'à la ceinture ; il ne portait pas de gilet de corps.

— Arrêtez ! s'écrie Mashita. Cela ne sert à rien.

— Je suis forcé de le faire, répond Mishima. Vous ne devez pas suivre mon exemple. Vous ne devez point prendre la responsabilité de ceci.

— Arrêtez ! ordonne Mashita.

Mishima n'en tient nul compte. Il délace ses bottines, qu'il jette de côté. Morita s'avance et ramasse le sabre.

— ...Arrêtez !

Mishima retire son bracelet-montre qu'il remet à un élève. Il s'agenouille sur le tapis rouge, à environ deux mètres du siège de Mashita. Il desserre son pantalon qu'il abaisse. On voit dessous le *fundoshi* (pagne) blanc. Mishima se trouve presque nu. Son petit torse musclé se bombe.

Morita se place derrière lui, avec le sabre.

Mishima saisit de la main droite un *yoroidoshi,* poignard à lame rectiligne, pointue, long d'une trentaine de centimètres.

Ogawa s'avance avec un *mohitsu* (pinceau) et une feuille de papier. Mishima a formé le projet d'écrire un dernier message avec son propre sang.

— Non, je n'ai pas besoin de ça, dit Mishima.

De la main gauche, il se frotte un point du bas-ventre, à gauche. Puis il appuie contre ce point le couteau qu'il tient de la main droite.

Morita, les yeux rivés sur la nuque de Mishima, brandit le sabre. La sueur emperle le front de l'élève. L'extrémité du sabre bouge : les mains de l'élève tremblent.

Mishima pousse un dernier salut à l'empereur :

— ...*Tenno Heika Banzai! Tenno Heika Banzai! Tenno Heika Banzai!*

Il voûte les épaules, expulse l'air de ses poumons. Les muscles de son dos font saillie. Puis il inspire encore une fois, profondément.

— ...Haa...aou !

Mishima expulse tout l'air de son corps avec un dernier cri sauvage.

De toutes ses forces, il s'enfonce le poignard dans le corps. A la suite du coup, son visage pâlit et sa main droite se met à trembler. Voûtant le dos, Mishima commence de s'entailler horizontalement le ventre. Tandis qu'il tire sur le couteau, son corps cherche à expulser la lame ; la main qui tient le poignard tremble avec violence. De la main gauche, Mishima appuie fortement sur la droite. Le couteau reste dans la plaie, et Mishima continue à s'ouvrir le ventre. De l'entaille le sang gicle, coule vers le bas-ventre, tache d'écarlate le *fundoshi*.

Dans un suprême effort, Mishima, tête baissée, nuque offerte, achève de s'ouvrir le ventre.

Morita se trouve prêt à frapper avec le sabre pour décapiter son chef. « Ne me laisse pas agoniser trop longtemps », lui a recommandé Mishima.

Morita serre la poignée du sabre. Sous ses yeux, Mishima s'écroule, la face contre le tapis rouge.

Morita abat le sabre. Trop tard. Bien qu'il ait frappé très fort, le sabre va se planter dans le tapis rouge, loin de Mishima. Ce dernier reçoit une entaille profonde au dos et aux épaules.

— Encore ! crient les autres élèves.

Mishima gémissant gît sur le tapis, noyé dans son sang et se tordant de souffrance. Les intestins s'échappent de son ventre.

Morita frappe encore un coup. Encore un coup, il vise mal. Il heurte le corps de Mishima, non la nuque. La blessure est effrayante.

— ...Encore une fois !

Morita n'a plus guère de force dans les mains. Il lève pour la troisième fois le sabre étincelant, et frappe de toute son énergie la tête et la nuque de Mishima. Le coup tranche presque la nuque. La tête de Mishima s'incline sur son corps ; le sang jaillit du cou.

Furu-Koga s'avance. Il s'y connaît en *kendo* (escrime japonaise).

— Donne-moi le sabre ! dit-il à Morita.

D'un seul coup, il sépare la tête du corps.

Les élèves s'agenouillent.

— Priez pour lui, dit Mashita qui se penche de son mieux en avant pour incliner la tête.

Les élèves récitent en silence une prière bouddhiste.

Dans la pièce, on n'entend que les sanglots des jeunes hommes. Des larmes roulent sur leurs joues. Le cou du cadavre bouillonne d'un sang qui couvre le tapis rouge.

Une puanteur suffocante emplit la pièce. Les entrailles de Mishima se sont répandues sur le tapis.

Mashita relève la tête. Les élèves n'en ont pas terminé. Morita arrache sa tunique. Un autre élève prend de la main de Mishima, qui se crispe encore nerveusement dans une mare de sang, le poignard *yoroidoshi* avec lequel il s'est éventré. Il passe l'arme à Morita.

Ce dernier s'agenouille, desserre son pantalon, et pousse un suprême salut comme a fait Mishima :

— *Tenno Heika Banzai! Tenno Heika Banzai! Tenno Heika Banzai!*

Morita essaie sans y parvenir de se plonger le poignard dans le ventre. Il manque de force. Il ne se fait qu'une égratignure en travers de l'abdomen.

Debout derrière lui, Furu-Koga brandit le sabre.

— ...Vas-y! dit Morita.

D'un seul coup de sabre, Furu-Koga tranche la tête de Morita, qui roule sur le tapis. Le sang gicle rythmiquement du coup tranché; le corps s'est écroulé en avant.

Les élèves prient en sanglotant.

Mashita regarde.

— C'est la fin! s'exclame-t-il.

— Ne vous inquiétez pas, fait l'un des élèves. Il nous a dit de ne pas nous tuer. Nous devons vous remettre sain et sauf. Tels étaient ses ordres.

— Assez! crie Mashita. Assez!

Les élèves délient Mashita, qui se met debout en se frottant les poignets. A une main, il a une entaille profonde. Autrement, il se tire indemne de l'échauffourée.

— ...Rendez les corps présentables, ordonne-t-il aux élèves.

Ils ramassent les tuniques des morts, et en recouvrent leurs torses. Ils alignent les deux cadavres sur le sol, pieds dirigés vers la porte principale du bureau.

Puis ils ramassent les têtes, et les posent, le col en bas, sur le tapis ensanglanté. Les serre-tête sont restés en place.

Devant les deux têtes, les élèves prient pour la troisième fois.

Puis ils se relèvent, se dirigent vers l'entrée principale, démantèlent la barricade et ouvrent la porte.

Les élèves se tiennent là, regardant au-dehors. La police leur rend leurs regards. Les uniformes jaunes des jeunes gens sont légèrement tachés de sang, leurs joues mouillées de larmes.

Nul ne bouge.

Un officier s'élance vers Mashita :

— Vous n'êtes pas blessé, mon général?

Le général fait signe que non. Mais il est au bord de l'évanouissement.

La police ne bouge toujours pas.

— Eh bien, finit par s'écrier un inspecteur, arrêtez-les!

Les médecins de la police entrent dans la pièce. A douze heures vingt-trois, ils confirment que Mishima et Morita sont morts par hara-kiri et décapitation.

Une annonce est faite en bas à la presse. Une foule d'une cinquantaine de reporters et cameramen de télévision se trouvent rassemblés dans une petite pièce ; parmi eux je suis l'unique étranger.

Un officier des Jieitai se tient debout sur une petite estrade, face à l'auditoire.

— Ils sont morts, Mishima et un autre, annonce-t-il.

— Que voulez-vous dire : « morts » ?

— Ils ont la tête coupée, oui, coupée ; ils ont la tête coupée, coupée, je vous dis, coupée.

5

« Il a perdu la raison »

La première réaction à l'acte de Mishima est une incrédulité totale. Depuis l'immédiat après-guerre, il n'y a eu aucun cas de hara-kiri rituel au Japon ; la plupart des Japonais ont cru, si tant est qu'ils y aient pensé, que cette pratique avait disparu. Et Mishima était l'un des hommes les plus en vue du pays.

La police est fort troublée. Les officiers du quartier général de la police métropolitaine de Tokyo ne croient pas les premiers rapports. On dépêche un officier supérieur avec cet ordre : « Si le corps est encore chaud, faites tout ce que vous pourrez pour sauver sa vie. »

La presse japonaise ne sait à quel saint se vouer, elle aussi. Un reporter du grand quotidien *Mainichi Shimbun* téléphone son article d'Ichigaya, juste à temps pour une édition de fin d'après-midi. « Retournez vérifier les faits », lui répond le secrétaire de rédaction qui a pris l'appel ; et il rédige le titre suivant :

MISHIMA BLESSÉ, TRANSPORTÉ D'URGENCE À L'HÔPITAL.

Chez lui, en banlieue, Azusa Hiraoka, père de Mishima, fume

tranquillement en regardant la télévision quand le petit écran évoque pour la première fois l' « affaire Mishima » :

— Yukio Mishima... a lancé une attaque contre le camp de Jieitai d'Ichigaya.

Azusa pense : « Maintenant, il va falloir que j'aille présenter des excuses à la police et à toutes les autres personnes en cause. Quel ennui ! »

A la ligne suivante, on peut lire : « *Kappuku* » (s'est éventré). Azusa s'inquiète du fait que la main droite de son fils risque d'avoir été blessée, elle aussi. Pour le reste, la chirurgie moderne se chargera de lui.

L'annonce suivante est : « *Kaishaku* » (Décapité).

— Ça ne m'a pas surpris particulièrement, déclarera plus tard Azusa. Mon cerveau rejetait la nouvelle.

Le Premier ministre Eisaku Sato fait le premier commentaire officiel sur l'affaire.

Sato, bel homme massif en jaquette, sort de la Diète, le parlement. Il vient de prononcer un discours à l'inauguration de la session d'automne, en présence de l'Empereur. Sato connaît Mishima personnellement, et l'a indirectement aidé à faire entraîner sa Tatenokai par les Jieitai.

Des reporters entourent le Premier ministre.

— Que pensez-vous de l'affaire Mishima, monsieur le Premier ministre ?

— Il devait être *kichigai* (avoir perdu la raison), répond Sato.

Sur quoi, il monte dans sa grosse voiture présidentielle noire, pour se rendre à son cabinet.

Peu de temps après, la police annonce les résultats de l'autopsie des corps de Mishima et de Morita. Mishima a au bas-ventre une entaille longue de près de treize centimètres ; par endroits, la blessure atteint cinq centimètres de profondeur. Morita ne présente qu'une légère égratignure en travers de l'abdomen ; il n'a pas eu la grande force nécessaire pour se plonger un poignard dans le corps.

Qu'est-ce qui a bien pu amener les deux hommes à se faire hara-kiri ? La réponse n'est pas aussi simple que l'a supposé le Premier ministre.

II

DEBUTS DANS LA VIE

(1925-1939)

> Mais le penchant de mon cœur vers la Mort,
> la Nuit et le Sang était indéniable.
>
> YUKIO MISHIMA, *Confession d'un masque.*

1

Le Chrysanthème et le Sabre

Une des dernières remarques que m'ait faites Mishima, c'est qu'il est pratiquement impossible à un non-Japonais de comprendre le Japon. Nous autres Occidentaux, continuait-il, ne cessons de sous-estimer l'importance du côté « sombre » de la culture japonaise ; au lieu de quoi nous préférons nous concentrer sur l'élément « tendre » de la tradition nippone. Il s'agissait là d'un thème dont nous discutions depuis le début de notre amitié ; Mishima avait alors illustré son propos en déclarant qu'au Japon même on mettait trop l'accent sur « le chrysanthème » (les arts), sans comprendre suffisamment « le sabre » (la tradition martiale). Et dans ce contexte il s'était référé de manière approbative à l'ouvrage de la sociologue américaine Ruth Benedict, *Le Chrysanthème et le Sabre,* livre bien connu de tous les non-Japonais qui s'intéressent à la culture du Japon. A maintes reprises, il avait insisté sur la dualité de la tradition japonaise, et il félicitait Ruth Benedict d'avoir compris la nature de cette dualité.

J'admets le point de vue de Mishima. Avant et pendant la Seconde Guerre mondiale, les commentaires occidentaux sur le

Japon se préoccupaient presque exclusivement de l'aspect martial de la tradition japonaise ; on disait que les Japonais étaient foncièrement des soldats — des hommes impitoyables, barbares, qui n'hésitaient pas à commettre les pires atrocités comme lors du « rapt de Nankin », en 1937. Après la guerre, les intellectuels occidentaux pensèrent différemment : la majeure partie de ce qui s'est écrit sur le Japon depuis 1950 s'appesantit sur l'esthétique japonaise. Des auteurs traitant de tout un éventail de sujets — littérature classique du Japon, bouddhisme Zen, cérémonie du thé — ont décrit le sens japonais de la beauté. Or, aucune de ces deux écoles de pensée ne donne du Japon une image complète ; ainsi que Mishima l'affirmait, les Japonais ont une double tradition des arts martiaux et littéraires.

Je n'en considère pas moins Mishima comme un écrivain, et non comme un soldat. Si l'on veut comprendre l'homme, on doit étudier son esthétique ; ses exploits dans le domaine militaire sont curieux et révèlent qu'il avait en lui *quelque chose* du soldat ; mais il a consacré presque toute sa vie adulte à l'écriture, non aux Jieitai et à la Tatenokai. Je me propose ici d'examiner l'idée que Mishima se faisait de la beauté, idée qui s'est développée au cours de son adolescence.

Mon étude sur l'enfance de Mishima fait en grande partie appel à une source unique, son chef-d'œuvre autobiographique, *Confession d'un masque* (publié par Gallimard en 1971, dans une traduction française de Renée Villoteau). Ce roman est selon moi le meilleur des nombreux ouvrages de Mishima. Il révèle aussi de son caractère et de sa formation plus qu'aucun autre de ses écrits ; il donne un compte rendu cristallin de son esthétique. *Confession d'un masque* décrit la genèse d'une idée romantique, liée en droite ligne à la décision finale prise par l'auteur de se suicider : l'idée que la mort violente est la beauté suprême à condition que celui qui meurt soit jeune. Idée particulièrement japonaise, qui survient souvent dans la littérature classique ; par exemple, dans les chroniques anciennes, le *Nihonshoki* et le *Kojiki* du VIIIᵉ siècle, ainsi que dans le monumental roman du XIᵉ siècle, *L'Histoire de Genji*. Toutefois, Mishima donne à la tradition classique un tour romantique ; il a autant de points communs avec la culture occidentale contemporaine — par exemple, le culte de la violence dans les chansons rock et les films occidentaux — qu'avec le Japon classique. Un des caractères les plus frappants de sa jeunesse, c'est l'influence de la littérature occidentale sur lui, des contes d'Andersen aux romans de Radiguet et aux pièces de Wilde. Sur la culture occidentale, Mishima en savait beaucoup plus que ses contemporains du Japon ; c'est l'une des raisons qui lui permettaient de se lier si facilement d'amitié avec des étrangers.

2

Naissance

Yukio Mishima naît sous le nom de Kimitake Hiraoka, le 14 janvier 1925, à Tokyo, chez ses grands-parents Jotaro et Natsuko Hiraoka, avec lesquels demeurent ses parents. Les Hiraoka sont une famille de la grande bourgeoisie : Jotaro a été haut fonctionnaire, et son enfant unique, Azusa, père de Mishima, est aussi fonctionnaire du gouvernement ; or au Japon, de tradition confucéenne, le service du gouvernement est considéré comme l'emploi le plus honorable. Le mariage de Jotaro avec Natsuko, descendante d'une famille ancienne, a scellé le rang social des Hiraoka ; le grand-père de Kimitake est fils de fermier, mais son humble origine n'a pas joué contre lui à la fin du XIXᵉ siècle, époque de grande mobilité sociale à la suite de la Restauration Meiji de 1868. Cette Restauration Meiji, où le Japon a ouvert ses portes à l'Occident (comme le veut le cliché), a inauguré une période d'instabilité sociale ainsi que de grands progrès commerciaux et industriels. Au cours de cette ère nouvelle, des hommes capables se sont vu promouvoir sans tenir compte de leur naissance, et Jotaro est parvenu à un rang élevé : gouverneur de province au Japon, et premier gouverneur civil de Karafuto (Sakhaline), l'île située au nord du Japon qui est depuis retournée à l'Union soviétique.

Une semaine après la naissance de Kimitake, premier-né d'Azusa et Shizue Hiraoka — la mère de Mishima est la fille âgée de vingt ans d'un directeur d'école de Tokyo —, la famille célèbre la cérémonie traditionnelle de l'attribution du nom,

LA FAMILLE HIRAOKA

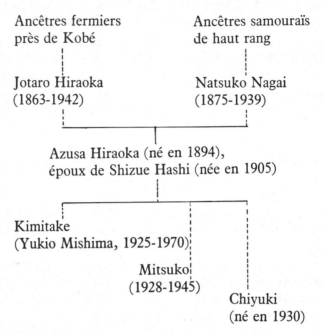

Ancêtres fermiers
près de Kobé

Ancêtres samouraïs
de haut rang

Jotaro Hiraoka
(1863-1942)

Natsuko Nagai
(1875-1939)

Azusa Hiraoka (né en 1894),
époux de Shizue Hashi (née en 1905)

Kimitake
(Yukio Mishima, 1925-1970)

Mitsuko
(1928-1945)

Chiyuki
(né en 1930)

l'Oshichiya. « Au soir du septième jour, note Mishima dans *Confession d'un masque,* le nouveau-né fut revêtu de linge de flanelle et de soie couleur crème, puis d'un kimono en crêpe de soie à dessins bariolés. En présence de toute la maisonnée rassemblée, mon grand-père traça mon nom sur une bande de papier rituel et la plaça sur un support à offrandes dans le *tokonoma.* » (Le *tokonoma,* c'est l'alcôve, réservée aux objets précieux, dans la salle japonaise traditionnelle.) Pourtant, presque tous les souvenirs d'enfance de Mishima sont tristes. Il n'aime pas sa maison natale, située dans le quartier Yotsuya de Tokyo : « On y trouvait deux étages sur une façade et trois de l'autre côté, de nombreuses pièces sombres et six servantes. » Mishima en veut à son grand-père. Assumant la responsabilité d'un scandale administratif, Jotaro a démissionné de son poste de gouverneur de Karafuto. « Dès lors, ma famille commença à glisser sur la pente avec rapidité, mais avec une telle insouciance que je pourrais presque dire qu'elle la descendait en chanton-nant gaiement — dettes énormes, forclusions, vente des propriétés familiales, puis, à mesure que se multipliaient les difficultés financières, une vanité morbide flambant de plus en plus haut comme une impulsion mauvaise... »

Après son retour au Japon, le grand-père de Mishima a tenté de devenir homme d'affaires, mais sans succès ; il a été obligé de vendre ses propriétés ancestrales de Shikata, près de Kobé, où ses ancêtres étaient fermiers depuis le XVIIe siècle. A l'époque de la naissance de Mishima, en 1925, les Hiraoka en sont réduits à demeurer « dans un quartier pas très reluisant de Tokyo, dans une vieille maison en location ». Mishima décrit cette résidence, aujourd'hui disparue, comme « une bâtisse prétentieuse, à l'angle d'une rue, d'un aspect plutôt tarabiscoté, l'air assez crasseuse et comme calcinée. Elle avait une imposante grille de fer, un jardin devant et un salon de réception de style occidental, aussi grand que l'intérieur d'une église de banlieue. »

De son enfance, Mishima nous brosse à coup sûr un sombre tableau. Les causes de son malheur ne se bornent pas aux échecs de Jotaro et au déclin de la fortune des Hiraoka. Le problème fondamental est la tension qui règne au sein de la demeure familiale, tension due à Natsuko, la grand-mère de Mishima ; elle « détestait et méprisait mon grand-père. Elle avait des idées étroites, un caractère indomptable et un esprit poétique assez fantasque ». Natsuko, de loin la plus forte personnalité de la famille Hiraoka, domine non seulement Jotaro mais son fils Azusa. La haine que Natsuko porte à son mari provient du mépris que lui inspire son absence d'amour-propre ; il lui manque l'esprit samouraï de ses ancêtres à elle ; c'est un homme jovial, avec une nuance de frivolité qu'héritera Mishima. Natsuko a une seconde raison de détester le grand-père de Mishima : « Des névralgies crâniennes à l'état chronique lui tenaillaient les nerfs de façon indirecte, mais sans répit, et ajoutaient en même temps à son intelligence une inutile acuité. Qui sait si les crises de dépression qu'elle ne cessa d'avoir jusqu'à sa mort n'étaient pas un souvenir des vices auxquels mon grand-père s'était abandonné dans sa jeunesse ? » Natsuko, si l'on en croit Takeo Okuno, biographe japonais de Mishima, a contracté la syphilis par Jotaro ; cette maladie affecte son cerveau. La malheureuse, qui souffre aussi d'arthrite de la hanche, doit marcher avec une canne.

69

La naissance de Kimitake galvanise Natsuko. Déçue par le caractère ordinaire de la réussite de son fils — le père de Mishima, ayant obtenu un poste au ministère de l'Agriculture et de la Sylviculture, n'est rien de plus qu'un fonctionnaire hautement compétent —, elle reporte sur son premier petit-fils toutes ses espérances. Elle décide de se charger elle-même de son éducation, et enlève pour ainsi dire le petit garçon à sa mère : « Mes parents vivaient au premier étage de la maison. Sous prétexte qu'il était périlleux d'élever un enfant à l'étage supérieur, ma grand-mère m'arracha des bras de ma mère alors que j'avais quarante-neuf jours. » Au sein d'une famille japonaise traditionnelle, la belle-mère a pouvoir de vie et de mort sur l'épouse de son fils ; et Shizue, âgée de vingt ans seulement et de santé fragile, ne peut récupérer son bébé dont le lit est placé dans la chambre de malade de sa grand-mère, « toujours fermée, où régnaient d'étouffantes odeurs de maladie et de vieillesse, et je fus élevé là, à côté de son lit ». La nuit, une bonne d'enfant change les couches du bébé, et prend soin de lui.

Shizue n'est pas remplacée entièrement. Elle continue à nourrir l'enfant mais Natsuko la maintient à sa place, comme la mère de Mishima se le rappellera après sa mort (dans *Segare Mishima Yukio, Mon fils Yukio Mishima,* des souvenirs de ses parents publiés dans le magazine *Shokun* en 1972). « Nous habitions en haut tandis que Mère (Natsuko) gardait constamment Kimitake avec elle ; toutes les quatre heures, elle sonnait assez fort pour que je l'entende d'en haut. Il fallait allaiter Kimitake toutes les quatre heures précises ; et la durée des séances d'allaitement était fixée d'avance avec exactitude. » Après quoi, Shizue se voyait renvoyée en haut. Cette situation se prolongea un an ; l'espoir que nourrissait Shizue de regagner l'enfant se trouva réduit à néant lorsqu'un accident se produisit, exactement tel que l'avait prédit la belle-mère.

Ecoutons Shizue : « Un jour que Mère s'était rendue au kabuki, Kimitake tomba dans l'escalier, se cogna la tête et perdit beaucoup de sang. Nous l'emmenâmes à l'hôpital, et appelâmes Mère au téléphone. A son retour, elle s'écria : *Il est perdu ?* Encore aujourd'hui, je revois son expression terrible. » Dans *Confession d'un masque,* Mishima raconte un peu différemment la scène :

« Quand elle arriva, mon grand-père alla à sa rencontre. Elle demeurait sur le seuil sans retirer ses chaussures, appuyée sur sa canne qu'elle tenait à la main droite et regardait fixement mon grand-père. Quand elle parla, ce fut d'une voix étrangement calme, comme si elle découpait chaque mot :

" Est-il mort ?

— Non. "

Alors elle se déchaussa et, montant les marches de l'entrée, elle enfila le corridor d'un pas assuré, telle une prêtresse... »

Natsuko a des pouvoirs occultes, et par la suite elle déjouera tous les plans de Shizue en vue de récupérer son enfant. Bizarrement, elle élève Kimitake en petite fille, non en garçon. Il est toujours accompagné d'une nurse, ce qui le contrarie fort ; il n'a permission ni de courir dans la maison, ni de sortir ; il doit tout le temps rester au rez-de-chaussée, le plus souvent avec sa grand-mère ou la bonne. Il n'a pas le droit de jouer comme il veut. « Kimitake se plaisait à brandir des règles et d'autres objets longs (lisons-nous dans le compte rendu de sa mère) ; or, Mère les lui confisquait toujours, sous prétexte qu'ils étaient dangereux. Kimitake obéissait avec douceur. Il me faisait beaucoup de peine. »

La santé de Natsuko impose ces contraintes : « La hanche de Mère la rendait très sensible aux bruits, surtout quand la douleur débutait. Les jouets tels que voitures, armes à feu au cliquetis métallique, etc., tout cela était banni. » Elle ne s'en oppose pas moins avec hostilité à tout ce qui menace sa mainmise sur l'enfant. « Quand il faisait beau dehors, j'essayais de l'y emmener. Toujours en vain. Mère se réveillait en sursaut pour me l'interdire. Kimitake restait donc enfermé dans sa chambre sombre et triste, sa chambre de malade. »

En février 1928, la mère de Mishima a un deuxième enfant, une fille que l'on appelle Mitsuko. Natsuko ne fait aucune tentative pour prendre la fille avec elle ; il est absurde qu'un enfant se trouve confiné au rez-de-chaussée, l'autre au deuxième étage ; c'est pourtant ce qui se produit.

Si Shizue nourrit l'espoir de récupérer Kimitake, cet espoir est réduit à néant par le début d'une maladie grave. Le premier jour de l'an 1929, le petit garçon s'écroule soudain. Selon sa mère, « Kimitake fut atteint d'*auto-intoxication* (*jikachudoku*)...

Son état étant critique, toute la famille se réunit à la maison. Je rassemblai ses jouets et ses vêtements pour les mettre dans le cercueil. Mon frère, docteur à l'Ecole de médecine de Chiba, entra à ce moment ; soudain, il s'exclama : *Regardez ! Il est en train d'uriner ; peut-être qu'il va s'en tirer.* Au bout d'un moment, il urina bien davantage, et mon frère déclara : *Maintenant, il vivra.* » « Auto-intoxication » n'est pas un terme occidental, seulement une traduction littérale de *jikachudoku.* Voici les symptômes et le traitement de Kimitake : « Je vomis une matière couleur de café. On appela le médecin de famille. Après m'avoir examiné, il déclara n'être pas certain que je puisse guérir. On me fit une telle quantité d'injections de camphre et de glucose que je finis par ressembler à une pelote à aiguilles. Mon pouls, au poignet et en haut du bras, devint imperceptible. » D'après un pédiatre japonais, le docteur Kiyoshi Naka-mura, « cette maladie se rencontre habituellement chez les enfants sensibles, intelligents, couvés, dont la mère a fait des enfants *sages.* » On ignore la cause de la maladie de Kimitake, mais je suppose que Natsuko, de tempérament violent, est responsable de ces crises, dont l'enfant souffrira par la suite à intervalles réguliers.

Il devient un enfant exceptionnellement délicat, comme on en peut juger sur une photographie prise de lui au cours de l'été 1929. Réjouissance peu fréquente, on l'a emmené dans un parc. Monté sur un âne, il semble étrangement absent, avachi comme un ballon dégonflé ; le menton sur la poitrine, il porte un costume marin. On dirait qu'il risque à tout instant de dégringoler de son perchoir.

3

Contes de fées et fantasmes

Mishima raconte comment sa maladie « frappait environ une fois par mois, tantôt légèrement, tantôt gravement ». Les crises sont nombreuses. « D'après le bruit des pas de la maladie tandis qu'elle approchait, j'en vins à être capable de pressentir si la crise allait ou non être voisine de la mort. » Natsuko autorise rarement son petit-fils à sortir de la maison ; et ses brèves rencontres avec le monde extérieur aux grilles de fer de la maison Hiraoka revêtent une grande importance. Le minuscule et pâle garçonnet, d'une exceptionnelle sensibilité, dote de signification tous ceux qu'il rencontre, si brièvement que ce soit. « Mon plus ancien souvenir, indiscutable celui-là, et qui a imprimé en moi une image d'une intensité extraordinaire, date à peu près de cette époque (la quatrième année)... C'était un jeune homme qui descendait vers nous, avec de belles joues rouges et des yeux brillants, portant autour des cheveux un rouleau d'étoffe sale en guise de serre-tête. Il descendait la pente, portant à l'aide d'une palanche deux seaux de vidange sur une épaule... C'était un vidangeur, un collecteur d'excréments. Il était vêtu en ouvrier, chaussé de sandales à semelles de caoutchouc et à dessus de toile noire, les jambes serrées dans un pantalon de coton bleu foncé, du genre ajusté qu'on appelle *cuissard*... Le pantalon collant dessinait avec précision la partie inférieure de son corps, qui se mouvait avec souplesse et semblait se diriger tout droit vers moi. Une adoration inexprimable pour ce pantalon était née en moi... Son métier me donnait le sentiment d'une *tragédie* dans le sens le plus voluptueux du mot. »

La tragédie est celle de Kimitake. Il se trouve éternellement exclu de la vie des hommes et des femmes de la rue — par exemple, les conducteurs de *hanadensha* (tramways décorés de fleurs) et les receveurs de tickets à la tunique ornée de rangées de boutons dorés qu'il voit lors de ses rares sorties. La peine que lui cause le vidangeur est en réalité profonde inquiétude au sujet de lui-même. « Les prétendues *choses tragiques* dont je prenais conscience n'étaient probablement que des ombres projetées par l'éclat flamboyant du pressentiment d'un chagrin encore plus grand à l'avenir, d'une exclusion plus rigoureuse encore... » Plus tard, Mishima luttera contre son aliénation ; il s'identifie aux Japonais de la rue : chauffeurs de taxi, barmen, soldats. Mais il ne peut échapper à son éducation ; comme dit un proverbe japonais : « Le caractère d'un homme se trouve déterminé dès l'âge de trois ans. » Mishima est élevé dans une impression fausse de la société japonaise ; très influencé par les propos de Natsuko sur sa « vieille famille », et par le snobisme d'autres membres de la maisonnée, il ignore combien le Japon est égalitaire. Il a une image de la société japonaise où des familles comme les Matsudaira, de qui descendait la mère de Natsuko, et les Tokugawa, lesquels ont gouverné le Japon durant deux siècles et demi, constituent les sommets qui entourent l'Empereur, le plus élevé des êtres.

Un autre des premiers souvenirs de Mishima concerne un livre d'images : « J'avais plusieurs livres d'images à cette époque, mais mon imagination avait été séduite, complètement et exclusivement, par celui-là seul et par une seule image qui fut pour moi une révélation. » Il s'agit là d'une illustration qu'il contemple durant des heures, tout en sentant qu'il n'aurait pas dû l'adorer. « L'image représentait un chevalier monté sur un cheval blanc, l'épée levée... Il y avait un magnifique écusson sur l'armure d'argent portée par le chevalier. Son beau visage se devinait à travers la visière et il brandissait son épée nue de façon terrifiante, sous le ciel bleu, affrontant soit la mort soit tout au moins quelque redoutable objet, doué d'un pouvoir maléfique. Je pensais qu'il allait être tué l'instant d'après »... La pensée de la mort imminente du beau chevalier captive l'enfant. Grande est sa désillusion quand la nurse lui révèle que le chevalier est une femme : Jeanne d'Arc. « J'avais l'impression d'avoir reçu un coup de massue. La personne dont j'avais pensé qu'elle était *il* était *elle*. Si ce magnifique chevalier était une femme et non un homme, que restait-il ? » Il fallait que ce fût un homme, sinon sa mort ne pouvait être émouvante ; à l'appui de sa thèse, Mishima cite Oscar Wilde.

> *Il est beau ce chevalier qui gît frappé à mort*
> *Parmi les joncs et les roseaux...*

La mort fascine Mishima. « Encore un autre souvenir : c'est l'odeur de sueur, une odeur qui semblait m'emporter, éveillait mes désirs, me subjuguait... C'était la troupe qui passait devant chez nous en revenant de l'exercice... L'odeur de sueur des soldats — cette odeur pareille à la brise marine, à l'air brûlant et doré qui règne au-dessus du rivage de la mer — frappait mes narines et me grisait. » Mishima n'est pas à un âge où l'odeur de sueur a un caractère sexuel. « Mais elle éveilla en moi, petit à petit et obstinément, un violent désir sensuel pour des choses telles que la destinée des soldats, la nature tragique de leur métier... les conditions dans lesquelles ils mourraient... » Mishima attache une grande importance à ses images bizarres, dressées devant lui depuis le début « avec une perfection véritablement toute-puissante ». Rien n'y manque. « Plus tard, j'y cherchai les sources de mes sentiments et de mes actions »...

La beauté de la mort violente ou atrocement douloureuse d'un bel adolescent servira de thème à beaucoup de ses romans, de *Chusei* (*Le Moyen Age,* 1946) à *Neige de printemps* (1969). Mishima estime que plus une mort est violente, affreuse, et plus elle est belle ; il voue un culte à un martyr chrétien, saint Sébastien, et dote d'une beauté suprême l'ancien rite samouraï de l'éventration, le hara-kiri. Un adolescent quelconque, Isao, le protagoniste de *Chevaux échappés* (1969), accède au rang de héros en se faisant hara-kiri.

Enfant, Mishima ressent le désir de jouer la comédie. La période de l'enfance est pour lui « une scène de théâtre sur laquelle l'espace et le temps s'enchevêtrent... Je ne pouvais croire que le monde fût plus compliqué qu'un édifice de jeux de construction, ni que la prétendue *communauté sociale*, dans laquelle il me faudrait entrer bientôt, pouvait être plus éblouissante que l'univers des contes de fées. Ainsi, sans que je m'en rendisse compte, l'un des éléments déterminants de ma vie était entré en jeu. Et à cause de mes luttes contre lui, dès le début toutes mes rêveries furent teintées de désespoir »... L'enfant a un fantasme de la Nuit où il voit, dira-t-il, « une cité brillante flottant sur l'étendue des ténèbres qui m'entouraient... Je discernais nettement un sceau mystique imprimé sur le visage des gens de cette cité... Si je pouvais seulement toucher leur visage, je découvrirais les couleurs dont la cité de la nuit les avait peints ». Puis une magicienne, que Mishima a vue au théâtre, apparaît devant ses yeux : « Bientôt la Nuit leva un rideau juste devant mes yeux, dévoilant la scène sur laquelle Shokiokusai Tenkatsu accomplissait ses tours de magie. » Il est fasciné par cette femme qui « parcourait la scène avec nonchalance, son corps plantureux voilé par des vêtements semblables à ceux de la Grande Prostituée de l'Apocalypse ».

Le petit garçon décide de se déguiser en Tenkatsu. Parmi les kimonos de sa mère, écrira-t-il, « je m'emparai du plus somptueux, celui qui s'ornait des couleurs les plus éclatantes. Comme ceinture, je choisis une *obi* où des roses écarlates étaient peintes à l'huile et l'enroulai plusieurs fois autour de ma taille... J'enfonçai un miroir à main dans ma ceinture et me poudrai légèrement le visage ». En de tels atours, l'enfant s'élance dans la chambre de malade de sa grand-mère. Elle reçoit une visite ; sa mère est présente, elle aussi. Courant çà et là dans la chambre, il crie de toutes ses forces : « Je suis Tenkatsu ! » « Mon exaltation, écrira Mishima, était centrée sur la conscience que, grâce à mon interprétation, Tenkatsu était révélée à de nombreux yeux. Bref, je ne voyais rien d'autre que moi-même. » Un instant, les yeux de l'enfant croisent ceux de sa mère ; elle a baissé la tête ; elle est pâle. Des larmes brouillent les yeux du garçonnet. « Ce moment me montrait-il combien mon isolement paraîtrait grotesque aux yeux de l'amour, et en même temps, apprenais-je, par l'envers de la leçon, mon incapacité à accepter l'amour ?... » La passion du déguisement durera chez Mishima jusqu'à l'âge d'environ neuf ans. Une fois, avec la complicité de sa sœur et de son frère cadets (Chiyuki, le frère cadet, est né en 1930), il se déguise en Cléopâtre ; il a vu la reine d'Egypte au théâtre, faisant son entrée dans Rome, « son corps demi-nu, couleur d'ambre, se détachant sur le tapis de Perse ».

Mishima apprend à lire à l'âge de cinq ans. Il lit tous les contes de fées qu'il peut trouver, mais il n'a « jamais eu de goût pour les princesses ». Il n'affectionne que les princes. « Surtout les princes assassinés ou voués à la mort. J'étais absolument amoureux de tous les jeunes hommes qui venaient à être tués. » Il lit des ouvrages d'auteurs japonais tels que Mimei Ogawa, ainsi que les contes d'Andersen. « Seul, son *Elfe à la rose* projetait sur mon cœur des ombres profondes, seul ce beau jeune homme qui, tandis qu'il baisait la rose que sa bien-aimée lui avait donnée en gage d'amour, était poignardé et décapité par un misérable, avec un grand couteau... Le penchant de mon cœur vers la Mort, la Nuit et le Sang était indéniable. » (Cette phrase résume l'esthétique de Mishima.) Il est aussi fasciné par un conte de fées hongrois dans lequel un prince, vêtu d'un collant et d'une tunique rose, se trouve mis en pièces par un dragon, miraculeusement ressuscité, « saisi par une araignée géante et après que son corps eut été empli de poison par une piqûre, il était dévoré voracement » ; de nouveau ressuscité, il se voit « jeté dans une fosse tapissée d'une quantité incalculable de grands couteaux »... Mishima s'imagine encore mourant au combat — ici, l'on entrevoit le fantasme qui le poussera vers sa propre mort —, ou bien assassiné. « Pourtant, j'avais de la mort une peur anormale... Un jour, je rudoyais une servante au point de la faire pleurer et le lendemain matin je la voyais servir le petit déjeuner avec un visage gai et souriant... Alors, je croyais découvrir dans ses sourires les significations les plus sinistres... J'étais sûr qu'elle complotait de m'empoisonner pour se venger. Des vagues de peur déferlaient dans ma poitrine. J'étais certain que le poison avait été versé dans mon bol de bouillon »...

Toute son existence, Mishima craindra d'être empoisonné. Un ami qui se trouvait avec lui à Bangkok en 1967 m'a dit qu'il était perpétuellement à l'affût du danger : « Dans les restaurants locaux, jamais il ne mangeait autre chose qu'une omelette. Pas de nourriture thaïe. Et à l'hôtel, il se brossait les dents à l'eau de seltz. Vigoureusement. » Sa grand-mère, qui lui fait subir un régime strict après sa maladie, est peut-être à l'origine de sa phobie de l'empoisonnement : « En fait de poisson, on me permettait seulement les espèces à chair blanche, tels le flétan, le turbot et le rouget ; les pommes de terre devaient être écrasées et passées au tamis ; quant aux sucreries, toutes les gelées étaient interdites, il ne restait que les biscuits légers, les gaufrettes et autres gâteaux de ce genre ; quant aux fruits, seulement des pommes coupées en tranches minces ou de petits quartiers de mandarines. » Sa mère, Shizue, a décrit les règles strictes édictées par Natsuko :

« Quand il eut environ cinq ou six ans, je fus autorisée à le mener dehors, mais seulement s'il n'y avait pas de vent. Il s'agissait là d'une concession obtenue par mon mari, qui eut avec Mère, là-dessus, de grandes discussions à maintes reprises.

« Mère fit venir à la maison trois fillettes, pour jouer avec Kimitake. On les introduisit dans la chambre de Mère, et on ne leur permit de jouer qu'à des jeux tels que *mamagoto* (maison), *origami* (papier plié) et *tsumiki* (cubes).

« Finalement, je renonçai à presque tout ; je faisais la lecture à

Kimitake, et dessinais pour lui. Voilà comment il s'intéressa au dessin... il se mit également à écrire à l'âge de cinq ans, à notre grande surprise. »

Dans *Confession d'un masque,* Mishima dit : « Le moindre bruit était mauvais pour les névralgies de ma grand-mère — une porte ouverte ou fermée avec violence, une trompette d'enfant, une lutte corps à corps, n'importe quels sons ou vibrations un peu forts — et il fallait que nos jeux fussent plus tranquilles qu'ils ne sont d'ordinaire, même ceux des filles. » Peu surprenant que l'enfant ait cherché refuge dans ses contes de fées, et préféré demeurer seul à lire un livre ou à jouer avec ses jeux de construction, « à (se) repaître des fantaisies de (son) imagination ou à dessiner ». Shizue le trouve un peu étrange : « Nous lui apportâmes un petit tourne-disque ; il passait et repassait deux heures de suite le même air. » Mais Kimitake n'est peut-être tout simplement pas musicien. Le jour où l'enfant reçut le tourne-disque, Natsuko devait être sortie ; elle n'eût jamais toléré ce bruit. A l'époque, Kimitake a appris à lui obéir dans les moindres détails. Une photographie prise au cours de l'été 1930, alors qu'il est âgé de cinq ans, montre l'enfant debout avec un petit chariot, dominé par Natsuko, la main sur son épaule. L'expression de la grand-mère est sombre ; nul doute qu'elle est gravement malade ; elle a une mâchoire volontaire, un puissant regard — son visage fait peur. Mais le petit Kimitake sourit largement ; ses yeux brillent ; il paraît à l'aise avec elle. Sa sœur et son frère, qui ne sont pas confiés à sa grand-mère, seront élevés avec la liberté qui sied à des enfants. « Pourtant, je n'enviais guère leur liberté et leur turbulence. »

Au début du printemps 1931, alors que l'enfant, âgé de six ans, va entrer en classe, il se rend en visite chez ses cousines, deux fillettes avec lesquelles Natsuko lui permet de jouer librement. « Je jouissais d'une liberté infiniment plus grande chez Sugiko (sa cousine) que chez moi. Comme les ennemis imaginaires susceptibles de m'enlever — bref, mes parents — étaient absents, ma grand-mère n'avait aucun scrupule à me laisser plus de latitude. » C'est une expérience difficile. « Tel un malade faisant ses premiers pas pendant sa convalescence, j'éprouvais une sensation de gêne, comme si j'agissais sous la contrainte d'une obligation imaginaire. Mon lit de paresse me manquait. Et dans cette maison, on exigeait tacitement de moi que je me conduise en garçon. A contrecœur, j'avais dès lors adopté un déguisement. » Kimitake propose que lui et ses cousines jouent à la guerre ; le trio court çà et là dans le jardin en criant « Bang ! Bang ! » jusqu'à ce que Kimitake se réfugie dans la maison et s'effondre par terre. « J'étais transporté d'aise à la pensée de mon corps gisant là, tout tordu et affaissé. J'éprouvais une joie inexprimable d'avoir été tué d'un coup de feu et d'être sur le point de mourir. Il me semblait que puisque c'était moi, même si j'avais été réellement frappé par une balle, je n'aurais sûrement éprouvé aucune souffrance... »

Le commentaire de Mishima sur cette scène est une réflexion sur sa vie entière, et sur sa mort. « Ce que les gens considéraient comme une attitude de ma part était en réalité l'expression de mon besoin d'affirmer ma vraie nature, et c'était précisément ce que les gens considéraient comme mon moi véritable qui était un déguisement. C'était ce déguisement endossé de mauvaise grâce qui me faisait dire : *Jouons à la guerre.* »

4

Ecole et adolescence

Les années 1930 constituent une décennie de violence dans les affaires publiques du Japon ; toutefois, les événements de ces années-là n'affectent que peu les Hiraoka. Le père de Mishima continue d'occuper son poste au ministère, et bénéficie d'une promotion ; le jeune garçon ne sait pas grand-chose des bouleversements qui ont lieu à Tokyo. Un matin de 1936, alors qu'il se rend en classe, il entend au loin des fanfares : le début de l'affaire Ni Ni Roku, le plus important des nombreux coups de force qui ébranlèrent le Japon dans les années 1930. Il se rappellera qu'il y avait de la neige par terre : on était en février ; par la suite, Mishima associera les rues neigeuses avec la révolution. Les Hiraoka n'en mènent pas moins l'existence protégée de la grande bourgeoisie ; la vie se poursuit comme avant.

La scolarité de Mishima débute en avril 1931, à son entrée aux Gakushuin, l'Ecole des Pairs. Il est encore sous l'autorité de sa grand-mère ; Natsuko ne manifeste aucun désir de le rendre à sa mère. Citons Shizue : « Après l'entrée de Kimitake à l'école primaire, je fus autorisée à l'y mener moi-même, chaque jour. J'étais si heureuse d'être avec lui, à ramasser des glands dans le parc, à chanter avec lui des chansons dans le parc de Yotsuya ! » Elle lui achète des glaces, pour lesquelles il a un faible ; elle l'incite à se rendre chez le dentiste en lui offrant une glace avant chaque visite. Natsuko fixe le programme quotidien de son petit-fils ; en rentrant de l'école avec sa mère, il doit prendre son *osanji* (thé de trois heures) avec Natsuko, puis faire ses devoirs à son chevet. Elle tient à passer avant sa mère. « S'il m'appelait *Okasama* (Mère) avant de lui adresser d'abord la parole en l'appelant *Obasama* (Grand-mère), elle se montrait fort désagréable. D'autres fois, s'il manifestait le désir de faire avec moi quelque chose, elle nous critiquait l'un et l'autre. »

Les Gakushuin, école destinée aux enfants de riches et à l'aristocratie — elle était aussi fréquentée par des membres de la famille impériale —, était de tradition libérale. L'été, l'on nageait à la plage : un luxe, suivant les critères d'austérité des écoles d'avant-guerre. Mais Natsuko ne permet pas au garçon de faire ces excursions ; il exprime sa déception dans une dissertation écrite en 1932 :

EXCURSION À ENOSHIMA

Je ne suis pas allé à l'excursion de l'école.

En m'éveillant, ce jour-là, j'ai pensé : « Maintenant, tout le monde doit être à la gare de Shinjuku, dans le train. »

Je pense facilement à des choses pareilles.

Je suis allé trouver ma grand-mère et ma mère. Je voulais tellement y aller ! A ce moment précis, ils devaient tous être arrivés à Enoshima.

Si je voulais tant y aller, c'est que je n'y suis jamais allé. J'y pensais du matin au soir.

En me couchant, j'ai fait un rêve.

J'étais bien allé à Enoshima avec tous les autres, et j'y avais joué avec beaucoup de plaisir. Mais je ne pouvais pas marcher du tout. Il y avait des rochers.

Alors, je me suis réveillé.

Si l'on en croit sa mère, sa première excursion scolaire eut lieu au sanctuaire de Kashima. « Il était si heureux, cette fois ! Il envoya une carte à Mère, mais il m'envoyait rarement des cartes à moi. » Toute son existence, Mishima s'enchantera d'aller dans des endroits qu'il n'a jamais vus auparavant ; il adorera se rendre dans des restaurants qui viennent de s'ouvrir, grimper au sommet de nouveaux gratte-ciel à Tokyo — si possible avant tous les autres gens qu'il connaît. Son enthousiasme enfantin, refoulé dans son enfance, explosera par la suite. Quand on le taquinera là-dessus, il se fâchera. « Oh ! ne dites pas ça ! » s'écriera-t-il en se détournant.

A la maison, la vie est souvent pénible. L'enfant, ainsi que Mishima le raconte dans sa nouvelle autobiographique *Isu* (*Chaise*, 1952), qui décrit l'existence domestique malheureuse d'un garçon de neuf ans, court en pleurant vers sa mère quand sa sévère grand-mère le gronde. Les impitoyables semonces le terrifient et le dépriment ; pourtant, sa grand-mère ne le laisse pas habiter chez ses parents, et insiste pour qu'il revienne à sa chambre de malade. Shizue a du mal à supporter cette situation ; le matin d'un tel jour, elle approche sa chaise d'une fenêtre du deuxième étage de la maison pour regarder en bas la chambre de malade où elle sait que son fils doit être assis docilement au chevet de sa grand-mère. « Je vis un moment sa petite tête alors qu'il attendait que sa grand-mère et son infirmière revinssent des toilettes. » L'attitude de l'enfant diffère un peu de celle de sa mère : la pitié qu'elle a de lui (il doit brûler d'envie de courir partout et de se dépenser comme les autres enfants) se fourvoie à certains égards ; il se plaît avec sa grand-mère malade, qui l'aime si passionnément. Il a beaucoup des instincts d'un enfant ; « mais quelque chose en moi appréciait la chambre obscure et le lit de malade — encore aujourd'hui, je travaille à ma table toute la nuit, et m'éveille aux environs de midi. » Selon Mishima, tandis que sa mère les épie, lui et l'infirmière, de l'étage supérieur, il n'est pas triste ; et même, il est satisfait. Parfois seulement il éprouve une brusque haine pour l'infirmière, qui, déclare-t-il, « me fait des farces obscènes » (il ne précise pas lesquelles) ; il a peur que sa mère ne les surprenne. « Il m'est difficile d'expliquer ma haine : nous

désirons généralement que nos proches connaissent nos cha-
grins et nos peines. J'essayais de cacher le plaisir que je prenais à
ma peine. »

Shizue décide de reprendre son fils à sa grand-mère, de plus
en plus clouée au lit ; un jour, elle prie un domestique de faire
sortir en cachette le garçon de la chambre de Natsuko tandis
qu'elle dort. On est fin décembre 1934 ; il souffle un vent froid ;
dans ces conditions l'enfant, encore fragile, n'est pas censé
sortir. Shizue l'emmène se faire photographier. « Ensuite, les
mains moites, elle parlait sur un ton d'un pathétique inhabituel.
Elle semblait avoir formé un projet quelconque, puis changé
d'avis sur le chemin du retour. » Une photographie du garçon
âgé de neuf ans montre un petit bonhomme au crâne rasé, l'air
d'un vieillard ratatiné, à l'expression triste et douce.

L'année suivante, les Hiraoka déménagent. La maisonnée se
disloque. Mishima emménage dans une maison avec ses grands-
parents, et le reste de la famille va habiter une résidence
distincte, à quelques rues de là. Au Japon, l'usage veut qu'à un
certain âge les grands-parents quittent le foyer de leurs enfants ;
Jotaro et Natsuko se conforment à cette tradition, appelée *inkyo*.
Mais le temps approche où la santé de Natsuko ne lui permettra
plus de s'occuper du garçon. Deux ans plus tard, en mars 1937,
ses études à l'école des Gakushuin achevées, il rejoindra ses
parents. Ils sont allés vivre dans une autre maison plus proche
de l'école secondaire des Gakushuin, située dans un autre
quartier de Tokyo que l'école primaire. Natsuko lutte jusqu'au
bout. « Jour et nuit, ma grand-mère serrait ma photographie sur
son cœur en pleurant, et elle était prise sur-le-champ d'une crise
aiguë si je violais le traité stipulant que je viendrais chaque
semaine passer une nuit chez elle. A douze ans, j'avais une
tendre amoureuse âgée de soixante ans. »

Après son départ de chez sa grand-mère, le garçon respectera
l'engagement de venir séjourner auprès d'elle une fois par
semaine ; elle lui fait aussi faire des sorties, l'invite à l'accompagner au théâtre ; il se rend pour la première fois au kabuki voir
Chushingura, l'histoire des quarante-sept ronins qui se firent
hara-kiri en 1704. Ils vont également au nô. Mishima possède
un instinct du théâtre que sa famille a encouragé ; mais
jusqu'alors, Natsuko lui a refusé l'autorisation de se rendre au

kabuki ou au nô, en alléguant qu'ils ne conviennent pas à un jeune garçon ; peut-être pense-t-elle aux scènes d'effusion de sang du kabuki. Ces sorties au théâtre fatiguent Natsuko ; elle a dépassé la soixantaine, et des années de maladie l'ont éprouvée. Peu à peu, sa santé décline, et les visites de Mishima chez elle se font moins fréquentes. A l'automne de 1938, son état devient sérieux ; elle meurt au début de l'année suivante, à l'âge de soixante-quatre ans.

Grande a été son influence sur son petit-fils. Elle l'a élevé comme une petite Japonaise, mais lui a aussi enseigné la fierté, lui inculquant l'esprit samouraï de ses ancêtres. Une de ses maximes était : « Il faut être le plus altier possible. » Dans ses manières cérémonieuses, Mishima trahira l'influence de sa grand-mère. Même plus tard au cours de son existence, il aura du mal à se détendre ; il apprendra à fumer, s'entraînera à boire ; pourtant, il n'aimera guère le tabac et l'alcool, ce qui reflète peut-être le désir qu'avait Natsuko de faire de lui un modèle. Mais l'énorme personnalité de sa grand-mère l'inhibera aussi : même à l'âge adulte, quand il aura réussi, Mishima sera vulnérable et sensible derrière son masque de samouraï, facilement blessé et influencé par autrui ; bien qu'en apparence incapable d'aimer, il exigera d'autrui de l'amour ; toutefois, en cas de réciprocité, il prendra la fuite.

Sa grand-mère lui a façonné une personnalité double. Un Mishima possède un fort caractère, apte à prendre des décisions ; il dirige son corps ainsi qu'une machine, tire des plans pour lui, cherche le plaisir sexuel et poursuit le succès matériel. L'autre Mishima se tient en retrait de la vie. Je connaissais un peu des deux faces de sa personnalité ; pourtant, presque toujours, c'était le Mishima fort que l'on voyait, non l'enfant timide, craintif. Au dernier jour de son existence, il se distribuera le rôle du samouraï puissant ; mais bien sûr, sa personnalité comportait une autre face ; sinon, jamais il n'eût écrit *Confession d'un masque,* ouvrage qui révèle de la faiblesse, une imagination morbide, un sens décadent de la beauté où se joignent l'érotisme et le « sang ».

L'exposé par Mishima de son esthétique présente un caractère d'humour désespéré. Au cours de son adolescence, il souffre de « l'angoisse d'un enfant pourvu d'un curieux jouet ».

A l'âge de douze ou treize ans, il commence à avoir des érections. « Ce jouet augmentait de volume en toute occasion et insinuait que, bien utilisé, il serait un objet tout à fait délicieux. » L'adolescent est excité par les hommes musclés, par la vue des équipes de nageurs à la piscine de Meiji, par « le jeune homme basané qu'avait épousé une de (ses) cousines »... On évoque le résumé par lui de son esthétique, « Mort, Nuit et Sang », à propos de maints passages ultérieurs de *Confession d'un masque,* tels que la série d'images qui excitent son imagination adolescente : « Les sanglantes scènes de duel... les images de jeunes samouraïs s'ouvrant le ventre ou de soldats frappés par des balles, serrant les dents tandis que le sang ruisselait... les photographies de lutteurs de *sumo,* aux muscles durs, de troisième catégorie, pas encore devenus trop gras »...

Lorsqu'il est seul chez lui, le jeune Mishima fait un usage étrange de son talent de dessinateur : « Quand la composition d'une image dans un magazine de romans d'aventures était jugée mauvaise, je commençais par la copier au pastel avant de la corriger selon mes goûts. Alors elle devenait l'image d'un jeune artiste de cirque tombant à genoux et crispant la main sur sa poitrine trouée d'une balle ; ou celle d'un danseur de corde qui, ayant perdu l'équilibre, s'était ouvert le crâne et gisait maintenant, mourant, la moitié du visage couverte de sang. » Le garçon cache ces illustrations chez lui dans un tiroir ; mais parfois, assis en classe aux Gakushuin, il a l'idée horrifiante qu'à la maison, quelqu'un risque de les découvrir ; cela efface toute pensée de travail scolaire.

Mishima réintègre le foyer maternel à un stade délicat de sa vie. Un ami de la famille, qui connaissait depuis trente ans les Hiraoka, m'a décrit l'effet sur le garçon d'avoir été rendu à sa mère à l'orée même de son adolescence : « Quand Mishima commença de vivre avec sa mère, il tomba amoureux de la pauvre et belle femme que son affreuse belle-mère avait si cruellement traitée. Etant donné la longueur de leur séparation, la réunion entre mère et fils était à peine normale. Mishima se trouvait à un âge très sensible, le début de l'adolescence. » Plus tard, Shizue parlera de son fils comme d'un « amoureux ». (Après son suicide, elle dira : « Mon amoureux m'est revenu. ») Mishima lui rendait ses sentiments ; il l'aimait profondément ;

sans doute n'eut-il jamais de relation vraiment étroite avec aucun autre être. Sa mère, disait-il, « m'a protégé depuis l'enfance » ; elle portait ses manuscrits à des écrivains en place, et l'encourageait en secret à continuer d'écrire. Elle s'en cachait à son époux : Azusa voulait voir ses fils suivre la tradition familiale en devenant fonctionnaires, et désapprouvait tout à fait la carrière littéraire pour le garçon. Shizue, la protectrice, suscitait chez son fils les sentiments suivants : « Dès sa jeunesse, ma mère avait été fort belle. Cela pourra surprendre, mais j'étais fier de sa jeunesse et de sa beauté. Quand je comparais ma mère à celles de mes amis, je me sentais supérieur aux autres. » (*Ajisai no Haha, Mère Hortensia,* 1953.)

Après sa mort, Shizue notera ces impressions sur les relations de son fils avec elle après la Seconde Guerre mondiale :

« Si jamais j'étais au lit avec la grippe ou quelque chose de ce genre, Kimitake s'inquiétait véritablement à mon sujet comme si j'allais mourir. Il m'apportait des *hanebuton* (coussins de plume), commandait des plats de chez Hamasaku et Fukudaya (les meilleurs restaurants de Tokyo), proposait que j'eusse des toilettes à l'occidentale, ou voulait m'acheter un nouvel appareil à air conditionné, au lieu du modèle bruyant que nous avions. Quand il était encore célibataire, il s'asseyait à mon chevet, travaillait à ses paperasses, et me soignait.

« Chaque fois qu'on lui envoyait des fleurs, il me les faisait porter par la bonne (de sa maison voisine). Un jour, il admira beaucoup l'un de mes arrangements floraux ; c'était *Sept fleurs d'automne.*

« S'il allait en voyage, il ne manquait jamais de rapporter des *omiyage* (cadeaux) pour la famille et pour les bonnes. Quand il voyageait au Japon, il téléphonait d'où qu'il se trouvât, en arrivant, bavardait au sujet du voyage, et annonçait le moment précis de son retour.

« Une fois, il proposa que nous allions à Nara pour le Saegusa Matsuri (une fête), disant qu'il y aurait des quantités de *sasayuri* (décorations de lis). (Je n'y pus aller mais) je fus ravie quand il rapporta de Nara un seul petit lis rose ; il le portait lui-même, bien qu'il eût ce jour-là des tas de bagages.

« Kimitake m'invitait à des pièces de théâtre, à des opéras étrangers, à d'intéressantes expositions, etc., tous les mois, ainsi qu'à de nouveaux restaurants. J'ai connu tous ces endroits grâce à lui. »

Sa mère est la première personne à voir ses écrits, qui paraissent régulièrement dans le magazine de l'école, *Hojinkai Zasshi*, après l'entrée du garçon à l'école secondaire en 1937. Là, il réussit bien mieux que chez les petits, où ses maîtres jugeaient ses rédactions aventureuses (il traitait de personnages exceptionnels, et ses constructions étaient insolites) ; en outre, sa santé s'améliorant de façon régulière, ses notes elles aussi deviennent meilleures. Il ne fait plus d'absentéisme aux Gaku-shuin.

Toutefois, son père oppose de la résistance aux ambitions littéraires de Mishima, ce qui le met en conflit avec la mère du garçon. Le ministère d'Azusa l'a envoyé deux ans à Osaka, où il vit séparé de sa famille ; à son retour à Tokyo, en 1939, il s'inquiète de voir la rapidité avec laquelle s'est développé l'intérêt de son fils aîné pour l'écriture. Un jour, Azusa fait irruption dans la chambre du jeune Mishima, saisit le manuscrit auquel il travaille, et le déchire en morceaux qu'il répand à travers la pièce. Le garçon pleure ; sa mère le console avec du thé ; par la suite, Mishima cachera ses textes de telle sorte que son père ne les puisse trouver.

Shizue est littéralement la « protectrice » de son fils ; il ne s'agit pas seulement de l'encourager à écrire. L'intérêt propre de Shizue pour la littérature lui vient de sa famille de lettrés. Bien qu'elle n'écrive pas elle-même, elle eût aimé le faire, et Mishima est son représentant. Shizue n'a ni le caractère affirmé ni le goût littéraire défini de sa belle-mère (Natsuko appréciait beaucoup les mystérieuses histoires de fantômes de Kyoka Izumi, un écrivain du début du siècle), mais elle est beaucoup plus sensible à la littérature et aux arts que son mari. Azusa continue à vouloir pour son fils, qui promet dans le domaine intellectuel, une carrière au gouvernement. Il ne peut imaginer que quiconque puisse vivre de sa plume ; et de fait, avant la Seconde Guerre mondiale, c'était pratiquement impossible ; les écrivains avaient besoin de mécènes. Entre père et fils, les relations ne seront jamais étroites ; Azusa n'en eut pas moins sur le garçon de l'influence et exerça sur lui, au cours de son adolescence, une pression régulière. En tant qu'aîné de ses enfants, et le plus doué, Mishima est destiné par son père à prendre la tête de la famille ; les deux autres enfants — Mitsuko, robuste garçon manqué, enjouée, sans imagination, et Chiyuki, garçon taciturne et doux — sont censés le suivre. Tel est le rôle du fils aîné dans une famille japonaise traditionnelle.

On ne peut que rêver à ce qu'eût été la réaction de son père s'il avait connu les pensées et les songes d'adolescence de son aîné — selon toute apparence un enfant normal, voire exemplaire. O ironie ! Azusa joue un rôle dans la découverte par Mishima d'une image qui le hantera durant sa vie entière, saint Sébastien au poteau du martyre. « Un jour, profitant de ce que je n'allais pas à l'école à cause d'un léger rhume, je pris des volumes de reproductions d'œuvres d'art, que mon père avait rapportés comme souvenirs de ses voyages à l'étranger [Azusa s'est rendu en Europe afin de représenter son ministère sur des questions de pêche ; et, pareil à la plupart des Japonais cultivés de la classe moyenne, il s'intéresse à la culture occidentale]... Soudain apparut, à l'angle de la page suivante, une image dont je ne pus m'empêcher de croire qu'elle était là pour moi, à m'attendre. » C'est une reproduction d'une œuvre de la fin de la Renaissance, le *Saint Sébastien* de Guido Reni.

Mishima décrit ce tableau dans *Confession d'un masque* : « Un jeune homme d'une beauté remarquable était attaché nu au tronc d'arbre. Ses mains croisées étaient levées très haut et les courroies qui lui liaient les poignets étaient fixées à l'arbre. Aucun autre lien n'était visible et le seul vêtement qui couvrît la nudité du jeune homme était une grossière étoffe blanche nouée lâchement autour des reins... N'étaient les flèches aux traits profondément enfoncés dans son aisselle gauche et son côté droit, il ressemblerait plutôt à un athlète romain se reposant, appuyé contre un arbre sombre, dans un jardin. Les flèches ont mordu dans la jeune chair fraîche et parfumée et vont consumer son corps au plus profond, par les flammes de la souffrance et de l'extase suprêmes. » Les mains du garçon s'embarquent dans un mouvement dont il n'a aucune expérience ; il joue avec son « jouet ». « Soudain, la chose jaillit, apportant un enivrement aveuglant. Un moment s'écoula, puis, en proie à des sentiments de profonde tristesse, je portai mes regards autour du pupitre devant lequel j'étais assis... Il y avait un peu partout des taches d'un blanc de nuage... Certains objets laissaient échapper des gouttes molles, comme du plomb, d'autres luisaient d'un reflet terne, comme les yeux d'un poisson mort. Par bonheur, un mouvement réflexe de ma main pour protéger l'image avait empêché que le livre ne fût souillé. » Telle est la première éjaculation de Mishima. Quelle impression profonde fait sur lui l'image de saint Sébastien ! Vingt-cinq ans plus tard, Mishima posera pour un photographe en saint Sébastien ; il aura « une grossière étoffe blanche nouée lâchement autour des reins », et trois flèches plantées dans son torse bronzé par le soleil, l'une fichée dans son aisselle.

Mishima décrit son « premier amour » aux Gakushuin. Il s'agit d'un garçon plus âgé, Omi ; si l'on en croit *Confession d'un masque,* « il était physiquement beaucoup plus développé que nous et dans les contours de son visage, on discernait des signes d'une adolescence privilégiée, bien plus avancée que la nôtre. On lui voyait une attitude innée et hautaine de mépris gratuit. » Omi, d'après une rumeur qui circule à l'école, a une « grosse affaire » ; Mishima ne peut manquer de méditer là-dessus : « Ces paroles de mon ami agirent comme un engrais répandu sur les herbes vénéneuses d'une idée profondément implantée en moi. » Mishima, âgé de quatorze ans, attend impatiemment l'été : « Sûrement, pensais-je, l'été me fournira une occasion de voir son corps nu. D'autre part, je caressais au plus profond de moi-même un désir plus honteux encore. C'était de voir sa fameuse *grosse affaire.* » Il ne peut être l'unique admirateur de la personne d'Omi ; le garçon plus âgé remplit son uniforme scolaire, « prétentieuse » copie d'un uniforme d'officier de marine, « donnant une impression de poids, de solidité et d'une sorte de sexualité. Je n'étais sûrement pas le seul à regarder avec des yeux envieux et tendres les muscles de ses épaules et de sa poitrine... A cause de lui, je me mis à aimer la force, une impression de sang surabondant, l'ignorance, les gestes rudes, les propos inconsidérés et cette sauvage mélancolie propre à la chair, où l'intellect n'a aucune part... » Le jeune Mishima vénérait tous « ces possesseurs de chair purement animale qu'aucun élément intellectuel n'avait corrompue — jeunes bandits, marins, soldats, pêcheurs — » mais il est condamné à « les considérer de loin avec une indifférence passionnée »...

88

Une rencontre avec Omi provoque la découverte par Mishima d'un fétiche : les gants blancs. C'est la coutume aux Gakushuin de porter des gants blancs, les jours de cérémonie. « Le seul fait d'enfiler une paire de gants blancs, avec des boutons de nacre luisant mélancoliquement aux poignets et trois sages rangées de piqûres sur le dos, suffisait pour évoquer les symboles de tous les jours de fête... Le ciel sans nuages sous lequel ces sortes de journées semblent toujours rendre des sons éclatants au milieu de leur carrière, puis s'effondrer. » Dans le parc des Gakushuin, il y a une planche à bascule, et les garçons se battent souvent pour la possession de cette planche. Un jour, Omi, debout sur la planche, attend que quelqu'un le défie ; à Mishima, il fait l'effet « d'un meurtrier aux abois » ; il se balance et porte ses gants blancs. Mishima se sent attiré vers la planche : « Deux forces contraires agissaient sur moi, luttant pour la suprématie. L'une était l'instinct de conservation. La seconde — une force encore plus profondément, plus intensément acharnée à la complète désintégration de mon équilibre intérieur — était la tentation du suicide, cette impulsion subtile et secrète »... Il s'élance en avant, attaque l'autre ; les deux garçons luttent, les mains gantées de blanc nouées entre elles, et s'abattent au sol ensemble ; durant cette lutte brève ils échangent un seul regard, et Mishima a le sentiment qu'Omi a sûrement compris qu'il l'aime. Lors de la cérémonie scolaire qui suit, les deux garçons sont assis près l'un de l'autre ; à maintes reprises, Mishima lance des coups d'œil latéraux à Omi, et fixe des yeux les taches de ses gants ; les deux garçons ont sali leurs gants blancs par terre. Pourtant, Mishima ne sera pas long à souhaiter impatiemment la fin de cette histoire platonique ; il tire même un plaisir intense de la prescience que son amour sera éphémère.

Cet amour se termine à la fin du printemps (de 1939). Il y a dehors un cours de gymnastique, dont Mishima est dispensé pour raison de santé : victime d'une légère attaque de tuberculose, il tousse sans arrêt. Il sort pour assister au cours dont Omi, chouchou du moniteur de gym, est la vedette. Omi est prié de montrer à la classe comment se balancer à la barre fixe. Il fait tiède, et Omi ne porte qu'un léger maillot de corps. Mishima se dit que ses robustes bras sont « certainement dignes de porter des ancres tatouées ». Une houle parcourt le corps d'Omi ; en un instant, le voilà suspendu à la barre où il exécute une série de tractions. Des exclamations admiratives fusent de la classe et de Mishima, lequel a observé avec étonnement que sous les bras d'Omi les poils poussent en abondance : « C'était sans doute la première fois que nous voyions une telle opulence de poils, cela semblait presque de la prodigalité, comme une exubérante croissance d'encombrantes herbes d'été... La force vitale — c'était avant tout cette extravagante abondance de force vitale qui subjuguait les garçons... Sans qu'il s'en rendît compte, une force s'était glissée dans la chair d'Omi et complotait de s'emparer de lui, de le transpercer brutalement, de s'écouler de lui, de l'éclipser. »

Mishima, qui sent la réaction des autres élèves, consumé de jalousie, se dit qu'il n'est plus amoureux d'Omi. Alors, Mishima éprouve le besoin d'un régime spartiate d'autodiscipline ; un seul mot d'ordre l'obsède : « Sois fort ! » Dans le tramway qui le matin l'emporte à l'école, il fixe du regard les autres voyageurs au point de leur faire baisser les yeux afin de prouver sa « force ». Et pourtant, le spectacle d'Omi à la barre fixe l'a profondément impressionné ; la vision d'aisselles velues devient érotique à ses yeux ; quand il prend un bain, le jeune Mishima se regarde longuement au miroir, examinant ses maigres épaules, sa poitrine étroite, et souhaitant avoir un jour, lui aussi, de luxuriantes aisselles. Encore petit, peu développé, il pèse moins de quarante-cinq kilos à l'âge de quatorze ans. Mais peu à peu ses aisselles bourgeonnent, « de plus en plus sombres », et bientôt deviennent assez broussailleuses pour tenir lieu d'image érotique au garçon ; lorsqu'il s'abandonne à sa « mauvaise habitude » (la masturbation), il contemple fixement cette partie de son anatomie.

Toshitami Bojo, un « grand » des Gakushuin lors de l'entrée de Mishima à l'école secondaire, se le rappelait comme « un garçon pâle, plutôt chétif. Il avait déjà son fameux rire. Il lisait les classiques, et nous étions frappés par ses aptitudes. Malgré les huit années qui nous séparaient, Mishima pouvait suivre tout ce que je disais, et signalait les faiblesses de mes remarques. En un sens, depuis cette époque il était sans âge. » Bojo, qui faisait partie du *Bungei-bu,* cercle littéraire de l'école, connut Mishima quand le garçon lui soumit ses premiers textes pour le magazine scolaire, que dirigeait le *Bungei-bu*. Les poèmes et les brèves compositions de Mishima lui valent l'admiration de ses aînés du *Bungei-bu*, dont il recherche la compagnie. Snob, il se lie à des garçons de bonne famille : Bojo, dont les ancêtres servent depuis des générations la cour impériale ; Takashi Azuma, son meilleur camarade de classe ; et Yoshiyasu Tokugawa, un descendant de la famille qui a gouverné le Japon de 1603 à 1868, ère Tokugawa de l'histoire japonaise.

Sa réussite scolaire — ses notes ont continué de s'améliorer grandement depuis l'école des petits — et son précoce talent littéraire permettent à Mishima de se tenir presque sur un pied d'égalité avec ces garçons plus âgés qui publient ses œuvres dans chaque numéro de *Hujinkai Zasshi*, leur magazine. On peut distinguer dans ses écrits — dans la nouvelle intitulée *Sukanpo* (*Oseille*, 1938) — les caractéristiques des ouvrages de maturité de Mishima : élégance ironique ; indifférence aux classes laborieuses et souci des classes supérieures ; goût insensé pour la cruauté. Bojo a raison de dire : « En un sens, depuis cette époque il était sans âge » ; à partir du début de son adolescence, ses goûts changeront peu. Les gants blancs qu'il portera au dernier jour de sa vie, et qui seront légèrement tachés de sang lors du combat dans le bureau du général Mashita (on peut le constater sur les photographies de Mishima en train de parler du haut du balcon, ce jour-là), ressembleront à ceux que lui et Omi portaient le jour de leur propre combat sur la planche à bascule.

Les descriptions d'Omi dans *Confession d'un masque* m'évoquent Masakatsu Morita, l'élève-chef de la Tatenokai. Mishima écrit d'Omi : « Je ne sais quoi sur son visage donnait l'impression d'un sang abondant coulant à flots dans tout son corps ; c'était un visage rond, avec des pommettes arrogantes, saillant de ses joues basanées, des lèvres qui semblaient avoir été cousues pour ne former qu'une ligne mince, des mâchoires solides et un nez large, mais bien fait et pas trop proéminent. » Le sort que subit Omi dans le livre ne diffère pas tellement de celui de Morita ; d'après le fantasme de Mishima, Omi est l'objet d'un sacrifice humain. « Omi... avait été trahi, puis exécuté en secret. Un soir, au crépuscule, il avait été dépouillé de ses vêtements et emmené dans le bosquet sur la colline... La première flèche avait pénétré dans sa poitrine, la seconde dans son aisselle. » La mort d'Omi (dans le style de saint Sébastien) et celle de Morita offrent toutes deux le spectacle du sang qui jaillit, de même que le hara-kiri de Mishima. Le sang lui provoque une excitation sexuelle — c'est là sa plus importante « confession », et le cœur de son esthétique. Les Japonais ont poétisé sans fin la beauté du sang répandu par les samouraïs ; ils assimilent à la vie du samouraï la fleur éphémère du cerisier. Toutefois, le romantisme de Mishima concernant la mort et le sang diffère de la tradition classique japonaise.

Le goût du jeune Mishima pour ce qui est décadent saute aux yeux dans son ouvrage intitulé *Yakata* (*Résidence,* 1939). Dans cette histoire, presque la seule qu'il ait laissée inachevée de sa vie, il décrit, dans le décor du Japon médiéval, une lutte pour le pouvoir entre un satanique aristocrate, dont l'unique plaisir est le meurtre, et son épouse, qui représente Dieu. Dans *Yakata,* Mishima tente de développer sa conception d'un « théâtre du meurtre », fantasme qu'il décrira plus tard dans *Confession d'un masque :* « Là, dans mon théâtre du meurtre, de jeunes gladiateurs romains offraient leur vie pour mon amusement ; et toutes les morts qui avaient lieu devaient non seulement ruisseler de sang, mais aussi s'accomplir avec le cérémonial qui convenait. Je prenais plaisir à toutes les formes de peine capitale et à tous les moyens d'exécution. Mais je n'admettais ni instruments de torture ni gibet, car ils n'auraient pas offert d'effusion de sang. Je n'aimais pas non plus les armes à feu, telles que pistolets ou fusils. Autant que possible, je choisissais des armes primitives et sauvages — flèches, poignards, lances. Et, pour prolonger la torture, c'était au ventre qu'il fallait viser. »

Dans l'esthétique de Mishima, le sang est suprêmement érotique. Les images de sang et de mort lui fouettent l'imagination : « L'arme de mon imagination massacra nombre de soldats grecs, nombre d'esclaves blancs en Arabie, de princes de tribus sauvages, de garçons d'ascenseur dans les hôtels, de serveurs de restaurants, de jeunes apaches, d'officiers de l'armée, de garçons de piste dans les cirques... Je baisais les lèvres de ceux qui gisaient à terre, encore agités de mouvements spasmodiques. » Pour exécuter ses victimes, il invente une machine spéciale : « Une épaisse planche garnie de douzaines de poignards debout, disposés en forme de silhouette humaine, glissait le long d'une tige pour tomber sur une croix fixée à l'autre extrémité de la tige. » Il a aussi des fantasmes de cannibalisme ; son plus terrible rêve est celui du sacrifice d'un garçon — il choisit un contemporain athlétique des Gakushuin — assommé, dépouillé de ses vêtements, ligoté nu sur un vaste plat et ainsi ·porté dans une salle de banquet. Là, Mishima commence le festin : « *Voici sans doute un bon endroit pour commencer.* Je plantai tout droit la fourchette en plein cœur. Un jet de sang me frappa au visage. Tenant le couteau de la main droite, je me mis à découper la chair de la poitrine, doucement, d'abord par tranches minces... »

Cette esthétique doit autant à l'Occident qu'à la tradition classique du Japon — peut-être bien davantage. Dans *Confession d'un masque,* Mishima dit avoir emprunté sa notion de « théâtre du meurtre » aux descriptions du Colisée de *Quo vadis ?* Une certaine musique rock occidentale reflète les mêmes influences ; par exemple, un des vers de la chanson intitulée *Peace Frog,* par les Doors, qui traite d'émeutes raciales en Amérique est *Blood on the rise* (Le sang jaillit). Mishima cherche à incarner une vision similaire, et se retrouve sur un chemin qui ne peut mener qu'à la mort : pour se sauver, il lui faudrait renoncer à sa notion romantique de la beauté.

III

LA FORMATION DE YUKIO MISHIMA

(1940-1949)

> Je frissonnais même d'un étrange plaisir à la
> pensée de ma propre mort. J'avais l'impression
> de posséder le monde entier.
>
> Yukio Mishima, *Confession d'un masque.*

1

Enfant de l'histoire ancienne

A quinze ans, Mishima s'intéresse principalement au travail scolaire et à la littérature. Il est encore pour une large part un garçon « pâle, chétif », suivant la description que Bojo a faite de lui à treize ans, et souffre d'anémie — maladie qu'il attribue en secret à ses « mauvaises habitudes » ; mais depuis l'époque de l'école des petits sa santé s'est énormément améliorée, et sa concentration est bonne. Presque en tête de sa classe de soixante élèves, il excelle en toutes les matières. Pourtant, il ne se mêle pas aux garçons de son âge ; ils n'ont pas grand-chose à lui apporter : sa précoce intelligence le classe à part. Et ses parents qui, arguant de sa mauvaise santé, insistent pour lui éviter les deux ans réglementaires de pensionnat au dortoir des Gakushuin, encouragent sa tendance à l'isolement. Tout comme il a fait lors de son entrée à l'école secondaire, il recherche la compagnie d'élèves plus âgés et d'enseignants. Takashi Azuma, de trois ans son aîné, est déjà un ami intime ; quant à Fumio Shimizu, son professeur de *kokugo* (japonais), il l'encourage tant pour le travail scolaire que pour la littérature. Shimizu, passé en

1938 de l'école Seijo Gakuen aux Gakushuin, est son meilleur maître ; le garçon va le voir à l'heure du déjeuner et le soir, quand il a du temps de libre.

Les goûts littéraires de Mishima se sont développés. Il lit l'œuvre de Junichiro Tanizaki, important romancier japonais, ainsi que Rainer Maria Rilke, Raymond Radiguet et Oscar Wilde. Il espère être un jour l'émule de Radiguet, et le caractère décadent de Wilde —- la pièce *Salomé* est l'une de ses œuvres favorites — l'intrigue. L'esthétique de Mishima — la beauté de la Mort (le bel adolescent qui meurt dans sa fleur physique, comme le fit à vingt ans Radiguet) et la beauté du Sang (la tête tranchée de saint Jean-Baptiste, baisée par Salomé) — se trouve solidement établie. Il découvre sa Nuit chez les anges de Rainer Maria Rilke. « Le penchant de mon cœur vers la Mort, la Nuit et le Sang était indéniable. »

Goûts littéraires bien extraordinaires pour un jeune Japonais de l'époque ; mais il est un élève exceptionnel d'une école peu courante. Personne, aux Gakushuin, ne lui interdit de lire Wilde ou Radiguet parce qu'il s'agit d'auteurs appartenant à des races inférieures (à l'époque, le credo officiel affirme que les Japonais sont supérieurs par essence à tous les autres peuples, et destinés à les dominer). Tanizaki, que les militaristes désapprouvent parce qu'il s'intéresse à la vie « bourgeoise », n'est pas critiqué aux Gakushuin. Mishima s'instruit aussi en dehors de l'école. Sa mère a obtenu pour lui une introduction auprès d'un poète romantique en renom, Ryuko Kawaji ; le garçon va le visiter régulièrement pour lui montrer ses compositions ; il écrit encore en majeure partie de la poésie. Il aime travailler avec Kawaji car, comme il le note dans son livre intitulé *Shi o Kaku Shonen* (*Le Garçon qui écrivait des poèmes*, 1956), « j'éprouvais des sentiments d'extase, de riche solitude, de pure ivresse, et celui de la fraternité des mondes extérieur et intérieur ». La plupart de ses poèmes sont des œuvrettes enjouées où le garçon chante le plaisir qu'il prend à un monde sensuel imaginaire. Une exception, *Magagoto* (*Choses mauvaises*), évocation de la Nuit :

> Debout à ma fenêtre
> J'attendais chaque soir
> D'étranges événements.

> Je guettais de mauvais présages
> Une tempête de sable se levant de l'autre côté de la rue
> Un arc-en-ciel nocturne.

Après sa mort, un critique, Jun Eto, soutiendra que cette œuvre nihiliste « recelait la clef de toute la littérature de Mishima ».

Le jeune Mishima reste platoniquement homosexuel, semble-t-il. Il a admiré Omi de loin, et ne s'est pas embarqué dans des liaisons aux Gakushuin ; il est trop timide, et comme il n'est point pensionnaire à l'école, les occasions se trouvent beaucoup plus limitées pour lui que pour les autres élèves. Il y a pas mal d'homosexualité adolescente aux Gakushuin, comme dans n'importe quel collège de garçons ; mais on s'intéresse surtout à l'hétérosexualité, ainsi que Mishima l'indique nettement dans *Confession d'un masque :* « La période appelée adolescence — j'en sentais largement les effets sous la forme d'une ardente curiosité — semblait être venue nous rendre visite comme à des malades. Parvenus à la puberté, les garçons semblaient ne rien faire d'autre que penser exagérément aux femmes, avoir des boutons et écrire des poèmes sirupeux tirés de têtes en proie à un perpétuel vertige. » Il se rend compte qu'il est différent des autres garçons ; eux semblent tirer du seul mot de « femme » une excitation insolite ; « pour moi, au contraire, le mot *femme* n'évoquait pas plus une impression sensuelle que *crayon* »... Mais il ne se rend pas compte à quel point il est différent : « Bref, je ne savais absolument rien des autres garçons. Je ne savais pas que chaque nuit tous les garçons sauf moi faisaient des rêves où les femmes — des femmes entraperçues la veille à un coin de rue — étaient dépouillées de leurs vêtements et appelées l'une après l'autre à défiler sous les yeux du dormeur. Je ne savais pas que, dans les rêves des garçons, les seins d'une femme flottaient souvent comme de belles méduses surgies de l'océan de la nuit. » Ses propres sensations sexuelles rendent Mishima mal à l'aise. Il devient « obsédé par l'idée du baiser », et pour se faire croire que ce désir est de la passion animale, il doit se livrer à un déguisement compliqué de sa véritable nature. Un sentiment inconscient de culpabilité le pousse opiniâtrement à jouer « un rôle conscient et mensonger ».

Travail scolaire, littérature et passions adolescentes — il entretient une correspondance sentimentale avec Azuma — préoccupent Mishima. Entre-temps, la situation internationale se détériore rapidement ; le Japon se précipite vers une guerre avec la Grande-Bretagne et l'Amérique. En juillet 1940, nombre de résidents britanniques au Japon sont emprisonnés comme « espions » ; à l'automne, le Japon entre dans le Pacte tripartite avec l'Allemagne et l'Italie, pacte suivi d'un traité de non-agression avec la Russie, conclu en avril 1941. Durant les années 1930, à la tête de l'armée japonaise, deux idées s'affrontaient. Un camp estimait que la menace principale sur le Japon émanait de l'Union soviétique, et préconisait une opération vers le nord ; mais ce camp fut pratiquement éliminé à la suite de l'affaire Ni Ni Roku de février 1936. Ses adversaires, favorables à une opération vers le sud contre la Grande-Bretagne, la Hollande et la France, prennent la tête du gouvernement. Après les succès de l'Allemagne nazie en 1940, les événements jouent en faveur du parti de l'opération vers le sud ; sa stratégie paraît la bonne. L'Amérique, toutefois, pose un problème. Infliger une défaite militaire aux Etats-Unis est impossible. Les Japonais espèrent que le gouvernement Roosevelt acceptera l'impasse dans le Pacifique, que Hitler écrasera la Grande-Bretagne, que les forces japonaises pénétreront jusqu'en Australie et en Inde afin d'achever la destruction de l'empire britannique. Avec cet objectif en tête, les forces armées, qui ont dominé tous les gouvernements depuis 1930, projettent de porter un premier coup écrasant à la marine américaine en effectuant sur Pearl Harbor une attaque surprise. Des négociations diplomatiques, jusqu'à la veille même de l'attaque, doivent endormir la vigilance de l'ennemi. Après la nomination, en octobre 1941, du général Tojo comme Premier ministre, ministre de l'Intérieur et ministre de la Défense, le décor est planté pour la guerre.

A cette époque, Mishima, âgé de seize ans, publie son premier ouvrage, *Hanazakari no Mori (La Forêt tout en fleurs)*, en feuilleton dans une revue littéraire, *Bungei Bunka,* que son professeur, Shimizu, contribue à éditer. *Hanazakari no Mori* marque la première floraison du talent de Mishima ; il y manifeste un don du langage — il écrit dans un japonais riche et romantique — qui stupéfie ses aînés. Dans le numéro de septembre 1941 de *Bungei Bunka,* Zenmei Hasuda, instituteur ami de Shimizu, fait ce commentaire : « L'auteur de *Hanazakari no Mori* est un tout jeune homme. Nous désirons garder quelque temps son identité secrète... Ce jeune auteur est l'enfant béni de l'histoire ancienne. » *Hanazakari no Mori,* loué par Hasuda en ces termes hégéliens, est un remarquable ouvrage. Il a pour thème les ancêtres ; il est formé de cinq parties où Mishima décrit la vie d' « ancêtres » de lignée aristocratique, appartenant à des époques historiques très éloignées. Par exemple, une section relate les expériences d'une duchesse de la période Meiji (fin du XIXe siècle), qui divorce d'avec son époux, et passe dans la retraite les quarante années suivantes de sa vie. Une autre partie raconte les expériences religieuses d'une dame de la cour qui a des visions de Dieu. Ce qui séduit Hasuda, nationaliste véhément, c'est l'évocation par Mishima d'un Japon historique d'un caractère totalement différent de la grossière époque moderne où l'esprit bourgeois des chefs militaires du Japon balaie tout devant lui. La beauté du langage — empreint de nostalgie envers le passé — frappe d'autant plus étant donné la jeunesse de Mishima. Son japonais est plus distingué que celui de ses aînés — toute son existence, Mishima va manifester un amour des personnages rares qui le distingue de ses contemporains.

Hanazakari no Mori n'est pas seulement le premier ouvrage publié de Mishima, et un ouvrage qui contient en germe tous ses écrits ; il marque aussi l'évolution de sa pensée adulte, laquelle est pessimiste. A la fin du livre, une ancienne relation vient rendre visite à une amie âgée, femme de famille artistocratique qui vit seule dans la retraite. La visiteuse essaie de ranimer leurs communs souvenirs du passé, mais la femme âgée ne veut rien entendre.

« C'est étrange, remarque-t-elle, mais tout cela est enfui. » Cette scène ressemble fort à la scène finale de la dernière œuvre de Mishima, *L'Ange en décomposition,* écrit près de trente années plus tard.

Dans *Hanazakari no Mori,* Mishima adopte le nom de plume qu'il utilisera tout le reste de sa vie, Yukio Mishima. Décision prise chez Shimizu à Mejiro, lors d'une rencontre à la fin de l'été 1941. Shimizu propose que le garçon adopte un nom de plume, vu son très jeune âge. Il suggère le nom de Mishima : le sommet

neigeux du Fuji-Yama se voit le mieux de la ville de Mishima, située en plein Sud entre le Fuji-Yama et la mer. Shimizu tire le prénom, Yukio, du mot japonais qui signifie neige : *yuki*. Les deux hommes discutent alors des caractères à utiliser pour écrire ce nom ; il en existe un choix considérable. « Mishima » est facile ; ils choisissent les caractères utilisés pour le nom de lieu :
三島 .« Yukio » est plus malaisé. Le jeune écrivain propose 由紀雄. Et Shimizu suggère une enjolivure littéraire : changer le troisième caractère en 夫 . Son idée est de conférer au nom de plume une saveur romantique ; or, 夫 a été choisi par un poète romantique, Sachio Ito, pour dernière syllabe de son prénom. (Plus tard, le père de Mishima, hostile, dira que son fils a choisi son nom de plume en parcourant un annuaire du téléphone et en donnant un coup de crayon. Il se trompe.)

Le mois où paraît la dernière partie de *Hanazakari no Mori,* la guerre éclate. Les causes profondes de la guerre du Pacifique, qui débute le 7 décembre 1941 quand l'aviation attaque la flotte américaine à Pearl Harbor, restent sujettes à discussion. Mishima m'a dit un jour : « Nous avons été forcés d'entrer en guerre. » Il s'agit là d'une opinion avec laquelle de nombreux Japonais seraient d'accord aujourd'hui ; pourtant, à l'époque où la formula Mishima — début 1966 —, on rencontrait encore peu de Japonais qui parlaient ouvertement de la guerre, si grand était le traumatisme de la défaite de 1945 à la suite de la première et seule utilisation d'armes nucléaires au combat. Maints Japonais estiment que l'attaque de Pearl Harbor était une « mesure défensive », destinée à briser le siège de l'alliance ABCD (America, Britain, China, the Dutch — Amérique, Grande-Bretagne, Chine, Hollande). Le président Roosevelt avait annoncé qu'il priverait le Japon de pétrole ; réaction : un assaut « défensif » sur Hawaii et les colonies britanniques d'Extrême-Orient. Quelles qu'aient été les causes de la guerre, elle eut sur la carrière et le suicide de Yukio Mishima une influence profonde. Ainsi que le note Bunzo Hashikawa, historien contemporain de Mishima : « La plus commode explication du suicide de Mishima se réfère à ses expériences au cours de la guerre, alors qu'il était adolescent. » La guerre n'apporte pas de changement immédiat dans la vie du garçon ; mais lui et les autres élèves des Gakushuin vivent dans la croyance que la conscription et une mort presque certaine les attendent à la fin de leurs années d'école.

2

L'« Ironie » de tout cela

La guerre, au début, n'affecte pas beaucoup la famille Hiraoka. Azusa Hiraoka, âgé de quarante-sept ans, est trop vieux pour être mobilisé ; lorsqu'il démissionne de son poste au ministère en mars 1942 — il est parvenu au rang le plus élevé possible —, il entreprend une petite carrière d'avocat. Son père, Jotaro, âgé de quatre-vingts ans, meurt en août ; c'est pour la famille Hiraoka l'événement le plus important de cette année-là.

Mishima, qui a dix-sept ans, passe de l'école secondaire à l'école supérieure des Gakushuin en mars 1942. Il a obtenu d'excellents résultats scolaires. Depuis trois ans, il est second d'une classe de soixante élèves ; il a des notes élevées dans toutes les matières hormis la physique, où il a perdu un point en un seul trimestre. Voici son carnet scolaire :

	Premier trimestre	Second trimestre	Troisième trimestre	Moyenne
Place	2	2	—	2
Moyenne	Excellente	Excellente	—	Excellente
Morale	A	A	A	A
Japonais	A	A	A	A
Dissertation	A	A	A	A

Il obtient aussi des A sans équivoque en calligraphie, anglais, histoire, géographie, mathématiques (géométrie et algèbre), chimie. En sports uniquement il se montre plus faible : en *taiso* (éducation physique), *kyoren* (exercice) et *budo* (arts martiaux). Son assiduité est bonne en comparaison de celle de ses premières années à l'école.

A son entrée dans l'école des grands, en avril 1942, il connaît une déception. « Avec le début de la guerre, écrit-il dans

Confession d'un masque, une vague de stoïcisme hypocrite déferla sur le pays tout entier. Les grandes écoles elles-mêmes n'y échappèrent pas : pendant toutes mes études secondaires, nous avions attendu avec impatience l'heureux jour où nous accéderions à l'enseignement supérieur, où nous pourrions laisser pousser nos cheveux, mais maintenant, ce jour venu, nous ne fûmes plus autorisés à satisfaire cette ambition — il nous fallut continuer à porter les cheveux ras. » Pourtant, Mishima se voit traiter en brillant élève par son principal professeur, Ryozo Niizeki, sous la direction duquel il entreprend des études d'allemand (littérature et droit). Devenu membre du comité du *Bungei-bu,* le club littéraire, il ne tarde pas à le présider ; il devient aussi moniteur. Dans le magazine de l'école, cet élève modèle publie des poèmes patriotiques, des *tanka* (poèmes de trente et une syllabes). Dans *Omikotonori (Edit impérial),* qui paraît en avril, Mishima se voue à la déesse du soleil et au service de l'Empereur. Il s'intéresse davantage aux classiques. Il étudie le *Kojiki (Les Annales anciennes),* et lit le *Manyoshu* (*Journal d'une myriade de feuilles),* l'anthologie de la poésie du VIIIe siècle, en vogue pendant la guerre. Au cours de l'été, il publie une étude sur le *Kokinshu,* l'anthologie du Xe siècle, dont les méditatifs et mélancoliques poèmes sont plus à son goût que les robustes poèmes lyriques du *Manyoshu.* En outre, Mishima et Takashi Azuma fondent une petite revue à eux, *Akae (Image rouge),* où ils publient leurs propres œuvres.

Entre-temps, la guerre évolue — suivant la formule fameuse de l'Empereur — « pas nécessairement à l'avantage du Japon ». En avril 1942, les premiers bombardiers américains font leur apparition au-dessus de Tokyo ; bien qu'il ne s'agisse pas d'un raid important, il est clair que, si les forces militaires japonaises perdent leur élan, la mère patrie se trouvera menacée. En juin, a lieu la bataille navale de Midway. La marine américaine coule par chance quatre porte-avions japonais et détruit par la même occasion de nombreux avions de chasse ; la marine japonaise ne se relèvera pas de ce coup. Des plans d'avance à travers la Nouvelle-Guinée et d'invasion du nord de l'Australie avortent ; en fait, après Midway, la guerre est perdue. Elle se poursuivra trois années encore avec d'immenses pertes en vies humaines et destructions ; mais après la campagne de Guadalcanal, fin 1942, les Japonais seront sur la défensive dans le Pacifique.

Mishima, à cette époque, s'associe avec un groupe d'écrivains qui estiment qu'il s'agit d'une guerre sainte. Hasuda, le meneur spirituel du groupe *Bungei Bunka,* de vingt et un ans l'aîné de Mishima, encourage l'adolescent à croire en l'idéal de mort au service de l'Empereur. Erudit, doué d'une aptitude exceptionnelle à interpréter les classiques japonais en termes contemporains, Hasuda est l'auteur d'une étude sur Otsu-no-Mido, prince tragique du VIIe siècle. Moralité, selon Hasuda : « Je crois que l'on devrait mourir jeune, à notre époque. Mourir jeune, j'en ai la conviction, fait partie de la culture de mon pays. » Hasuda tient en haute estime le jeune Mishima ; un ami, Masaharu Fuji, note (dans un article paru dans la revue *Shincho* en février 1971) ces impressions sur Hasuda disant au revoir à l'adolescent : « Quand nous allions voir Hasuda, il sortait pour accompagner à la gare Mishima, et regardait longuement s'éloigner le train. Son attachement pour le garçon sautait aux yeux ; il considérait Mishima, ce prodige, comme son propre joyau précieux. »

Hasuda était un maître d'école mince et plein de raideur, originaire de Kyushu, pays traditionnel de prêtres au Japon. Il avait servi en Chine, puis été rapatrié au Japon pour invalidité ; mais en 1943, il devait être à nouveau mobilisé — pour aller en Malaisie. En 1970, pour une biographie de Hasuda, Mishima rédigera une préface où il note : « Ses ennemis (au Japon) n'avaient pas essayé de comprendre ni voulu connaître l'origine de la furieuse colère et de la conduite sans compromission de Hasuda. Elles étaient le pur produit de sa sévère tendresse... Au cours de mon adolescence, j'ai bénéficié de l'affectueuse tendresse de Hasuda. J'ai vu ce grandiose spectacle : l'explosion soudaine, puis la dissipation de sa colère... A mes yeux, Hasuda était un poète qui possédait une connaissance érudite de la littérature japonaise. Il chérissait la poésie lyrique classique, et conférait à ses propres œuvres un caractère classique. Je ne pouvais comprendre sa colère... Lorsqu'il fut pour la seconde fois (en 1943) appelé sous les drapeaux et partit pour *shishi* (une mort accordée par la faveur de l'Empereur), il plaça en moi sa confiance ; mais, naïf comme je l'étais, je ne pus comprendre ses sentiments, même après avoir appris sa mort... » Mishima, du temps de ses études, a beau ne pas comprendre tout à fait Hasuda, il sympathise profondément avec ses idéaux.

Le *Bungei Bunka* est un petit groupe peu connu de littérateurs nationalistes. Hasuda encourage Mishima à entrer en contact avec les principaux intellectuels qui ont foi dans le caractère sacré de la guerre entreprise par leur pays. Ils ont formé un mouvement connu sous le nom de *Nippon Roman-ha* (romantiques japonais), dirigé par Yojuro Yasuda, critique doué pour la rhétorique, agitateur intellectuel en faveur de la guerre « sainte ». En 1942, Mishima collectionne les ouvrages *Roman-ha,* dont la poésie de Shizuo Ito, le meilleur artiste des *Roman-ha,* avec lequel il correspond. Il préfère l'œuvre d'Ito à l'œuvre de Yasuda, ce qui ne l'empêche pas d'aller voir Yasuda en 1943. Pourtant, les idées de Yasuda sont trop extrémistes pour le jeune Mishima, et son langage est trop obscur — caractéristique des écrivains *Roman-ha,* à l'exception d'Ito. Jun Eto, lettré qui s'intéresse aux *Roman-ha,* a résumé les idéaux du mouvement lors d'un entretien avec moi : « Ils croyaient en la valeur de la destruction, et finalement en l'autodestruction. Ils prisaient la *pureté de sentiment,* mais sans jamais la définir ; ils appelaient de leurs vœux la *sauvegarde de la nation* en la débarrassant de l'égoïsme des politiciens de partis et des chefs *zaibatsu* (d'affaires). Ils croyaient que l'autodestruction serait suivie de réincarnation, mystérieusement liée à la bienveillance de l'Empereur. Les Japonais, estimaient-ils, étaient supérieurs à tous les autres peuples. »

Les *Roman-ha* intriguent le jeune Mishima. Ce mouvement, qui tire son nom de *Nippon Roman,* revue éditée de 1935 à 1938 par Yasuda, emprunte ses idées au mouvement romantique allemand du XIXe siècle. (D'où *Roman ;* en japonais, *ha* veut dire groupe.) Pendant la guerre, il exerce une grande influence au Japon ; il comprend des éléments du *kokugaku* traditionnel (la pensée nationaliste du grand penseur du XVIIIe siècle, Norinaga Motoori) et aussi de marxisme ; il est éclectique à sa façon curieusement japonaise. Les chefs militaires du Japon encouragent le *Roman-ha,* sous la direction inspirée de Yasuda. Pourtant, les affirmations de ce dernier paraissent maintenant inintelligibles, et même à l'époque, sa notion d'ironie, concept clef du *Roman-ha*, était vague. Citons parmi ses commentaires ironiques bien connus d'avant-guerre : « Je dis ceci en qualité de simple observateur. Je crois que ce serait plus *intéressant* si l'Allemagne gagnait la guerre ; je veux qu'elle gagne. Je considère la culture sous l'angle historique, et il me semble que les dieux cherchent à rendre l'histoire plus intéressante et plus amusante au fur et à mesure que les époques se succèdent. » « Même si cette guerre (la guerre sino-japonaise) devait se terminer par une défaite, le Japon aura réussi à accomplir le plus grand pas en avant de l'histoire du monde. D'un point de vue idéologique, imaginer la défaite est le comble du romanesque. » Yasuda estime que la réalité historique est sans importance, et que l'émotion soulevée par les événements a plus d' « intérêt » que les événements eux-mêmes. D'après lui, peu importe qu'un héros ait ou non raison. L'homme éclairé ne s'engage pas. Pour un tel être, il ne peut y avoir ni défaite décisive, ni victoire complète ; dans n'importe quel jeu, il sera à la fois vainqueur et vaincu.

L'accent mis sur la mort et la destruction par le *Roman-ha* séduit Mishima. La conclusion de l' « ironie » est que la mort — la destruction du monde — constitue la suprême valeur. Depuis l'enfance, les propres fantasmes de Mishima suivent la même voie. Toutefois, le *Roman-ha* n'influence pas seul sa pensée. Le jeune Mishima a un côté éminemment rationnel — et une idéologie sur mesure, pour une nation en train de se précipiter vers la catastrophe, ne lui suffit pas. Il est à l'époque attiré non seulement par le *Roman-ha* mais aussi par une tradition morale stoïque, celle de l'écrivain japonais du début du XXe siècle Ogai Mori.

Mishima imite Ogai Mori, en tant qu'homme et en tant qu'écrivain, surtout après 1950, comme il le raconte dans son essai *Le Soleil et l'Acier* (publié aux éditions Gallimard dans une traduction française de Tanguy Kenec'hdu). Dans ce volume achevé en 1968, Mishima, traitant de son style littéraire, précise sa dette envers Mori : « Mon style, il n'est guère besoin de le souligner, se détournait progressivement des préférences de ce siècle. Abondant en antithèses, drapé dans une solennité pesante d'autrefois, il ne manquait pas d'une certaine noblesse ; mais il conservait la même allure grave et cérémonieuse où qu'il allât, traversant la chambre à coucher des gens du même pas que tout autre lieu. Comme certains militaires, il allait bombant le torse et les épaules effacées, dédaignant les styles des autres hommes qui vont courbant l'échine, le genou ployé, voire — à Dieu ne plaise ! — en se dandinant. »

Certains passages de *Confession d'un masque* indiquent un penchant pour le *Roman-ha* chez le jeune Mishima : « A cette époque (les premières années de la guerre), j'appris à fumer et à boire. C'est-à-dire que j'appris à faire semblant de fumer et de boire. La guerre avait suscité en nous une maturité étrangement sentimentale. Elle venait de ce que la vie nous paraissait susceptible de se terminer vers nos vingt ans ; nous n'envisagions même pas qu'il pût y avoir quelque chose au-delà de ces quelques années qui nous restaient. » Mishima est parfaitement « satisfait » de cet état de choses : « Mon voyage dans la vie était retardé jour après jour et les années de guerre passaient sans qu'apparaisse le moindre signe de mon départ. Ne fut-ce pas pour moi une période exceptionnelle de bonheur ? Si j'éprouvais encore quelque gêne, elle était faible ; gardant toujours de l'espoir, j'attendais avec impatience le ciel bleu inconnu de chaque lendemain. Des rêves fantastiques du voyage à venir... l'image mentale de ce quelqu'un que je deviendrais un jour dans le monde et de la ravissante épousée que je n'avais pas encore vue, mon espoir de renommée... » Depuis la sécurité des Gakushuin, il approuve totalement la guerre : « Je prenais un plaisir enfantin à vivre en temps de guerre, et malgré la présence de la mort et de la destruction tout autour de moi, rien ne parvenait à troubler la rêverie dans laquelle je m'imaginais être hors de portée des balles. Je frissonnais même d'un étrange plaisir à la pensée de ma propre mort. J'avais l'impression de posséder le monde entier. »

L' « espoir de renommée » de Mishima dépend de la publication de *Hanazakari no Mori*. Il recherche les gens de lettres. De Shizuo Ito, le poète du *Roman-ha,* il obtient une introduction auprès d'un éditeur littéraire, Masaharu Fuji, de chez Nanajo Shoin, petite mais influente maison d'édition de Tokyo. Fuji, plus tard, évoquera leur rencontre en 1943 : « Mishima était un jeune homme très poli, à la peau d'une pâleur mortelle. Il avait une grosse tête aux sombres sourcils. Je le présentai à Fujima

Hayashi (un poète) qui le prit tout de suite en sympathie quand Mishima déclina son offre d'une bière, avec politesse, mais raideur. » Mishima espère que Fuji publiera son livre ; mais cela se révèle impossible. La censure, maniée par les autorités militaires, n'est pas le problème — bien que nombre d'éminents écrivains japonais aient des ennuis avec elle à l'époque ; Mishima bénéficie d'appuis dans les classes dirigeantes. La difficulté, c'est la pénurie de papier. Toutes les ressources sont consacrées à l'effort de guerre, et l'on ne dispose pas de papier pour *Hanazakari no Mori*.

En octobre 1943, Mishima reçoit de mauvaises nouvelles. Son ami Azuma, avec lequel il publie la petite revue *Akae*, est mort. Mishima met fin à la revue, et publie un article nécrologique dans la revue trimestrielle des Gakushuin. Son propre avenir est imprévisible ; les autorités mobilisent les étudiants des universités, et il ne lui reste qu'un an aux Gakushuin.

A dix-neuf ans, Mishima demeure un romantique. Pourtant, ses fantasmes sont devenus plus grandioses et narcissiques. Ainsi que l'observera plus tard Hashikawa : « Il se prenait pour un génie ; il croyait pouvoir devenir tout ce qu'il voudrait : l'Empereur du Japon, un génie littéraire, voire le kamikaze de la beauté. Il croyait ses pouvoirs sans limites. » La réalité, cependant, est quelque peu différente. Mishima n'est qu'un frêle adolescent « honteux de (son) torse mince, de (ses) pâles bras osseux » ; en mai 1944, il vient de passer le conseil de révision. Encore aux Gakushuin à l'époque, il passe le conseil de révision à Shikata, ville natale de Jotaro, où les Hiraoka ont gardé un *honseki,* lieu officiel de résidence, bien qu'ils n'y possèdent plus de terres. Les médecins militaires éclatent de rire quand Mishima ne parvient pas à soulever une botte de foin lors d'un test de force (les garçons de ferme locaux la soulèvent au-dessus de leur tête sans difficulté autant de fois que l'on veut) ; pourtant, il est classé 2-B, tout juste bon pour le service. Il finira par être incorporé dans un rude régiment local, comme simple soldat. (S'il s'était porté volontaire à Tokyo, il serait devenu officier dans une unité de cette ville ; mais Azusa espère, en inscrivant le jeune homme à Shikata, retarder le moment où il sera appelé au service militaire actif. Avec un peu de chance, la guerre se terminera avant que Mishima ne soit appelé.) En juillet 1944, Mishima et le reste de la classe sont envoyés à une école de construction navale de Maizuru, sur la mer du Japon, pour un entraînement d'une quinzaine de jours. C'est là sa première expérience de la vie militaire ; le mois suivant, il se trouve de nouveau mobilisé trente jours, pour servir à un arsenal maritime de Numazu, près de Tokyo. Les Japonais se préparent pour un ultime assaut contre les Alliés, et tout écolier a ses tâches. La démission du cabinet Tojo, en juillet 1944, signale que les chefs du Japon, y compris l'Empereur, jugent la guerre perdue ; mais nul ne songe à se rendre. En juin, on a proposé des attaques de kamikaze sur des bateaux américains ; à la fin de l'été 1944, ces propositions sont examinées en secret.

Les aptitudes exceptionnelles de Mishima se voient reconnues à la fin de ses études aux Gakushuin. Il sort de l'école en septembre 1944 en tête de sa classe, et reçoit une *gindokei,* une montre en argent, de l'Empereur. Accompagné par le directeur de l'école, « un morne vieillard aux yeux chassieux », Mishima se rend en limousine au palais recevoir son prix. Des années plus tard, en 1969, lors d'un débat avec des étudiants de l'université de Tokyo, il remarquera : « Je regardais l'Empereur assis là sans bouger pendant trois heures. C'était à la cérémonie de ma remise de diplômes. J'ai reçu de lui une montre... Mon expérience personnelle, c'était que l'image de l'Empereur est fondamentale. Je ne puis écarter cela. L'Empereur, c'est l'absolu. » Après la cérémonie de présentation au palais, Mishima rentre chez lui fêter l'événement. Les photographies prises avec sa famille le montrent la tête rasée — ce qui est la règle pour les écoliers et les étudiants pendant la guerre. Au cours des années de guerre, son aspect a changé ; il n'est plus le jeune effronté de quinze ans aux yeux brillants, aux épais sourcils noirs, au visage blême, mais un adolescent à l'air mûr, à la mâchoire épaissie et arrondie, à l'expression assurée. Les autres membres de la famille sont assis à côté de Mishima pour la photographie. Chiyuki, son frère cadet, en culotte courte, se trouve à quatorze ans au début de l'adolescence : un enfant boutonneux. A côté de lui est assise Mitsuko, seize ans ; elle a un visage solide aux joues larges — ce n'est pas une beauté. Azusa est le plus beau membre de la famille. Ses cheveux, coupés court à la mode militaire, se sont argentés. Shizue a beaucoup vieilli. A trente-neuf ans, c'est une femme mince à l'expression aiguë. Les soucis majeurs de la famille — y compris l'approvisionnement en nourriture, devenu difficile à ce stade de la guerre — constituent son lot. Elle porte les fardeaux de la famille, tandis qu'Azusa jouit de sa retraite.

Le père de Mishima a une raison particulière d'avoir l'air content de soi. Il a remporté une victoire. Pour la première fois de sa vie, il a forcé le jeune Mishima à faire quelque chose contre sa volonté ; il a obligé le garçon à s'inscrire à la faculté de droit de l'université impériale de Tokyo pour y étudier le droit allemand. Mishima voulait étudier la littérature ; mais Azusa assurait que pour sa carrière il était indispensable d'étudier le droit ; Azusa voulait faire de son fils un fonctionnaire. Plus tard, Mishima commentera : « Mon seul motif de gratitude envers mon père, c'est qu'il m'a forcé à étudier le droit à l'université. » Le choix d'Azusa est le bon, non pour les raisons qu'il croit, mais parce que Mishima trouve le droit intellectuellement stimulant.

On manque d'uniformes universitaires ; aussi, suivant une coutume d'alors, Mishima emprunte-t-il un uniforme à un étudiant plus âgé, en promettant de le rendre. Mais l'université se trouve menacée de démembrement. « Les raids aériens devenaient plus fréquents. J'en avais une peur extraordinaire et pourtant j'attendais en même temps la mort avec une sorte d'impatience, avec une espérance pleine de douceur. » (*Confession*). Mishima accepte « avec volupté la conception de la mort en honneur pendant la guerre », mais non sans réserves. « Je pensais que si, par chance, j'obtenais *la mort glorieuse au combat* (comme cela me serait mal allé !) ce serait vraiment pour moi une fin de vie pleine d'ironie, et que je pourrais à jamais faire entendre des rires sarcastiques du fond du tombeau... Puis, quand les sirènes retentissaient, ce même personnage s'élançait vers les abris antiaériens, plus vite que quiconque... »

L'université est la meilleure du pays. Sur un plan académique, les Gakushuin n'étaient pas une école de premier ordre. Si Jotaro l'avait choisie, c'est qu'elle était fréquentée par des enfants de l'aristocratie, dont aspirait à faire partie la grand-mère de Mishima ; mais sur un plan académique, l'école Kaisei de Tokyo, que dirigeait le père de Shizue, eût constitué un choix meilleur. De même, la Première Ecole de Tokyo, autre école secondaire d'un haut niveau académique. Passer des Gakushuin à Todai, l'université de Tokyo, constitue un exploit. Depuis sa fondation à la fin du XIXe siècle, Todai a formé la plupart des chefs de la nation ; son prestige s'est accru du fait qu'elle a été nommée université impériale en 1886, en vertu d'une ordonnance dont l'article I stipule que cette université a pour fonction « de maîtriser les secrets des arts et des sciences, et de les enseigner conformément aux besoins de l'Etat ». Todai est une université d'Etat qui ouvre les portes de l'administration, et à partir de là celles de la politique ou des sphères supérieures du monde des affaires. Toutefois, en tant qu'institution d'éducation supérieure, elle a des inconvénients. Ses liens étroits avec l'Etat empêchent Todai de servir de centre des arts et de la pensée libérale ; au début du XXe siècle, Todai a été parmi les premières à cesser d'employer des professeurs étrangers. Malgré ces défauts, c'est la principale université du Japon ; les autres universités, y compris les universités privées, sont pour la plupart des versions plus réduites de Todai.

Mishima entre à Todai en octobre 1944. Normalement, il aurait dû quitter les Gakushuin en mars de l'année suivante, et entrer à l'université en avril, mais la guerre a disloqué l'administration universitaire. La guerre interrompt aussi la carrière universitaire de Mishima. Dès son entrée à Todai, le voici mobilisé pour travailler dans une fabrique d'avions de la région de Tokyo, l'usine Koizumi de la compagnie aérienne Nakajima. Cette usine est située dans la préfecture de Gumma, à soixante-quinze kilomètres au nord de la capitale. Mishima, tandis qu'il se trouvait aux Gakushuin, a déjà été mobilisé deux fois. Mais il s'agissait là de périodes brèves ; or, il est affecté à la compagnie aérienne Nakajima pour une période indéterminée. Pareille aux autres universités, Todai a virtuellement cessé de fonctionner pour obéir aux exigences du gouvernement : chacun doit participer à l'effort de guerre.

Dans *Confession d'un masque,* Mishima décrit l'usine de Koizumi, qui fabrique des avions de kamikaze — la stratégie du kamikaze, recours ultime et désespéré, a été mise en œuvre en octobre. Etrange usine. La direction pourrait se composer de puristes *Roman-ha :* « Cette grande usine fonctionnait suivant un système mystérieux de coût de production : ne tenant aucun compte du principe économique selon lequel le capital investi doit produire un revenu, elle était vouée à un néant monstrueux. Rien d'étonnant à ce que chaque matin les ouvriers dussent prononcer un serment mystique. » Il s'agit d'un serment à l'Empereur. « Je n'ai jamais vu une aussi étrange usine. Là, toutes les techniques de la science et de la gestion modernes, ainsi que la pensée exacte et rationnelle de nombreux esprits supérieurs, étaient vouées à un seul but — la Mort. Fabriquant l'avion de combat modèle Zéro, utilisé par les escadrilles des volontaires de la Mort, l'usine semblait être le lieu d'un culte secret, qui se déroulait dans un fracas de tonnerre — grondant, hurlant, mugissant. »

Pour les bombardiers américains cette usine est une cible éventuelle ; aussi, quand retentissent les sirènes de raids aériens, chacun se précipite-t-il vers les abris d'un proche bois de pins. En s'élançant avec les autres, Mishima serre entre ses doigts un manuscrit. Il travaille à un nouveau livre, *Chusei* (*Le Moyen Age*). Il a enfin réussi à publier son premier livre, *Hanazakari no Mori*. Cet ouvrage est sorti en octobre 1944 chez Shichijo Shoin, la maison d'édition où travaille son ami Fuji. Tirage : quatre mille exemplaires, avec une élégante couverture qui représente un éventail fleuri ; la première édition s'est épuisée en une semaine. Une réception a eu lieu dans un restaurant d'Ueno (Tokyo) pour fêter cette parution. Publier un livre au cours de la dernière année de guerre constitue un exploit phénoménal, qui rend Yukio Mishima célèbre.

Dans son ouvrage autobiographique, *Watakushi no Henreki Jidai* (*Mes années d'errance,* 1964) — comme un très grand nombre de ses livres, il n'est pas traduit encore —, Mishima déclare qu'il s'attendait à être mobilisé, et à ne pas vivre très longtemps ensuite ; il voulait avoir un livre publié en tant que « monument commémoratif » de lui-même. « Je reconnais que j'étais alors un opportuniste, écrit-il à propos de critiques dont il était l'objet, et j'éprouve du dégoût devant l'opportunisme de l'introduction de mon premier ouvrage publié. » *Hanazakari no Mori* se vend rapidement : cela « voulait dire que je pouvais mourir à tout moment ». Mishima n'en a pas moins le sentiment qu'il doit travailler. « Je résolus d'écrire un tout dernier roman :

je risquais d'être appelé d'un instant à l'autre » ; ce fut *Chusei* (*Le Moyen Age,* 1946). Le choix de Yoshihisa (1465-1489) pour protagoniste de son « tout dernier » livre est curieux ; Yoshihisa était le fils d'un maître du Japon, le shogun Yoshimasa, qui bâtit le Pavillon d'argent de Kyoto — et négligea les problèmes de gouvernement : il légua d'innombrables difficultés à ses successeurs. Yoshihisa tenta d'arracher le pouvoir à son oncle, désigné par son père, mais le coup échoua, et il fut tué au combat à vingt-quatre ans. Les guerres civiles qui s'ensuivirent, les guerres Onin, furent les plus destructrices de l'histoire du Japon. Kyoto fut rasée entièrement au cours de cette version japonaise de la guerre de Cent Ans. Il est typique de Mishima d'avoir choisi d'écrire sur une période antérieure de l'histoire du Japon où la capitale avait été réduite en cendres, à une époque où la chose se reproduisait à Tokyo ; il avait le sens des parallèles saisissants.

Mishima sent qu'un désastre comparable aux guerres Onin est sur le point de s'abattre de nouveau sur le Japon. Qu'il reçoive ou non son *akagami,* le « papier rouge », ou feuille de route, il a la certitude qu'un désastre — *ichiokugyokusai* (« Mort aux cent millions ! On ne se rend pas ! »), mot d'ordre du temps de guerre — attend la nation entière. Mishima écrira dans *Watakushi no Henreki Jidai :* « La raison qui me pousse aujourd'hui à tenir pour certaine la guerre nucléaire totale doit remonter aux émotions que j'ai ressenties à cette époque. Aujourd'hui, dix-sept ans après la fin de la guerre, je ne parviens pas à être sûr de la réalité ; elle est temporaire et fugace. Peut-être ai-je un penchant inné à penser de la sorte, mais il se peut que la guerre, où les choses étaient là un jour et parties le lendemain, m'ait beaucoup influencé. » Pour faire face à la situation, Mishima s'accroche « à (sa) sensibilité » ; rétrospectivement, il voit bien qu'il a été fou, mais à l'époque, c'était inévitable.

De l'usine, Mishima écrit une carte à Fumio Shimizu. Il travaille d'arrache-pied à traduire une pièce en un acte de Yeats, annonce-t-il, et l'adapte en nô. Mais il renonce à ce projet ; son anglais n'est pas à la hauteur de la tâche consistant à traduire *At the Hawk's Well* (*Au Puits de l'Epervier*), la pièce en question de Yeats. « Il n'est pas facile de relier Yeats à la fin de la période de guerre, écrira-t-il. Aujourd'hui, je dirais que je n'essayais pas de les relier. Je voulais mettre la réalité de côté, et m'envelopper dans mon propre monde, celui de ma minuscule et solitaire marotte esthétique. »

3

Jours terribles

Au début de 1945, les combats se rapprochent sournoisement du Japon. Les forces navales américaines bombardent Leyte, aux Philippines, et y réalisent un débarquement; les forces armées américaines envahissent le pays. Les conseillers de l'Empereur préparent en secret la reddition tandis que les armées impériales continuent de lutter contre d'écrasantes forces alliées, en essuyant de lourdes pertes. Dans l'attente de son appel, Mishima travaille toujours à l'usine de kamikaze de la préfecture de Gumma, et continue d'écrire. En février 1945, il publie un fragment de *Chusei* dans une revue. « J'étais sans doute heureux à l'époque », écrira-t-il dans *Watakushi no Henreki Jidai;* il n'avait pas de soucis d'examens ni d'emploi. « J'avais un peu à manger — pas beaucoup — et point de responsabilités. J'étais heureux dans ma vie quotidienne et dans mon écriture. Je n'avais ni critiques, ni compétiteurs à affronter... Je ne me sentais pas le moins du monde responsable de moi-même. J'étais comme en apesanteur. »

Le 15 février 1945 en fin de soirée, alors que Mishima, en permission de l'usine, est allé voir ses parents à Tokyo, son *akagami* (le « papier rouge ») arrive. Il doit se présenter à Shikata, et s'apprête à partir le lendemain matin. Il compose un *isho* traditionnel, un billet d'adieu à sa famille :

Père, Mère, M. Shimizu, mes autres professeurs aux Gakushuin et à l'université impériale de Tokyo, qui avez été si bons pour moi, je vous remercie des bénédictions que vous m'avez accordées.

En outre, jamais je n'oublierai l'amitié de mes camarades de classe et de mes aînés aux Gakushuin. Puissiez-vous avoir un brillant avenir !

Vous, ma sœur cadette Mitsuko et mon frère cadet Chiyuki, devez vous acquitter à ma place de vos devoirs envers nos parents. Surtout, Chiyuki, suis mon exemple pour t'engager dès que possible dans l'armée impériale. Sers l'Empereur !

Tenno Heika Banzai !

Lors de son départ, le lendemain matin, sa mère pleure à chaudes larmes à la grille de leur demeure où elle l'a accompagné. « Même mon père avait l'air assez abattu », écrira Mishima. Le jeune homme prend le train pour le Kansai (la région d'Osaka-Kobé) ; durant ce long trajet, quatre cent cinquante kilomètres, un coup de froid qu'il a pris à l'usine empire beaucoup. Le temps d'arriver chez des amis intimes de la famille, au village de Shikata, sa résidence légale, il a une si forte fièvre qu'il ne peut tenir debout. Après une nuit de repos, le lendemain matin, bourré de médicaments, il se rend à la caserne. « Ma fièvre, seulement interrompue par les médicaments, revint alors. Au cours de l'examen médical qui précédait l'incorporation définitive, je dus faire le pied de grue, nu comme un ver, et je n'arrêtai pas d'éternuer. Le tout jeune médecin militaire qui m'examinait prit à tort le sifflement de mes bronches pour un râle ; après quoi, mes réponses au petit bonheur concernant mes antécédents médicaux le confirmèrent dans sa bévue. On me fit une prise de sang dont les résultats, influencés par la forte fièvre de mon rhume, aboutirent à un diagnostic erroné de début de tuberculose. Le jour même, je fus renvoyé dans mes foyers comme inapte au service. » Une fois passées les grilles de la caserne, il prend ses jambes à son cou pour descendre la morne pente hivernale qui mène au village.

Mishima fait une courte visite à Shizuo Ito, le poète qui l'a aidé à publier *Hanazakari no Mori,* et qui habite Osaka ; et le soir même, il reprend le train pour Tokyo. Dans *Confession,* il raconte ce voyage : « Cherchant à me garantir du vent qui soufflait par un carreau cassé, j'étais secoué de frissons et en proie au mal de tête. Où irai-je maintenant ? me demandais-je. Par suite de l'incapacité où avait toujours été mon père de prendre une décision sur quelque question que ce fût, ma famille n'avait toujours pas quitté notre maison de Tokyo. Irais-je là, dans cette maison où tout le monde tremblait d'anxiété ? Dans cette ville cernant la maison de son noir malaise ? Au milieu de ces foules où tous les gens ont des yeux pareils à ceux du bétail, et semblent toujours prêts à se demander les uns aux autres : *Etes-vous sains et saufs ? Etes-vous sains et saufs ?* » Mishima réfléchit en outre à son examen médical : « Ce que je voulais, c'était mourir parmi des étrangers, paisiblement, sous un ciel sans nuages… Si tel était le cas, l'armée n'était-elle pas le moyen idéal de parvenir à mon but ? Pourquoi avais-je eu l'air sincère quand je mentais au médecin militaire ? Pourquoi avais-je dit que j'avais une fièvre légère depuis plus de six mois, que mon épaule était raide et douloureuse, que je crachais le sang et même que la nuit précédente j'avais été inondé d'une sueur nocturne ?… Pourquoi avais-je couru si vite en franchissant le seuil de la caserne ? »

L'aveu par Mishima de son mensonge au médecin militaire est crucial pour toute sa carrière. Ce faisant, il évite le service militaire ; pourtant, s'il avait servi dans l'armée, ne fût-ce que pour une brève période, sa vision de la vie sous les drapeaux eût été moins romantique, dans la suite de son existence. Les propres commentaires de Mishima sur sa conduite au conseil de réforme sont clairs ; au-dedans de lui, une voix annonçait qu'il « n'atteindrait jamais à des sommets de gloire suffisants pour justifier le fait d'avoir échappé à la mort dans un combat »… Une deuxième voix intérieure affirmait que jamais il n'avait « réellement eu envie de mourir ». S'il avait attendu impatiemment le service militaire, c'est qu'il avait « espéré en secret que l'armée (lui) fournirait enfin une occasion de satisfaire (ses) étranges désirs sensuels… Moi seul ne pouvais jamais mourir ». Troisième voix : « Je préférais de beaucoup me représenter sous les traits d'une personne abandonnée même de la Mort… je prenais un vif plaisir à me représenter les curieuses angoisses d'une personne qui voudrait mourir, mais qui a été repoussée par la Mort. Le degré de plaisir que j'obtenais ainsi semblait presque immoral. »

La fin de la guerre approche à grands pas. Les Hiraoka, Azusa ayant fini par se résoudre à l'évacuation, quittent leur maison de Shibuya pour aller habiter chez des cousins à Gotokuji, au-delà de Shinjuku, assez loin du centre de la ville.

Les raids aériens ont empiré ; le raid dévastateur du 9 mars, où plus de cent mille personnes ont trouvé la mort, a convaincu Azusa de partir. Le printemps étant sec, le danger majeur — les B-29 américains lâchent des bombes incendiaires — est le feu. Les maisons de bois de Tokyo, serrées les unes contre les autres, flambent comme des torches. Mishima décrit le spectacle de Tokyo à la suite de ce raid monstre : « La passerelle au-dessus des voies était remplie de victimes du raid. Les gens étaient enveloppés dans leurs couvertures, de telle sorte qu'on ne voyait que leurs yeux, ou plutôt leurs globes oculaires, car c'étaient des yeux qui ne voyaient rien et ne pensaient rien... Quelque chose s'enflamma en moi. J'étais enhardi et fortifié par le spectacle de la détresse que j'avais devant les yeux. J'étais dans cet état de surexcitation que crée une révolution. Ces malheureux avaient assisté à la destruction totale, par le feu, de tout ce qui prouvait qu'ils existaient en tant qu'êtres humains. Sous leurs yeux ils avaient vu les relations humaines, les amours et les haines, la raison, les convenances — tout enfin — devenir la proie des flammes. Et à ce moment-là, ce n'avait pas été contre les flammes qu'ils avaient dû lutter, mais contre les relations humaines, contre les amours et les haines, contre les convenances... Sur leurs visages, je vis des traces de cet épuisement qu'on éprouve après avoir assisté à un drame spectaculaire... Bruyants et fanfarons, les gens se racontaient l'un à l'autre les dangers qu'ils avaient courus. Dans le véritable sens du mot c'était une populace en rébellion, une populace emplie d'un mécontentement éclatant, d'une irritation débordante, triomphante, intrépide. » (*Confession*)

Le jeune Mishima n'a pas grand-chose à faire. A l'université, les cours ont cessé ; les étudiants ne travaillent plus à l'usine de kamikaze. Mishima reste chez lui avec sa famille à lire des nôs, les drames de Chikamatsu, les histoires mystérieuses de Kyoka Izumi et d'Akinari Ueda, même le *Kojiki* et ses anciens mythes. « Oh ! comme je l'aimais mon antre, ma chambre ombreuse, l'aire de mon bureau aux livres entassés ! » (*Le Soleil et l'Acier*) Mishima croit qu'il mourra au cours de la catastrophe finale, à la fin de la guerre. Le 1er avril, les Américains envahissent Okinawa, la grande île située au sud-ouest des îles principales du Japon. Des attaques de kamikaze infligent d'importants dégâts à la flotte au large d'Okinawa, et les combats s'éternisent ; mais il n'y a aucun doute sur qui l'emportera. Au dernier moment, les chefs japonais se font hara-kiri, et beaucoup d'officiers se tuent en sautant des falaises où ils ont opposé une ultime résistance. Mishima, mobilisé une fois de plus et envoyé dans un arsenal maritime à Koza près de Tokyo, entend des rumeurs disant que l'invasion de tout le Japon est imminente. « J'étais libre. La vie quotidienne était désormais emplie pour moi d'un bonheur inexprimable. Le bruit courait que l'ennemi opérerait bientôt un débarquement dans la baie de S. et que la région où s'élevait l'arsenal serait anéantie. Et à nouveau, plus encore qu'avant, je me voyais profondément plongé dans le désir de la mort. C'était dans la mort que j'avais découvert le véritable *but de ma vie.* » (*Confession*)

D'un abri contre les raids aériens, aux abords de Tokyo, Mishima observe une des plus grandes attaques aériennes de la guerre, dans la nuit du 24 mai. « De notre abri, nous voyions le ciel devenir tout rouge au-dessus de Tokyo. De temps à autre, une explosion se produisait, jetant un reflet dans le ciel et tout à coup, entre les nuages, on apercevait un ciel bleu fantastique, comme si l'on était en plein midi... Les inutiles projecteurs semblaient plutôt des phares accueillant les avions ennemis... Les B-29 parvinrent dans le ciel de Tokyo sans encombre. » Mishima voit d'autres hommes, qui regardent depuis les souterrains où ils s'abritent, applaudir lorsqu'un avion atteint tombe, sans savoir s'il est américain ou japonais. « Les jeunes ouvriers étaient particulièrement bruyants. Le vacarme des applaudissements et des hourras retentissait à l'orifice des tunnels épars, comme dans un théâtre... que l'avion abattu fût des nôtres ou non, cela ne semblait pas faire une différence essentielle. Telle est la nature de la guerre... » (*Confession*)

Au camp de l'arsenal, Mishima travaille à un nouveau manuscrit, *Misaki nite no Monogatari* (*Histoire à un cap*), d'après un voyage d'enfance à la mer. En juin, *Bungei*, une grande revue littéraire, publie une autre histoire de lui, et, le même mois, il reçoit ses premiers *zasshigenkoryo*, ses premiers honoraires de revue. Il veut trouver plus d'alliés dans *Bundan*, l'élite littéraire, et rencontre des écrivains plus âgés chaque fois que son travail au camp l'y autorise. Deux nouvelles relations : les romanciers Junzo Shono et Toshio Shimao.

En juillet, le gouvernement japonais fait en secret des propositions de paix via l'ambassade de Moscou dans l'espoir que Staline servira d'intermédiaire avec l'Amérique. A la suite de l'effondrement de l'Allemagne, la conférence de Potsdam est sur le point d'avoir lieu ; y assistent Staline, Truman et Churchill ; c'est une occasion de mettre un terme à la guerre. Mais Staline ignore l'initiative japonaise ; il a ses projets propres : une attaque des positions japonaises en Mandchourie et ailleurs en Extrême-Orient. Il est sur le point de mettre fin au traité de neutralité signé en 1941 par les deux puissances. Les Japonais refusent de s'adresser directement aux Etats-Unis, et la guerre traîne en longueur. A la suite de la rencontre de Potsdam est publié un communiqué réitérant l'exigence des Alliés : la reddition inconditionnelle du Japon. Ce communiqué ne donne aucune assurance quant à l'avenir de l'Empereur, ce qui interdit aux Japonais d'y répondre.

L'été est d'une chaleur exceptionnelle. Mishima écrit dans *Le Soleil et l'Acier* : « Ma première rencontre — inconsciente — (avec le soleil) eut lieu dans l'été de la défaite, au cours de l'année 1945. Un soleil implacable inondait l'herbe grasse de cet été-là situé à la frontière de la guerre et de l'après-guerre — frontière qui n'était autre qu'une alignée de réseaux de barbelés, à moitié rompus, à moitié ensevelis dans l'herbe folle de l'été, se hérissant de toutes parts. »

Le 6 août, Mishima apprend qu'une monstrueuse bombe a détruit Hiroshima. Trois jours plus tard, une deuxième bombe atomique détruit en partie Nagasaki. « C'était notre dernière chance. Les gens disaient que ce serait maintenant le tour de Tokyo. Vêtu d'une chemise et d'un short blancs, je circulais dans les rues. Les habitants étaient parvenus aux limites du désespoir et allaient maintenant à leurs affaires, le visage joyeux. Les moments se succédaient et il ne se passait rien. Partout régnait un air d'allègre surexcitation. Tout à fait comme quand on continue à souffler dans un ballon d'enfant en train de se gonfler, en se demandant : *Va-t-il éclater, maintenant ? Va-t-il éclater ?* » (*Confession*)

Durant près d'une semaine encore, rien ne se produit. Si cet état de choses « s'était prolongé, écrit Mishima, il n'y aurait eu rien d'autre à faire que de devenir fou ». Puis, le 14 août, l'aviation américaine survole Tokyo pour lâcher des tracts résumant les propositions de reddition des Alliés, y compris une petite concession sur le statut de l'Empereur qui serait subordonné au commandant en chef des forces alliées — le général Douglas MacArthur —, mais conserverait son trône. Tokyo est en ruine ; impossible de repousser une invasion par les Alliés des principales îles. Le gouvernement japonais accepte les termes de la reddition.

Mishima se trouve au lit avec la fièvre, chez ses cousins de Gotokuji, quand il apprend la nouvelle de la reddition. « Pour moi — pour moi seul — cela signifiait que des jours terribles commençaient. Cela signifiait que désormais, que je le voulusse ou non et en dépit de tout ce qui m'avait leurré et fait croire qu'un tel jour ne viendrait jamais, dès le lendemain il me faudrait commencer à mener la *vie quotidienne* d'un membre de la société humaine. Comme ces seuls mots me faisaient trembler ! » (*Confession*)

La reddition de l'Empereur est diffusée à midi, le 15 août. Elle n'est pas clairement audible ; des parasites brouillent en partie la voix aiguë du monarque. Dans sa première allocution radiophonique, l'Empereur dit : « Nous avons déclaré la guerre à l'Amérique et à la Grande-Bretagne à cause de Notre désir sincère d'assurer la sauvegarde du Japon et la stabilisation de l'Asie orientale. Nous étions loin de songer à empiéter sur la souveraineté des autres nations ou à Nous lancer dans des agrandissements territoriaux. Mais voici près de quatre ans que dure la guerre. Chacun a eu beau faire de son mieux... le tour pris par la guerre n'est pas nécessairement à l'avantage du Japon... En outre, l'ennemi a commencé de recourir à une bombe nouvelle et des plus cruelles. »

Cinq cents officiers militaires, dont le général Anami, le ministre de la Guerre, se suicident lors de la reddition pour « assumer la responsabilité » de la défaite et « s'excuser auprès de l'Empereur ». Anami se fait hara-kiri seul dans sa résidence de Tokyo, en refusant l'offre d'un coup de grâce ; il saigne lentement jusqu'à la mort. De nombreux officiers d'outre-mer mettent fin à leurs jours ; parmi eux, Zenmei Hasuda, l'ami de

Mishima, lequel assassine son officier supérieur pour avoir critiqué l'Empereur, puis applique son principe — « mourir jeune, je le sais bien, fait partie de la civilisation de mon pays » — en se faisant sauter la cervelle. Une poignée de civils se tuent aussi, dont une douzaine de membres d'une organisation fanatique de droite, la Daitokuju, qui s'ouvrent le ventre à Tokyo ; deux membres du groupe font office de *kaishaku-nin* en décapitant leurs camarades au moyen de sabres.

Pour Mishima commence la « *vie quotidienne* d'un membre de la société humaine ». « Je passai l'année suivante en proie à des sentiments vagues et optimistes. Il y eut mes études de droit, faites à la diable, et mes allées et venues machinales entre l'université et la maison... Je ne faisais attention à rien et rien ne faisait attention à moi. J'arborais maintenant le sourire entendu d'un homme qui connaît la vie, comme on en voit aux jeunes prêtres. J'avais le sentiment de n'être ni vivant ni mort. » Son ancien désir du « suicide naturel et spontané de la mort à la guerre » est totalement extirpé, oublié. Ce garçon de vingt ans se trouve en état de choc. « La véritable douleur n'est ressentie que graduellement. Exactement comme la tuberculose, en ce sens que la maladie est déjà parvenue à un point critique avant que le malade n'ait conscience de ses symptômes. » Plus tard, Mishima reviendra souvent sur le fait d'avoir vécu la fin de la guerre. « Ma vie a été coupée en deux, dira-t-il. Le malheur s'est abattu sur moi. » La sentence de mort qui frappait Mishima et ses contemporains a été levée, mais tout leur système de valeurs s'effondre. Pour Mishima cette expérience est encore plus traumatisante. Pendant la guerre on l'a fait se prendre pour un génie, l'esprit représentatif de son époque : « Quand eurent cessé les pressions de la guerre, il perdit son équilibre. »

Mishima se trouve dans un profond désespoir, et sa torture est accrue par la mort de sa sœur, qu'il aime. Mitsuko meurt, en octobre 1945, d'une typhoïde due à l'eau du puits. Mishima la soigne à l'hôpital ; plongé dans ses manuels de droit, il reste à son chevet durant des heures. « Jamais je n'oublierai sa façon de dire *merci, mon frère,* quand je lui donnais de l'eau », confiera-t-il à sa mère. Mitsuko, élève de l'école du Sacré-Cœur à Tokyo, meurt à l'âge de dix-sept ans. Un ami de la famille observera plus tard : « Sa mort a été désolante pour Kimitake. Elle lui donnait des femmes une autre idée que sa grand-mère ou sa maman gâteau. Un peu garçon manqué, elle avait l'esprit critique. Il disait d'elle : *Se peut-il vraiment qu'elle soit une femme ?* Il était incapable de comprendre une femme normale. »

Mishima se replie sur lui-même, et ignore le monde chaotique qui l'entoure. « Je ne voulais ni voir le mal, ni entendre le mal, ni parler du mal. » Il n'accorde aucune attention aux importants changements survenus à la tête du pays. Il a beau étudier le droit, il ne s'intéresse pas aux « cinq réformes », programmes du général MacArthur pour une réforme de l'industrie, des terres, des élections, des syndicats et de la loi sur l'éducation, qui devaient jeter les bases de la *demokurashi* au Japon. Mishima ne s'intéresse pas non plus aux problèmes sociaux, bien qu'il y soit plongé. Le sort des habitants de Tokyo, dont les foyers ont été détruits et qui manquent de nourriture, est critique ; il se crée un florissant marché noir, et les profiteurs font fortune. Les souffrances de l'homme de la rue sont énormes ; le suicide par absorption d'alcool à brûler n'est pas rare. Mishima se cramponne à son petit monde propre — son « château », sa « caverne sombre », le nomme-t-il parfois. Il ne prête guère attention au monde extérieur, ignorant même ce qui touche l'Empereur, dont le général MacArthur a décrété qu'il doit rester sur le trône et ne pas subir le procès des « criminels de guerre » ; à condition, toutefois, que l'Empereur fasse une déclaration désavouant l'idéologie du temps de guerre. La *ningen sengen* (déclaration humaine) — sous-entendant que l'Empereur est un simple mortel —, prononcée au premier jour de l'an 1946, contient ce passage capital : « Les liens entre Nous et Notre peuple ont toujours reposé sur la confiance et l'affection réciproques. Ils ne dépendent pas seulement de légendes et de mythes. Ils ne reposent pas sur l'idée fausse que l'Empereur est divin et que le peuple japonais, supérieur aux autres races, est destiné à dominer le monde. »

Mishima reprend le fil de sa carrière littéraire. Il porte ses manuscrits aux éditeurs des revues mensuelles. Utaro Noda, l'éditeur de *Bungei*, notera plus tard (février 1971) dans cette revue : « Il m'apporta le manuscrit de *Chusei*. En le parcourant, j'eus le sentiment qu'il s'agissait d'un auteur brillant mais que je ne pouvais louer à cent pour cent. Il me frappait comme une plante bizarre qui eût sauté le processus naturel de maturation, et fleuri directement sans avoir plus de deux feuilles sur sa tige. » Noda critique le « narcissisme pernicieux » de Mishima. Naoya Shiga, l'un des plus célèbres écrivains de l'époque, à qui s'est également adressé Mishima, partage l'opinion critique de Noda sur le jeune homme. « Shiga se rappelait Mishima comme un garçon qui avait été quelque temps à l'école avec sa fille. Il déclarait que Mishima avait souvent glissé des manuscrits et des missives dans sa boîte aux lettres. Mais il critiquait les travaux de Mishima : *Ses histoires ne sont que rêves. Elles n'ont aucune réalité. Elles ne valent rien.* » Noda fait part de ces critiques à Mishima, et l'encourage à écrire des histoires encore plus romantiques, dans l'espoir que l'excès même de romantisme en guérira le garçon : « Il écrivit deux nouvelles romantiques, dont il m'apporta les manuscrits un jour où la neige fraîche couvrait Tokyo. Je me souviens de son sérieux par cette journée de neige. »

Pourtant, les manuscrits suivants de Mishima déçoivent Noda. Le jeune homme lui a apporté *Misaki nite no Monogatari,* l'histoire qu'il a écrite à l'arsenal maritime de Koza juste avant la reddition. « Ce n'était qu'un habile travail de professionnel. Je le dis à Mishima qui me répondit avoir grande confiance en son histoire. Alors, je lui demandai s'il voulait être un romancier original ou un auteur populaire célèbre ; il me répondit catégoriquement qu'il voulait être le second. » L'éditeur littéraire ayant exprimé sa déception, Mishima se met en quête d'un autre parrain. Désireux de percer vite dans le monde littéraire de l'après-guerre, il a besoin de l'assistance d'un homme plus âgé, jouissant d'une réputation établie d'écrivain. Seul, il serait incapable de réaliser aussitôt ses ambitions. De Noda, Mishima obtient une introduction auprès de Yasunari Kawabata, l'un des plus éminents écrivains du Japon.

Noda se rappelle : « Après que son ouvrage eut paru dans *Bungei...* il ne vint me voir qu'une seule fois : lorsqu'il voulut que je le présente à Kawabata. » Ainsi Mishima laissait-il tomber les gens qui avaient cessé de lui être utiles ; il se fit un ennemi de Noda. « Après la guerre il devint un romancier populaire, tout comme il l'avait espéré ; mais le jeune Mishima plein de fraîcheur et de sérieux disparut. J'avais le sentiment que Mishima ne vivait que sous son nom de plume, et non plus en tant que Kimitake Hiraoka. Ce nom de plume devint une ombre narcissique de l'homme réel, quelque chose comme des fleurs de Hong Kong. » Les « fleurs de Hong Kong » étaient les fleurs en plastique bon marché qui inondaient le Japon comme les articles japonais inondaient l'Amérique, et que l'on considérait comme des imitations — des « ombres » de l'objet réel.

4

Le protégé de Kawabata

Yasunari Kawabata, le premier écrivain japonais à remporter le prix Nobel (en 1968), a quarante-six ans lorsqu'il rencontre pour la première fois le jeune Mishima. Né en 1899, Kawabata a d'abord voulu devenir peintre, puis établi sa réputation dans le Japon des années 1920 en tant que jeune auteur à la formation classique et aux goûts modernes. Il fait partie de la poignée d'éminents hommes de lettres qui ont traversé la guerre du Pacifique sans que leur association avec les militaristes ait terni leur nom. Homme de moyens indépendants, marié, vivant à Kamakura où il écrit — il est surtout connu en Occident pour ses romans *Pays de neige* et *Nuée d'oiseaux blancs* —, Kawabata est de nature généreuse, et disposé à aider les jeunes écrivains dont les travaux lui plaisent. Mishima, étudiant en droit presque inconnu, lui ayant apporté des manuscrits lors des vacances de nouvel an 1946, il aime une brève histoire de relations homosexuelles aux Gakushuin, assez pour la recommander à un éditeur de revue. *Tabako* (*Tabac*) paraîtra cet été-là dans la revue *Ningen,* présentant le jeune Mishima au monde littéraire de l'après-guerre.

Mishima est transporté de joie — et à juste titre — par la décision qu'a prise Kawabata de le parrainer. Dans le monde fermé de la *Bundan* japonaise, ainsi que l'on nomme l'élite littéraire, un jeune auteur a besoin de l'appui d'un homme plus âgé ; or, nul ne saurait mieux convenir à ce rôle que Kawabata, lequel comprend d'instinct le cérémonieux et sensible Mishima. Pourtant, le rêve du jeune homme : devenir célèbre du jour au lendemain, ne se réalise pas. La publication de *Tabako* passe inaperçue. Cette absence de réaction, même chez les autres écrivains de sa connaissance, le déçoit gravement ; il en conclut que son père a raison, et qu'il ne doit pas se concentrer sur l'idée d'une carrière littéraire.

Il forme le projet de se présenter à l'examen administratif, le *Kobun,* et d'entrer dans la vie professionnelle en tant que fonctionnaire. De toute évidence, un écrivain doit être mieux connu dans la *Bundan* avant de pouvoir espérer un véritable succès. Néanmoins, tout en poursuivant ses études, Mishima essaie en outre d'étendre ses relations littéraires. Il continue à rencontrer Kawabata ; l'écrivain plus âgé le fait membre de la *Bunko* de Kamakura, bibliothèque de prêt très fermée, fondée par Kawabata et ses amis lettrés. Mishima tâche aussi de rencontrer le plus grand nombre possible d'autres écrivains arrivés, dans l'intention de passer en fin de compte de l'administration à la carrière littéraire.

L'un des auteurs qu'il rencontre au cours des années de l'immédiat après-guerre est Osamu Dazai ; l'unique entrevue de Mishima avec ce fameux écrivain romantique fait sur lui une impression profonde. La rencontre a lieu en 1947, lorsqu'un ami de Mishima, un autre jeune homme aux aspirations littéraires, lequel connaît personnellement Dazai et son groupe, l'emmène un soir faire la connaissance de l'écrivain lors d'une réception au Ginza. Dazai, qui n'a que trente-huit ans, est à l'époque le romancier le plus populaire auprès de la jeune génération japonaise. Dans son roman à succès *Le Soleil couchant,* il exprime un désespoir avec lequel elle s'identifie, désespoir qui reflète un caractère de son œuvre entier, souvent sombre et déprimant, non sans rapport avec l'œuvre propre de Mishima.

Ce dernier, toutefois, est effrayé par les similitudes entre Dazai et lui-même, qui sont à l'époque d'ordre personnel, et non visiblement littéraire. Les deux hommes sont des snobs ; l'un et l'autre désirent faire sensation, et être des héros du grand public ; ils ont tous deux l'obsession du suicide. Mishima, avant sa rencontre avec Dazai, prend la résolution d'être agressif, d'être un « assassin littéraire », comme il a dit un jour. Au moment où lui et son ami se joignent à eux, Dazai et son groupe d'admirateurs sont assis dans une salle du haut de leur restaurant de Ginza. Il s'agit d'une salle sordide aux tatamis (tapis en paille de riz) sales, exactement le type d'endroit qui déplaît à Mishima ; et la compagnie boit du saké de mauvaise qualité, l'unique alcool que l'on peut se procurer dans le Japon d'alors, à moins d'acheter des spiritueux d'importation à des prix de marché noir. En ce temps-là, Mishima ne boit pas ; assis un peu à l'écart de Dazai et ses disciples, il écoute intensément leurs propos — attendant une occasion de bondir. Profitant d'un bref silence, Mishima intervient : « M. Dazai, déclare-t-il, je déteste votre œuvre. » Le romancier, ainsi que le raconte Mishima, observe une pause avant de répondre, apparemment surpris (on le serait à moins). Alors il dit à ses voisins : « Pourtant, je sais bien qu'il m'aime ; sinon, il ne serait pas venu. » Cette remarque pique Mishima, sans doute parce qu'elle comporte un élément de vérité ; de sa vie il n'oubliera ce sarcasme. Il répétera souvent son « histoire Dazai » ; vingt ans plus tard, le souvenir de la remarque « pourtant, je sais bien qu'il m'aime... » l'obsédera encore. Dazai est l'un des très rares hommes qui aient « vaincu » Mishima, et il n'aura jamais l'occasion de se venger : Dazai se suicidera en 1948 ; il se noiera dans une rivière de Tokyo avec sa maîtresse.

Il est intéressant d'opposer les relations de Mishima avec Dazai à ses relations avec Kawabata. Mishima ne rencontre Dazai qu'une seule fois, et a une réaction très violente à son égard ; l'écrivain aux longs cheveux, au pâle visage, aurait pu être proche de Mishima s'il avait vécu : même son suicide paraît souligner un élément qui leur est commun. L'amitié de Mishima avec Kawabata, bien qu'elle ait duré près de vingt-cinq ans, est beaucoup moins intense. Mishima garde ses distances avec tout le monde, et ne fait pas d'exception envers Kawabata ; ils ont en un sens une alliance littéraire, fondée sur une compréhension et une appréciation mutuelles, plutôt que sur l'amitié. Kawabata est beaucoup moins tendu que Mishima — ou Dazai —, et il paraît peu vraisemblable qu'il envisage jamais le suicide (en fait, dix-huit mois après la mort de Mishima, il se suicidera au gaz).

Mishima a beau s'intéresser à la littérature, il étudie ses manuels de droit avec une concentration sans réserve, typique de son caractère. Il étudie avec un acharnement stoïque. Au printemps de 1947, « le moment de préparer les examens de l'administration civile était proche et il me fallait consacrer tous mes efforts au travail aride qu'ils exigeaient. » Dans *Confession d'un masque,* Mishima nous raconte comment « le printemps arriva et une nervosité effrénée s'établit derrière (sa) façade de tranquillité ». A ses moments perdus, il sort prendre un peu d'exercice ; « souvent je me rendais compte que les gens regardaient d'un air interrogateur mes yeux injectés de sang. » Il est excessivement conscient de soi-même.

Dans *Confession d'un masque,* il s'étend sur une idylle avortée avec une jeune fille appelée Sonoko ; mais Sonoko est un personnage composite, inspiré des expériences des amis de Mishima et de plusieurs jeunes femmes des familles de la haute bourgeoisie qu'il connaît. Notre jeune étudiant en droit se rend de temps à autre à une réception, mais trouve impossible de se détendre avec d'autres jeunes. En rentrant chez lui seul — il vit toujours chez ses parents qui ont regagné leur maison de Tokyo tout de suite après la guerre —, il joue à se torturer mentalement : « Tu n'es pas humain. Tu es incapable de rapports sociaux. Tu n'es qu'une créature inhumaine et d'une certaine manière étrangement pathétique. » Est-il en outre incapable d'amour sexuel ? Il est presque certain qu'il n'aura pas de véritables relations avec une femme avant l'âge de trente ans au moins. Son biographe japonais, Takeo Okuno, dit avoir reçu un coup de téléphone, un soir tard, vers deux heures du matin, où Mishima rapportait avec enthousiasme qu'il avait couché avec une femme (c'était en 1957, bien des années plus tard). Il est homosexuel, *Confession d'un masque* le montre à l'évidence. Et pourtant, il essaie à coup sûr d'avoir des rapports avec des femmes aussi bien que des hommes, au cours des années de l'immédiat après-guerre ; il va jusqu'à faire des propositions de mariage, à deux reprises au moins. Mais il est un parti peu fiable, notamment par suite de son intimité avec sa mère, à en juger d'après les commentaires que m'a faits l'une des femmes auxquelles il a proposé le mariage : « Je ne me voyais pas l'épouser car il était trop proche de sa mère. Elle était fort gentille avec moi, et rien ne clochait, mais je craignais de m'immiscer entre la mère et le fils après mon mariage. En outre, je n'étais pas sûre d'éprouver de la passion pour lui. »

Mishima passe à l'automne de 1947 son examen *kobun* ; il est accepté au ministère des Finances, à la grande joie de son père (ce ministère constitue la clef de voûte de la bureaucratie japonaise). Durant la journée, Mishima travaille dur au service des banques du ministère ; après quoi, il veille la moitié de la nuit pour écrire des nouvelles. Il commence à publier davantage. Un collègue se le rappelle comme « un fonctionnaire élégant qui faisait tout ce qu'il pouvait pour joindre le travail littéraire au travail de bureau ». Au ministère, où il passe pour avoir des connaissances littéraires, il s'affilie au groupe qui édite la revue du ministère, *Zaisei*, et fait à ses collègues des conférences sur la littérature classique. « Une fois, rapporte son collègue Minoru Nagaoka, il a parlé à des jeunes fonctionnaires des *Femmes dans la littérature de la période Heain.* » Avec ses dons naturels de bureaucrate, Mishima pourrait s'il le voulait parvenir au sommet du ministère. Il a de rares facultés d'organisation ; il est en outre un collègue amusant qui ne passe pas inaperçu. « Il écrivit pour le ministère un discours spirituel ; son *kacho* (chef de service) dut en couper une large part, car il était bien trop drôle pour le ministre des Finances. » Pourtant, la carrière administrative n'attire pas Mishima. Il continue à se consacrer chez lui à la rédaction de nouvelles ; souvent, il veille jusqu'à deux heures du matin ou plus tard pour satisfaire à l'afflux croissant de commandes des directeurs de revues. Au Japon, un écrivain se fait connaître en produisant des nouvelles ; après quoi, il passe aux romans ou aux pièces de théâtre. La production de Mishima est considérable, comme le montre la liste représentative de ses publications de 1948, jusqu'en septembre :

Janvier	*Sakasu* dans *Shinro.*
	Somon no Genryu dans *Nihon Tanka.*
Février	Préface de *Tozoku* dans *Gozen.*
Mars	*Jushosha no Kyoki* dans *Ningen.*
	Chapitre 5 de *Tozoku* dans *Shinbungaku.*
Avril	*Junkyo* dans *Tancho.*
	Kazobu Awase dans *Bungaku Kikan.*

Mai	Commentaire sur Radiguet dans *Sekai Bungaku*.
	Ayame dans *Fujin Bunko*.
Juin	*Kashira Moji* dans *Bungaku Kai*.
	Jizen dans *Kaizo*.
	Hoseki Baibai dans *Bungei*.
Juillet	*Koshoku* dans *Shosetsukai*.
	Tsumibito dans *Fujin*.
22 sept.	Démissionne du ministère des Finances.

Ainsi que les titres de ses ouvrages le laissent entendre — *Koshobu* signifie « Sensualité » ; *Junkyo,* « Martyre » ; *Hoseki Baibai,* « Trafic de pierres précieuses » —, Mishima travaille dans le sensationnel.

Maintenant, Mishima réussit assez comme écrivain pour démissionner du ministère. Sa décision a beau mettre Azusa en rage, il n'a plus le pouvoir de commander à son fils. Ce dernier gagne bien sa vie avec ses écrits, d'autant plus que le fait d'habiter chez ses parents lui permet d'économiser. Bien entendu, Shizue prend parti pour lui dans la querelle familiale au sujet de sa démission ; devant la mère et le fils, Azusa ne fait pas le poids ; aussi cède-t-il avec cette remarque typique : « Bon, si tu y tiens absolument, vas-y, quitte le ministère. Mais je te conseille de devenir le plus grand écrivain du Japon, tu m'entends ? »

Mishima est souvent mélancolique. Il écrit dans son journal : « Que m'importe si les bombes A nous tombent à nouveau dessus ? Je ne désire que la beauté. » Lorsqu'il entreprend *Confession d'un masque,* le 25 novembre 1948, son but est d'analyser son « nihilisme esthétique », et aussi de se débarrasser d'un « monstre » intérieur. Vingt-deux ans plus tard, jour pour jour, il se suicidera.

Près de la moitié de *Confession d'un masque* traite des relations entre le narrateur et la jeune Sonoko dont j'ai parlé. Ces épisodes Sonoko ne sont pas autobiographiques, mais néanmoins révélateurs. A un certain moment, le narrateur va trouver sa mère — juste avant la fin de la guerre — pour lui demander s'il doit épouser Sonoko, car la jeune fille a conclu de ses tentatives hésitantes qu'il a le mariage en tête. Il semble assez naturel que le narrateur de *Confession,* devant cette décision à prendre, consulte sa mère et accepte son verdict (qui est de *ne pas* se marier). La scène est très conforme à ce que l'on sait de Mishima lui-même ; il a besoin de la protection maternelle.

Second passage, probablement la scène la plus fameuse du livre : la rencontre entre Sonoko et le narrateur, sur laquelle s'achève *Confession d'un masque.* A Tokyo, par un jour d'été caniculaire, le couple est entré par désœuvrement dans un dancing bon marché. Le narrateur voit un groupe de *yakuza* (gangsters), assis tout près ; parmi eux, la vue d'un jeune homme le fascine. « C'était un jeune homme de vingt et un à vingt-deux ans, aux traits rudes, mais réguliers et basanés. Il avait ôté sa chemise et restait là debout, à demi nu, occupé à enrouler une large ceinture autour de sa taille... La masse chaude de son torse lisse était strictement et fortement emprisonnée dans les tours successifs de la ceinture de coton souillée. Ses épaules nues, hâlées par le soleil, luisaient comme s'il les avait enduites d'huile. Des touffes noires sortaient du creux de ses aisselles »... A ce moment, « surtout à la vue du pavot tatoué sur sa poitrine dure », le désir sexuel assaille le narrateur. Il en oublie l'existence de Sonoko : « Je ne pensais qu'à une seule chose : à cet homme sortant dans les rues, en ce jour de plein été, tel qu'il était là, demi-nu, et se trouvant mêlé à un combat avec une bande rivale. A un poignard affilé déchirant cette ceinture, perçant ce torse. A cette ceinture souillée, magnifiquement teinte de sang »... Le livre se clôt sur une note caractéristique des écrits de Mishima : « L'heure était venue (de partir)... Les jeunes gens étaient apparemment allés danser et les chaises demeuraient vides sous le soleil flamboyant. Une boisson quelconque avait été répandue sur la table et lançait des reflets brillants et menaçants. »

La critique salue en *Confession d'un masque* une œuvre de génie. Ce livre fait de Yukio Mishima l'un des principaux écrivains de la jeune génération. Toutefois, peu de critiques sentent l'existence du conflit profond qui déchire la personnalité de l'auteur, et la nature de sa lutte contre la faiblesse — lutte d'où est née *Confession d'un masque.*

Parmi les nombreux commentaires sur l'œuvre de Mishima,

l'on cherche en vain une critique aussi pertinente qu'une remarque de Yasunari Kawabata dans son introduction à un roman antérieur, qui ne fut pas un succès, de Mishima, *Tozoku* (*Voleurs,* 1948). « La maturité du talent de Mishima m'éblouit, écrit Kawabata. Et, en même temps, elle me gêne. L'originalité de Mishima n'est pas facile à saisir. Certains peuvent le considérer comme invulnérable, à en juger par cet ouvrage. D'autres verront qu'il est profondément blessé. » Kawabata a deviné le jeune auteur ; il sait combien son protégé est vulnérable. En cela, il est presque seul parmi les amis et compagnons de Mishima. Rien d'étonnant, dans ce cas, que lorsque Mishima mettra fin à ses jours, vingt ans plus tard, Kawabata ressente au sujet de sa mort une écrasante responsabilité. Qui sait pourtant s'il était en son pouvoir d'aider Mishima à éviter le désastre ? Les blessures étaient si profondes, et la fin avait été si bien répétée !

Confession d'un masque présente un autre aspect révélateur : Mishima n'y trouve rien à dire des événements politiques qui ont influé sur sa vie. Il n'essaie pas d'analyser l'événement crucial de sa jeunesse : ses expériences de guerre et l'effondrement de l'impérialisme japonais en 1945. Ses contemporains le considèrent comme apolitique, bien qu'un émissaire du parti communiste japonais, Hajime Odagiri, ait un jour essayé de le convaincre d'entrer au parti. Il faudra attendre les années 1960 pour que Mishima tente d'écrire sur l'Empereur et la défaite de 1945. Son long silence sur ces grands thèmes nationaux peut s'interpréter comme un signe d'apolitisme ou comme une preuve de la profondeur de ses sentiments. Je crois que les deux théories sont défendables : Mishima ne s'intéresse pas à la politique au sens profane, quotidien ; mais ses expériences de guerre — et les enseignements du *Nippon Roman-ha* — ont fait sur lui une impression profonde. Il est bien une sorte d'impérialiste.

IV

LES QUATRE FLEUVES

(1950-1970)

Je veux faire de ma vie un poème.
YUKIO MISHIMA.

Le suicide est quelque chose qui s'organise
dans le silence du cœur, comme une œuvre d'art.
ALBERT CAMUS.

1

Les tableaux d'une exposition

Peu de temps avant de se tuer, Mishima organise une exposition consacrée à sa vie. Elle se tient aux grands magasins Tobu, à Ikebukuro (Tokyo), entre les 12 et 19 novembre 1970. Dans l'introduction au catalogue de l'exposition, il écrit : « Juste au moment où j'allais mettre le point final à ma tétralogie, *La Mer de la Fertilité,* après six ans de travail, les grands magasins Tobu m'ont demandé l'autorisation de faire une exposition rétrospective sur ma carrière littéraire. J'écris depuis près d'un quart de siècle, et je souhaite réexaminer les chemins que j'ai parcourus. Un écrivain, une fois qu'il commence à se retourner sur ses œuvres passées, se met dans une impasse ; mais qu'y a-t-il de mal à laisser autrui arranger son passé ? Je n'ai fait qu'une seule suggestion : diviser mes quarante-cinq années de vie — une vie si pleine de contradictions ! — en quatre fleuves, " L'Ecriture ", " Le Théâtre ", " Le Corps " et " L'Action ", qui tous finissent par se jeter dans *La Mer de la Fertilité.* »

L'exposition connaîtra un grand succès. Elle aura cent mille visiteurs, en grande majorité des hommes. « Il semble que je ne sois point populaire auprès des dames », écrira Mishima dans une lettre à son vieux professeur aux Gakushuin, Fumio Shimizu. Parmi les visiteurs : Shizue Hiraoka. Elle s'étonnera de voir exposés tant de documents que Mishima jusqu'alors n'a pas montrés au public : par exemple, des portraits de Shizue elle-même, jeune femme. L'ensemble de l'exposition la surprendra aussi ; la salle est tendue de rideaux noirs.

— Qu'est-ce que ça veut dire ? demande Shizue à son fils, chez elle. Pourquoi tous les documents sont-ils entourés de noir ?

— Uniquement pour les faire ressortir, pour former contraste, répond-il.

Cette exposition sera l'adieu de Mishima au grand public. En bonne place est le sabre exécuté par Seki no Magoroku, l'arme pour les deux mains, longue de quatre-vingt-dix centimètres, avec laquelle Masakatsu Morita décapitera Mishima le 25 novembre.

Dans le catalogue relié de noir, Mishima écrit : « Le visiteur pourra ne choisir que les fleuves qui l'intéressent, en évitant de se laisser emporter par le fleuve qui lui déplaît. Je serai reconnaissant à ceux qui suivront les quatre fleuves de ma vie, mais je ne puis croire qu'ils soient nombreux. »

2

Le Fleuve de l'écriture

« Ce fleuve m'aide à cultiver mes champs par la grâce de ses eaux, me fait vivre, parfois déborde et manque de me noyer dans ses courants abondants. Ce fleuve exige aussi de moi une infinie patience et des travaux forcés quotidiens à travers les changements de saisons et le temps qui passe. Que l'écriture et les travaux de ferme se ressemblent ! A tout instant, l'esprit doit prendre garde aux orages et aux gelées. Après avoir aussi longtemps, avec tant de vigilance, surveillé le champ de mon écriture, après un labeur aussi interminable d'imagination et de poésie, puis-je être jamais assuré d'une riche moisson ? Ce que j'ai écrit me quitte, sans jamais nourrir mon vide, et ne devient rien d'autre qu'un implacable fouet qui me pousse à continuer. Combien de nuits de lutte, combien d'heures désespérées a-t-il fallu passer sur ces écrits ! S'il me fallait additionner et me rappeler mes souvenirs de ces nuits, je deviendrais sûrement fou. Pourtant, je n'ai d'autre moyen de survivre que de continuer d'écrire une ligne, une ligne encore, et encore une... »

Yukio Mishima, *Catalogue de l'exposition Tobu.*

1950-1954

Yukio Mishima décrit ses premières années d'écrivain profes-sionnel dans son ouvrage autobiographique non traduit, *Watakushi no Henreki Jidai* (*Mes années d'errance,* 1964). Il n'est pas le genre d'auteur dont « l'inspiration précipite le travail ». Il a acquis de la confiance en soi ; il donne une impression d'extraordinaire vitalité ; mais dans sa méthode de travail il se considère comme un banquier. (Peut-être voyons-nous ici l'influence de son année au service des banques du ministère des Finances.) Imaginez, écrit-il, une banque avec une grande vitrine plaisante — il y a ce genre de banque au Japon — ; cela donnerait une image de son style. Mishima considère Thomas Mann, lequel a déclaré que « les écrivains devraient ressembler à des banquiers », comme son modèle. « L'entêtement teuton et l'inutile méticulosité » de Mann sont loin du caractère premier de Mishima ; il n'en a pas moins été « captivé par la qualité dramatique » de l'œuvre de Mann, et attiré par « le caractère unique de tragédie de la littérature allemande ». Pareil à d'autres écrivains japonais, Mishima tente d'adopter le style de l'auteur occidental qu'il admire le plus à l'époque. Quand il donne des conférences à des sociétés littéraires, il s'habille en complet-veston, se fait couper les cheveux court, et ressemble absolument à un jeune banquier ou industriel japonais prospère et capable.

Il n'est pourtant pas en paix avec lui-même. « En 1950, j'ai eu des hauts et des bas ; d'une cime de bonheur je descendais au plus profond de la mélancolie. » Durant cette période, et jusqu'à son départ pour son premier tour du monde à la fin de 1951, il est « émotionnellement plus instable qu'à aucune autre époque de (sa) vie ». L'élégant jeune Mishima est « constamment seul et... jaloux de la médiocre jeunesse des autres » ; il se considère comme « un bizarre et souriant vieillard âgé de vingt-cinq ans ». Et il est malade. Après avoir quitté le ministère, éprouvant un besoin d'exercice, il s'est mis à l'équitation. Devenu membre d'un club d'équitation très sélect qui utilise le parc du palais impérial, il s'y fait photographier à cheval sur une jument blanche. Mais cet exercice ne suffit pas à le guérir. « Je souffrais sans arrêt de maux d'estomac. » Mishima décide qu'il doit sortir à tout prix du Japon ; il cherche à retenir une place à bord d'un baleinier de l'Antarctique ; même cela se révèle impossible à organiser. Son degré de nervosité saute aux yeux dans *Watakushi no Henreki Jidai* : « Je résolus de diviser mon énergie entre deux mondes : mon travail et ma vie quotidienne. Je ne me soucierais plus de l'existence intermédiaire, *l'association avec les autres*. » Il déteste « les autres ».

Au début de l'automne 1950, devant une grande librairie de Tokyo, il regarde l'affiche d'une exposition de momies provenant du temple de Chuson ; soudain, l'idée lui traverse l'esprit que les gens qu'il voit entrer et sortir de la librairie sont eux-mêmes des momies. « Je détestais leur laideur. Que les intellectuels sont donc peu séduisants ! » Cette expérience donne lieu à une audacieuse résolution. Eperonné par « une haine incontrôlable », il décide de faire un voyage en Grèce, « le pays de (ses) rêves ». « Une passion aiguë de l'harmonie, une antipathie profonde pour la disharmonie et l'exagération », rapporte-t-il, sont à l'origine de cette aspiration classique. Plus tard, profitant du recul, il modifiera son diagnostic sur lui-même : « Je me trompais sans doute. Mon antipathie pour les intellectuels était une réaction contre ma propre sensibilité, d'une monstrueuse énormité. Voilà pourquoi je voulais devenir classique. » « Voyager, affirme-t-il — non sans contradiction avec lui-même une fois de plus, car il ne s'intéresse pas à la nature —, me consolait ; j'éprouvais pour les paysages un attrait sensuel... Dans mes livres, les descriptions de nature ont une importance pareille à celle des scènes d'amour dans l'œuvre d'autres auteurs. »

Mishima, occidental à maints égards, rencontre vers l'âge de vingt-cinq ans les difficultés de nombreux écrivains romantiques du même âge en Occident. Cette période de crise affecte son œuvre. En 1950-1951, il écrit un roman qu'il présente comme un échec : *Mashin Reihai* (*Le Culte du mal*). Il écrit un second roman, *Ao no Jidai* (*Période bleue*), dont il qualifie la construction et le style de « lamentables ». Un troisième roman, *Couleurs interdites,* est « inutilement confus ». Les autres croient qu'il écrit bien, mais le rythme de son travail est troublé : « Je n'aime pas écrire de cette façon. » Sa réussite romanesque de l'époque (Mishima écrit deux ou trois livres par an) est *Une soif d'amour,* composé, dit-il, sous l'influence de François Mauriac. « A coup sûr, écrit Mishima, il ne saurait exister d'auteur étranger qui plaise autant aux Japonais que Mauriac. » Selon Donald Keene, auteur du premier long essai sur Mishima paru en Occident (il figure dans son recueil *Landscapes and Portraits* (Paysages et Portraits) publié par Kodansha International en 1971) : « Il expliquait cela (l'influence de Mauriac) en fonction d'une fascination japonaise pour les détails : l'expression d'un visage de femme quand, sur le point de pleurer, elle retient ses larmes ; le dessin fait par les plis de sa robe quand elle se retourne. Mauriac est un maître de ce genre de détails ; or, d'après Mishima, le roman américain n'offre guère de plaisirs de cette nature, et par conséquent n'a jamais beaucoup séduit les Japonais. » *Une soif d'amour,* observe Keene, « abonde en détails de ce genre ; ils indiquent non seulement la dette de Mishima envers Mauriac, mais sa place dans la tradition littéraire japonaise ».

Une soif d'amour a pour personnage central Etsuko, une femme d'un peu plus de trente ans qui, après son veuvage, est allée vivre dans la famille de son mari à la campagne, près d'Osaka. Le roman se situe dans l'immédiat après-guerre, époque de grand bouleversement social. Mishima décrit Etsuko dans une scène du début du livre : « Etsuko passa la main dans la poignée de son sac. Le bambou recourbé lui érafla l'avant-bras tandis qu'elle portait ses mains à son visage. Ses joues étaient très chaudes. Cela lui arrivait souvent sans raison. Ce n'était le symptôme d'aucune maladie, mais, tout à coup, ses joues devenaient brûlantes. Bien que petites, ses mains étaient calleuses et bronzées, et leur petitesse même les faisait paraître plus rudes. Elles lui grattaient les joues, intensifiant la sensation de brûlure... La démarche d'Etsuko évoquait celle d'une femme enceinte. Elle se mouvait avec une indolence outrée. Elle ne s'en rendait pas compte et il n'y avait personne qui pût le lui faire remarquer ; tout comme un écriteau qu'un espiègle garnement eût subrepticement accroché dans le dos d'un camarade, cette allure était, à son insu, son trait distinctif. » Originaire d'une famille des classes moyennes de Tokyo, elle n'aime pas la vie rurale qui l'entoure. Tandis qu'elle rentre chez elle d'une course, « les pâtés d'immeubles de l'administration départementale étaient déjà éclairés. Ces centaines de blocs, de construction identique, reflétaient la même vie, la même petitesse, la même pauvreté. Le chemin qui traversait ce quartier sordide offrait un raccourci, mais Etsuko l'évitait toujours ». (Dans cette description transparaissent clairement les propres sentiments de Mishima pour la *demokurashi* de l'après-guerre.)

Etsuko est éprise en secret d'un garçon de ferme, Saburo, qui vit aussi dans la famille. A l'automne, une fête donne à la jeune femme, après des mois de désir, l'occasion de se rapprocher physiquement de Saburo. Lui et les autres jeunes gens du village, vêtus de simples *fundoshi* (pagnes), s'élancent, devant le sanctuaire shintoïste du village, à la poursuite d'une tête de lion figurant sur une bannière. Pour cette fête, Etsuko se prépare comme si elle se rendait à une élégante réception de Tokyo : « Etsuko portait un kimono de soie parsemé de chrysanthèmes, tel qu'on en voyait rarement à la campagne, sous un mantelet court d'un noir brillant. Un parfum d'eau de Cologne Houbigant, qu'elle aimait beaucoup, flottait autour d'elle, parfum peu approprié à une fête de campagne et, de toute évidence, destiné à Saburo. » En route pour la fête, elle déchire son *haori* (son mantelet), mais ne s'en aperçoit pas. Elle ne songe qu'à la scène fougueuse qui l'attend. Parvenue au sanctuaire, elle voit les jeunes gens danser autour de la tête de lion, au son des pétards de bambou ; soudain, ayant reconnu Saburo, elle se précipite vers eux. « Etsuko trébucha en avant, propulsée par la foule, et entra en collision avec un dos nu, brûlant comme du feu, venant de la direction opposée. Elle le repoussa en le maintenant des deux mains. C'était le dos de Saburo. Elle savourait le contact de sa chair et son ineffable chaleur. Une nouvelle poussée de la foule lui fit enfoncer ses ongles dans le dos de Saburo. Il n'en eut même pas conscience. Dans tout ce tohu-bohu, il ne savait quelle femme se pressait contre son dos. Etsuko sentit le sang de Saburo couler entre ses doigts. »

Une soif d'amour se clôt sur une scène de Grand-Guignol où Etsuko enfonce une pioche dans le cou de Saburo. Lorsqu'elle s'aperçoit que Saburo est attiré par elle, son amour pour lui se transforme en panique. Comme Flaubert était Madame Bovary, Mishima est Etsuko. Lui aussi se sent poussé à aimer et à blesser l'objet de son amour ; lui aussi est rebuté quand l'autre répond à ses avances. Comme dans le cas d'Etsuko, l'amour ne saurait étancher sa soif à lui ; accepter l'amour de l'autre est la chose la plus difficile que l'on puisse lui demander.

Mishima écrit que la « proposition fondamentale du roman moderne est, ainsi que Dostoïevski l'a dit... l'expression d'attitudes diamétralement opposées à l'intérieur des êtres humains ». Dans son autre œuvre majeure de cette période, *Couleurs interdites,* Mishima tente de montrer « les désaccords et les conflits intérieurs à (lui)-même, figurés par deux *je* ». Le premier *je* est Shunsuke, un écrivain de soixante-cinq ans, romancier célèbre dont on publie pour la troisième fois les *Œuvres complètes.* Shunsuke est le « vieil homme épanoui » que Mishima craint de trouver en lui-même : « Ce nouveau recueil des *Œuvres de Shunsuke Hinoki* serait son troisième. Le premier avait été rassemblé quand il avait quarante-cinq ans. A l'époque, je m'en souviens, il s'était dit que malgré la grande quantité de mes ouvrages salués par le monde comme étant la stabilité, l'unité mêmes, et, dans un sens, ayant atteint les cimes, ainsi que beaucoup le prédisaient j'étais fort enclin à cette sottise... une folle aptitude à manier les abstractions, qui menaçait de me rendre misanthrope. » Shunsuke examine une brochure publicitaire de ses *Œuvres complètes,* où figure sa photographie : « C'était l'image d'un vieil homme laid, il n'y avait pas à dire. Pourtant, l'on y discernait sans peine certaines traces pâles et délicates de la beauté spirituelle tant vantée par le monde. Le front large ; les joues émaciées ; les fortes lèvres gourmandes ; le menton volontaire : chaque trait révélait les traces d'un long et dur labeur, les traces de l'esprit. Toutefois, l'esprit criblait plus qu'il ne modelait son visage... Dans sa laideur, sa face était un cadavre vidé de son esprit, incapable de garder plus longtemps son secret. » (Mishima, dans le dégoût que lui inspire la vieillesse, est en avance sur son âge, mais conforme à l'esprit de son époque, représenté par l'œuvre de Tanizaki et Kawabata dont le *Journal d'un vieux fou* et *Les belles endormies* expriment l'horreur de la vieillesse avec plus d'acuité que *Couleurs interdites.*)

Le deuxième *je* de *Couleurs interdites* est Yuichi, adolescent d'une exquise beauté, vu pour la première fois par Shunsuke alors qu'il sort de la mer où il vient de se baigner : « C'était un jeune homme d'une beauté stupéfiante. Son corps surpassait les sculptures de la Grèce antique. On eût dit l'Apollon coulé en bronze par un artiste de l'école du Péloponnèse. Ce corps irradiait de beauté calme. Quelle noble colonne du cou ! Quelles épaules doucement inclinées ! Quel tendre et large torse ! Quelle élégance dans la rondeur des poignets ! Comme ce ferme tronc s'effilait vite ! Quelles jambes, puissamment galbées comme un sabre héroïque ! » Shunsuke voit le visage de Yuichi : « De fins sourcils vifs ; des yeux profonds et tristes ; de fraîches lèvres assez épaisses — elles parachevaient le dessin de son profil extraordinaire. En outre, la merveilleuse arête de son nez, jointe à la maîtrise de son expression de physionomie, conférait à sa beauté juvénile une certaine impression de chaste sauvagerie, comme s'il n'avait jamais connu qu'abstinence et nobles pensées. » Yuichi, à la différence du protagoniste de *Confession d'un masque,* est un homosexuel sans complication qui prend plaisir à l'acte d'amour. Il est cependant beaucoup plus narcissique qu'homosexuel — en cela conforme au caractère propre de Mishima. Quand Yuichi pénétra pour la première fois dans un bar gay de Tokyo, il « flottait sur le désir. Le regard qu'ils lui décochèrent était comme celui que sent une femme lorsqu'elle passe parmi des hommes et que leurs yeux la déshabillent aussitôt complètement. En général, leurs yeux experts ne se trompent pas. Le torse doucement incliné... l'exquise harmonie potentielle entre ce que l'on voyait et ce que l'on ne pouvait pas voir semblait aussi parfaite qu'un produit de la section d'or ».

Ce roman est fortement misogyne ; Shunsuke se sert de Yuichi pour se venger de plusieurs femmes qu'il déteste. Au cours d'une certaine scène, Shunsuke, devant le corps noyé de sa troisième et dernière épouse, qui s'est suicidée avec son amant, appuie un masque de nô sur la face enflée de la morte, « jusqu'à ce qu'elle se déforme comme un fruit mûr ». Ce roman est aussi chauvin ; les étrangers du livre sont délibérément ridicules. Un de ces personnages a coutume de crier « *Tengoku ! Tengoku !* » (Le paradis ! Le paradis !) lorsqu'il parvient à l'orgasme ; un autre fait des avances à Yuichi, et, repoussé, pleure en baisant la croix qui pend à une chaîne autour de son propre cou.

A l'époque, la vie privée de Mishima ressemble à celle de Yuichi. « Il en savait beaucoup plus que nous sur les garçons », remarque un de ses amis écrivains. Il fréquente le Brunswick, un bar gay du Ginza ; là, il rencontre Akihiro Maruyama, âgé de dix-sept ans, qui vient de commencer une carrière dorée dans les bars gay — d'où il passera au théâtre où il deviendra le plus célèbre interprète de femmes de son temps. Les deux hommes dansent ensemble ; mais ils n'ont pas de liaison si l'on en croit Maruyama qui déclare : Je « ne le (Mishima) trouvais pas beau ; il n'était pas mon type ». Mishima est réservé sur les bars gay, repaires de journalistes en quête de scandales et de maîtres chanteurs ; en outre, comme la totalité du Ginza, ils sont sous la protection de *yakuza* (gangsters). Les hommes efféminés lui déplaisent particulièrement (son propre idéal est un type masculin) ; sa description d'un bar gay, dans *Couleurs interdites,* le montre clairement : « Des hommes qui dansent ensemble — cette plaisanterie peu commune. Tandis qu'ils dansaient, les sourires rebelles qui rayonnaient sur leurs visages disaient : *Nous ne faisons pas cela parce que nous y sommes forcés ; il ne s'agit que d'une blague.* » Un peu plus tard, Mishima écrira à un ami : « Je ne vais plus au Brunswick. »

Comme Yuichi dans *Couleurs interdites,* Mishima recherche la compagnie masculine et féminine. L'une de ses amies m'a confié : « Il aimait les femmes au cou élancé, au visage rond ; il était très pointilleux dans certains domaines. Quand nous sortions ensemble, il précisait comment je devais m'habiller. Pour la Comédie-Française, je devais mettre une robe de Paris. » Suivant l'expression japonaise, il « porte deux sabres » ; mais il préfère les hommes.

Shizue reste le centre de sa vie. Le soir, elle dispose, dans la chambre au tatami qu'habite son fils dans leur nouvelle demeure de Misorigaoka — une élégante banlieue de Tokyo —, les objets dont il a besoin : papier blanc, plume et crayons, thé, fruits, verres, couvertures, etc. En outre, Shizue est toujours la première à voir les écrits de son fils. Le foyer familial est tranquille, un bon lieu de travail. Chiyuki, le jeune frère de Mishima — d'un caractère entièrement différent, modeste et sans beaucoup d'ambition —, a résolu de passer l'examen du corps diplomatique ; jamais il ne dérange son frère aîné dans son gros travail. Le père seul, toujours bougon, aime les disputes ; Azusa cherche noise au sujet des animaux domestiques ; amateur de chiens, il insiste pour que Mishima se défasse de ses chats. Dans la cloison de sa chambre, Mishima a découpé une chatière. Et quand il voyage à l'étranger, il envoie des cartes postales aux chats, en ajoutant des post-scriptum afin de presser son père d'avoir plus de considération pour eux. « Il lui arrivait de travailler des heures d'affilée, un chat sur les genoux ; ça me rendait fou », dit Azusa. « Tu dois avoir un cerveau de chien, Père, répliquait Mishima. Tu es incapable de comprendre la délicate psychologie des chats. »

Fin 1951, avec l'aide de son père, Mishima organise un voyage à l'étranger. Azusa a un ami à l'*Asahi Shimbun,* le plus grand journal japonais ; grâce à ce journaliste, Mishima obtient d'être nommé envoyé spécial sans obligations professionnelles, mais ayant droit à des devises étrangères accordées par le ministère des Finances, son ancien ministère ; privilège rarissime (au Japon, il y a pénurie de devises étrangères). Mishima quitte Yokohama le jour de Noël à bord du *Président-Wilson ;* du quai, ses parents lui font des signaux d'adieu. Mishima attendait impatiemment cette occasion de voyager outre-mer ; citons *Watakushi no Henreki Jidai :* « J'éprouvais un puissant besoin de voyager à l'étranger... J'étais en pleine crise affective ; il me fallait découvrir à l'intérieur de moi-même un homme nouveau. »

A bord, il est heureux. Il se mêle aux autres passagers, renonçant « à (ses) anciennes prétentions à la solitude de l'écrivain, et à (son) mépris du monde ». Pour le nouvel an, il assiste à des bals costumés avec des Américains (il se coiffe d'un *hachimaki,* un serre-tête) ; pendant la journée il lit, assis sur le pont. Le bain de soleil, interdit jusqu'alors à cause de ses poumons délicats, lui ouvre un monde nouveau. « Pour la première fois, je découvrais le soleil. Je sortais d'une caverne obscure. Depuis combien de temps réprimais-je mon amour du soleil ! Tout le jour, en prenant sur le pont des bains de soleil, je me demandais comment je devais me transformer. Qu'avais-je en trop ? Qu'est-ce qui me manquait ? » (*Watakushi no Henreki Jidai*) Il conclut qu'il a bien assez de sensibilité. « Ce qui me manque, c'est une conscience existentielle de moi-même et de mon corps. Je sais le moyen de mépriser la simple intelligence froide. Ce que je veux, c'est l'intelligence doublée de pure existence physique — comme une statue. Et pour cela j'ai besoin du soleil, j'ai besoin de quitter la sombre caverne de mon cabinet de travail. »

Le baptême de Mishima, dans le domaine du voyage international, n'est pas différent de celui des autres Japonais. Il a tendance à regarder en arrière, par-dessus son épaule, le Japon plutôt que la vie qui l'entoure. A Honolulu, il est frappé du calme avec lequel les Nisei (Japonais américains) qui vivent là reçoivent un concert de Yehudi Menuhin et Jascha Heifetz ; à Tokyo, par contraste, ces musiciens ont fait une énorme sensation (au grand amusement des gens de Hawaii). A San Francisco, Mishima se rend dans un restaurant japonais où la nourriture est médiocre ; ce qui lui « rappelle fort tristement le Japon ». De là, il passe à Los Angeles, visite les musées, tombe sur un tableau de Turner prêté par Londres, admire beaucoup une édition originale des *Chants d'innocence* de Blake ; une cassette pleine de vieux camées aux détails minutieux l'intrigue fort. New York fait sur lui une impression profonde. C'est « Tokyo dans cinq cents ans d'ici » ; mais New York et Tokyo présentent un point commun : « Dans ces deux villes, les artistes ont la nostalgie de Paris. » Sur la recommandation de Herb Passin, l'érudit américain, ami de Mishima au Japon, il est piloté par un guide du Congrès pour la liberté de la culture. A New York, il visite les musées (au Musée d'art moderne, il admire le *Guernica* de Picasso), se rend au théâtre et à l'Opéra. Richard Strauss, affirme-t-il après avoir vu *Salomé* au Metropolitan Opera, est le « Wagner du xxᵉ siècle ». Tard dans la soirée, on l'emmène à Harlem faire la tournée des bars.

A New York, il rencontre aussi Meredith Weatherby,

l'Américain qui travaille à la traduction de *Confession d'un masque*. D'après le compte rendu de Weatherby dans l'*Asahi Shimbun* (1956) : « Nous avons passé toute une journée à n'examiner que deux ou trois points. Mishima ne manifestait aucun signe d'agacement. La traduction ne parut pas, mais en l'occurrence, j'appris beaucoup de Mishima. Traduire ses œuvres est plus malaisé que traduire le nô classique. Parfois, pour traduire une seule phrase il me fallait trois heures. Il exprimait toujours les choses les plus subtiles dans les phrases les plus condensées. » Cette traduction finit bien entendu par paraître ; il se peut que son thème homosexuel ait rebuté certains éditeurs américains, il y a vingt ans.

Des Etats-Unis, Mishima passe au Brésil : « Durant un séjour d'un mois à Rio de Janeiro, au moment du carnaval, je fus séduit par le soleil tropical. J'avais le sentiment d'être enfin chez moi. » Du Brésil, il passe à Paris où il est escroqué dans la rue par un cambiste, et forcé de rester près d'un mois dans une petite pension, presque sans le sou. La pension appartient à un Japonais ; une relation de Mishima, le réalisateur de films Keisuke Kinoshita, se trouve aussi là ; la situation de Mishima n'est pas désespérée. Tandis qu'il attend des nouvelles de ses chèques de voyage volés, il écrit une pièce de théâtre, *Yoru no Himawari* (*Tournesol dans la nuit*). Puis, une fois son argent récupéré, il se rend seul en Grèce. Voyage important pour lui. A la différence des autres écrivains japonais, Mishima s'intéresse de longue date à la littérature grecque et à la tradition classique de l'Europe. Quatre ans plus tôt, il a écrit une nouvelle, *Shishi* (*Lion*), inspirée de la *Médée* d'Euripide. Quoique les contemporains japonais de Mishima ne s'intéressent guère à Eschyle, à Sophocle et aux épopées homériques, Mishima connaît bien la littérature classique, qu'il a lue en traduction. L'intérêt qu'il porte aux classiques grecs — ainsi qu'aux auteurs du *grand siècle*[1] — rivalise avec son amour des classiques japonais, goût très peu répandu au Japon chez les membres de sa génération.

Lorsque enfin il parvient en Grèce, il « tombe amoureux des mers bleues et des ciels vifs de cette terre classique ». Il se rend

---

1. En français dans le texte. (N.d.t.)

dans tous les endroits célèbres (le cap Sounion excepté), et se sent « tout à fait enivré du matin au soir ». Sur la Grèce classique, il échafaude une théorie. Dans les temps anciens, il n'existait pas de « spiritualité » (« excroissance grotesque du christianisme »), mais un équilibre entre le corps et l'esprit. Pour les anciens Grecs, il n'avait été que trop aisé de perdre leur équilibre, et l'effort même nécessaire pour le garder les avait aidés à créer de la beauté. La tragédie, où les dieux punissaient invariablement l'arrogance, avait aidé l'homme à comprendre comment garder l'équilibre. « Mon interprétation était peut-être fausse, mais telle était la Grèce dont j'avais besoin. » Mishima trouve ce qu'il est venu chercher : « Un critère éthique suivant lequel (il pourrait) créer de belles œuvres, et aussi (se) rendre beau (lui)-même. » Son voyage en Grèce, affirme-t-il, l'a guéri de sa « haine de (soi) et de (son) goût de la solitude ». A la place, il découvre une « volonté de santé » — expression adaptée par lui de celle de Nietzsche, « la volonté de puissance ». Il rentre au Japon « de bonne humeur, plein de confiance en (lui), assuré qu'autrui ne pourra plus (le) blesser ». (A cet égard, il pèche par naïveté, il ne s'en apercevra que trop.)

De retour au Japon en mai 1952, Mishima a le sentiment qu' « une phase de (sa) carrière se termine, et (qu'il) entre dans une période nouvelle de (sa) vie ». Le stade de transition dure un an ; il a un arriéré de pièces, de romans et de nouvelles à écrire — œuvres déjà prévues dans sa tête. Au cours de l'été, il publie *La Mort en été,* histoire impressionnante (quoique misogyne) d'une femme dont les deux jeunes enfants se noient. Au début de 1953, il achève une suite à *Couleurs interdites*. Au second volume de *Couleurs interdites* — les deux tomes formeront plus tard un seul roman —, l'histoire de Shunsuke, l'auteur vieillissant, et de Yuichi, le très beau garçon, en arrive à sa conclusion. Shunsuke, après avoir adressé à Yuichi un long et inutile sermon, prend une dose mortelle de drogues. D'un bout à l'autre de ce long roman, Yuichi demeure exactement le même : une « poupée »... « Yuichi était une poupée. » Prié par son épouse d'assister à la naissance de leur premier enfant, il est témoin de l'accouchement à la césarienne. « *Il faut que je regarde. Quoi qu'il arrive, il faut que je regarde,* se disait-il en s'efforçant de surmonter sa nausée. *Ce réseau d'innombrables joyaux luisants, rouges, humides ; ces choses tendres sous la peau, qui baignent dans le sang...* » Yuichi tente de se persuader que les entrailles de sa femme ne sont « que de la céramique », et n'y parvient point. Pour une fois, il a connu l'émotion.

Au cours de l'été 1953, Shinchosha, l'éditeur principal de Mishima, publie ses *Œuvres complètes* en six volumes. Pour un auteur aussi jeune, c'est un honneur. L'éditeur donne une réception à laquelle Mishima accompagne sa mère ; Kawabata est un invité de marque. « Le jeune Mishima », comme on l'appelle, paraît environ dix-huit ans — un enfant brillant, amené par sa mère à la distribution des prix. Mais on reconnaît en lui le plus talentueux des écrivains de l'après-guerre : ses œuvres complètes sont publiées bien plus tôt que celles de ses contemporains, Kobo Abé, Yoshie Hotta et Shohei Ooka. Son point fort est le style.

Edward Seidensticker, le traducteur de Kawabata (et du dernier roman de Mishima, *L'Ange en décomposition*), a écrit dans la revue *Pacific Community* (1971) : « Orné au point de paraître parfois maniéré, artificiel, (son langage) montre un souci des beautés de la langue japonaise auquel semble renoncer le reste de la nation. Cette langue, qui se prête généreusement à l'usage du maniérisme et de l'ornementation, ressemble assez à l'anglais dans sa façon d'enrichir son essence originelle de sauces et d'épices d'importation. » La richesse du vocabulaire japonais « ravissait » Mishima : « De nombre d'écrivains de l'âge de Mishima, et plus jeunes, on peut dire qu'ils ont un style ingrat... De Mishima seul, on peut assurer que la richesse et la subtilité de son vocabulaire, de ses expressions, de ses allusions, obligent même un lecteur assez érudit à consulter des ouvrages de référence. » Le professeur Seidensticker compare Mishima à Joyce : « Maître de tout un éventail de styles, il était peut-être le seul de ses pairs à savoir employer la langue littéraire classique... avec aisance, assurance et même élégance. A cet égard, on peut le qualifier de joycien. » Joyce « pouvait être quantité de personnes différentes ; Mishima aussi ».

En 1954 paraît de Mishima *Le Tumulte des flots,* roman qui révèle en effet une personne « différente ». Ce livre s'inspire de son voyage en Grèce, deux ans plus tôt. Dans cette idylle classique, Mishima transporte Daphnis et Chloé sur l'île d'Utajima (Kamishima, en réalité), et les réincarne sous l'aspect d'un simple pêcheur et d'une jeune pêcheuse d'ormeaux. Ce roman, traduit en français par G. Renondeau et publié aux éditions Gallimard, débute ainsi : « Utajima est une petite île de quatorze cents habitants et dont le périmètre n'atteint pas quatre kilomètres. Il y existe deux endroits à signaler pour leur beauté. L'un d'eux est le temple shintô Yashiro qui fait face au nord-ouest et est construit au voisinage du point le plus élevé de l'île. Le temple domine entièrement la vaste baie d'Ise ; l'île se trouve à l'entrée du détroit reliant la baie avec l'océan Pacifique... En faisant l'ascension des deux cents marches de pierre qui montent au temple et en se retournant quand on est parvenu au torii gardé par deux lions de pierre, on peut voir ces rivages lointains enserrant la baie d'Ise célèbre par des siècles d'histoire. » Le héros et l'héroïne du roman sont presque des enfants. Le garçon porte chaque jour les mêmes vêtements, « un pantalon hérité de son défunt père et une veste de pêcheur » ; quant à la fille, elle travaille sur la plage, vêtue de la veste rembourrée de coton et des pantalons bouffants des pêcheurs. Des rivaux jaloux séparent les amoureux, mais l'histoire se termine bien. La sexualité morbide de *Couleurs interdites* et d'*Une soif d'amour* est tout à fait absente du *Tumulte des flots.*

En 1954, ce roman connaît un gros succès au Japon, et vaut à son auteur un prix décerné par Shinchosha ; le ministère de l'Education en fait un classique ; la société de production Toho en tire un film ; Mishima accompagne l'équipe à Kamishima pour le tournage des extérieurs. Pourtant, la critique ne s'intéresse guère à ce roman, au sujet duquel Mishima lui-même nourrit quelque doute. « Sa réussite refroidit ma passion pour la Grèce », déclare-t-il. Dans *Le Tumulte des flots,* les descriptions de nature sont un peu artificielles, « style Trianon ». Critique souvent adressée à cet ouvrage : Mishima n'entend rien à la campagne. Et de fait, il a du mal à distinguer les formes les plus élémentaires de la vie naturelle ; incapable de retenir le nom des arbres, il confond pins et cèdres.

Donald Keene m'a raconté un voyage à la campagne avec Mishima, en 1966, où se révéla cette ignorance. Un soir, les voyageurs, qui se reposaient dans une auberge, entendirent un bruit venu d'une vallée proche : un chœur de grenouilles dans un lit de rivière.

MISHIMA : Que peut bien être cet horrible vacarme ?
KEENE : Des grenouilles.
MISHIMA : Ah ! je vois.
   (*Un chien aboie.*)
KEENE : Quant à ça, vous savez, ce doit être un chien qui aboie.
   (*Petit rire triste de Mishima.*)

Sur Mishima, le classicisme a exercé une influence majeure. Keene — dans *Paysages et Portraits* — décrit le « passage, dans l'œuvre de Mishima, à la structure, au thème, au contenu intellectuel, par opposition à la luxuriance baroque de *Couleurs interdites,* par exemple. Son style est déjà passé des archaïsmes de la première période, et de la forte influence de la littérature traduite, notamment des œuvres de Radiguet et Stendhal sur les premiers romans, au style dépouillé d'Ogai Mori (1862-1922). La formulation virile, intellectuelle d'Ogai évoque souvent une traduction du chinois ; son temps favori, c'est le présent de narration, et il tient à une rigoureuse pureté de langue... Mishima suit Ogai dans l'emploi résolu de caractères et de mots rares, lorsqu'ils correspondent exactement à la nuance de signification désirée... L'emploi de la langue japonaise en vue d'une expression intellectuelle plutôt qu'émotionnelle est un aspect de son classicisme ». Il n'en reste pas moins un romantique décadent, à en juger par sa nouvelle intitulée *Kagi no Kakaru Heya* (*La Chambre à la porte fermée à clef,* 1954). Un fonctionnaire d'Okurasho a une liaison avec une femme mariée, qui meurt au lit ; il quitte la chambre en fermant derrière lui la porte à clef ; dehors, dans le couloir, il rencontre la fille, âgée de neuf ans, de la femme. Tous deux jouent ensemble un moment, et l'homme rêve de mettre en pièces le frêle corps de la fillette, pour devenir « un libre habitant de ce monde de désordre ».

Dans les années 1960, considérant rétrospectivement le début des années 1950, Mishima commentera qu'il avait « envie de tout détruire, le plus tôt possible ». Dans *Watakushi no Henreki Jidai,* il déclarera qu'il ne croit plus au « classicisme » qui le passionnait tant à l'âge de vingt-six ans. « Cela paraîtra peut-être une simple astuce, mais j'exploitais et j'épuisais entièrement ma sensibilité ; je sais bien que ma sensibilité s'est desséchée. » Il considérera la jeunesse et la période juvénile comme une sottise ; en même temps, il n'éprouvera aucun attachement pour l'âge et l'expérience. « C'est ainsi qu'en un éclair, l'idée de la Mort naquit en moi, écrira-t-il. C'est à mes yeux la seule idée vraiment vivante, érotique. » Depuis le jour de sa naissance, conclura-t-il, il souffre « d'une incurable maladie romantique. Moi, vingt-six ans, moi, le classique, moi, le plus proche de la vie : tous ces *moi* furent peut-être des imposteurs. »

1955-1963

L'homme donne sa semence à la femme. Alors débute son long, long voyage indescriptible en direction du nihilisme.

Yukio Mishima, *Han-Teijo Daigeku*
(*Le Livre de la sagesse anti-chaste*, 1966)

Comme Etsuko, la protagoniste d'*Une soif d'amour*, Mishima est poussé à aimer, mais lorsqu'il obtient l'attention d'autrui, il prend la fuite. Une exception rare : son amitié avec Utaemon, le célèbre *onnagata* (acteur de kabuki chargé des rôles féminins). Les expériences et les aperçus qu'il a tirés de cette amitié se reflètent dans sa nouvelle *Onnagata,* publiée en 1957. Dans cette histoire, Mangiku, célèbre *onnagata*, s'éprend d'un jeune homme du théâtre contemporain. Le développement de leurs relations est surveillé d'un œil jaloux par Masuyama, membre de la troupe de kabuki. La nouvelle (traduite en français par Dominique Aury, et publiée en 1983 dans le recueil *La Mort en été*) débute par un hommage de Masuyama à Mangiku : « Mangiku Sanokawa était un *onnagata* authentique, ce que l'on rencontre rarement aujourd'hui. A la différence de la plupart des *onnagata* contemporains, il était absolument incapable de bien jouer des rôles masculins. En scène, la couleur qu'il dégageait était soulignée de teintes plus sombres ; pas un de ses gestes qui ne fût la délicatesse par excellence. Mangiku n'exprimait jamais rien — même la force, l'autorité, l'endurance, le courage — autrement que par le seul moyen dont il disposait : une expression féminine. Mais par cet unique moyen il savait amener au jour toute la variété des émotions humaines. Ainsi fait l'authentique *onnagata,* mais c'est une race qui est vraiment devenue très rare. »

Mishima, depuis 1951, va voir Utaemon dans sa loge au Kabukiza, et connaît l'*onnagata* des coulisses : « Mangiku observait fidèlement les prescriptions du manuel du xviiie siècle de l'*onnagata,* l'*Ayagemusa. L'*onnagata, *même dans sa loge, doit conserver les façons de* l'onnagata. *Il doit prendre soin de se détourner quand il mange, pour qu'on ne le voie pas.* Chaque fois que Mangiku était obligé de manger quand il y avait des visites, sans qu'il eût le temps de quitter sa loge, il se retournait vers sa table en s'excusant pour avaler à toute vitesse son repas, si adroitement que les visiteurs ne pouvaient même pas deviner qu'il mangeait. » Le corps de Mangiku, lorsqu'il ôta son costume, « se révéla délicat, mais entièrement celui d'un homme. Et somme toute Masuyama se sentit assez troublé à voir Mangiku, assis devant sa coiffeuse, trop légèrement habillé pour qu'on pût douter qu'il fût homme, saluer quelque visiteur avec une politesse toute féminine, tout en recouvrant ses épaules d'une épaisse couche de poudre... Le faire-semblant de sa vie quotidienne était le support du faire-semblant de ses représentations sur la scène. Voilà, Masuyama en était convaincu, ce qui faisait le véritable *onnagata. L'*onnagata *naît de l'union illégitime du rêve et de la réalité* ».

Selon Mishima, le monde de l'*onnagata* diffère totalement de celui des femmes : « Si l'on écartait les rideaux imprimés aux armes des Sanokawa pour entrer dans la loge de Mangiku, on était certain d'être frappé par une étrange impression : dans ce charmant refuge il n'y avait pas d'homme. Même les acteurs de la troupe avaient le sentiment d'être à l'intérieur de cette pièce en présence du sexe opposé. Chaque fois que Masuyama allait porter quelque message à la loge de Mangiku, il lui suffisait d'entrouvrir les rideaux pour éprouver — avant même de faire un pas pour entrer — le sentiment, étrangement vif et charnel, d'être un mâle. Quelquefois Masuyama, pour affaires concernant le théâtre, était passé dans les coulisses des revues, et entré dans les loges des filles. L'espace était presque étouffant de féminité, et les filles à la peau rugueuse, étalées partout comme des bêtes de zoo, lui avaient lancé de mornes coups d'œil »...

Onnagata jette une lumière sur la vie privée de Mishima. *Le Pavillon d'or* (1956), considéré par certains comme le meilleur de ses romans, éclaire ses valeurs. *Kinkakuji* — titre japonais du livre — est l'histoire d'un jeune moine, Mizoguchi, qui sert au temple fameux de Kyoto, Kinkakuji (le Pavillon d'or), temple Zen du xve siècle. Ce jeune acolyte, fils de prêtre, est affligé d'un bégaiement chronique qui, dit-il, « dressait un obstacle entre moi et le monde extérieur ». Il estime que la totalité de Kyoto — ses habitants, ses quinze cents temples et sanctuaires, ses multiples trésors — sera détruite à la fin de la guerre (il est entré au Kinkakuji lors de la dernière année de la guerre). De même que Mishima, qui vivait en 1945 à Tokyo, Mizoguchi considère comme inévitable et souhaitable cette destruction massive : mourir ne l'effraie pas. Ce roman est une parabole. Mizoguchi, incapable d'accepter que perdure l'existence du Kinkakuji, son idéal de beauté, brûle une nuit de fond en comble le pavillon ancien ; ainsi Mishima, ayant créé son propre temple de beauté, son corps « grec », détruira-t-il un jour ce temple. Mizoguchi déclare : « La Beauté... Les choses belles... sont maintenant mes ennemies mortelles » ; or, il parle avec la voix de Mishima. La destruction de la beauté est plus belle que la beauté même.

Le Pavillon d'or regorge de débats philosophiques mentionnés par Mishima dans *Watakushi no Henreki Jidai* (passage traduit en anglais par Donald Keene dans *Paysages et Portraits*) : « Quant aux conversations dans mes romans, je crois m'être déjà libéré dans une mesure considérable de la délicatesse japonaise. Les écrivains japonais se plaisent à faire étalage de la délicatesse de leur talent à révéler de manière indirecte, grâce à des conversations, la personnalité, le tempérament, les idées sur la vie de leurs personnages ; or les conversations sans rapport avec la personnalité, le tempérament des personnages, les conversations qui se lisent pour leur seul contenu, enfin les longues conversations qui se fondent dans le rythme des passages descriptifs, constituent la qualité spécifique des romans de Goethe et du roman allemand en général. » Mann, ajoute-t-il, a hérité de Goethe « le flux épique de la conversation » ; quant au style du *Pavillon d'or,* il le qualifie d' « Ogai plus Mann ».

Les longues conversations du *Pavillon d'or,* traduit en français par Marc Mécréant, et publié aux éditions Gallimard en 1961, sont dominées par Kashiwagi, condisciple de Mizoguchi à un séminaire bouddhiste, un méchant homme. « Il avait pour marque particulière deux pieds aussi bots que pieds peuvent l'être et une démarche extrêmement étudiée. Il avait toujours l'air de marcher dans la boue : lorsqu'une jambe parvenait, non sans peine, à s'extraire, l'autre au contraire paraissait s'engluer. En même temps, tout son corps s'agitait avec véhémence ; sa démarche était une espèce de danse extraordinaire, aussi peu banale que possible. »

Kashiwagi harcèle Mizoguchi, en utilisant la technique de conversation agressive d'un prêtre Zen :

« *Bégaie !* disait-il. *Et après ?* Il avait l'air de s'amuser, et moi, j'en restais bouche bée, incapable d'ajouter un mot. *Tu as tout de même fini par dénicher quelqu'un avec qui tu pourras bafouiller sans te gêner, hein ? Tout le monde fait pareil et cherche un compagnon de misère. Et maintenant, es-tu encore vierge ?* »

Après ces attaques envers Mizoguchi, le pied-bot parle de sa disgrâce physique et de l'usage qu'il fait de sa difformité pour intriguer les femmes et les attirer dans son lit. Mizoguchi, qui est vierge, se trouve hypnotisé par l'aphorisme de Kashiwagi : « Ce qui caractérise l'enfer, c'est qu'on y distingue tout, jusqu'à la moindre chose, avec la dernière netteté, et ce, au milieu d'une nuit d'encre. »

Kashiwagi fournit une démonstration de sa technique de séduction des femmes. Alors que les deux étudiants suivent un sentier, Kashiwagi avise une belle fille qui s'approche d'eux. A l'instant crucial, il trébuche et tombe en poussant un cri pitoyable, ce qui appelle sur lui l'attention de la jeune fille ; elle l'aide à se relever et l'emmène chez elle, tout près, pour lui bander la jambe (intacte). Les deux jeunes gens ont une liaison. Plus tard, Kashiwagi se débarrassera de la fille après lui avoir enseigné comment déguiser le fait qu'elle a perdu sa virginité : elle va se marier.

Un jour, Mizoguchi vole des iris dans le jardin du Kinkakuji pour les porter en cadeau chez Kashiwagi. Tandis que ce dernier arrange les fleurs dans sa chambre, Mizoguchi l'interroge sur son amie dont il vient de se débarrasser. Kashiwagi réplique :

« *Tu connais, dans le chapitre de l'Eclairement populaire, du* Rinzairoku, *la phrase fameuse :* Si tu croises le Bouddha, tue le Bouddha ; si tu croises ton ancêtre, tue ton ancêtre ?... — Si tu croises un disciple de Bouddha, enchaînai-je, tue le disciple du Bouddha ; si tu croises tes père et mère, tue tes père et mère ; si tu croises ton parent, tue ton parent. Alors seulement tu trouveras la délivrance. — Oui. Eh bien, il s'agissait de ça. Cette fille était disciple du Bouddha. — Et alors, tu as trouvé la délivrance ?

« Kashiwagi grogna quelque chose en considérant la disposition de ses iris, puis : *Pour ça, il faudrait tuer mieux.* »

Alors, Kashiwagi cite le koan (énigme Zen) « Nansen tue un chaton. » Un jour, au voisinage de deux temples, on trouve un beau chaton. Les moines des deux temples discutent entre eux de la question de savoir qui doit s'occuper de lui. Nansen met fin à la dispute en les priant de lui dire ce qui l'empêche de tuer le chaton ; comme ils sont incapables de répondre, il le tue. Quand son disciple principal, Chôshu, qui était sorti, rentre au temple, Nansen le met au courant de ce qui s'est passé. Làdessus, Chôshu retire ses chaussures boueuses et se les pose sur la tête. « Si seulement tu avais été là, lui déclare Nansen, le chaton aurait pu être sauvé ! » Kashiwagi poursuit : « Eh bien, vois-tu, pour la Beauté, c'est la même chose. Tuer le chat, c'était arracher la dent qui fait mal, extirper la Beauté à la gouge. Etait-ce bien résoudre le problème ? Je ne sais pas. Les racines du Beau n'en étaient point, pour autant, tranchées ; morte la bête, sa beauté ne l'était peut-être pas. Et c'est pour se moquer de cette solution trop commode que Chôshu met ses sandales sur sa tête. Il savait, pour ainsi dire, qu'il n'est pas d'autre solution que d'endurer le mal de dents. »

Cette « interprétation tout à fait originale » du koan effraie beaucoup Mizoguchi, qui demande :

« Toi, alors, qui es-tu : Nansen ou Chôshu ?

— Qui je suis ? Pour l'instant je suis Nansen, et toi Chôshu ; mais un jour, ce sera peut-être l'inverse... Parce que ce problème est, à la lettre, aussi changeant QU'UNE PRUNELLE DE CHAT... »

Tandis que Mizoguchi regarde Kashiwagi arranger ses iris, il a la prémonition d'un désastre : « Il y avait toutefois de la cruauté dans les gestes de Kashiwagi. Ses mains se comportaient, à l'égard des plantes, comme si elles eussent bénéficié de je ne sais quel obscur et déplaisant privilège. Voilà pourquoi, peut-être, chaque fois que, dans un claquement, le sécateur cisaillait une tige, j'avais l'impression de voir perler du sang... »

L'histoire se clôt sur la destruction par Mizogushi du Kinkakuji ; le roman de Mishima s'inspire d'un événement réel, l'incendie du Kinkakuji par un moine psychopathe au cours de l'été 1950.

Le Pavillon d'or est porté aux nues. L'*Asahi Shimbun* assure que Mishima a « dépassé le jeune auteur à la page, pour devenir un observateur adulte de la nature humaine ». Le journal *Yomiuri* décerne un prix à Mishima ; quant à Kon Ichikawa, l'un des meilleurs cinéastes d'après-guerre, il tourne un film d'après le livre. Sa publication dans la traduction anglaise d'Ivan Morris consacrera la réputation de Mishima au-delà des mers. (On ne formule qu'une seule critique. Hideo Kobayashi, probablement le critique le plus influent du Japon d'après-guerre, déclare douter que *Le Pavillon d'or* soit un roman ; c'est, dit-il, un poème qui révèle de façon trop directe les attitudes de l'auteur. Une photographie de Kobayashi et Mishima en train de dîner ensemble au mois de janvier 1957 montre Mishima qui écoute, tête basse, son critique, ce qui ne lui ressemble guère.)

Pour nombre d'écrivains, leur réputation est secondaire. Aux yeux de Mishima, elle était capitale. Avec la publication du *Pavillon d'or,* il s'acquiert la réputation d'écrivain majeur de sa génération au Japon. Ses droits à ce titre en tant que romancier, auteur dramatique et critique, sont sérieux : son style est supérieur à celui de ses contemporains. Toutefois, Mishima ne se contente pas de cette réussite. Ainsi que l'a noté Keene : « Il voulait conquérir le monde avec ses livres. » Dès 1956-1957, cette ambition se situe dans le domaine du possible. En Occident, la littérature japonaise fait fureur : en Amérique, on publie un grand nombre des principaux auteurs du xxᵉ siècle ; élément essentiel pour la réussite de Mishima. De plus, ce dernier se trouve en meilleure position que tout autre écrivain pour exploiter un tel mouvement d'intérêt envers la littérature japonaise : ses livres sont occidentaux de structure, à la différence, par exemple, de ceux de Kawabata, où l'état d'âme revêt une importance capitale, et qu'un lecteur occidental a souvent de la peine à apprécier. En outre, l'œuvre de Mishima est d'une grande variété — l'on a publié de lui plus de quarante volumes —, et dans ce large éventail on peut choisir une demi-douzaine de livres capables de plaire en Occident. Enfin, Mishima, qui présente bien, brûle de communiquer avec un public occidental, alors que d'autres écrivains japonais soit sont trop âgés pour s'en soucier beaucoup, soit n'en ont cure. Le problème principal qui se pose à Mishima, c'est qu'il ne parle pas l'anglais couramment.

Au début de 1957, il reçoit deux invitations qui l'affermissent dans sa résolution de surmonter ce handicap. La première émane d'Alfred A. Knopf, son éditeur new-yorkais, qui le prie de se rendre en Amérique pour la sortie de *Cinq nôs modernes,* recueil traduit par Keene. (L'année d'avant, Knopf a publié *Le Tumulte des flots,* une réussite pour un auteur japonais : dix mille exemplaires vendus.) Deuxième invitation : prononcer un discours à l'université du Michigan ; thème : la littérature japonaise moderne. Mishima accepte les deux invitations, et se met en devoir d'apprendre l'anglais avec une détermination caractéristique. Un ami m'a rapporté : « Il acheta des bandes et des écouteurs pour son magnétophone, et s'assit chaque jour durant des heures devant l'appareil. Sans fin, il repassait les mêmes bandes, pour bien s'enfoncer dans le crâne les sonorités étrangères. »

Le 1ᵉʳ juillet, Mishima prend l'avion à Haneda pour entreprendre son deuxième tour du monde. Quiconque l'aurait vu ce jour-là ne se serait pas douté qu'il s'agissait d'un écrivain. Les cheveux coupés court, il porte blazer, chemise blanche et cravate ; il rayonne de santé. Avec sa nuque robuste et son éclat physique, on le prendrait pour un moniteur sportif. Depuis deux ans qu'il travaille à son corps, il a transformé son aspect. Au lieu des bras pâles et filiformes de sa jeunesse, il a des bras et des épaules solides, musclés ; il est devenu un spécimen bien portant et bronzé de virilité japonaise.

Dans la conférence qu'il donne au Michigan, Mishima traite de l'œuvre de Kawabata (l'héritier de la tradition classique japonaise), d'Ooka, de Takeda et d'Ishihara. Il parle aussi de lui-même, de ses rapports avec le *Nippon Roman-ha* pendant la guerre — il mentionne l'*uyoku kokusuishugi* de ce mouvement (son chauvinisme de droite) —, et de son amour des classiques. Dans l'avenir, affirme-t-il, il y aura « un type entièrement neuf de fusion entre la littérature moderne et les classiques » au Japon ; là-dedans, sous-entend-il, Mishima jouera un rôle.

Son séjour en Amérique dure près de six mois. Il voyage dans le Sud, visite la Nouvelle-Orléans ; de là, il passe aux Antilles — à Port-au-Prince, il assiste à une cérémonie vaudou —, et parvient à New York à la fin de l'été. Il souhaite voir ses nôs — adaptations libres, en décors modernes, des pièces classiques, qui suscitent l'intérêt dans maints pays du monde — représentés à New York.

Il descend dans un hôtel de première classe pour attendre. Les semaines passent, il commence à manquer d'argent, et ne reçoit point de nouvelles. Il se transfère à Greenwich Village, dans un hôtel de troisième ordre qu'il assimile à un *yoroin*, un asile de vieillards ; il y a là de nombreux clients permanents, âgés. Dans l'attente vaine que l'on joue ses nôs, sans guère d'argent (le contrôle des changes est encore sévère au Japon), Mishima devient très sombre. A l'étranger, il ne sait pas bien se débrouiller seul. Dans un essai autobiographique non traduit, *Ratai To Isho* (*Vêtements et nudité*), il décrit ses impressions : « En pays étranger, tout est source de frayeur. On ne peut se rendre au bureau de poste ou à la banque, tant on craint d'y aller seul. On ne sait comment circuler, que ce soit en autobus ou en métro. Autour de soi tout est mystère au point que l'on ne peut distinguer un homme d'un autre, un bon d'un méchant. »

Donald Keene, à l'époque, se trouve à New York : il est alors maître assistant de littérature japonaise à l'université Columbia. Il évoque ses souvenirs : « J'étais désireux de le voir et de l'encourager ; pourtant, mes cours m'accaparant, je ne l'invitais pas en ville. Un jour, il arrive à l'improviste chez moi, en m'annonçant fièrement qu'il a pris le métro. J'étais sur le point de sortir, et le lui dis. Alors, en hésitant, à voix basse, il me demande l'autorisation de rester un peu, tout seul. » Manquant de confiance en soi, Mishima ne peut s'empêcher de montrer sa faiblesse à autrui. « Scène incroyable, commente Keene, si l'on pense à l'homme qu'il était dans les années 1960. » Au bout du compte, il y eut une représentation privée d'un nô, *Hanjo,* et Mishima prit le chemin du retour, découragé, à la fin de l'année, en passant par l'Europe. Il arriva juste avant son trente-troisième anniversaire.

Il est rare, au Japon, qu'un homme reste célibataire. La plupart des gens se marient entre vingt et trente ans, les jeunes filles au début de la décennie, les hommes un peu plus tard. Ne pas se marier passe pour une bizarrerie, surtout si l'on est issu de la grande bourgeoisie. Que Mishima ne se soit pas marié entre vingt et trente ans est surprenant car un fort sentiment du devoir, surtout envers ses parents, le guide dans ses actions. Pourtant, ses relations étroites avec sa mère l'ont retenu ; Shizue ne le presse pas de se marier. Au début de 1958, à son retour de l'étranger, Mishima apprend que sa mère, atteinte d'un cancer, est probablement condamnée. Il décide aussitôt de chercher une épouse afin que Shizue le voie casé avant de mourir. N'ayant pas de jeune fille précise en tête, il opte pour un mariage de raison, pratique courante au Japon, et commence à prendre part à de nombreuses *omiai* — rencontres officielles avec des jeunes filles dénichées par des amis et connaissances de la famille.

L'une des premières *omiai* de Mishima a lieu avec Michiko Shoda, la jolie fille d'un président de société de farines — elle épousera plus tard le prince héritier Akihito. Il se peut que les idées de Mishima concernant la personne qu'il souhaite épouser effarouchent Mlle Shoda et sa famille. Il stipule que sa future épouse ne devra être ni une *bungaku shojo,* un bas-bleu, ni une *yumeibyo kanja,* une femme assoiffée de célébrité. Il a cinq autres desiderata : 1. Sa future épouse devra souhaiter épouser Kimitake Hiraoka, l'homme privé, et non Yukio Mishima, l'écrivain. 2. Elle ne devra pas être plus grande que son mari, même avec des talons. 3. Elle devra être *kawaii* (jolie), et avoir un visage rond. 4. Elle devra avoir à cœur de prendre soin des parents de Mishima, et être une maîtresse de maison efficace. 5. Elle ne devra pas déranger Mishima dans son travail. Telles sont les directives données aux intermédiaires qui ont pour tâche de trouver des candidates appropriées.

Mishima fixe enfin son choix sur Yoko Sugiyama, la fille âgée de vingt et un ans d'un peintre traditionnel connu ; Mishima la choisit en partie parce qu'elle est fille d'artiste. De plus, si l'on en croit le magazine *Young Lady* (Jeune dame) : « Je ne pouvais m'empêcher de choisir une personne d'un milieu que j'ignorais... une personne qui ne s'intéressait pas à ce que j'écrivais. » Yoko a cinq centimètres de moins que Mishima : elle ne mesure guère plus d'un mètre cinquante ; *kawaii,* elle a le visage rond ; et suivant les rapports confidentiels que la famille Hiraoka reçoit du conseiller conjugal, elle est hautement compétente. Mishima rencontre Yoko début avril ; après deux entrevues, il se décide : les fiançailles ont lieu début mai 1958. Mishima prie Kawabata de jouer le rôle de *baishakunin* — l' « intermédiaire » qui préside au grand dîner qui suit la cérémonie du mariage, un service shintoïste. Mishima veut précipiter le mariage — « ça ne vaut rien de traîner tandis que les gens vous chuchotent des conseils dans le tuyau de l'oreille » — ; il souhaiterait se marier en mai. Pourtant, cela se révèle impossible : le couple n'arrive pas à trouver de *taian* (jour de chance), et les trois toilettes de mariage de Yoko ne sont point prêtes (une mariée japonaise se présente en kimono, en robe de mariée à l'occidentale, et en robe de bal). Le mariage a lieu le 1er juin.

Après la noce, le couple part pour Hakone, dans les montagnes proches du Fuji-Yama ; la nuit de noce a lieu dans un hôtel à l'ancienne mode, l'Hôtel Fujiya. De l'hôtel, Mishima téléphone chez lui pour prendre des nouvelles de Shizue. La lune de miel se poursuit à Kyoto, puis les nouveaux mariés traversent par bateau la mer Intérieure jusqu'à Beppu. A la fin de leur lune de miel, Mishima et Yoko rentrent habiter chez les parents du jeune homme durant une brève période, le temps que les nouvelles maisons soient prêtes. Mishima a acheté du terrain à Magome, à quelques kilomètres au nord de l'aéroport, et résolu de faire construire deux maisons, l'une pour lui et Yoko, l'autre à côté pour ses parents. On a découvert que Shizue n'est plus en danger : elle n'a jamais eu le moindre cancer.

La plupart des demeures japonaises sont petites et sans

prétention, un mélange de style japonais et occidental ; et les Japonais n'invitent pas leurs amis chez eux. Au Japon, il n'est pas de tradition de recevoir chez soi, comme en Occident. Mishima n'en décide pas moins d'être totalement occidental. Il fait bâtir une demeure aussi grande qu'il peut se le permettre : il emprunte de l'argent à son éditeur, Shinchosha. Cette demeure a une salle de réception haute de plafond, ainsi qu'un jardin rectangulaire à l'occidentale, avec pelouse. Lors des voyages de Mishima aux Antilles, la vue des résidences coloniales en ruine l'a séduit ; aussi la conception de sa demeure est-elle « coloniale », avec des murs épais, peints en blanc, tout l'opposé du goût japonais. Mishima la qualifie de « maison anti-Zen ». Mais un problème se pose à l'architecte : comment réaliser l'idée qu'a Mishima d'une maison « coloniale » sur un lopin de terre qui suffit tout juste à une bâtisse de taille normale ? Pour faire place à un garage, d'un côté de la demeure, à une allée carrossable et à un jardin, le voilà forcé de réduire la dimension de la maison ; la salle de réception, par exemple, a beau avoir un plafond à hauteur du second étage, ce n'en est pas moins une petite pièce.

Le but de Mishima — son but fondamental dans la vie, pourrait-on dire — consiste à choquer. Avec sa nouvelle demeure, il est bien décidé à faire de l'effet : dans l'incapacité de bâtir à une échelle grandiose, il se rabat sur un décor insolite. Il décore en style victorien la salle de réception de sa nouvelle maison ; et il la remplit de copies de meubles du XIXe siècle. Aux murs, il accroche des peintures à l'huile aux sujets « classiques » ; il tend de lourds rideaux ornés la vaste fenêtre qui donne sur le jardin. « Cela, déclare-t-il, c'est mon rêve — ou mon cauchemar — de somptuosité victorienne. » Pour un œil occidental, l'effet est légèrement insolite ; pour un œil japonais, il est grotesque. Au jardin, Mishima dresse sur un piédestal une statue d'Apollon plus grand que nature : « mon méprisable symbole du rationnel ».

Le désir de choquer autrui saute aux yeux dans les articles écrits par Mishima pour les magazines japonais : « Me voici donc un *dannasama* (chef de famille, terme traditionnel ici employé sur le mode ironique). Chez moi, je commande à mon épouse, agis conformément au sens commun, construis une maison, suis d'assez bonne humeur, adore médire d'autrui, me réjouis quand les gens s'extasient sur mon aspect juvénile, me conforme à la dernière mode, et apprécie toutes sortes d'objets de mauvais goût. Je ne parle jamais sérieusement... et fais mon possible pour vivre aussi vieux que Mathusalem. » (Il écrit cet article en réponse à une critique de son architecte, Hayao Hokonohara, lequel a qualifié d'« atroce » le goût de Mishima.)

Rares sont pourtant les déclarations de ce dernier concernant sa famille. Il scinde sa vie en compartiments distincts : son existence familiale et sa carrière publique. En dépit de tout son exhibitionnisme, il a quelque chose de confucéen : dans certaines circonstances, il accorde la primauté à ses devoirs envers sa famille. Les photographes qui viennent chez lui n'ont pas le droit de photographier Yoko ; de même, plus tard, quand les Mishima auront des enfants, ils ne pourront pas les filmer. Les parents de Mishima sont eux aussi tenus à l'écart des feux de la publicité. Mishima le personnage public, c'est Mishima le romancier, l'auteur dramatique et l'exhibitionniste ; jamais Mishima le fils, l'époux et le père. La distinction entre vie publique et vie privée est complète. Jamais il n'utilise d'autre nom que Mishima. Dans le public, bien peu de gens le connaissaient sous le nom de Kimitake Hiraoka ; et je n'ai su qu'après sa mort son véritable patronyme.

Chez lui, devant les journalistes, Mishima pose à l'insouciance : « Mon idéal, c'est d'habiter une maison où, assis dans un fauteuil rococo, je sois en tee-shirt et blue jeans. » Il ne s'en impose pas moins une inflexible discipline. Au début de 1959, six mois après son mariage, il se lance dans un programme héroïque d'exercices physiques. Les lundis et vendredis, il s'entraîne au kendo ; les mercredis, jeudis et samedis, il fait de la musculation. Il continue aussi d'écrire, travaillant chaque nuit jusqu'à l'aube, et dormant le matin. Il commente sombrement que son but est parfois une journée divisée en sommeil, travail et exercice physique, vingt-quatre heures de « solitude et de loisirs ». On le croirait toujours occupé, « sans plus de relations personnelles ». Mais il ne s'agit là chez Mishima que d'une certaine humeur.

Son désir ardent de choquer autrui transparaît dans ses écrits aussi bien que dans sa vie quotidienne. « Jamais il n'écrivait deux romans du même style, note Keene. Il essayait toujours de trouver quelque chose de nouveau pour surprendre ses lecteurs. » Le volume qu'il écrit peu de temps après son mariage, *Kyoko no Ie* (*La Maison de Kyoko*), reflète ce besoin ; c'est son « étude du nihilisme ». « Les personnages courent dans telle ou telle direction selon ce que leur commandent leurs caractères, leurs professions et leurs tendances sexuelles ; mais finalement toutes ces routes, si méandreuses soient-elles, refluent dans le nihilisme. » (*Paysages et Portraits*) Dans ce roman, Mishima se peint lui-même sous l'aspect de quatre « moi » : « Lorsque dans l'un de mes romans je développe un seul personnage, je le sens parfois tout proche de ma propre pensée ; mais d'autres fois, j'écarte de moi ce même personnage, et le laisse s'égarer dans une action indépendante. Les attitudes du héros subissent une métamorphose convulsive, suivant la dictée du cours de la composition. Dans *Kyoko no Ie*, afin de résoudre cette contradiction qui s'est toujours présentée dans mes romans (et qui a trouvé son point extrême dans *Couleurs interdites*), j'ai évité d'avoir un héros unique, mais j'ai représenté divers aspects de moi-même à travers quatre héros différents. »

Ces quatre héros sont :

Shunkichi, un boxeur. Il a pour principe « de ne penser à rien ». Par un anarchisme « désordonné, libre », il espère détruire l'ordre social du Japon d'après-guerre. Il croit à la « puissance », qu'il associe avec la beauté et avec la mort — non avec la justice et l'ordre. Il envie son frère aîné, mort à la guerre ; son frère a traversé rapidement la vie, « sans crainte de s'ennuyer, et sans penser le moins du monde ». Shunkichi vit dans une détestable époque de « normalité » ; dans une telle époque, il ne peut conserver sa « pureté ». Comme il croit à la « puissance », il entreprend de faire de lui-même un champion de boxe. Toutefois, sa carrière se termine après que des apaches lui ont administré une raclée qui lui a brisé les doigts. Shunkichi estime que son avenir sera ennuyeux, insignifiant ; il adhère à un groupe *Uyoku* (de droite) « pour s'opposer à l'avenir ». Au sein d'un pareil groupe il est « proche de la mort, même en ces temps de normalité ». Shunkichi trouve la mort dans une bagarre de rue.

Osamu, un acteur narcissique qui pratique la musculation.

L'angoisse torture Osamu : « Est-ce que j'existe vraiment, oui ou non ? » Sans arrêt, il s'épie dans un miroir. Il a une maîtresse, une usurière âgée qui achète les services d'Osamu. Cette femme, qui aime son amant, exprime son amour en le torturant. Le bel acteur se demande si le fait de verser son sang prouvera qu'il existe. Il désire jouer dans « un drame total ». Lui et sa maîtresse commettent un sanglant *shinju* (double suicide passionnel).

Natsuo, un peintre japonais traditionnel. Il se prend pour un ange, dont une divinité particulière protège la pure et douce existence. Il n'a aucun souci dans la vie. Toutefois, lors d'un voyage au Fuji-Yama, il a la vision de la destruction du monde. Il réfléchit sur sa situation ; il est connu, il a du succès, mais il fait l'objet de jaloux commérages de la part de ses contemporains. Il suggère à ses amis que l'on devrait se tuer tandis que l'on possède encore un beau corps. Natsuo est accaparé par un monde étrange de « réalité » et de « nihilisme ». En fin de compte, il a une expérience existentielle : « Ce que je vois et moi qui le vois faisons partie d'un seul monde. » Il est sauvé.

Seiichiro, un brillant homme d'affaires. C'est un *shoshain,* un directeur de société commerciale. Le monde, estime-t-il, est condamné ; la destruction totale est inévitable. Pourtant, vu de l'extérieur, Seiichiro est enjoué, compétent ; il réussit dans son travail. Il a pour mot d'ordre de jouer le rôle de « quelqu'un d'autre », et de mener une « existence conventionnelle ». Il épouse la fille d'un grand directeur. Plus tard, sa société l'envoie à New York où il continue sur sa lancée. Seiichiro souffre d'une « maladie incurable » : la santé.

Kyoko no Ie en révèle davantage, sur Mishima, qu'aucun de ses autres ouvrages des années 1950. Chacun des quatre héros du roman suggère des aspects du caractère de l'auteur en grande partie cachés jusqu'alors, et qui émergeront clairement au cours des années 1960. Son penchant pour la droite, qui trouve son exemple dans le personnage du boxeur Shunkichi, deviendra manifeste après 1965. Son idée que l'on doit se suicider tandis que l'on possède encore un beau corps musclé, voilà une autre idée qui émergera dans la vie de Mishima vers la fin des années 1960. On peut en dire autant du désir d'Osamu de prouver qu'il existe en versant son sang, et de son désir de jouer dans « un drame total ». Néanmoins, le trait le plus intéressant de *Kyoko no Ie,* c'est la conviction de trois des quatre héros que la destruction du monde est inévitable ; le nihilisme de Mishima présente une étroite ressemblance avec celui du *Roman-ha.* Dans un article publié dans *The Journal of Asian Studies* (La Revue d'études asiatiques), un critique littéraire, Jun Eto, fait observer que Mishima était « l'unique porte-parole possible pour cette cause perdue : le *Roman-ha. L'attente de la destruction du monde,* thème qui apparaît de façon presque obsessionnelle dans ses œuvres d'après-guerre, est l'une des idées les plus typiques du groupe *Roman-ha.* Ce thème se reconnaît claire-ment dans ses romans *Bitoku no Yoromeki (Vertu chancelante,* 1957), *Kyoko no Ie,* et *Utsukushii Hoshi (Belle étoile,* 1962). »

Mais *Kyoko no Ie* échoue auprès du public ; c'est également le premier échec majeur de son auteur auprès de la critique. Il écrit : « Le peintre figure la sensibilité ; le boxeur, l'action ; l'acteur, la conscience de soi ; l'homme d'affaires, le fait de savoir se débrouiller dans le monde. Bien sûr, il faut s'attendre à ce que les caractères de ces personnages deviennent abstraits, épurés. Pour le moment, j'ai renoncé à toute tentative de créer des personnages qui soient des entités uniques, coordonnées, organiques. » *(Paysages et Portraits)* Peut-être est-ce cette atti-tude intellectuelle qui sape son « étude du nihilisme » : sans personnage, que peut-il faire ? Mishima se formule peut-être ces réflexions car son livre suivant, *Après le banquet,* sera un triomphe de la création de personnages.

Mishima remarqua un jour : « Tous mes ouvrages peuvent se diviser en deux catégories, les *pièces roses*[1] et les *pièces noires*[2], au sens où Anouilh employait ces termes. » *Après le banquet* est la meilleure de ses *pièces roses*[3]. Kazu, la propriétaire d'un élégant restaurant de style japonais à Tokyo, le *Setsugoan* (en réalité le *Hannya-en*), est la protagoniste du roman, satire de la vie politique et des mœurs des hautes classes. Kazu, a noté Angus Wilson, « est une femme de dimensions balzaciennes et de vérité flaubertienne ». Mishima la décrit ainsi (dans la traduction française de G. Renondeau parue aux éditions

---

1., 2., 3. En français dans le texte. (N.d.t.)

Gallimard) : « Sous un extérieur ravissant Kazu avait une note de rusticité. Elle était toujours débordante de force et d'enthousiasme. Les hommes au cœur compliqué avaient honte de l'embrouillement de leurs sentiments quand ils se trouvaient en présence de Kazu. Les découragés se demandaient en la voyant s'ils ne retrouvaient pas un stimulant ou si, au contraire, ils n'étaient pas tout à fait annihilés. Par une faveur du ciel, cette femme unissait à une résolution toute masculine un caractère féminin qui poussait la passion jusqu'à l'aveuglement. Cette combinaison lui permettait d'aller plus loin qu'un homme dans ses décisions. »

Mishima la décrit en train de faire un tour au jardin de son restaurant : « Ces promenades matinales étaient pour elle un hymne à la tranquillité de son cœur. Elle avait plus de cinquante ans, mais elle était restée belle, ayant conservé un teint splendide et un regard lumineux. En la voyant flâner dans le vaste parc on aurait pu se dire qu'elle était dans l'attente d'une aventure amoureuse. Pourtant, les aventures étaient finies, les poèmes étaient morts, cela, Kazu le savait mieux que personne. » Sa conviction se voit démentie. Elle s'éprend d'un politicien, Noguchi ; ils se marient. Noguchi se présente aux élections pour le poste de gouverneur de Tokyo ; Kazu dépense toute son énergie et finalement tout son argent pour la campagne. Noguchi, candidat libéral, n'en perd pas moins les élections : les conservateurs ont beaucoup plus d'argent que lui. Mishima, qui en sait long sur le fonctionnement des partis à Tokyo, décrit ici à la perfection la politique des partis. Sa connaissance des nuances de comportement dans la haute société saute également aux yeux dans *Après le banquet*. A la suite des élections, Kazu rencontre par hasard une femme qui lui déplaît, Mme Tamaki, la veuve d'un diplomate. Les deux femmes se rencontrent dans une fruiterie où Kazu découvre Mme Tamaki en train de farfouiller dans une caisse d'oranges Sunkist :

« Mme Tamaki choisit finalement trois oranges.

— Ces choses-là elles-mêmes sont devenues très chères maintenant. Et quand on pense qu'en Amérique on les jette comme sans valeur !

Par un retournement plein de bravoure de sa vanité, elle

donna devant Kazu ordre à l'employée d'emballer juste trois oranges...

— Mon mari aimait les oranges. De temps à autre j'en pose en offrande sur l'autel bouddhique de la famille. C'est pourquoi aujourd'hui... J'ai pensé à ceci : sans s'en douter, mon mari a joué le rôle d'une divinité pour vous unir, M. Noguchi et vous... » (En tombant malade dans le restaurant de Kazu, Tamaki avait réuni par hasard Kazu et Noguchi.)

— Je veux, moi aussi, lui faire offrande d'oranges, dit Kazu.

— Oh ! Je n'ai pas parlé dans cette intention !

Kazu ne comprit pas elle-même pourquoi elle allait se montrer si impolie mais obéissant à une impulsion subite, elle fit signe à l'employée avec l'éventail en santal blanc dont elle s'était servie jusque-là et lui commanda de préparer pour un cadeau une boîte de deux douzaines d'oranges. » (Au Japon, les cadeaux ne doivent être ni trop importants ni trop modestes. En faisant fi de cette convention, et sachant bien que Mme Tamaki n'aura pas le courage de refuser ce présent, Kazu écrase son ennemie.)

Les goûts de Mishima, en ce qui concerne les femmes, transparaissent dans sa description de Kazu. Il a le goût traditionnel des Japonais pour les carnations blanches, et une aversion pour le bronzage : « En dépit des efforts auxquels Kazu s'était livrée au cours de l'été la plénitude de ses épaules et de ses seins n'avait absolument rien perdu. Seul, son cou, hâlé comme une fleur flétrie, qui émergeait d'un corps à la peau blanche comme neige, avait été brûlé par le soleil pendant la campagne électorale. Le soleil levant qui frappait le miroir avait conservé une ardeur qui était un souvenir de l'été mais les épaules et les seins de Kazu avaient une peau fraîche comme de la glace. La blancheur éclatante de cette peau au grain serré repoussait la lumière et donnait à penser qu'elle recelait à l'intérieur une sombre fraîcheur d'été. »

Après le banquet fut un brillant succès pour Mishima ; c'est aussi l'ouvrage de lui que j'aime le plus en tant que divertissement (*Confession d'un masque* est assez irrésistible, mais d'une lecture sinistre). Pourtant, Mishima n'était jamais satisfait de ses réussites. Les applaudissements qui avaient salué *Le Tumulte des flots* l'avaient déconcerté ; quant au grand triomphe de sa carrière au cours des années 1950, *Le Pavillon d'or,* il ne lui avait pas apporté non plus de satisfaction durable. Qu'attendait-il de la vie ? 1960 est sans aucun doute une année cruciale de son existence. Il ne paraît pas savoir ce qu'il veut ; une fois de plus, le voici plongé dans une crise personnelle, comme ii le fut en 1950-1951, juste avant ses premiers voyages à l'étranger. Mais au cours des années 1950, quelque chose a changé. Dix ans se sont écoulés — sa période « classique » se trouve derrière lui —, et il semble, à ses yeux du moins, n'avoir rien à montrer pour cette décennie. Pis que tout, il a échoué en tant que romancier — avec *Kyoko no Ie.* Cet échec, à mon avis, marque Mishima très profondément. Il faut se rappeler qu'il n'a presque aucune expérience de l'échec — en même temps, il attribue à la réussite une valeur énorme. Il a tout misé sur *Kyoko no Ie,* affirme-t-il. Toute son expérience accumulée — d'homme, d'artiste et de romancier — est contenue en ce long volume, le plus long roman de sa carrière (les deux tomes de *Couleurs interdites* exceptés). Or on lui a rejeté pour ainsi dire ce livre à la figure. Les critiques ont été d'une extrême dureté ; presque personne — à l'exception de Takeo Okuno — n'a dit aimer ce roman. Certains critiques ont déclaré qu'il s'agissait là du « magnifique échec » de Mishima ; il a aussitôt décelé sous la flatterie un sentiment de triomphe à peine caché : le brillant jeune Mishima s'est cassé la figure. Dans ces conditions, le succès d'*Après le banquet* ne console pas son auteur. Ce qu'il veut, et de façon urgente, c'est opérer un rétablissement ; or, pour la première fois de son existence, il s'aperçoit qu'il lui manque l'élan, l'énergie nécessaires. En tant que romancier, Mishima connaît sa plus grave crise en 1960 ; il faudra attendre 1965 pour qu'il tente un autre roman majeur — lorsqu'il se lancera dans sa monumentale *Mer de la Fertilité.*

Mais peut-être éprouve-t-il à cette époque de sa vie un sentiment d'échec plus profond encore. Non seulement il est en proie à des difficultés en tant que romancier — elles peuvent bien avoir joué le rôle de catalyseur —, mais la situation où il se trouve paraît beaucoup plus grave que l'échec de *Kyoko no Ie* ne le justifierait à lui seul. Je ne sais au juste ce qui se passait dans son esprit mais à en juger par ses actions, Mishima se trouvait dans un profond désespoir. A l'automne de 1959, vraisemblablement après avoir appris la mauvaise nouvelle au sujet de *Kyoko no Ie,* il prend la décision de jouer un rôle dans un film. Il n'y a rien là d'extraordinaire. Pourquoi donc ne s'amuserait-il pas un peu ? (Il assure qu'il « aimerait être chanteur de jazz, avoir de nouveau dix-huit ans ».) Mais le film où il choisit de paraître est mauvais. Il s'agit d'un vilain, d'un absurde film de *yakuza* (gangsters) où Mishima joue le rôle d'un voyou insignifiant qui se fait assassiner — en fait, un sale petit bonhomme. Si Mishima avait choisi de jouer dans un bon film, on ne s'étonnerait pas ; il s'agit de son premier film, et l'expérience a manifestement de quoi plaire à quelqu'un de son tempérament. Mais pourquoi *Karakkaze Yaro* (*Un type quelconque*), douteuse histoire de prison, de maîtresses trahies et de confiance trompée, sans rien pour racheter cela ? C'est comme si Mishima, à la fin de *Confession d'un masque,* dans la célèbre scène avec Sonoko, au dancing populaire, s'était levé de son siège, abandonnant son amie à la table, pour aller se joindre au groupe de *yakuza* debout au soleil, en train d'enrouler leurs ceintures autour de leurs torses chauds, et passer l'après-midi à faire la fête avec ses nouveaux amis — laissant sa compagne rentrer seule chez elle, sans même un adieu.

Mishima, certes, a toutes les raisons du monde de mener sa vie comme il l'entend ; il est libre. Mais en acceptant ce rôle, dans *Karakkaze Yaro,* Mishima s'aliène les gens de bon sens (dont Sonoko, dans ma parabole, constitue un symbole). Qu'a-t-il à y gagner ? Sa décision d'entrer par cette porte dans le monde du cinéma revient à annoncer à la société qu'il n'en reconnaît plus les conventions. Si la critique n'apprécie pas son roman *Kyoko no Ie,* tant pis pour elle ; il n'a pas besoin d'elle. Je ne reproche point à Mishima son antipathie envers la critique ; le *Bundan* m'apparaît comme une société pitoyable, hostile au talent. Toutefois, Mishima ne dit pas « bof ! » à la seule critique. Il tourne le dos à la majorité silencieuse : amis, relations familiales, gens qu'il n'a jamais rencontrés mais qui pourraient se rapprocher de lui, personnes sans grand pouvoir ni influence, dont pourtant la désapprobation collective jouerait à long terme contre lui. Dix ans plus tôt, il aurait pu commettre impunément un pareil acte (en un sens il l'a commis : certains passages de *Couleurs interdites* sont d'un goût déplorable). A l'âge de trente-cinq ans, jouissant d'une réputation énorme auprès de la critique (en dépit de *Kyoko no Ie*), très suivi du grand public, il ne peut se permettre un écart comme son apparition dans *Karakkaze Yaro*. Etre un romantique immature à vingt-cinq ans, cela se comprend. A trente-cinq, non.

Je considère la décision prise par Mishima de paraître dans le film de *yakuza* — il y tient la vedette — comme indicatrice de son état d'esprit alarmant à l'époque, signe qu'il perd pied. Or, ce n'est pas l'unique indice de la gravité de son état. Ici, faisons un saut en avant jusqu'à l'été 1960. Au fur et à mesure qu'*Après le banquet* paraît en feuilleton dans une revue mensuelle, il devient manifeste que Mishima caricature un personnage public extrêmement connu dans son portrait de Noguchi, l'amant de Kazu dans l'ouvrage. La cible du romancier est un ancien ministre des Affaires étrangères, homme d'idées libérales, Hachiro Arita. Je ne crois pas que Mishima en veuille person-nellement à cet homme ; encore moins qu'il ait rien à redire à sa politique. Mais il n'hésite pas à tourner Arita en ridicule. *Après le banquet* est le brillant compte rendu, à peine déguisé, de la liaison d'Arita avec une propriétaire de restaurant, le *Hannya-en* à Tokyo. Pourquoi Mishima prend-il un tel risque ? Au Japon, les lois sur la diffamation ont beau être peu sévères — suivant les critères occidentaux, une plaisanterie —, Mishima va beaucoup trop loin. Chaque épisode nouveau d'*Après le banquet* porte un coup nouveau, et qui n'est que trop précis, à un homme qui a déjà pratiquement échoué dans la vie publique. On peut imaginer ce qu'en pense la famille Arita ; et elle rencontre une vive sympathie chez ses amis, chez les gens influents de Tokyo, voire chez les rédacteurs et les éditeurs de la ville.

En fin de compte, Arita se trouve provoqué au point que, renonçant aux règles normales du comportement japonais (dans les affaires de diffamation, il est d'usage que les adversaires vident leur querelle grâce à des intermédiaires qui peuvent n'être pas même des gens de loi), il intente un procès à Mishima. Ce cas sans précédent est rendu public au début de 1961 ; Arita se plaint d'empiétement sur sa vie privée. Ce procès en diffamation — car il s'agit de cela pour des yeux occidentaux, bien que le droit japonais ne prévoie guère pareil délit —

intéresse beaucoup le public. *Puraibashii* (ou « *privacy* », vie privée, comme on l'orthographie aussi en japonais — le mot constituant une adaptation directe de l'anglais en langue japonaise) devient instantanément un terme en vogue, un néologisme admis par tous les Japonais. Et Mishima perdra son procès ; cela prendra de nombreuses années, mais les avocats d'Arita finiront par l'épingler. Je soupçonne que le facteur clef fut que les gens influents de Tokyo estimèrent que le romancier s'était conduit de monstrueuse façon. A défaut de précédent, leur opinion dut influencer le tribunal, qui manquait de directives légales spécifiques.

A l'époque, Mishima réussit à se mettre à dos bon nombre de gens. Il est, bien sûr, un être charmant lorsqu'il se trouve en forme : drôle, très spirituel à ses propres dépens, et, par-dessus tout, intelligent. Quoi qu'il puisse dire du *Bundan*, il a de fort nombreux amis dans le milieu littéraire. Pourtant, vers cette époque de son existence, sa route se sépare de celle d'un certain groupe de gens avec lesquels il est heureusement associé depuis près d'une décennie ; ce sont les membres d'un petit club littéraire nommé le *Hachi no Ki Kai* (Club du cerisier en pot). Il s'agit d'un groupe puissant : Toson Fukuda, auteur dramatique ; Mitsuo Nakamura, le critique de l'*Asahi Shimbun* ; Shohei Ooka, le romancier ; Ken-Ichi Yoshida, rare exemple d'homme de lettres japonais. Depuis nombre d'années, Mishima s'entend bien avec ces gens ; lorsqu'ils créent une revue, ils publient aussitôt ses textes (les premières livraisons de *Kyoko no Ie*). Mais le *Hachi no Ki Kai* est en majeure partie un club mondain : ses membres se rencontrent pour dîner, se plaisent à boire ensemble, et s'adonnent à de joyeux commérages aux dépens d'autrui. Or, en 1960, les relations de Mishima avec ce groupe ont commencé à se détériorer. Un jour, un membre du *Hachi no Ki Kai* m'a raconté un incident survenu à l'un de leurs dîners : « J'avais beaucoup trop bu, je suppose ; pour une raison quelconque, j'étais d'humeur agressive, et résolus de dire à Mishima ses quatre vérités. Je ne sais pas ce que j'ai bien pu dire au juste, mais les autres m'ont déclaré ensuite que j'avais parlé avec une franchise inhabituelle : je suppose que j'ai dit à Mishima qu'il était un snob qui se prenait trop au sérieux. » Fut-ce alors ou une autre fois que Mishima finit par se vexer ? Je n'en sais rien ; mais ce qui est sûr, c'est qu'il vint un moment où il rompit ses liens avec le *Hachi no Ki Kai,* le seul groupe littéraire avec lequel il se fût jamais bien entendu, et auquel il fût resté attaché de nombreuses années. C'était folie de sa part ; certes, il était snob ; certes, il se prenait trop au sérieux ; il aurait dû écouter sans s'offusquer.

En un sens il s'agit là de vétilles — le film de gangsters, la querelle avec Arita, la séparation d'avec le *Hachi no Ki Kai* — mais ce fut à cause de pareils incidents que Mishima se trouva de plus en plus isolé en 1960. Et le hasard voulut que ce fût l'année où les événements politiques empiétèrent sur sa vie, pour la première fois depuis 1945. Au moment précis de sa carrière littéraire où il était vulnérable, Mishima se trouva en proie à des contraintes.

L'histoire est complexe. Au cours des dernières années 1940, terribles pour le Japon, Mishima ne s'intéressait pas aux questions politiques. Après la fin de l'Occupation, durant laquelle ont été prises des décisions capitales pour l'avenir de la société japonaise, Mishima ne réagit toujours pas aux événements de la scène politique. Durant toutes les années 1950, il se limite à ses buts littéraires. Ses contemporains le croient vaguement de gauche, enclin à admettre la croyance populaire en la neutralité politique entre le monde occidental et le bloc communiste. Un jour, il est même contacté par un critique, membre du petit parti communiste, qui sollicite son adhésion. Toutefois, en 1960, il commence à prendre intérêt à la politique. *Après le banquet* n'est pas un roman politique, mais il montre que Mishima en a appris plus, sur la politique au Japon, que beaucoup de ses amis et confrères écrivains. Il s'agit à sa façon d'une description de l'alliance entre l'argent et le pouvoir au sein de la société japonaise. *Après le banquet* est le premier signe de la curiosité de Mishima pour le monde politique. Le deuxième est son intérêt pour les gigantesques manifestations contre le gouvernement, en mai et juin de cette année-là — les plus spectaculaires manifestations politiques de l'histoire japonaise d'après-guerre. Mishima descend dans la rue pour voir les « démos », et écrit sur eux des articles dans la presse.

Ce qui se trouve en jeu, essentiellement, c'est la vision neutraliste ; intellectuels, étudiants, leaders syndicaux — et même enfin les partis d'opposition —, ont fini par se rendre compte que le parti conservateur au pouvoir, le parti démocrate libéral, lequel a gouverné presque sans interruption le Japon depuis 1945, a durant tout ce temps bafoué les idéaux de la gauche. Tout en souscrivant aux principes neutralistes — en refusant, par exemple, de jouer un rôle militaire direct dans la guerre de Corée —, les conservateurs ont donné au public l'impression que le parti démocrate libéral maintiendrait indéfiniment le Japon sur la voie du neutralisme. Or, en 1960, les conservateurs, sous la direction de Nobusuke Kishi, réactionnaire énergique, ont résolu de contredire la croyance populaire qu'ils sont, en fait, prisonniers de la gauche idéologique. Kishi et ses ministres décident de renforcer l'alliance avec les Etats-Unis — scellée par le traité de Sécurité entre Etats-Unis et Japon — en révisant ce traité de manière à resserrer les liens entre l'Amérique et le Japon, surtout dans le domaine économique. Ces problèmes n'intéressent pas Mishima. Pourtant, les manifestations, qui se font plus violentes au début de l'été, excitent sa curiosité ; et il réagit très fortement, semble-t-il, à la nouvelle atmosphère politique. L'histoire intitulée *Patriotisme* en fournit la preuve.

C'est ici que l'impérialisme, en lui latent, explose soudain. *Patriotisme* décrit un acte de dévotion à l'Empereur, le hara-kiri d'un jeune lieutenant de l'armée au temps de l'affaire Ni Ni Roku. Mais ce qui frappe, ce n'est point tant l'impérialisme de Mishima, c'est la réémergence de sa vieille esthétique, la nostalgie de « la Mort, de la Nuit et du Sang » qui caractérisait son adolescence, telle que la raconte *Confession d'un masque*. Disparue, l' « aspiration classique » de Mishima, remplacée par une nostalgie sensuelle, antirationnelle, romantique. En quoi peut bien consister l'objet de cette nostalgie, nul ne le sait ; il est sûr que Mishima n'a aucune idée concrète de ce que lui-même va faire. Pourtant, l'idéal théorique saute aux yeix ; il s'agit de la mort. Ainsi, Mishima résout-il par un retour au romantisme la crise qu'il affronte en 1960.

Curieusement, à l'époque, il est en butte à d'extraordinaires menaces de violence. Elles émanent d'extrémistes *Uyoku* (de droite) qui lui annoncent qu'ils vont incendier sa maison et le tuer parce qu'il a soutenu un confrère écrivain qui a fait paraître

169

une nouvelle racontant un rêve où des gens de gauche attaquent la famille impériale. Deux mois durant, voilà Mishima flanqué d'un garde du corps. Au cours de cette période — début 1961 —, d'autres personnalités littéraires se voient menacées ; on attaque la maison de M. Shimanaka, de *Chuo Koron,* éditeur de la revue qui a publié la nouvelle incriminée par l'*Uyoku.* Lors de l'assaut, une servante est tuée, et Mme Shimanaka blessée. Toutefois, Mishima lui-même n'est pas attaqué.

Le suicide — les écrits de Mishima le montrent clairement — constitue pour lui depuis des années un choix théorique. Il n'est encore que cela ; Mishima, relativement jeune, a beaucoup de projets littéraires en tête — surtout au théâtre — ; il possède en outre une famille. Son deuxième enfant, son fils Ichiro, naît en 1961. (Pareils à beaucoup de parents japonais, les Mishima semblent prendre alors la décision de n'avoir plus d'enfants.)

De quelle nature, les rapports de Mishima avec Yoko ? Elle vit toujours, bien sûr ; il s'agit là d'un sujet dont on ne saurait écrire sans retenue. Mais à l'évidence, Mishima traitait Yoko avec une considération très supérieure à la bienveillance manifestée à leur épouse par la plupart des maris japonais de sa génération. Par exemple, il emmenait Yoko avec lui dans ses voyages à l'étranger. Elle n'avait jamais quitté le Japon ; or, quand Mishima s'embarqua pour un long voyage autour du monde, fin 1960, elle l'accompagna. Ils se rendirent à New York où ils assistèrent à la première des nôs modernes de Mishima dans une production *off-Broadway.* D'Amérique, ils passent en Europe où Mishima rencontre des éditeurs. Un des résultats de ces visites est une traduction française du *Pavillon d'or,* que publie Gallimard. Les Mishima vont en Grèce, en Egypte où ils voient les Pyramides, puis rentrent au Japon via Hong Kong. Pour Yoko, ce doit être bien reposant de voyager librement ainsi à travers le monde en compagnie de son mari, en laissant la fillette aux soins de sa famille à Tokyo. A Tokyo, Yoko ne mène sûrement pas une vie facile ; elle est fort jeune, juste vingt-quatre ans à leur retour de l'étranger en 1961 ; pourtant, ses journées sont bien remplies. Elle doit s'occuper de la maison — or, Mishima est devenu très sociable : il reçoit à dîner diplomates, amis étrangers, amis japonais de familles connues. Il vise haut, et entend que ces dîners — pour lesquels il envoie des invitations sur cartons gravés en anglais — soient impeccables. Yoko doit également s'occuper de sa fille. En outre, elle est pour Mishima une espèce de secrétaire : répond au téléphone, fait des courses, se rend dans la voiture familiale en missions qui combinent achats et secrétariat (Yoko seule conduit ; Mishima passera son permis en 1962, mais ne conduira jamais). Yoko ne manque pas d'occupations.

Sa belle-mère n'arrange pas les choses. Bru, Shizue a beaucoup souffert sous la férule de Natsuko ; ayant subi pareil traitement, elle est capable de l'infliger. Shizue se montre jalouse de Yoko. A un stade assez précoce de sa vie conjugale, Yoko réagit en évitant de se plaindre. Critiquée à la moindre occasion, elle fait de son mieux. Or, le mieux de cette personne très capable est plus qu'adéquat aux yeux de son mari. La maison marche sans accrocs ; Mishima peut sans être dérangé se concentrer sur son travail, et sa seule exigence formelle — que son programme quotidien de rendez-vous et d'entraînement physique l'après-midi, de dîner le soir et d'écriture la nuit ne soit point perturbé — se trouve respectée. Yoko Mishima doit être une personne bien remarquable pour avoir pu vivre tant d'années aussi près d'un homme ayant l'énergie de Mishima, sans manifester le moindre signe de fatigue. J'éprouve d'autant plus d'admiration pour elle que l'on ne saurait nier le sombre, le romantique pessimisme de Mishima, résumé par sa déclaration : « L'homme donne sa semence à la femme. Alors débute son long, long voyage indicible vers le nihilisme. »

Je ne crois pas que le mariage ait imposé beaucoup de contraintes à Mishima. Mais sa carrière littéraire est une autre paire de manches. Au début des années 1960, ses livres ne se vendent pas bien. Il continue d'écrire énormément ; une partie de cette production est de la camelote, destinée au seul marché commercial, aux magazines féminins sentimentaux — ce n'est pas mon affaire. Mishima écrit également une suite de romans sérieux : *Utsukushii Hoshi* (*Belle étoile*, 1962), *Le Marin rejeté par la mer* (1963), *Kinu to Meisatsu* (*Soie et Intuition*, 1964). John Nathan, lequel a étudié cette période de l'œuvre de Mishima, et traduit en anglais le second de ces romans, note : « Ses livres ne se vendaient qu'à vingt mille ou trente mille exemplaires dans certains cas, en comparaison des deux cent mille exemplaires environ des années 1950. A un certain moment, il se crut même obligé d'aller présenter des excuses en bonne et due forme à ses éditeurs. » Tandis que la réputation de Mishima grandit en Occident, elle régresse au Japon, non seulement sur le plan des ventes, mais quant à sa cote auprès de la critique. O ironie, alors qu'on le considère outre-mer comme un futur lauréat du prix Nobel, son chiffre de vente est dix fois dépassé par maints romanciers japonais encore inconnus en Occident. Tout romancier, Mishima compris, doit connaître des années de vaches maigres ; mais lui ne voit pas les choses sous cet angle. Il est profondément affecté ; sinon, je n'imagine pas quelqu'un d'aussi orgueilleux que lui se rendant la casquette à la main chez son éditeur pour présenter des excuses. Mais point n'est besoin d'aller chercher aussi loin des preuves de son incertitude. Avec les années, le ton de ses déclarations se fait de plus en plus pessimiste ; Mishima, comme toujours, est le meilleur guide de lui-même. Dans un article écrit en 1962 pour la revue *Fukei*, il note : « Dans deux ou trois ans j'aurai quarante ans, et devrai tirer des plans pour le reste de ma vie. Je me sens mieux quand je pense que j'ai vécu plus longtemps que Ryunosuke Akutagawa ; pourtant, il me faudra faire grand effort pour vivre le plus longtemps possible. Pour les hommes de l'âge de bronze, la moyenne de vie était de dix-huit ans ; de vingt-deux à l'époque romaine. Le ciel devait alors être plein de beaux jeunes gens. Ces temps-ci, il doit avoir un aspect affreux. Lorsqu'un homme atteint l'âge de quarante ans, il n'a aucune chance de mourir en beauté. Il aura beau essayer, il mourra de façon laide. Il doit s'efforcer de vivre. »

Ryunosuke Akutagawa, que mentionne Mishima dans cet article, est le plus brillant des nombreux écrivains japonais qui se sont suicidés à l'époque moderne. On peut en partie attribuer la fréquence du suicide chez les écrivains à l'extraordinaire tension et agitation qui règnent dans le Japon moderne. Une nation ne saurait passer du système féodal à un mode de vie ultra-moderne dans le bref espace de temps accordé aux Japonais sans infliger de grandes tensions aux individus — notamment aux écrivains. Voici les romanciers connus qui se sont suicidés au xxᵉ siècle : Bizan Kawakami (1908), Takeo Arishima (1923), Akutagawa (1927), Shinichi Makino (1936),

Osamu Dazai (1948), Tamiki Hara (1951), Michio Kato (1953), Sakae Kubo (1958), Ashihei Hino (1960).

Dès le milieu des années 1960, Mishima caresse l'idée d'ajouter son nom à cette lugubre liste. Il a l'obsession de « tirer des plans pour le reste de (sa) vie » ; et certains événements — dont les difficultés rencontrées dans sa carrière littéraire — le poussent sur la voie du suicide.

1964-1970

> Au nombre de mes convictions incurables figure la croyance que les vieux sont éternellement laids, les jeunes éternellement beaux. La sagesse des vieux est éternellement ténébreuse, les actions des jeunes sont éternellement transparentes. Plus les gens vivent longtemps, pires ils deviennent. En d'autres termes, la vie humaine est un processus inversé de déclin et de chute.

> Yukio Mishima,
> *Post-scriptum à la trilogie sur l'affaire Ni Ni Roku.*

Mishima ne trouvera pas ses « plans de vie » avant quelque temps. Au cours de l'été 1964, il passe dix jours à New York ; le but de ce voyage est exposé par Faubion Bowers dans un article publié dans *The Village Voice* (La Voix du Village) (3 décembre 1970) : « Une nuit, Mishima s'envola vers l'Amérique uniquement pour des motifs sexuels. Il vint dîner avec moi, me décrivit sans ambages ce qu'il voulait, et me demanda si je pouvais le conduire au bon endroit. J'aurais dû me montrer hospitalier en l'emmenant faire la tournée des bars gay de la ville ; mais non, je ne le voulais pas, et à la vérité je ne me sentais pas qualifié. Peut-être étais-je complètement fauché, ou quelque chose de ce genre. En tout cas, je lui fis faire la tournée du voisinage, le présentai à tous ceux que nous rencontrions, hétéros, homos ou entre les deux. Mais il y a des soirées comme ça : rien ne se produisit. Personne, par ici, ne s'intéressait au *plus grand romancier du Japon*. Son costume et sa cravate méticuleusement coûteux eux-mêmes n'impressionnaient personne. En fin de compte, je l'ai mis dans un taxi, et me suis senti à la fois stupide et coupable de n'avoir pas aidé un ami dans le besoin. Ce soir-là, il avait très grand besoin d'un homme blanc, et ses spécifications étaient détaillées. Après coup, il m'a traversé l'esprit que Mishima était impuissant. » (Ainsi que d'autres amis de Mishima l'ont signalé dans une lettre au *Village Voice* parue deux semaines plus tard, l'article de Bowers contenait de multiples erreurs. Pourtant, il se peut que Mishima ait été impuissant.)

Il est certain que New York évoquait chez lui d'étranges états d'âme. Sur les photographies prises de lui durant son séjour de l'été 1964, il paraît particulièrement vieux et mal à l'aise. D'ordinaire, il faisait environ dix ans de moins que son âge ; sur ces photographies, il semble plus vieux qu'il ne l'est. Son visage est ridé, hagard. Cela tient peut-être à la fatigue : de Tokyo à New York, le voyage par avion est fort long ; mais je crois que New York déprimait Mishima, et le plongeait dans un état de tension inhabituel. Dans son article intitulé *Toucher New York avec les deux mains* (*Mainichi Shimbun,* janvier 1966), il décrit sa réaction devant cette ville : « A New York, il n'y a pas de contact direct entre l'homme et l'homme, ou l'homme et l'objet. Cette énorme ville a perdu sa vie instinctive, et s'est métamorphosée en machine colossale. New York est de moins en moins capable d'être *touchée* par l'homme. J'aime bien cet endroit, pourtant. Les gens s'y rassemblent et s'y séparent. Et l'on n'est pas certain que la personne qui paraît à la télévision écoute en réalité ce qu'elle dit. On peut toucher New York avec ses mains si l'on se rend au gymnase que je fréquentais, près de Times Square... C'était un gymnase de grande ville. Le monde de la musculation se ressemble fort à Tokyo et New York. Les gens blaguaient avec l'accent de Brooklyn, et se montraient fort amicaux. » La découverte par Mishima qu'il ne se sent chez soi qu'au gymnase a quelque chose de pathétique. Ainsi que me le faisait observer quelqu'un qui l'avait rencontré à New York : « Il ne pouvait s'entendre vraiment avec les étrangers, ou bien les Américains le déconcertaient. » Il est de notoriété publique que Mishima trouvait que les écrivains américains qu'il avait reçus royalement au Japon (Truman Capote, Tennessee Williams) ne lui rendaient pas la pareille quand il séjournait dans leur ville.

Il avait en Amérique, et surtout à New York, une énorme quantité d'amis et connaissances. Parmi eux se trouvaient des universitaires qu'il avait rencontrés au Japon, et qui avaient traduit ses œuvres ; par exemple, les éminents spécialistes de littérature japonaise, Donald Keene et Ivan Morris (auxquels il devait laisser des lettres à sa mort). En Amérique, il connaissait de plus un grand nombre de personnalités artistiques et littéraires. Le hic, c'est qu'il était fort connu au Japon, et certain d'y susciter l'attention, ce qui n'était pas le cas au-delà des mers. Mishima aimait occuper le devant de la scène, et son inaptitude à régner sur les réunions mondaines en dehors de son pays le contrariait. A New York, on avait beau l'inviter à des réceptions, il n'était pas le point de mire de tous les regards. Au Japon, où il se trouvait sûr de lui, il se lia intimement avec maints étrangers. Meredith Weatherby, l'éditeur américain, fut un ami de Mishima durant plus de vingt ans à Tokyo ; et il fréquentait régulièrement bon nombre d'autres résidents étrangers de la ville. Mais au-delà des mers, la teinte de chauvinisme qui colore ses écrits — dans beaucoup de ses livres, les étrangers sont dépeints comme des êtres voyants, bizarres, et les personnages masculins d'étrangers sont fréquemment des homosexuels sans caractère — prenait parfois le dessus ; Mishima regagnait le Japon avec des impressions fort mêlées sur la vie en Occident.

De retour au Japon, il connaît de multiples diversions. A l'automne de 1964, il se plonge dans la tâche de rendre compte des Jeux Olympiques de Tokyo pour la presse japonaise ; il écrit des articles enthousiastes sur le sport — « d'après ma propre expérience », ajoute-t-il. Vêtu d'un blazer à brassard de presse, il assiste avec un enthousiasme enfantin aux nombreuses manifestations des Jeux. Dans ses articles, il raconte comment il s'entraîne au sport et à la musculation, « de sorte, affirme-t-il, qu'aujourd'hui je peux mouvoir mes pectoraux au rythme de la musique ».

Plus tard, la même année, il édite les *Œuvres complètes* de Shintaro Ishihara, un ami romancier plus jeune et plus prestigieux, que son premier ouvrage, *Taiyo no Kisetsu* (*Saison du soleil*, 1955) — un roman « scandaleux » d'après-guerre —, a rendu célèbre à l'âge de vingt-trois ans. Mishima admire le talent d'Ishihara ; en même temps, il est envieux de sa personne élégante, polie, raffinée, qu'il critiquera de manière acerbe vers la fin de sa vie en le traitant d'opportuniste politique. (Plus tard, Ishihara fera de la politique ; il remportera un siège à la

Chambre haute en qualité de membre du parti démocrate libéral, après avoir obtenu le plus grand nombre de voix jamais totalisées par un candidat au parlement.)

Au début de 1965, Mishima accepte une invitation du British Council à se rendre en Angleterre. C'est là son unique séjour prolongé dans ce pays où il ne trouve pas grand-chose à son goût — bien qu'il aime le Pavillon de Brighton. Parmi les gens qu'il rencontre en Angleterre, citons Margot Fonteyn, Edna O'Brien, Ivan Morris, Angus Wilson et Peter Owen. Il écrit : « J'ai été content de trouver le Dr. et Mrs. Morris à Londres... Feu Arthur Waley, et maintenant le Dr. Morris, ont introduit le côté tendre de la culture japonaise auprès du public britannique, surtout au bénéfice des intellectuels des classes supérieures ; quant au côté dur de la culture japonaise, on l'a montré au grand public par des films où Toshiro Mifune joue le héros... Lors d'une promenade au bord de la Tamise, on m'a appris une chose intéressante : tous les cygnes appartiennent à la reine. »

A son retour au Japon, Mishima se montre caustique sur la qualité de la réception qui lui a été réservée en Angleterre. Il se plaint que le British Council l'ait logé dans des hôtels de second ordre. Il se plaint aussi de la mesquinerie des Britanniques : il cite l'exemple d'un éditeur écossais ; il a fait le voyage d'Edimbourg afin de le rencontrer ; or, se récrie Mishima, l'éditeur s'est « versé un verre de whisky sans m'en offrir une seule goutte ». Paris, où l'ont reçu des membres lettrés de la famille Rothschild — Philippe et Pauline de Rothschild, auxquels il dédie un recueil de nouvelles traduites, *La Mort en été* —, est plus à son goût.

A Tokyo, lui et Yoko s'occupent de transformer leur maison de Magome ; ils ajoutent un étage supérieur qui donne à l'époux et à l'épouse des salons confortables où chacun peut recevoir en privé des amis. Les ouvriers travaillent trois mois dans la maison ; pendant ce temps, les Mishima et leurs deux enfants habitent à l'Hôtel New Japan. Mishima s'amuse à dessiner des couvertures de livres ; il s'est toujours intéressé aux couvertures de ses ouvrages, en particulier à celles de la *genteibon*, l'édition de luxe. Assisté de spécialistes, il dessine deux couvertures, une pour *St. Sebastian no Junkyo* (*Le Martyre de saint Sébastien*), traduction supervisée par Mishima de l'œuvre de Gabriele d'Annunzio, l'autre pour *Kurotokage* (*Lézard noir*), une pièce de théâtre. Pour cette dernière, il choisit un dessin comportant des nus masculins, vus de face. Au début de 1965, Mishima publie une de ses plus étranges nouvelles, *Kujaku* (*Paons*), l'histoire d'un homme qui frappe à mort une troupe de paons. Il filme également sa nouvelle intitulée *Patriotisme* en tant que producteur, metteur en scène et principal interprète : il joue le rôle du lieutenant qui se fait hara-kiri. Au sein de son habituel tourbillon d'activité, Mishima trouve le temps de monter l'un de ses brefs « nôs modernes », *Yuga,* où son ami Utaemon interprète le rôle principal.

Au cours de l'été 1965, Mishima prend l'une des décisions majeures de sa carrière littéraire : entreprendre un long roman, en quatre volumes, une œuvre dont il prévoit qu'elle l'occupera environ six ans, jusqu'au début des années 1970. Ce roman, qui s'ouvrira au début de la période Taisho, vers 1912, couvrira soixante années du Japon moderne. Chaque volume aura pour protagoniste une réincarnation du héros du précédent livre, à commencer par Kiyoaki, garçon d'une incomparable beauté, issu d'une famille aristocratique. Kiyoaki, personnage principal du premier volume, aura pour meilleur ami Honda, l'un de ses condisciples à l'école des Gakushuin. Un seul personnage, Honda, l'ami des protagonistes des quatre livres, connaîtra le secret de leurs réincarnations. Caractère physique commun à tous quatre : trois grains de beauté sous le bras gauche ; grâce à eux, Honda reconnaîtra les réincarnations. Les vies des quatre amis de Honda sont aussi reliées par des rêves. Des remarques de hasard et des notes de journaux intimes informeront de ces rêves Honda, et lui fourniront des clefs supplémentaires concernant les vies posthumes de Kiyoaki. Les protagonistes des trois premiers livres mourront jeunes, à l'âge de vingt ans.

Pour la conception de son long roman nouveau, Mishima s'inspire d'un roman du XIᵉ siècle, le *Hamamatsu Chunagon Monogatari* (*L'Histoire de Hamamatsu*), œuvre assez peu connue où apparaît l'idée bouddhiste de la réincarnation, et qui comporte des songes prophétiques. Pour l'arrière-plan religieux du roman, Mishima recourt à l'enseignement de la petite secte bouddhiste connue sous le nom de Hosso, dont la *yuishiki ron,* ou théorie de la seule conscience, affirme que toute expérience est subjective et que l'existence ne peut être vérifiée. Mishima donne un tour qui lui est propre à l'enseignement de cette secte bouddhiste ancienne qui, venue au Japon au VIIe siècle, perdit au cours des cinq siècles suivants la majeure partie de son emprise dans le pays. Etant donné que seule existe la conscience, on ne saurait distinguer la réalité de l'illusion. Il s'agit là d'un thème favori de Mishima comme il s'en explique dans l'allocution qu'il adressera en 1966 au Club des correspondants étrangers à Tokyo, allocution que j'ai citée dans le prologue et dont je répète les deux dernières phrases : « Cela pourrait bien être notre... mon thème fondamental, et l'idée romantique fondamentale que je me fais de la littérature. C'est le souvenir de la mort... et le problème de l'illusion. »

Mishima, dont la plupart des romans parurent en feuilleton dans des revues avant d'être publiés en volumes, donne la première partie du premier tome (*Neige de printemps*) de son long roman à la revue *Shincho* à la fin de l'été 1965. Au début de l'automne, à la suite de rapports de Stockholm faisant état de sa candidature au prix Nobel de cette année-là, il entreprend un tour du monde avec Yoko : il se rend au Cambodge où il visite Angkor Vat — il écrira une pièce de théâtre sur le temple du Bàyon à Angkor — ; de là, il passe en Europe occidentale. Après la mort du vieux romancier Janichiro Tanizaki, en juin 1965, Mishima est considéré comme le principal candidat japonais au prix Nobel, et des dépêches d'agences affirment qu'il fait partie des quatre-vingt-dix candidats au prix. Lui-même se considère à bon droit comme un outsider — le vainqueur, en 1965, sera le Russe Cholokhov — étant donné qu'il est encore relativement jeune (quarante ans). Mais il a confiance : il finira, croit-il, par obtenir le prix, et veut savoir dans combien de temps il aura des chances sérieuses. Il enquête discrètement auprès d'ambassades japonaises en Europe : quand l'Académie suédoise se tournera-t-elle enfin vers le Japon ? Conclusion : dans peu d'années, le prix Nobel de littérature ira pour la première fois à un Japonais. Imprudemment, Mishima fait part de cette information à des amis japonais ; sur quoi, la presse le cite à plusieurs reprises comme candidat. Cette préoccupation de Mishima est en partie un indice de son excès d'estime pour soi-même ; mais elle reflète aussi l'extraordinaire intérêt pris par les Japonais aux distinctions internationales, notamment au prix Nobel.

De retour au Japon, Mishima fait un voyage au couvent d'Enshoji, près de Nara. Il a résolu d'utiliser ce petit couvent isolé dans un passage ultérieur de *Neige de printemps.* Enshoji est un temple Zen Rinzai ; dans son livre, Mishima le transformera en Hosso, et lui donnera un autre nom, Gesshuji. A l'automne de l'année suivante, 1966, Mishima termine *Neige de printemps.* L'héroïne de cette histoire d'amour, Satoko, représente ce que l'auteur nomme *tawoyameburi, « la voie de la gracieuse jeune fille,* terme archaïque pour exprimer la beauté et le charme traditionnels de la jeune fille japonaise », selon Donald Keene. Satoko et Kiyoaki, son amoureux, sont les enfants de puissantes familles aristocratiques de Tokyo ; leur passion s'enflamme à la suite des fiançailles de Satoko à un membre de la famille impériale (certains Japonais ont vu dans cette histoire une évocation des relations de Mishima avec Michiko Shoda, avant le mariage de la jeune fille avec le prince héritier, idée romanesque, mais légèrement tirée par les cheveux). Satoko descend d'une très vieille famille, ayant une longue tradition de service à la cour ; Kiyoaki a, lui aussi, été élevé dans cette tradition : un père fier, désireux que son fils unique apprenne les manières de l'aristocratie, l'a envoyé chez les Ayakura, parents de Satoko. Keene écrit : « Les relations prolongées de Mishima avec l'aristocratie, dès son enfance à l'Ecole des pairs, l'avaient amené plusieurs fois à choisir pour personnages des membres de cette infime fraction de la société japonaise ; ses écrits manifestaient une connaissance unique de leur langage et de leurs attitudes. Sa peinture, dans *Neige de printemps,* des aristocrates qui bâtirent les résidences victoriennes qui se dressent toujours ici et là dans Tokyo est curieusement attendrissante... La salle de billard, le cellier à vin bien garni, les rangées de costumes coupés à Londres, les lustres de cristal et les nappes amidonnées de frais attiraient de toute évidence Mishima lui-même ; mais il ne négligeait pas de décrire aussi bien les aspects japonais de cette existence : le spacieux jardin avec sa pièce d'eau et sa colline artificielle, les servantes en kimono qui n'arrêtent pas d'épousseter, et surtout l'étiquette

compliquée, surtout apparente dans le langage distinctif. »
(*Paysages et Portraits.*)

Une nuit, Kiyoaki, que tourmentent ses sentiments pour
Satoko, s'agite et se retourne dans son lit ; enfin, il rejette les
couvertures, et se couche nu sur le ventre. Voici comment le
décrit Mishima dans la traduction française de Tanguy
Kenec'hdu, parue aux éditions Gallimard en 1980 : « Il se
tourna sur le ventre et reposa la tête enfouie dans l'oreiller, son
dos nu tourné vers la lune, le sang échauffé battant encore à ses
tempes. Il reposa ainsi, la clarté de la lune inondant le blanc lisse
incomparable de son dos dont l'éclat accentuait le contour
gracieux du corps, révélant les indices subtils et diffus d'une
virilité affirmée ; c'était là clairement non une chair féminine
mais chair d'adolescent au seuil de l'âge adulte. La lune brillait
avec une intensité éblouissante du côté gauche de Kiyoaki, là où
la chair pâle se soulevait au rythme de son cœur. S'y trouvaient
trois grains de beauté, petits, presque invisibles. Et tout comme
les trois étoiles du baudrier d'Orion s'affadissent sous une lune
radieuse, ces trois grains minuscules étaient presque oblitérés
par ses rayons. »

Kiyoaki est indécis au sujet de Satoko, éprise de lui.
Pourtant, lorsqu'il compare ses charmes à ceux de femmes tout
simplement belles, comme au cours d'une scène où il observe
une troupe de geishas dans le parc de son père lors d'une
réception donnée en l'honneur d'un prince impérial, il acquiert
la certitude que Satoko est bien supérieure à ces beautés
professionnelles. « Il se demandait, écrit Mishima, comment ces
femmes pouvaient rire et jouer, d'un air aussi heureux que si
elles se baignaient dans une eau chauffée selon leur goût. Il les
observait de près — leurs gestes quand elles racontaient des
histoires, leur façon toute semblable de hocher la tête, comme si
chacune avait eu dans son cou blanc et lisse une charnière d'or
finement ouvragée... entre tous ces artifices, celui qui l'intéressait le plus était leur façon de rouler les yeux sans arrêt. »
Kiyoaki les trouve « fades ».

Satoko et Kiyoaki se querellent à propos de cette réception en
plein air ; durant la période prolongée qui s'ensuit avant qu'ils
ne se rencontrent à nouveau, Kiyoaki refuse de répondre à une
série de lettres et de démarches de Satoko ; la jeune fille se fiance

à un jeune prince. Ce mariage de raison n'étant pas celui qu'elle eût choisi, elle trouve le moyen de rencontrer en secret Kiyoaki. Ces rencontres aboutissent à une liaison tolérée et favorisée par une dame de compagnie intrigante de Satoko. Tandis que cette dame attend discrètement à l'écart dans l'auberge isolée où elle a amené les amoureux, Kiyoaki se débat avec les vêtements de Satoko : « Il n'avait pas la moindre idée de la façon de dégrafer une obi de femme. Son nœud évasé fortement serré dans le dos défiait les efforts de ses doigts. Mais tandis qu'il tâtonnait à l'aveuglette, en essayant de le défaire de force, elle passa la main par-derrière et tout en donnant tous les signes d'une tentative désespérée pour déjouer ses efforts maladroits, elle les orienta délicatement dans une direction plus profitable. Leurs doigts restèrent emmêlés quelques instants dans ses plis, puis, son agrafe s'étant soudain détachée, l'obi se déroula dans un bruissement de soie et jaillit loin d'elle comme si elle avait été douée d'une vie personnelle. Ce fut le début d'un tumulte confus de gestes incontrôlables. Tout son kimono se révoltait, tournoyant tandis qu'il essayait d'arracher les replis soyeux qui ceignaient ses seins, refoulé à chaque instant par tout un réseau de rubans qui se serraient à mesure que d'autres se dénouaient. Alors, offert à son regard, il vit le minuscule triangle blanc si bien protégé au-dessous de sa gorge s'agrandir en une généreuse et odorante étendue de chair. »

Peu avant la date prévue pour son mariage, Satoko tombe enceinte des œuvres de Kiyoaki ; les parents des amants, affolés, l'envoient en toute hâte à Osaka se faire avorter. Après l'intervention, Satoko, au lieu de rentrer à Tokyo comme les parents l'ont prévu, se réfugie dans un couvent proche de Nara, Gesshuji. Kiyoaki va pour la voir, mais l'abbesse refuse de le recevoir. Il effectue des voyages répétés au couvent par un temps froid, sur un sol couvert de neige de printemps, ce qui commence à lui altérer la santé. Honda, meilleur camarade de classe (Gakushuin) de Kiyoaki, vient lui aussi de Tokyo plaider auprès de l'abbesse afin qu'elle autorise Kiyoaki à voir Satoko. « C'est chose effrayante à dire, mais j'ai comme le sentiment qu'il ne va pas guérir. Si bien que je vous apporte en vérité la prière d'un mourant. La compassion du Seigneur Bouddha ne pourrait-elle vraiment aller jusqu'à lui laisser voir Satoko, ne serait-ce qu'un ou deux instants ? Je vous en prie, ne pourriez-vous pas le permettre ? » A ce moment, Honda croit entendre quelque chose. « On eût dit d'un rire étouffé, aussi ténu que l'éclosion d'une fleur de prunier. Mais après un instant de réflexion, il fut certain qu'à moins que son oreille l'eût trompé, le bruit qui était parvenu jusqu'à lui à travers l'atmosphère glaciale du couvent en cette matinée de printemps n'était pas un rire étouffé comme il avait cru, mais un sanglot assourdi de jeune femme. » L'abbesse reste ferme dans son refus de laisser Kiyoaki voir Satoko. A Honda, elle fait un cours sur les préceptes de la secte Hosso : « L'abbesse évoqua le filet d'Indra. Indra était un dieu indien et une fois qu'il avait jeté son filet, tout homme, toute chose vivante sans exception, se trouvaient inextricablement pris dans ses mailles. C'est pourquoi toutes les créatures existantes y étaient assujetties inéluctablement. Le filet d'Indra symbolisait l'Enchaînement des Causes ou, en sanscrit, *pratitya-samutpada*. *Yuishiki* (Vijñaptimatrata ou la Conscience de Soi), doctrine fondamentale de la secte Hosso à laquelle appartenait Gesshuji, était célébrée dans *Les Trente Versets de Yuishiki,* texte canonique attribué à Sasubandhu que la secte considérait comme son fondateur. Selon les Versets, l'*Alaya* est l'origine de l'Enchaînement des Causes. Car c'est dans l'*Alaya* que sont contenues les *Semences* du Karma d'où dérivent, comme des conséquences, les effets de toute action, bonne ou mauvaise. » Après ce cours — dont nous ne reproduisons ici qu'une partie —, Honda retourne à l'auberge où loge Kiyoaki, puis raccompagne à Tokyo son ami, maintenant très malade. Dans le train, Kiyoaki raconte à Honda un fragment de rêve : « Je viens d'avoir un rêve. Je te reverrai. Je le sais. Sous la cascade. » Le surlendemain, Kiyoaki meurt ; ici s'achève le premier volume.

Neige de printemps est d'une grande beauté d'écriture ; les amants romantiques — et leur environnement de serviteurs — sont merveilleusement dépeints. Cependant, une fois nouée la liaison amoureuse, l'intérêt du livre faiblit, et sa fin, la mort de Kiyoaki, laisse froid. Deuxième écueil : les passages religieux. Mishima n'a pas l'esprit religieux (en témoigne aussi Taijun Takeda, poète, fils d'un prêtre bouddhiste, et admirateur de l'œuvre de Mishima) ; son résumé de l'enseignement Hosso fait l'effet d'une thèse de doctorat ; cependant, la réincarnation est au centre du roman. Ici, un problème majeur se pose à l'écrivain : comment rendre une idée convaincante alors que lui-même n'y croit pas ? Dans les tomes suivants du roman, Mishima se verra contraint d'affronter ce problème.

La place manque ici pour rendre compte de la totalité des activités littéraires et privées de Mishima (j'ai déjà négligé les romans moins intéressants qu'il écrivit au début des années 1960). Il est perpétuellement en mouvement ; outre sa vie familiale et un déluge de réceptions, il continue à s'entraîner plusieurs fois la semaine au kendo et à la musculation. De plus, il est impliqué dans d'innombrables obligations subordonnées à sa tâche principale : écrire. Un résumé de son programme au cours d'une seule année, 1966, donne une idée de son rythme de vie. En janvier, le ministère de l'Education lui décerne un prix pour sa pièce, *Madame de Sade.* Le même mois, il devient membre du jury du prix Akutagawa, décerné aux jeunes romanciers — haute récompense et poste important qui demande beaucoup de travail : les membres du jury doivent lire de nombreux manuscrits. La présence de Mishima dans ce jury passe pour en avoir entièrement transformé l'atmosphère, jusqu'alors collet monté. En avril, le film intitulé *Patriotisme,* présenté au festival de Tours, reçoit une récompense ; également projeté au Japon, il remporte un succès colossal. Au cours de l'été, Mishima prend ses vacances habituelles, et trouve le temps d'être à Tokyo afin d'y répéter dans un spectacle de cabaret monté par son ami Akihiro Maruyama, l'imitateur ; pour la circonstance il compose une romance, et chante lui-même « Le Marin tué par des roses en papier ». Le mois suivant, le voilà parti faire un circuit avec Donald Keene ; il visite Kyoto, le sanctuaire d'Omiwa, Hiroshima, Kumamoto, réunit des matériaux pour *Chevaux échappés,* le deuxième volume de son long roman, et fait au sanctuaire d'Omiwa une donation si munificente que les prêtres en demeurent stupéfaits. A l'automne, il achève enfin de se réconcilier avec la famille Arita.

Au sein de ces activités, il mène à terme une douzaine d'ouvrages littéraires mineurs. En voici une liste avec leur mois de parution, ou de début de parution lorsqu'il s'agit de feuilletons :

Janvier   *Fukuzatsu no Kare* (*Un homme compliqué*) dans *Josei Seven,* jusqu'en juillet

Février   *Kiken na Geijutsuka* (*Dangereux artiste*), dans *Bungakukai, Owari ni Bigaku* (*L'Esthétique de la fin*) dans *Josei Jishin,* jusqu'en août

Mars   *Hanteijo Daigaku* (*Le Livre de la sagesse anti-chaste*) publié par Shinchosha

Avril   *Yukoku* (*Patriotisme*) publié par Shinchosha

Mai   *Eigatekki Nikutairon* (*Du corps dans les films*) dans *Eiga Geijutsu*

Juin   *Eirei no Koe* (*Les Voix des morts héroïques*) dans *Bungei,* et publié par Kawade Shobo

Juillet   *Watashi no Isho* (*Mon dernier mot*) dans *Bungakukai Narcissism Ron* (*Essai sur le narcissisme*) dans *Fujin Koron*

Août   *Mishima Yukio Hyoronzenshu* (*Recueil de critique*) publié par Shinchosha

Septembre *Danzo, Geido, Saigunbi* (*Danzo, l'Art et le Réarmement*), dans *Niji Seiki*
           Yakaifuku (*Costume de bal*) dans *Mademoiselle,* jusqu'en août 1967
           Mishima Letter Kyoshitsu (*Ecole de lettres de Mishima*) dans *Josei Jishin*

Octobre   *Koya Yori* (*Du désert*) dans *Gunzo*
           Taiwa Nihonjinron (*Des Japonais*), avec Fusao Hayashi, dans *Bancho Shobo*

Décembre   *Ito Shizuo no Shi* (*La Poésie de Shizuo Ito*) dans *Shincho*

Deux de ces ouvrages, *Eirei no Koe* et *Taiwa Nihonjinron,* qui font partie de la littérature « engagée » de Mishima, seront cités dans la suite. Beaucoup de ces textes sont destinés à des magazines féminins. (*Josei Jishin, Fujin Koron, Josei Seven, Mademoiselle*), publications qui paient bien et exigent une plume légère. Toutefois, au cours de cette seule année, Shinchosha, le principal éditeur de Mishima, publie trois volumes nouveaux et un essai dans sa revue *Shincho.* Notre liste exclut les rééditions et les éditions de luxe d'œuvres de Mishima. Tel est le rythme qu'il conserve d'un bout à l'autre des années 1960.

Après quelques semaines de vie sous pareille tension, la

plupart des gens s'effondreraient ; pourtant, Mishima semble rarement fatigué. Le hasard a voulu que, l'unique fois où je l'ai vu cette année-là — c'était la première fois que je l'avais devant moi, au dîner du Club des correspondants étrangers dont il était le président invité —, il fût nettement blême. D'habitude, il était fort bronzé, mais ce soir-là, il était pâle, un peu nerveux. Il s'agissait d'une exception. Normalement, lorsqu'il se trouvait en public, il affectait la bonne humeur et dominait toutes les réunions auxquelles il participait : il gesticulait, plaisantait, riait du rire rauque, assez désagréable qu'il tenait, disait-on, de son impérieuse grand-mère. Son masque était solidement en place ; un étranger eût risqué de le prendre pour un ancien champion de boxe amateur, devenu propriétaire de cabaret ou chef de bande. Car son masque avait quelque chose de rude ; il affichait un air de vulgarité qui trompait tout le monde, sauf ceux qui le connaissaient bien. Ce qui est véritablement remarquable, c'est qu'il ait pu jouer cette comédie — car c'était de la comédie — malgré la terrible tension qu'elle lui imposait. Cela se reflète dans ses écrits ; par exemple, dans l'ouvrage autobiographique *Le Soleil et l'Acier,* commencé fin 1965, et qui parut de façon régulière, sur trois années, dans une petite revue, *Hihyo* (*Critique*), fondée par un ami de droite, le critique Takeshi Muramatsu, et financée, entre autres, par Mishima lui-même. *Le Soleil et l'Acier,* œuvre qu'il qualifie de « critique confidentielle », fournit sur l'homme profond des aperçus beaucoup plus intimes que ceux qui ne le connaissaient que superficiellement pouvaient obtenir en le rencontrant et en s'entretenant avec lui.

La clef de cet ouvrage — capital pour comprendre son suicide — est la définition que donne l'auteur de la tragédie. A partir de cette définition est issu tout le reste de cet essai de quatre-vingts pages : « Selon ma définition de la tragédie, le *pathos* tragique naît lorsqu'une sensibilité parfaitement moyenne assume pour un temps une noblesse privilégiée qui tient les autres à distance, et non pas quand un type particulier de sensibilité émet des prétentions particulières. Il s'ensuit que celui qui se mêle d'écrire peut créer de la tragédie mais ne peut y participer. En outre, il est nécessaire que la *noblesse privilégiée* soit fondée sur une sorte de courage physique. Les éléments d'ivresse et de clarté surhumaine contenus dans le tragique naissent de la rencontre d'une sensibilité moyenne, douée d'une force physique donnée, avec l'espèce d'instant privilégié qui a été spécialement conçu à cet effet. La tragédie demande une vitalité et une ignorance antagonistes et, par-dessus tout, une certaine *incongruité*. Pour que, parfois, un individu touche au divin, il faut, dans des conditions normales, qu'il ne soit lui-même ni divin ni rien qui en approche. » Affirmation très contestable. La notion qu'a Mishima d'une « noblesse privilé-giée » inspire la répulsion ; absurde, son idée qu'il doit renoncer à sa sensibilité aiguë au profit d'une « sensibilité parfaitement moyenne ». Mais le plus important, c'est l'ardent désir qu'a Mishima d'être un héros — désir manifeste dans sa définition de la tragédie ; il croit en outre qu'il doit renoncer à son rôle d'écrivain, celui « qui fait joujou avec des mots », pour devenir un héros tragique.

Dans cet essai, Mishima raconte une scène où il se convainc qu'il aspire à être un personnage tragique. « Un jour d'été, écrit-il, échauffé par l'exercice, j'étais à rafraîchir mes muscles sous la brise qui entrait par la fenêtre ouverte. La sueur se dissipa comme par enchantement, une fraîcheur effleura la surface des muscles, comme une haleine de menthol. L'instant d'après, j'étais libéré du sentiment de l'existence des muscles et — de même que les mots, par leur fonction abstraite, peuvent broyer le monde concret au point que les mots eux-mêmes semblent n'avoir jamais existé — mes muscles à ce moment broyèrent quelque chose en moi, si bien qu'on eût dit pareille-ment que les muscles eux-mêmes n'avaient jamais existé... M'enveloppait alors un sentiment de puissance transparente comme la lumière. Faut-il s'étonner que ce sentiment de puissance, qu'aucune somme de livres ou d'analyse intellec-tuelle ne saurait jamais procurer, m'apparût comme une antithèse véritable des mots ? Et c'était là ce qui, à la vérité, allait devenir le foyer de toute ma pensée. » De là, il n'y a pas loin à aller jusqu'à la conclusion que c'est la mort qu'il désire.

Grâce au « soleil » et à l' « acier » — en prenant des bains de soleil et en faisant des haltères —, Mishima a pris conscience de son corps et s'est créé des muscles. « Ainsi, de temps à autre, j'apercevais un autre soleil tout différent de celui, qui, si longtemps, m'avait dispensé ses bénédictions, un soleil rempli des flammes sombres et cruelles de la conscience sensible, soleil de mort qui jamais ne brûlerait la peau, bien qu'il rougeoyât de rayons plus étranges encore. » Conclusion de Mishima, telle qu'il l'exprime vers la fin de 1966 : « Le but de ma vie fut d'acquérir tous les divers attributs du guerrier. » C'est ainsi qu'il en arrive à l'idée romantique de la mort en qualité de samouraï. Si l'on en croit *Le Soleil et l'Acier,* Mishima ne s'intéresse aucunement à l'idéologie ; son action doit être strictement apolitique. Et de fait, cet essai est convaincant, plus que les écrits « politiques » de son auteur.

Mishima connaît bien Nietzsche, le passage que nous venons de citer le prouve. Toutefois, le modèle qu'il choisit pour son style de vie en ce point de son existence — et qu'il suivra fidèlement durant ses quatre dernières années — est un modèle japonais, adapté à l'époque féodale par Mishima. Le samouraï idéal accordait sa vie (et sa mort) à la pratique ancienne de *Bunburyodo,* la double voie de la Littérature (*Bun*) et du Sabre (*Bu*) ; il était censé cultiver les arts littéraires et martiaux dans des proportions à peu près égales. En pratique, très peu des anciens chevaliers du Japon se montraient à la hauteur d'une telle exigence. Néanmoins, il s'agissait d'un idéal encouragé par les autorités à partir du XVIIᵉ siècle, époque où, le Japon enfin pacifié, il importait d'empêcher la classe des samouraïs de continuer à dégainer au moindre prétexte. De longue date, Mishima est intrigué par l'idéal féodal de *Bunburyodo* — *ryodo* peut se traduire par « double voie » —, comme il le raconte dans *Le Soleil et l'Acier :* « Au cours de la période d'après-guerre, où étaient renversées toutes les valeurs convenues, j'avais souvent pensé et fait part à autrui que c'était le moment ou jamais de ressusciter le vieil idéal japonais, où se combinaient les lettres et les arts guerriers, l'art et l'action. Il fut un temps, après cela, où mon métier s'écarta de cet idéal particulier ; puis, à mesure que le soleil et l'acier m'enseignaient progressivement le secret de la poursuite des mots avec le corps (et non pas seulement la poursuite du corps avec les mots), les deux pôles qui étaient en moi commencèrent à maintenir un équilibre et le générateur de mon esprit, pour ainsi dire, passa d'un courant direct à un courant alternatif... (Ces deux pôles) semblaient en apparence induire une rupture grandissante de la personnalité et qui cependant, en fait, déterminait à chaque instant un équilibre vital sans cesse détruit et sans cesse renaissant. Enfermer dans le moi une double polarité et admettre heurt et contradiction, ce fut ainsi que je mêlai *art et action.* »

C'est en ce point de son essai que Mishima commence à décrire la tension dans laquelle il vit — tension qu'il cache avec tant d'assiduité derrière son masque. « Pourquoi faut-il qu'un homme participe de la beauté seulement par une mort héroïque, violente ? » se demande-t-il. Réponse : « Ainsi la beauté de l'escadrille-suicide où l'on reconnaît la beauté non seulement au sens spirituel, mais, pour la plupart des hommes, également au sens ultra-érotique. » Il ne démontre pas cet argument. Il le formule en tant que fait de sa conscience (et sûrement pas de « la plupart des hommes »). Après quoi, il n'est plus maître de la direction — il y a certes « une fissure de plus en plus large dans la personnalité » : « Le genre de vie quotidienne le mieux approprié était pour moi la destruction du monde jour après jour ; la paix était l'état de vie le plus ardu et le plus anormal... Nul instant plus éblouissant que celui où des fantasmes quotidiens sur la mort, le danger et la destruction du monde sont changés en devoir... Garder la mort présente à l'esprit jour après jour, centrer chaque instant sur la mort inévitable, s'assurer que ses pires pressentiments coïncidaient avec ses rêves de gloire... Devenait possible la mort en beauté qui, naguère (pendant la guerre), m'avait échappé... Je commençais à rêver de mes aptitudes de combattant. »

Il réagit à la perte de contrôle par une autodiscipline encore plus rigoureuse qu'auparavant. *Bunburyodo* devient alors, pour Mishima, plus qu'un mode de vie ; cela devient le « plan de vie » qu'il cherchait avec tant d'anxiété depuis près de cinq ans. Et ce plan de vie a des objectifs très spécifiques dans les domaines de l'art et de l'action. Le long roman de Mishima constitue sa principale entreprise artistique ; et dans le domaine de l'action, son but devient « la mort en beauté (du) combattant » ; rien de moins. Plus Mishima se trouve en proie à la tension, plus furieusement il lutte pour se maîtriser. *Bunburyodo* en vient à signifier pour lui que chaque fois qu'il achève une partie de son roman, un volume nouveau, il doit en même temps faire un pas de plus sur la voie de l'action martiale — et de la mort. Tandis qu'il termine *Neige de printemps,* à l'automne de 1966, il demande aux *Jieitai* l'autorisation de s'entraîner dans des camps militaires.

Ce n'est point par hasard si le deuxième volume du long roman de Mishima, qu'il commence au début de 1967, dépeint ce qu'il nomme *masuraoburi,* la voie du guerrier. Le héros de ce livre, Isao, est un terroriste de droite qui se fait hara-kiri après avoir tué un vieil homme d'affaires. L'action du roman, intitulé *Chevaux échappés,* se déroule au début des années 1930, vingt ans après la mort de Kiyoaki ; Isao meurt aussi, à vingt ans. Ce jeune homme, âgé de dix-neuf ans au début, est une fine lame, habile au kendo, où il a déjà rang de 3ᵉ dan. Etudiant à l'université Kokugakuin de Tokyo — institution qui a formé de nombreux nationalistes —, il est fils de l'ancien précepteur de Kiyoaki, Iinuma, homme de droite corrompu et rusé. Isao, robuste adolescent tout différent de Kiyoaki quant à l'aspect, a le regard aigu, furieux, les lèvres serrées. Il est ardent et « pur » ; mais son père tire de l'argent de sources impures (à savoir, des affaires). Honda, maintenant juge à un tribunal d'Osaka, assiste à une rencontre de kendo à quoi participe Isao ; il ne sait rien du garçon, en dehors du fait qu'il est fils d'Iinuma. Après le match, gagné par Isao, Honda gravit une colline proche avec un prêtre ; en redescendant, ce dernier le convainc de se baigner sous une chute d'eau. Isao s'y baigne aussi ; sous la chute d'eau, Honda remarque soudain, alors que le garçon lève les bras au-dessus de sa tête, qu'il a trois grains de beauté du côté gauche de la poitrine. Le jeune homme éclate de rire en se jetant à l'eau ; mais Honda, se remémorant les derniers mots de Kiyoaki : « Je te reverrai. Je le sais. Sous la cascade », est terrifié de ce qu'il voit. Isao doit donc être la réincarnation de Kiyoaki. Honda sent que sa propre façon de vivre, son rationalisme desséché, sont menacés.

Isao lit un opuscule qui lui fait une impression profonde, *La Société du Vent divin,* de Tsunanori Yamao. Ce texte raconte l'affaire Shinpuren, de 1877, une des ultimes actions de samouraïs dans l'histoire du Japon. Mishima, dans son roman, donne à cet opuscule une telle importance qu'il occupe près de cinquante-sept pages sur les quatre cent cinquante-huit de la traduction française de Tanguy Kenec'hdu parue aux éditions Gallimard en 1980. Cela commence un jour de l'été 1873 où « quatre hommes vaillants à l'idéal généreux » se rassemblent pour prier au village de Shingai près du château de Kumamoto sous la conduite de Tomo Otaguro, fils adoptif et héritier de l'ancien grand-prêtre, feu Oen Hayashi. Les quatre hommes sont Harakata Kaya, « au faîte de ses facultés » ; Kengo Ueno, plus de soixante ans ; Kyuzaburo Saito et Masamoto Aiko, entre cinquante et soixante. Tous portent des sabres ; tous croient à Sonno Joi (« révère l'Empereur et expulse les Barbares »), et tous haïssent la culture occidentale. Après avoir prié, ils attendent que le prêtre Otaguro célèbre la cérémonie de divination Ukei. Ils souhaitent poser deux questions aux dieux : peuvent-ils présenter aux autorités une pétition réclamant Kamiyo (la règle de l'Empereur), puis se faire hara-kiri ? Sinon, les dieux les autorisent-ils à assassiner les courtisans scélérats qui feignent d'agir au nom de l'Empereur dans leur district ? Les quatre hommes désirent ardemment le rétablissement de Kamiyo, la pratique de Kodo (la morale ancienne), l'unité de l'autel et de l'Etat. Ils ont eu pour maître Oen Hayashi.

Lors de la cérémonie Ukei, on apprend la volonté des dieux grâce à des pendentifs sacrés — symboles divins shintoïstes — ainsi qu'à des feuilles de papier positives et négatives. En l'occurrence, les deux requêtes reçoivent une réponse négative. Les hommes, après la cérémonie, brûlent les feuilles de papier et boivent les cendres dans de l'eau. L'année suivante a lieu la révolte Saga. Otaguro, voyant là une occasion à ne pas manquer, célèbre une seconde Ukei. Les dieux répondent de nouveau par la négative. Un sentiment puissant de Sonno Joi règne au sein du groupe et, cette année-là, quinze partisans des quatre hommes sont ordonnés prêtres. En 1877, le 18 mars, le gouvernement promulgue le décret abolissant le port des sabres ; peu de temps après, un autre décret ordonne aux ci-devant samouraïs de raser le toupet qu'ils arborent au sommet de la tête. Ces deux nouvelles persuadent le groupe d'entrer en action. Seul, Kaya décide de présenter une pétition puis de se faire hara-kiri.

Otaguro célèbre la cérémonie Ukei pour la troisième fois en mai. Cette fois, il reçoit des dieux une réponse affirmative. En conséquence, il prépare un plan pour l'assassinat de fonctionnaires gouvernementaux dans la région de Kumamoto ; il ajoute à sa liste des officiers de l'armée, et rassemble en secret des hommes du voisinage. Son plan est le suivant : 1. Une troupe de trente hommes assassinera le général au quartier de Kumamoto ; en outre, elle tuera chez eux le gouverneur local et le président d'une commission locale. 2. Un deuxième groupe attaquera le camp d'artillerie à la caserne. 3. Un troisième groupe attaquera au camp la garnison d'infanterie forte de deux mille hommes. Kaya prend la décision de rejoindre le groupe trois jours avant son entrée en action.

Seule préparation : la prière. Ils refusent de se munir d'armes à feu : ces abominables armes occidentales leur font horreur. (Quand ils sont obligés de marcher sous des fils électriques, ils se couvrent la tête d'éventails blancs.) A la place, ils s'arment de sabres, de lances et de hallebardes. Pour incendier le camp, ils ont aussi de l'essence. Très peu d'entre eux portent une armure. Leur trésor est une plaque commémorative sacrée, la Mitamashiro, qu'Otaguro porte sur son dos. On fixe l'attaque au 24 octobre.

L'attaque débute à minuit. Le général est tué ; le gouverneur et le président sont blessés. Mais au petit matin, la plupart des rebelles qui ont attaqué sans armes à feu sont morts également. Les deux chefs, Otaguro et Kaya, ont été abattus. Otaguro demande à son beau-frère de lui donner le coup de grâce par *kaishaku.* Quarante-six survivants de l'attaque se replient à Kinposan, une colline à l'ouest du château ; ils décident de se disperser et de se cacher. Sept jeunes garçons reçoivent l'ordre de rentrer chez eux, et trois hommes grièvement blessés se font hara-kiri.

Après quoi, les rebelles se font hara-kiri en divers lieux, certains chez eux, d'autres dans les montagnes. L'un d'eux est un garçon de seize ans. Six hommes s'enfuient par bateau à Konoura pour y attendre les événements. Ayant appris la défaite, ils gravissent tôt le matin le mont Omidake, tracent un cercle avec de la corde ainsi qu'avec les pendentifs et papiers sacrés sur un endroit plat, puis se font tous un parfait hara-kiri.

Presque tous les rebelles se font hara-kiri ou s'immolent par le feu mais un seul homme, Kotaro Ogata, se rend. Arrêté et emprisonné, il s'étonne de l'échec d'hommes aussi zélés, aussi purs : comment se peut-il que l'assistance divine leur ait fait défaut ? Les desseins des dieux sont impénétrables, mais Ogata conclut en exprimant l'état d'esprit du samouraï : « Devions-nous agir comme de faibles femmes ? »

Isao vénère la « pureté » de ces hommes qui sacrifièrent leur vie lors de l'affaire Shinpuren. Au cours d'une visite à un lieutenant stationné à Azubu, au centre de Tokyo, il révèle son désir de se faire hara-kiri « avant le soleil... à son lever au haut d'une falaise, en rendant hommage au soleil... en regardant, en bas, la mer étincelante, sous un grand et noble pin... » Lors d'une seconde rencontre, le lieutenant présente Isao à un membre de la famille impériale, un prince ; Isao lui donne son exemplaire de l'opuscule sur l'affaire Shinpuren. Toin no Miya, le prince, prévenu du désir d'Isao de se sacrifier pour l'Empereur, lui demande : « Supposez... supposez qu'en telle occasion, vous ayez déplu à Sa Majesté Impériale, du fait de votre esprit ou de votre conduite. Que feriez-vous en ce cas ? » Isao répond qu'il se ferait hara-kiri. Le loyalisme, déclare Isao en se servant d'une parabole, consiste à préparer en cadeau pour l'Empereur du *nigirimeshi* chaud (simple plat de riz). Si l'Empereur, pour une raison quelconque, refuse cette nourriture, Isao se fera hara-kiri. De même, s'il accepte le plat, Isao se fera hara-kiri car c'est un péché grave, pour un *somo,* un humble sujet, que de préparer du *nigirimeshi* pour l'Empereur. Un type de loyalisme consisterait à préparer la nourriture, sans l'offrir ensuite, mais il s'agirait là de loyalisme sans bravoure. Le vrai loyalisme serait d'offrir le *nigirimeshi* sans égard pour sa propre existence. Le prince Toin, très ému par un tel discours, fait ce commentaire : « Quand je me rends compte que le Japon a produit des étudiants comme celui-ci, je me reprends à espérer en l'avenir. » Il donne à Isao un gâteau à ses armes.

Ainsi encouragé, Isao forme avec un groupe d'amis le projet d'assassiner des chefs gouvernementaux et des magnats des affaires ; ils feront également sauter la Banque du Japon. Mais le père d'Isao, qui reçoit de l'argent de Kurahara, l'un des grands manitous que le jeune homme se propose de tuer, avertit la police du complot ; le jeune homme est arrêté et mis en prison. (Honda, entre-temps, a médité sur sa découverte d'Isao ; il est fort troublé ; sa pensée a dérivé vers le romantisme. Apprenant qu'Isao doit être jugé, Honda renonce à sa charge de juge. Il se rend à Tokyo pour défendre Isao, avec l'assistance du prince Toin.) En prison, Isao lit *La Philosophie de l'école japonaise Wang Yang-ming,* par le docteur Tetsujiro Inoue, compte rendu de l'enseignement de cette école néoconfucéenne, laquelle a pour maxime : « Savoir et ne pas agir n'est pas encore savoir. » Il est attiré par un chapitre sur Heihachiro Oshio, héros du XIXᵉ siècle qui sacrifia sa vie en s'attaquant aux grandes entreprises commerciales d'Osaka qui stockaient du riz en période de famine. Conclusion du docteur Inoue : la mort du corps n'est pas à redouter, mais seulement celle de l'esprit.

A son procès, interrogé par les juges, Isao révèle ses deux sources d'inspiration. L'une est Yomeigaku, l'enseignement du Chinois Wang Yang-ming, soldat philosophe qui brisa l'emprise du confucianisme sur la Chine au XVIᵉ siècle. Isao déclare : « Oui, Votre Honneur. Dans la philosophie de Wang Yang-ming il y a une chose qui s'appelle la conformité de la pensée et de l'action. *Savoir et ne pas agir, ce n'est pas encore savoir.* Telle est la philosophie que je me suis efforcé de mettre en pratique. Pour qui connaît la décadence du Japon d'aujourd'hui, les nuages sombres qui enveloppent son avenir, la condition misérable des paysans et le désespoir des pauvres, pour qui sait que tout cela est dû à la corruption des milieux politiques et à la nature sans patriotisme des *zaibatsus* dont la prospérité vit de cette corruption, et si l'on sait que c'est là l'origine des maux qui empêchent de se manifester la bienveillance éclatante de notre Empereur très vénéré — à qui sait tout cela, je pense que le sens de *savoir et agir* devient une évidence. »

En second lieu, Isao s'est inspiré de l'affaire Shinpuren : « J'avais foi qu'un jour les sombres nuages seraient dissipés et qu'un avenir clair et limpide s'annoncerait pour le Japon. Cependant, j'avais beau attendre, ce jour-là n'arrivait point. Plus j'attendais et plus les nuages s'assombrissaient… Qui donc allait porter le message aux cieux ? Qui, montant jusqu'au ciel par la mort, allait prendre sur lui le rôle vital de messager ?… Pour que ciel et terre se rejoignent, il y faut un acte pur, décisif. Afin d'accomplir une action aussi résolue, il faut hasarder sa vie, sans du tout songer pour soi-même à gagner ou à perdre. Il faut se transformer en dragon, déchaîner l'ouragan »... Et il conclut : « La fidélité n'est rien d'autre, je crois, que de donner sa vie par révérence pour la Volonté Impériale (l'Empereur). Cela consiste à déchirer les nuages sombres, à escalader le ciel puis à plonger vers le soleil, à plonger au cœur de la Conscience Impériale. »

Peu de temps après, le juge remet Isao en liberté. A la suite de sa relaxation, il apprend que Kurahara, le magnat des affaires qui finance son père, a commis une impiété au sanctuaire d'Ise — le sanctuaire de la déesse du Soleil. Dix jours avant la libération d'Isao, Kurahara s'est rendu au Kansai pour assister à une réunion de banquiers ; passant par Matsuzaka, lieu célèbre pour sa viande de bœuf, il en a mangé une extraordinaire quantité (manger de la viande est une coutume introduite au Japon par l'Occident). Le lendemain, accompagné par le gouverneur de la préfecture de Mie, il a visité le sanctuaire d'Ise en qualité d'hôte d'honneur du sanctuaire. Tout en écoutant la récitation de *norito*, les prières, Kurahara, pour avoir la main libre afin de se gratter le dos, a posé sur son siège son rameau de *tamagushi* (feuillage sacré) ; puis il s'est assis par mégarde sur le *tamagushi* sans se rendre compte de ce qu'il faisait. La presse de droite a monté en épingle cet incident. Kurahara, sans le savoir, avait profané le sanctuaire le plus sacré du pays.

D'abord, cette histoire n'impressionne guère Isao. Mais plus tard, en buvant avec son père et Honda, il apprend le secret de ce qui lie son père à Kurahara, et que son père l'a dénoncé. Il fond en larmes. « J'ai vécu pour une illusion. J'ai façonné ma vie sur une illusion. Et cette punition m'est infligée à cause de cette illusion... Peut-être devrais-je renaître et être une femme... Si j'étais femme, je pourrais vivre sans être à la poursuite d'illusions. »

Honda aide le garçon à se coucher, et le veille. Il l'entend dire en rêve : « Bien loin vers le sud... Très, très chaud... au soleil rose d'une terre du sud. » Le surlendemain, Isao échappe à l'assistant de son père, achète un sabre court et un couteau au Ginza, puis prend le train pour Atami où Kurahara se trouve, à ce que l'on dit.

Sur les dix heures du soir, il arrive à la villa où séjourne Kurahara. En traversant un verger, il observe une chambre éclairée, meublée à l'occidentale, où un gros vieillard d'aspect sévère est assis sur un sofa. Isao attend qu'une servante ait quitté la pièce pour entrer en trombe avec son épée. Kurahara se lève, mais sans pousser de cri.

— Qui êtes-vous ? Qu'est-ce que vous faites ici ?

— Soyez puni comme vous le méritez pour avoir profané le grand sanctuaire d'Ise, dit tranquillement Isao.

— Quoi ? s'exclame Kurahara, incapable de se rappeler quoi que ce soit.

Le vieil homme, l'air fort effrayé, esquisse un mouvement ; Isao lui saute dessus. Attirant à lui l'homme d'affaires, il lui plonge le sabre dans le cœur. Les yeux de Kurahara s'ouvrent tout grands ; son dentier tombe à terre. Isao arrache son sabre de la blessure, et s'élance hors de la pièce en écartant la servante.

Il se dirige vers la mer proche, en quête d'une falaise, et finit par trouver la haute falaise qu'il cherche. En route vers son sommet, il s'arrête pour cueillir une *mikan,* une mandarine. Il mange ce fruit, se repose, reprend haleine. Il a couru et ne prend plus d'exercice, depuis des mois passés en prison. Isao retire son veston, et sort son couteau. Il a perdu le sabre. Un vent froid souffle de la mer.

« Le soleil ne va pas se lever avant quelque temps, se dit Isao, mais je ne puis me permettre d'attendre. Il n'y a pas de disque brillant montant à l'horizon. Pas de noble pin pour m'abriter. Pas davantage de mer étincelante. »

Il ôte sa chemise, déboutonne son pantalon. On entend des voix, au loin : « La mer. Il a dû s'enfuir en bateau. »

Chevaux échappés s'achève ainsi : « Isao aspira profondément et ferma les yeux en se caressant doucement l'estomac de la main gauche. Saisissant le couteau de la droite, il en appuya la pointe contre son corps et la guida vers le bon endroit du bout des doigts de l'autre main. Puis, d'un coup puissant du bras, il se plongea le couteau dans l'estomac. A l'instant où la lame tranchait dans les chairs, le disque éclatant du soleil qui montait, explosa derrière ses paupières. »

Ce livre dépeint brillamment la manière dont le terrorisme de droite fonctionnait au Japon dans les années 1930 ; il offre une image unique du mécanisme de l'*Uyoku* (la droite) au temps de la plus grande puissance de cette petite minorité. L'implication d'un membre de la famille impériale dans la fomentation par Isao d'un coup d'Etat — bien que Toin no Miya ne prenne point part en personne à l'affaire — intrigue particulièrement (le rôle joué par les princes impériaux dans les nombreux troubles des années 1930 demeure encore mystérieux). Il n'en reste pas moins que *Chevaux échappés* laisse une impression de froideur ; le meurtre par Isao d'un homme qu'il ne connaît ni d'Eve ni d'Adam, auquel il n'en veut point personnellement, est réalisé avec éclat ; mais la préoccupation chez le garçon de l'acte de hara-kiri reflète l'obsession propre à Mishima, semble-t-il, plutôt qu'un aspect crédible de la personnalité d'un terroriste. Isao a une amie, Makiko ; et il se trouve en face d'une alternative : ou bien avoir une liaison avec Makiko, et être corrompu, ou bien se faire hara-kiri — où et quand ne paraît pas avoir d'importance. Ainsi l'acte du hara-kiri acquiert-il une signification sexuelle qui sonne juste par rapport au personnage de Mishima, mais faux par rapport à celui d'Isao. L'intérêt de l'auteur pour le hara-kiri — dont aucun autre romancier japonais de renom n'a traité — confère un aspect morbide à *Chevaux échappés.*

En même temps qu'il achève *Chevaux échappés,* Mishima termine aussi *Le Soleil et l'Acier.* Dans la suite de cet essai, il confirme les arguments qu'il a fait ressortir dans les passages que j'ai analysés ; la tragédie reste au cœur de l'ouvrage. De son entraînement dans les Jieitai, Mishima écrit que sa vie de soldat ne pouvait être finalement accréditée « que par la mort ». Le sentiment qu'a Mishima de l'affaiblissement et du vieillissement progressifs de son corps imprègne cet essai : « Pour moi, toutefois, déjà j'avais perdu le visage du matin qui n'appartient qu'à la jeunesse... Mon âge me poursuivait, murmurant dans mon dos : *Combien de temps encore ?* » Ce que je recherche, dit-il, c'est « la tragédie qui, jadis, avait glissé entre mes doigts... Plus précisément, ce qui m'avait échappé, c'était le caractère tragique de l'équipe, ou la tragédie en tant que membre de l'équipe... L'équipe avait affaire à toutes choses qui ne pourraient jamais émaner des mots — la sueur, les larmes, les cris de joie ou de douleur. Si l'on creusait plus loin, elle avait affaire à ce sang que jamais les mots ne pourraient faire couler... Je compris que c'était seulement dans l'équipe — en partageant la souffrance de l'équipe — que le corps pouvait s'élever à cette hauteur d'existence à quoi l'individu seul ne pouvait jamais atteindre... L'équipe doit s'ouvrir à l'idée de la mort — ce qui signifie, naturellement, qu'il faut qu'elle soit une communauté de guerriers... Nous étions unis au-devant de la mort et de la gloire ; ce n'était plus seulement ma quête personnelle... J'eus la vision d'un lieu où, eussé-je été seul, cela qui serait retourné se dissoudre en muscles et en mots, se trouvait lié par la puissance de l'équipe et m'entraînait vers une lointaine contrée sans retour. » Dans un épilogue au *Soleil et l'Acier,* où Mishima raconte un vol d'essai à bord d'un chasseur à réaction F 104, il en revient à la métaphore sexuelle pour décrire son attitude face à l'expérience qui l'attendait, croyait-il. « A angle droit, tel un phallus d'argent effilé, le F 104 pointa vers le ciel. Solitaire, semblable à un spermatozoïde, j'y étais installé. Bientôt, j'allais savoir ce que ressentait le spermatozoïde à l'instant de l'éjaculation. »

C'est dans un tel état d'esprit que Mishima crée sa Tatenokai, à l'automne de 1968. Qu'il s'agisse d'une inspiration fondamentalement personnelle, esthétique (et non politique), transparaît dans *Le Soleil et l'Acier,* ainsi que dans sa façon de décrire la Tatenokai dans un essai rédigé un an après la création de celle-ci, en octobre 1968 (revue *Queen,* janvier 1970) : « Les mots dont je fais cas ne se trouvent que dans le pur domaine de la fiction. Car je suis pour la tradition de *yuga* dans la littérature japonaise (un type d'élégance raffinée ayant ses origines dans l'esthétique courtoise de la période précédant l'accession des samouraïs au pouvoir). Les mots utilisés pour l'action politique sont des mots souillés. En vue de ressusciter les traditions des samouraïs et la voie du guerrier (*Bushido*), si vitales dans la culture japonaise, j'ai choisi une voie sans mots, une voie de silence... Mon but consiste à ressusciter en moi-même l'âme du samouraï... Je souhaite raconter une scène caractéristique de l'âme de la Tatenokai. L'été dernier, j'ai emmené au pied du Fuji-Yama un groupe d'une trentaine de membres. Il faisait une chaleur accablante ; sous un soleil de feu, nous nous sommes tous livrés à de durs exercices de combat. Après le bain et le souper, plusieurs de ces jeunes hommes se sont réunis dans ma

chambre. On entendait le tonnerre au loin ; de temps à autre, un
éclair zébrait les champs pourpre foncé ; juste devant la fenêtre,
on entendait les premiers grillons de l'automne. Après une
longue discussion sur la façon de commander l'escadron d'assaut, l'un de nos membres, un jeune homme de Kyoto, a tiré
une flûte d'un bel étui damassé. C'était le genre de flûte qui, dès
le ixe siècle, servit à la musique de cour ; très peu de gens savent
en jouer de nos jours. Ce garçon l'étudiait depuis environ un
an... Alors, il s'est mis à jouer pour nous. Cette émouvante et
belle mélodie m'évoquait les champs d'automne trempés de
rosée et le brillant prince Genji, qui dansa au son de cette même
musique. Tandis que j'écoutais, en extase, il me traversa l'esprit
que, pour la première fois au cours des années d'après-guerre,
les deux traditions japonaises se trouvaient heureusement
réunies, ne fût-ce que pour un instant éphémère : la tradition
d'élégance et la tradition du samouraï. C'était cette union que
j'avais cherchée au plus profond de mon cœur. »

Dès l'automne 1968, le ton de l'œuvre de Mishima s'est
transformé radicalement. Au lieu des articles légers qu'il
écrivait deux ans plus tôt pour des magazines féminins, il est
passé à un type différent de textes brefs. Pour la revue *Eiga
Geijutsu*, il écrit un texte intitulé *Samouraï;* pour les feuilletons
du *Playboy* japonais, il y a *Inochi Urimasu (Je vous vendrai ma
vie)*; et pour les éditions Pocket Punch Oh, une longue série
intitulée *Wakaki Samurai no tame no Seishinkowa (Cours de
psychologie à l'intention des jeunes samouraïs)*. Il écrit en outre un
ouvrage ironique sous le titre mal orthographié *Alle Japanese
Are Perverse (Tous les Japonais sont pervers)*, et termine la pièce
My Friend Hitler (Mon ami Hitler). Mais sa préoccupation
majeure est le troisième volume de son roman-fleuve. *Le Temple
de l'aube,* comme il intitule ce livre, diffère tout à fait de ses
deux prédécesseurs, *Chevaux échappés* et *Neige de printemps;* ces
deux derniers volumes comportent de longues histoires très
dramatiques. *Le Temple de l'aube* est avant tout un compte
rendu religieux tant du bouddhisme que de l'hindouisme.
L'année précédente, Mishima, accompagné de son épouse, a
visité l'Inde à l'invitation du gouvernement ; ensuite, après
avoir conduit Yoko à l'aéroport de Bombay, il a fait des

recherches pour son livre, visitant Calcutta, Bénarès et Ajanta (comme le fera Honda dans *Le Temple de l'aube*).

Tout de suite après la parution du premier épisode du livre dans *Shincho,* Mishima apprend qu'une fois encore il est pressenti pour le prix Nobel ; l'année d'avant, le bruit a déjà couru avec insistance qu'il était bien placé pour remporter le prix. Un ami m'a raconté que Mishima, rentrant d'un voyage au-delà des mers en 1967, avait fait coïncider son arrivée à Tokyo avec le jour où l'on annoncerait le prix Nobel à Stockholm. Il s'était imaginé qu'on l'accueillerait en héros : « Il avait retenu à Haneda une salle réservée aux personnalités. A l'atterrissage, il fut le premier à sortir des premières classes, avec son plus radieux sourire. Mais il n'y avait là personne pour l'accueillir en dehors de quelques-uns d'entre nous ; vide était la salle des personnalités ; point de journalistes. Jamais je ne l'ai vu aussi déprimé. »

L'écrivain guatémaltèque Miguel Angel Asturias a remporté le prix l'année précédente. En 1968, nouvelle déception pour Mishima. Il a été bien près d'avoir le prix Nobel, si l'on en croit certains journalistes suédois, mais au dernier moment le jury a tourné son choix vers un écrivain plus âgé, en alléguant que Mishima aurait son tour plus tard. Ce choix s'est porté sur le vieil ami de Mishima, Kawabata.

Mishima, en apprenant la nouvelle, se précipite à Kamakura pour être le permier à féliciter Kawabata ; on photographie les deux hommes assis ensemble, souriants. Mishima est déçu : « Si Hammarskjöld avait vécu, je l'aurais emporté », dira-t-il plus tard. Ce diplomate passait pour admirer son œuvre. Mais ce Nobel manqué ne fut pas un tournant dans sa vie, ainsi que d'aucuns l'ont prétendu. Pour Mishima, les préoccupations majeures étaient la lente approche de l'âge et les doutes sur son œuvre. Ce n'est pas pour rien qu'il a noté dans *Le Soleil et l'Acier* qu'il craignait d'être « au bord de la non-communication » en tant qu'écrivain. Selon toute apparence, il restait sans rival au Japon en tant que principal romancier de sa génération ; pourtant, il ne l'ignorait pas, sa réputation déclinait sans arrêt.

A quel point Mishima était tombé en défaveur auprès de la critique apparaît au début de 1969, lors de la sortie en volume de *Neige de printemps* et *Chevaux échappés.* Le premier volume se vend à deux cent mille exemplaires en deux mois ; cela va sans dire, la télévision et le théâtre achètent les droits. *Chevaux échappés* se vend moins bien, mais c'était prévu en raison du caractère sinistre du sujet. Mishima a annoncé que sa tétralogie s'intitulerait *La Mer de la Fertilité* d'après une région de la lune (proche de la mer de la Tranquillité). La raison de son choix, dit-il à Keene, est la suivante : « Le titre *La Mer de la Fertilité* est destiné à évoquer la mer aride de la lune qui dément son nom. Ou bien je pourrais aller jusqu'à dire qu'il superpose l'image de nihilisme cosmique à celle de la mer fertile. » Pourtant, le roman de Mishima, quoique ses premiers volumes se vendent bien, et malgré son thème excitant — c'est le projet littéraire le plus ambitieux que l'on ait jusqu'ici conçu dans le Japon du xxᵉ siècle —, se heurte à un silence presque total de la presse. Mishima, lié depuis 1966 à la droite politique, s'est aliéné le *Bundan,* le milieu littéraire, qui penche à gauche ; son œuvre est devenue tabou. Seul, Yasunari Kawabata défend énergiquement *La Mer de la Fertilité.* Kawabata déclare à un journaliste étranger, Philip Shabecoff, du *New York Times :* « Un écrivain du calibre de Mishima n'apparaît qu'une fois tous les deux ou trois siècles dans notre histoire » ; *La Mer de la Fertilité,* ajoute-t-il, est le chef-d'œuvre de Mishima. A l'exception de cette voix isolée, aucune personnalité d'importance ne fait l'éloge de l'œuvre. Mishima se trouve dans une situation singulièrement japonaise ; il a beau s'être aliéné le *Bundan,* la critique n'a pas un murmure hostile, uniquement le silence — méthode de critique bien caractéristique du Japon.

Mishima a toujours eu maille à partir avec la critique ; à ce moment, il devient hystériquement hostile envers un grand nombre de ses membres — un peu comme un homme d'affaires étranger, investi et circonvenu par d'invisibles concurrents japonais. Dans sa préface à la biographie de Zenmei Hasuda, il écrit : « En me rapprochant de la quarantaine, âge auquel Hasuda s'est tué, j'ai progressivement mieux compris cet homme. Et surtout, j'ai reconnu l'origine de sa colère ; sa fureur s'adressait aux intellectuels japonais, le plus puissant ennemi intérieur à la nation. L'on s'étonne du peu de changement survenu dans le caractère des intellectuels modernes au Japon : à savoir, leur couardise, leurs ricanements, leur *objectivité,* leur absence de racines, leur malhonnêteté, leur servilité, leurs fausses attitudes de résistance, l'importance qu'ils se donnent, leur inaction, leurs bavardages, leur empressement à se rétracter... La colère de Hasuda est devenue la mienne. » Personnellement, il reste en bons termes avec certains des critiques les plus connus. En outre, il a beaucoup d'amis — confrères écrivains et gens de théâtre — sur lesquels il pourrait se rabattre en cette période de crise dans sa carrière et, bien plus encore, dans sa vie privée. Point n'est besoin d'être grand clerc pour se rendre compte que Mishima se trouve dans une très mauvaise passe ; ses folies ont progressivement pris un tour de plus en plus grotesque, qui culmine avec la Tatenokai.

Mais le hic, pour Mishima, c'est qu'il n'ait pas d'amis véritablement intimes pour le mettre en garde contre les dangers vers lesquels il se précipite. Il ne possède point de *kokoro no tomo* (intimes véritables) ; il est trop maître de soi pour avoir encouragé l'amitié intime. Parmi ceux qu'il voit régulièrement depuis des années se trouvent des individus solides, pleins de bon sens. Je songe en particulier à Kobo Abé ; un autre, dans le monde du théâtre, est Takeo Matsuura. Pourtant, Mishima n'a jamais confié à autrui ses pensées les plus intimes. Ni Abé ni Matsuura ni aucun autre de ses proches ne comprennent pleinement ce qu'il a en tête. L'étrange, c'est que cela leur eût été facile s'ils avaient lu ses écrits, *Le Soleil et l'Acier* par exemple. Mais personne — ou presque — ne prend au sérieux cet essai. Mishima est victime d'un malentendu bizarre qu'il a depuis longtemps décrit dans *Confession d'un masque* : « Ce que les gens considéraient comme une attitude de ma part était en réalité l'expression de mon besoin d'affirmer ma vraie nature et c'était précisément ce que les gens considéraient comme mon moi véritable qui était un déguisement. » La Tatenokai, alors qu'elle semble faire partie de la mascarade de Mishima, reflète en réalité son besoin « d'affirmer (sa) vraie nature ».

Ceux qui connaissent Mishima de longue date se sont tellement accoutumés à ses clowneries, à ses propos sans fin sur la mort et le suicide, qu'ils ne le prennent plus au sérieux. L'état où se trouve Mishima passe donc inaperçu de ses amis et de ses contemporains. Sa famille, elle aussi, est dans l'incapacité de faire grand-chose pour lui. Sa mère manque bien trop d'esprit critique pour gronder son fils au sujet de quoi que ce soit, et voilà plusieurs décennies qu'Azusa n'a plus d'influence sur lui. A la vérité, Yoko se trouve en meilleure position que quiconque pour ramener son époux au sens commun en le grondant et en le taquinant. Quand je les voyais ensemble, j'avais le sentiment qu'elle ne cessait de le faire ; pourtant, Mishima était trop replié sur lui-même pour réagir.

A l'époque, il fréquente des gens dont les opinions politiques sont de droite — une minorité de critiques et d'intellectuels, au Japon. Parmi eux, Takeshi Muramatsu, francophile qui penche à droite ; Toshiro Mayuzumi, l'un des principaux compositeurs de la jeune génération, autre francophile qui penche à droite ; Kinemaro Izawa, censeur de l'éducation, contemporain exact de Mishima, peut-être la seule personne à conserver jusqu'à l'extrême fin la confiance de Mishima — un nationaliste de la vieille école, ayant une connaissance limitée de la scène internationale ; Fusao Hayashi, homme beaucoup plus âgé, classé criminel de guerre sous l'Occupation, et dont les oscillations opportunistes entre l'extrême gauche et l'extrême droite parlent d'elles-mêmes ; Kei Wakaizumi, intellectuel officiel, très lié avec le Premier ministre Eisaku Sato durant la longue période où Sato occupa ce poste (1964-1972), et qui joua le rôle d'intermédiaire entre les gouvernements japonais et américain — homme très capable, mais rigide et introverti ; Seiji Tsutsumi, poète et homme d'affaires ayant un penchant pour la droite, à peu près l'unique membre de la *zaikai* — haute finance — avec lequel Mishima se montre patient. Il y en a d'autres : Shintaro Ishihara et Wataru Hiraizumi, hommes plus jeunes appartenant à la droite du parti démocrate libéral — le premier, brillant homme de spectacle ; le second, de famille aristocratique, homme extrêmement riche, membre de la classe mondaine dont Mishima, non sans succès, aspire à faire partie. L'influence collective de ces individus sur Mishima qu'ils ont tendance à traiter sur le mode protecteur — à la notable exception d'Izawa, homme modeste — n'est pas bonne.

Le Temple de l'aube, que Mishima commence à la fin de l'été 1968, lui prendra près de deux ans à terminer ; c'est le plus difficile des quatre livres qui forment *La Mer de la Fertilité*. A cet égard, il diffère de tout ce qu'a jamais écrit son auteur, partisan de la lucidité, de la clarté d'exposition. Ce sont les longs passages religieux qui rendent *Le Temple de l'aube* d'une lecture ingrate. Pourtant, si l'auteur incorpore son étude sur l'hindouisme et le bouddhisme à ce volume, c'est pour de bonnes et spécifiques raisons. Il craint que le thème bouddhiste, qui court à travers son long roman — l'idée de réincarnation —, ne soit un échec. En particulier, il estime que si le lecteur met en doute son sérieux à lui, Mishima, quant à la réincarnation, alors il considérera l'ensemble du roman comme un genre de conte de fées. Dans *Le Temple de l'aube,* Mishima présente l'idée de réincarnation comme fondamentale, comme un fait. Au début de l'histoire, Honda, maintenant brillant avocat de quarante-sept ans — homme d'un nihilisme désespéré sous des apparences nonchalantes —, se rend à Bangkok. On se trouve en 1941 ; il est envoyé là-bas par une importante société commerciale pour s'occuper d'un procès compliqué. Mishima décrit la ville de Bangkok, l'histoire de la famille royale thaïe, ainsi que le bouddhisme Hinayana de ce pays. Dans cette ville, Honda se trouve accompagné de Hishikawa, un Japonais qui lui tient lieu d'interprète — homme d'aspect étrange, perpétuellement épuisé, fourni par la société commerciale. (Au cours d'un long monologue, Hishikawa compare l'art à un gigantesque coucher de soleil — nullement essentiel ; plutôt une plaisanterie absurde, bien qu'honnête.) Honda a apporté le journal de Kiyoaki, le journal de ses rêves, et tente de voir quelqu'un qui se trouve lié aux princes thaïs, lesquels ont fait leurs études avec lui et Kiyoaki aux Gakushuin, bien des années auparavant.

Honda se rappelle comment, avant de mourir, en songe, Isao a parlé d'un endroit « bien loin vers le sud... Très, très chaud... au soleil rose d'une terre du sud ». L'avocat creuse obstinément l'idée de réincarnation de Kiyoaki en Isao, et d'Isao en une troisième personne ; Honda a l'intuition que ladite troisième personne pourrait bien se trouver dans cette partie du monde. Honda obtient audience auprès d'une princesse âgée de sept ans, folle, fille de l'un des deux princes qu'il a connus aux Gakushuin ; la fillette habite un certain Palais Rosette. Au cours de l'entrevue, soudain l'enfant se lève d'un bond pour s'élancer vers Honda, en affirmant qu'elle est un Japonais mort huit ans plus tôt (Isao s'est tué en 1933). Elle répond aux questions de Honda quant aux dates de mort de Kiyoaki et d'Isao ; il en conclut qu'en cette petite princesse, Ying Chan (« Clair de lune »), il a probablement trouvé la réincarnation d'Isao — bien qu'il ignore si Ying Chan a les trois grains de beauté. Peu de temps après, l'entreprise commerciale offre à Honda un voyage en Inde, et il part pour la péninsule indienne en se proposant de revenir à Bangkok. A Calcutta, lors de la fête de Durga, il assiste au sacrifice des chèvres. Un chevreau décapité fait une ruade, comme en proie à un cauchemar ; la chemise de l'adolescent qui décapite les chevreaux est tachée de sang, et Honda se dit qu'en Inde, sublime et saleté vont de pair (au Japon, ce sont des pôles séparés). De là, l'avocat se rend à Bénarès, ville qui « renfermait les pires saletés à côté de la sainteté la plus grande ». Il prend une ruelle minuscule, passe devant l'échoppe d'un diseur de bonne aventure, et débouche sur une place pavée de pierre, face au fleuve. Là gisent des lépreux ; du pays tout entier, ils sont venus en pèlerinage mourir au bord du Gange. Sur les plaies de ces êtres difformes, des grappes de mouches luisent d'un vert doré.

Honda prend le bateau sur le Gange, pour se rendre aux Ghats funéraires. Il regarde brûler les cadavres. Un bras noirci émerge du feu ; un corps s'arque en arrière, comme si le mort se retournait en dormant. A travers l'eau, un bruit d'ébullition parvient à Honda. Enfin, il ne reste plus que les crânes ; un homme parcourt le bûcher pour les briser avec un bâton de bambou. Le feu fait luire ses muscles, et le bruit des os brisés se répercute sur les murs du temple proche. Ce spectacle n'est nullement triste. Ce qui paraît manque de cœur est joie. Le karma est un phénomène simple et naturel, comme les fruits sur un arbre ou le riz qui pousse dans la rizière. Honda estime qu'à Bénarès il a vu les vérités ultimes de ce monde.

De Bénarès, Honda se rend à Ajanta où il contemple une magnifique chute d'eau, deux cascades sur la paroi d'une falaise. L'une coule entre des rochers tandis que la seconde tombe à la façon d'une corde argentée ; toutes deux sont étroites, abruptes. Honda regarde l'une des chutes ; elle coule vers la rivière Wagola, glisse contre une paroi rocheuse vert-jaune, fait écho dans tout le cirque montagneux environnant.

Derrière la chute, une sombre grotte vide. La chute est entourée d'arbres et de fleurs vermeilles. L'eau rayonne d'une lueur où flotte un arc-en-ciel. Tandis que Honda regarde le cours d'eau, il voit plusieurs papillons jaunes former une ligne droite entre lui et la chute. Levant les yeux, il s'étonne de la hauteur vertigineuse d'où l'eau se précipite. Là-haut, l'herbe est d'un vert si vif qu'il en paraît surnaturel. Un seul chevreau noir la broute. Devant ce spectacle, Honda se souvient des paroles de Kiyoaki : « Je te reverrai. Je le sais. Sous la cascade. » En fin de compte, Kiyoaki devait parler de cette cascade-ci, et non de celle sous laquelle Honda a jadis trouvé Isao.

De retour à Bangkok, Honda est contraint de se mêler à des hommes d'affaires japonais, des chercheurs d'or qui n'ont rien de commun avec le beau Kiyoaki et l'austère Isao (les descriptions que fait Mishima des milieux d'affaires japonais peuvent se transposer à l'époque actuelle sans qu'il soit besoin d'y changer une ligne). Un jour, Honda tombe sur une plaquette de poèmes écrits en 1932 par un révolutionnaire thaïlandais qui a raté son coup. Cette poésie qui, croit-il, consolerait l'âme d'Isao, le réconforte : il donne l'ouvrage à Ying Chan, dans l'idée qu'Isao revit en la fillette. L'Inde, a conclu Honda, lui a montré que l'œuvre de sa vie doit être l'observation du karma. Depuis l'enfance, il croit fermement que la volonté humaine ne saurait changer l'histoire, tout en reconnaissant que l'essentiel de la volonté humaine est précisément une tentative incessante d'influencer l'histoire. Il fait une dernière visite à Ying Chan, et doit s'arracher d'elle : elle s'accroche à lui, sanglotante, en demandant à être ramenée au Japon puisqu'elle est en réalité japonaise. Après le retour de Honda au Japon, la guerre éclate, et Honda consacre la majeure partie de son temps libre à l'étude du karma.

En ce point, Mishima expose de façon très détaillée les diverses théories anciennes du karma, en Grèce, à Rome, en Inde, en Thaïlande. Long discours sur le bouddhisme Mahayana : au cœur du karma se trouve *arayashiki,* la raison d'être de l'existence elle-même ; en ce monde, tout doit être attribué à *arayashiki,* laquelle est mystérieusement liée à la réincarnation. La première partie du *Temple de l'aube* s'achève par la description d'un raid aérien sur Tokyo pendant la guerre.

Au cours de la seconde partie du livre, l'atmosphère change. Il règne une impression d'effondrement, d'échec ; cela se constate chez Honda, lequel a subi un déclin. On se trouve en 1952 ; Honda, cinquante-huit ans, s'est fait construire une maison de campagne à Gotemba ; il est riche, et va y passer les fins de semaines. Entre le cabinet de travail et une chambre d'amis voisine, Honda a fait percer en secret un judas qui lui permet d'épier à loisir ce qui se passe dans cette chambre à coucher. Honda est devenu voyeur ; ce n'est plus le karma qu'il observe. Dans la maison d'à côté habite une lesbienne vieillissante, Keiko Hisamatsu, ex-comtesse devenue la maîtresse d'un colonel de l'armée américaine. Ying Chan, dix-huit ans, fait ses études au Japon. Un soir, Honda l'invite à une réception chez lui ; Keiko, elle aussi, est invitée. Honda se trouve pris du désir de voir Ying Chan nue ; il s'arrange pour qu'un play-boy, neveu de Keiko, séduise Ying Chan dans la chambre contiguë au bureau. Honda contemple, à travers le judas, le corps de Ying Chan. Soudain la jeune fille, se levant d'un bond, repousse le jeune Japonais. Elle s'enfuit de la chambre et se réfugie chez Keiko, la voisine, en refusant de voir Honda qu'elle a identifié comme étant l'auteur du plan raté en vue de la séduire. Honda brûle d'obtenir confirmation que Ying Chan a bien les trois grains de beauté ; à cet effet, il décide de faire creuser une piscine chez lui, et d'inviter à la baignade. Mais lors de cette réception, Honda ne parvient pas à distinguer si Ying Chan a véritablement les grains de beauté. Le soir même, il les loge, elle et Keiko, dans la chambre d'amis, et se poste à son judas ; à travers le trou, il voit les deux femmes s'étreindre et faire l'amour.

« En cet instant, jalouse peut-être de la liberté d'action de la cuisse de Keiko, Ying Chan leva en l'air le bras gauche, l'étreignant comme pour la proclamer sienne. Elle la pressa sur sa tête comme si elle eût pu se passer de respirer. L'imposante cuisse blanche lui couvrit entièrement le visage. Tout le flanc de Ying Chan se trouva exposé. A la gauche de son sein nu, une portion que son bras avait précédemment cachée, trois grains de beauté, d'une petitesse extrême, apparurent distinctement, telles les Pléiades dans le ciel sombre de la peau brune qui ressemblait aux feux mourants du soir. » Cette nuit-là, chez

Honda, un incendie se déclare ; la maison brûle entièrement. *Le Temple de l'aube* se clôt sur une brève rencontre entre Honda et la sœur jumelle de Ying Chan, en 1967, près de quinze années après l'incendie de la demeure de Honda. De la sœur, Honda apprend que Ying Chan est morte à vingt ans, en Thaïlande, d'une morsure de cobra. (Isao avait rêvé qu'il était victime de la morsure mortelle d'un « serpent vert », songe prophétique, à ce qu'il semble, de la mort de Ying Chan.)

Si l'on veut porter un jugement sur *Le Temple de l'aube*, il faut tenir compte des passages de la première partie du livre où Mishima nous montre Honda en train d'étudier le karma et la réincarnation. Or, il s'agit là d'une nette critique de l'ouvrage. A coup sûr, pour la grande majorité des lecteurs japonais et occidentaux, les passages religieux sont éprouvants. (L'éditeur américain a eu toutes les peines du monde à trouver pour ce livre un traducteur, surtout à cause du passage sur le bouddhisme.) De façon générale, on peut affirmer que Mishima a échoué dans sa tentative de convaincre le lecteur qu'il prend au sérieux la réincarnation.

Mais la déception que l'on éprouve en terminant *Le Temple de l'aube* est un prélude à *L'Ange en décomposition,* quatrième et dernier volume de *La Mer de la Fertilité* — un livre beaucoup plus remarquable, que Mishima écrivit tout entier après sa décision de se tuer, et qui ne parut qu'après sa mort.

3

Le Fleuve du Théâtre

Autrefois, le théâtre était comme une fête joyeuse à laquelle je me plaisais à assister après une dure journée de travail. Là, je pouvais trouver un autre monde — un monde étincelant de lumière et de couleurs où les personnages créés par moi-même, vêtus de séduisants costumes, devant un beau décor, riaient, criaient, pleuraient, dansaient. Et dire que moi, en ma qualité d'auteur dramatique, je gouvernais et manipulais des coulisses tous ces univers théâtraux !...

Pourtant, de telles délices tournèrent progressivement à l'aigre. La magie du théâtre — donner aux gens l'illusion des plus nobles moments de la vie et de l'apparition de la beauté sur la terre — se mit à me corrompre le cœur. Le théâtre, où un sang faux coule sous les projecteurs, est peut-être capable d'émouvoir et d'enrichir les gens d'expériences bien plus fortes et bien plus profondes que n'importe quoi dans la vie réelle. Comme dans la musique et l'architecture, je découvre la beauté du théâtre dans sa structure abstraite, théorique, et cette beauté particulière ne cesse jamais d'être l'image même de ce que j'ai toujours au fond de mon cœur considéré comme l'idéal en art.

Yukio Mishima, *Catalogue de l'exposition de Tobu.*

Le théâtre moderne a été lent à s'épanouir au Japon. Tandis que le roman occidental attirait les écrivains japonais dès les décennies qui suivirent la restauration Meiji de 1868, et que les premiers romans « modernes » s'écrivaient au Japon dès la fin du xixe siècle, le théâtre à l'occidentale ne s'implanta pas avant la guerre du Pacifique. Longtemps avant la guerre, de petits groupes d'acteurs et d'actrices firent de valeureux efforts pour créer un théâtre moderne; on a coutume de faire remonter l'origine du *Shingeki* à 1906, année où fut fondée une société pour la promotion des arts, la *Bunga Kyokai,* spécialisée dans l'art dramatique. Mais le théâtre souffrit cruellement de la censure officielle et, après une brève floraison dans les années 1920, succomba au contrôle gouvernemental. Il y eut toujours de petits groupes, situés politiquement à gauche, prêts à braver la désapprobation des autorités — mais peu de réalisations permanentes avant le début de la guerre du Pacifique. (Une exception : la fondation du *Bungakuza* — Théâtre littéraire — en 1938. Il survécut à la guerre en prenant pour mot d'ordre « l'art pour l'art ».) En plus de tout cela, le théâtre moderne se heurtait à une forte concurrence de la part du théâtre japonais traditionnel, le kabuki, forme établie aux xviie et xviiie siècles, ainsi que du florissant théâtre populaire appelé *Shinpa,* qui n'avait rien de la séduction intellectuelle du *Shingeki,* et attirait le gros public en satisfaisant un goût pour le drame sentimental à l'occidentale.

Après la guerre, le *Shingeki* bénéficia d'un relâchement de la censure. Les idées de gauche du théâtre moderne au Japon transparaissaient dans le choix des pièces fait par les principaux groupes théâtraux : œuvres d'Ibsen, Gogol, Tolstoï, Tchekhov, et d'un grand nombre d'écrivains japonais qui s'inspiraient de la tradition russe. Le prestige des auteurs occidentaux était grand. Parmi les plus populaires des productions du *Shingeki* dans les années 1950, citons de Tennessee Williams *A Streetcar Named Desire,* et de John Osborne, *Look Back in Anger.* Le répertoire occidental classique était aussi mis à contribution ; en 1955, le *Bungakuza* joue *Hamlet* avec un grand succès. Pour la première fois, l'on dispose de bonnes traductions des pièces de Shakespeare, et durant quelque temps Shakespeare fait fureur ; d'anciens acteurs de kabuki se disputent l'honneur d'interpréter Hamlet. A la fin des années 1940, peu d'écrivains japonais de la vieille génération se montraient capables de relever le défi du *Shingeki.* Ce soin fut laissé aux jeunes — dont Yukio Mishima et Kobo Abé. Abé le fit de manière conforme à la tradition du *Shingeki,* où la protestation prolétarienne de gauche avait joué avant la guerre un si grand rôle. Dans l'une de ses premières pièces, *Dorei Gari (Chasse aux esclaves,* 1952), il fait la satire du monde des affaires au Japon — en décrivant une forme particulièrement bizarre du commerce d'après-guerre (le commerce des restes des morts de la guerre). Au contraire, Mishima ne manifeste aucun goût pour l'idéologie ; son point fort est le style. Ces deux jeunes auteurs dramatiques, les plus brillants des nouveaux venus au *Shingeki* après la guerre, sont loin l'un de l'autre en politique, ce qui transparaît aussi dans leurs romans et dans les traductions de leurs œuvres (le monde littéraire soviétique adopte Abé ; Mishima est exclusivement traduit en Occident). Mishima témoigne d'un goût pour la tradition classique occidentale : il écrira des pièces de théâtre sur le modèle d'œuvres de Racine et d'Euripide ; Abé a du goût pour Brecht.

Première œuvre de Mishima pour le *Shingeki* : la pièce en un acte *Kataku (Maison de feu,* 1949). Elle est jouée par le *Haiyuza,* l'une des deux principales troupes de *Shingeki* ; Mishima a le plaisir d'entendre des acteurs et des actrices connus dire ses répliques. Il remportera son premier grand succès l'année suivante, dans un genre qui lui sera propre, le nô moderne. Depuis sa création au xve siècle en tant que forme théâtrale de l'aristocratie féodale et de la cour impériale, le nô attire nombre d'écrivains, même à l'époque moderne. Citons la préface de Keene à *Five Modern Nô Plays* (*Cinq nôs modernes*), publiés par Alfred A. Knopf : « Certains ont fabriqué des pastiches sur les thèmes traditionnels ; d'autres ont tenté de couler dans les vieilles formes des conceptions modernes. L'hystérie de la propagande de guerre a même abouti à la composition d'un nô sur la vie à bord d'un sous-marin. Certains ouvrages modernes ont joui d'une temporaire popularité, mais il s'agissait essentiellement de curiosités car ils n'avaient ni la beauté du langage et de l'atmosphère des vieilles pièces, ni la complexité de personnages que nous attendons d'une œuvre moderne. Les premiers nôs modernes véritablement réussis furent ceux de Yukio Mishima. » Keene prend pour exemple de la réussite de Mishima *Kantan,* le premier de ses nôs modernes, écrit en 1950 ; il compare à l'œuvre de Mishima l'original classique. Dans le nô classique, « un voyageur fait un somme sur un oreiller magique ; or, durant le bref laps de temps qu'il faut à son hôtesse de l'auberge pour préparer un bol de gruau, il rêve d'une existence glorieuse en qualité d'Empereur de Chine. Au réveil, il se rend compte que la vie n'est qu'un songe. Dans la pièce de Mishima, au lieu d'un voyageur nous avons un jeune homme gâté d'aujourd'hui, qui dort sur l'oreiller magique tandis que sa vieille nourrice apprête le petit déjeuner. Il ne rêve pas de Chine ancienne, mais de richesse et de pouvoir en tant que magnat de la finance et dictateur. »

Mishima a écrit de nombreux nôs modernes. Le deuxième de ses livres à être traduit fut un recueil de ces pièces, qui remporta un grand succès à l'étranger. Elles furent données dans nombre de pays d'Europe, en Australie, au Mexique ainsi qu'en Amérique du Nord, et finirent par être montées *off-Broadway,* fin 1960 ; ce spectacle, qui se joua deux mois, eut une bonne presse. Ce fut en partie grâce à ces courtes pièces — toutes sont des drames en un acte — que Mishima acquit une certaine renommée en Occident ; le dialogue est serré, et le dramaturge conserve suffisamment le caractère fantomatique du nô classique pour conférer à ses ouvrages un cachet unique. Leur succès fut considérable au Japon même. Ces pièces, montées par des troupes de *Shingeki,* furent aussi données sur la scène du nô classique. L'une d'elles, *La Dame Aoi*, fut chantée sous forme d'opéra à l'occidentale. Arthur Waley a jadis traduit en anglais des nôs classiques, mais on ne peut guère les représenter sans la mise en scène du nô authentique — théâtre de forme particulière, costumes et masques splendides, musiciens et chœurs, — mise en scène souvent comparée à celle de la tragédie classique grecque. Les nôs modernes de Mishima donnèrent à l'Occident le goût du nô, un peu avant qu'il fût possible aux troupes de nô d'aller dans les grandes villes étrangères jouer le magnifique répertoire du théâtre japonais classique.

L'attitude de Mishima envers le nô classique éclaire dans une certaine mesure son caractère. Lorsqu'il se trouvait à Tokyo, il allait « une fois par mois, sans faute » voir un nô. Mais il avait une attitude singulière à l'égard du nô ; je ne crois pas qu'il se plaisait véritablement aux spectacles de nô — durant lesquels il s'endormait souvent. Un mois avant son suicide, il m'envoya copie d'un article sur le nô, qui devait paraître dans *This Is Japan* (*Ceci est le Japon*) en 1971 : « Là (au nô), on peut voir dans sa forme originelle un art théâtral classique remontant au xvᵉ siècle, un art complet et parfait en soi qui n'admet aucune interférence de l'homme contemporain... Le théâtre nô est un temple de beauté, l'endroit où se consomme l'union suprême entre la solennité religieuse et la beauté sensuelle. Aucune autre tradition théâtrale n'est parvenue à un raffinement aussi exquis... La véritable beauté, c'est quelque chose qui agresse, maîtrise, dérobe et finalement détruit. C'était parce qu'il connaissait ce caractère violent de la beauté que Thomas Mann écrivit *La Mort à Venise*... Le nô ne saurait commencer avant la fin du drame, avant que la beauté ne gise en ruine. On pourrait comparer cette... esthétique *nécrophile* du nô à celle d'œuvres d'Edgar Poe telles que *Ligeia* ou *Bérénice*... Dans le nô réside le seul type de beauté qui ait le pouvoir d'arracher *mon* temps au Japon *extérieur* d'aujourd'hui... et de lui imposer un autre régime... Et sous son masque, cette beauté doit cacher la mort, car un jour, tout aussi sûrement, elle finira par m'entraîner vers la destruction et le silence. »

Au début des années 1950 — avant de s'imposer comme auteur dramatique de *Shingeki* —, Mishima écrit aussi des pièces pour le théâtre kabuki. Il a sur ses contemporains un

211

avantage unique : lui seul possède la maîtrise du japonais classique, et connaît assez la langue difficile utilisée dans le kabuki pour écrire des pièces de ce genre. Une photographie prise en 1953 le montre assis avec Mantaro Kubota, grand ancien du théâtre japonais qui porte une affection particulière au kabuki. D'un œil perspicace, Mishima parcourt un brouillon de pièce. Kubota regarde par-dessus son épaule avec une expression de perplexité admirative, tandis que de l'autre côté un assistant du vieillard contemple le jeune prodige assis entre eux. Mishima raffole du kabuki ; les baroques effusions de sang et la férocité des jeux de sabre flattent ses instincts. Ainsi que le thème de mainte pièce de kabuki : le véritable amour peut s'achever en *shinju,* ou double suicide. Envers le nô, Mishima a une attitude de révérence un peu contrainte, voire ridicule ; son admiration pour le kabuki est sans réserve. Beaucoup des grands acteurs de son temps sont ses amis, et il passe de longues heures en coulisse à converser avec eux (nous avons déjà parlé de son amitié avec Utaemon). Les pièces de kabuki de Mishima ont beau n'avoir pas grande importance, de son vivant elles furent l'objet d'une vive attention. A certains égards, la plus réussie est sa dernière œuvre pour le théâtre, *Chinsetsu Yumiha-rizuki* (titre intraduisible). Il l'écrivit en 1969, et la monta lui-même au Théâtre national. Mishima était bon mime et bon acteur de kabuki. Après ce spectacle, il enregistra la pièce en interprétant les quarante rôles.

Il définit sa façon d'aborder le *Shingeki,* pour lequel il écrivit la plupart de ses quarante pièces, dans son essai *La Pièce de théâtre et moi* (1951) : « La pièce moderne est très, très éloignée du monde chaotique du roman tel que je l'envisage. Elle doit ressembler à une cathédrale en papier flottant dans le ciel. Quel que soit le caractère naturaliste d'une pièce, le thème qui crée la tension dramatique est tel qu'il ne convient jamais à la forme romanesque. La force de l'émotion est l'ennemie du détail ; elle s'avance en foulant aux pieds le détail. »

Première longue pièce à succès de Mishima, *Shiro Ari no Su* (*La Termitière,* 1955) se passe dans une plantation de café brésilienne où un couple d'aristocrates japonais s'est réfugié après la guerre avec deux domestiques : un chauffeur et sa femme. La construction de la pièce, une histoire d'adultère et de tentatives de suicide, est excellente, et *Shiro Ari no Su* — la creuse termitière symbolise la vacuité de l'existence des émigrés japonais — établit la réputation de Mishima comme auteur dramatique *Shingeki*. Peu de temps après avoir achevé cette œuvre, qui fut couronnée par un prix, Mishima déclarait : « Mon idéal, dans la vie, serait d'écrire un long roman par an, mais point de nouvelles. Ou, s'il le fallait absolument, rien de plus de vingt pages. Pour le reste, je consacrerais mon temps à des pièces de théâtre. » Et quant au rapport entre ses romans et ses pièces, il fait ce commentaire : « Les pièces éveillent une région différente de mon désir, la région que ne satisfont pas les romans que j'écris. Maintenant, lorsque j'écris un roman, je veux écrire ensuite une pièce. Les pièces constituent l'un des deux pôles magnétiques de mon œuvre. »

Mishima ne réalisera jamais son idéal. Il continuera d'écrire deux ou trois romans par an, et certains de ses ouvrages les plus saisissants — par exemple, *Patriotisme,* l'histoire de hara-kiri — seront d'assez longues nouvelles. Néanmoins, durant tout le reste de sa vie à l'exception de la dernière année, il fera sans cesse alterner la composition de pièces et la composition de romans. En 1956, par exemple, il écrit *Le Pavillon d'or* au début de l'année puis une pièce qu'il achève à temps pour la saison d'automne : *Rokumeikan.* Ce drame, la plus souvent jouée des pièces de Mishima, est à mon avis une œuvre sans intérêt.

Toka no Kiku (*Chrysanthèmes du dixième jour,* 1961) fut le grand triomphe de la carrière d'auteur dramatique de Mishima. Le 9 septembre, où ont lieu des expositions de chrysanthèmes, est jour de fête au Japon. Les fleurs du dixième jour du mois seraient en retard pour l'exposition : elles n'auraient pas d'intérêt. Le chrysanthème est un symbole de loyalisme au Japon (les armes impériales se composent d'un chrysanthème à trente-deux pétales). La pièce de Mishima a donc pour thème le loyalisme inutile.

Le personnage principal est un homme politique, ancien ministre des Finances appelé Mori ; avant la guerre, dans les années 1930, des terroristes de droite ont essayé de l'assassiner. L'attitude de Mori envers cet incident est mise en lumière au cours d'une visite que lui fait Kiku, la servante fidèle qui lui a sauvé la vie dix ans plus tôt ; elle ne l'a pas vu depuis la tentative d'assassinat (présentée dans la pièce comme un élément mineur de l'un des nombreux coups d'Etat avortés des années 1930). Le vieil homme déclare que la journée la plus honorable de son existence — plus précieuse à ses yeux que celle où il a été nommé ministre des Finances, son poste le plus important — fut celle où de jeunes patriotes tentèrent de le tuer. L'accident le plus heureux qui puisse arriver à un homme d'Etat, sous-entend Mori, c'est d'être abattu par la main d'un assassin. La mort au service de la nation et de l'Empereur doit être préférée à la vie, si cette vie n'a pas de sens. Mori passe ses journées à satisfaire une marotte solitaire, la culture des cactus ; la pièce de Mishima s'étend beaucoup sur ses activités d'amateur de cactus. Le vieillard est dépeint comme un homme qui, pareil aux cactus, n'a pas de sang ; son existence est dépourvue de signification. La pièce a comme arrière-plan politique la lutte meurtrière qui eut lieu dans les années 1930 entre ceux dont le principal objectif était l'ordre — politiciens, hommes d'affaires, fonctionnaires — et ceux qui préféraient l'honneur. Mori s'est tardivement rendu compte qu'il appartient de cœur à ce dernier camp. *Toka no Kiku* peut se lire comme une attaque du conservatisme sentimental ; l'action dramatique favorise une telle interprétation. Pourtant, l'auteur lui-même éprouve une certaine sympathie envers l'attitude de Mori ; la pièce s'inspire de l'affaire Ni Ni Roku du 26 février 1936, due à des officiers rebelles avec lesquels Mishima prétendra plus tard avoir beaucoup de points communs.

Non que *Toka no Kiku* soit une pièce politique. L'intérêt dramatique réside dans la relation entre Kiku et son ancien maître et employeur, Mori. Le rôle de Kiku fut joué par Haruko Sugimura dans la production du *Bungakuza* en novembre 1961, à l'occasion du vingt-cinquième anniversaire de la fondation de cette troupe théâtrale ; et ce fut l'une des plus remarquables créations d'une actrice généralement considérée comme la meilleure interprète de *Shingeki*. A quel point le *Bungakuza*, dont Haruko Sugimura était la personnalité dominante, se trouvait loin de considérer *Toka no Kiku* comme un drame idéologique fut mis en lumière deux ans plus tard, quand la troupe refusa pour des raisons idéologiques une pièce assez bénigne de Mishima, ce qui déclencha une furieuse querelle entre l'auteur et le *Bungakuza,* querelle qui se termina par la rupture de Mishima avec ce groupe, pour lequel il travaillait presque exclusivement depuis près d'une décennie. Si *Toka no Kiku* avait été favorable à la droite aux yeux du *Bungakuza,* il n'eût guère choisi cette pièce pour la représenter lors d'un anniversaire.

La pièce qui provoqua cette rupture entre Mishima et le *Bungakuza* fut *Yorokobi no Koto* (*La Harpe de joie,* 1963), qui n'est pas l'une des œuvres importantes de son auteur. Elle se déroule dans le Japon d'après-guerre, et s'inspire de l'affaire Matsukawa : le déraillement d'un train en 1949, dû à des saboteurs dont l'identité ne fut jamais établie, bien que les autorités aient cru un temps qu'ils appartenaient à la gauche. Le personnage principal est un fonctionnaire supérieur de la police, Matsumura, vétéran populaire auprès de ses subordonnés ; il ordonne à l'un d'eux, Katagiri, d'enquêter sur le déraillement d'un train (dans la pièce, l'affaire Matsukawa n'est pas identifiée comme telle). Le zélé Katagiri, ayant arrêté plusieurs hommes, a la stupéfaction de les voir aussitôt relâchés une fois prouvé qu'ils sont de droite. Souvent, la gauche descend dans la rue afin de manifester le mécontentement populaire envers un gouvernement qui essaie, sans aucune preuve, de faire endosser à la gauche la responsabilité du déraillement. Un étrange incident se produit alors au poste de police où travaillent Katagiri et ses hommes. Un jeune policier dit avoir entendu le son d'un koto (instrument de musique classique) tandis qu'il se trouvait en mission. Les autres se moquent de lui : comment, au milieu de manifestations bruyantes, pourrait-il avoir entendu pareil son ? Bientôt, l'enquête sur le sabotage prend un tour tout à fait inattendu. Matsumura, l'homme qui mène l'enquête policière, est lui-même accusé d'avoir organisé le sabotage ; le chef de la police passe pour avoir été un agent secret du communisme. La nouvelle consterne le fidèle Katagiri. Par la suite, les accusations portées contre Matsumura se révèlent fabriquées de toutes pièces par la droite ; le cadet n'en perd pas moins sa confiance en son supérieur. Un jour que Katagiri se trouve en service dans la rue, et que les manifestants affluent autour de lui, il entend le beau son d'un koto. Un homme qui a placé sa foi dans l'absolue autorité, dans l'immuable système légal, cherche refuge dans le fantasme après l'effondrement de sa croyance en l'ordre.

Le nœud de l'intrigue, c'est le moment où Katagiri s'aperçoit que Matsumura, son chef révéré, l'a exploité à ses propres fins — bien que celles-ci ne soient point politiques. Le *Bungakuza*, après avoir mis en répétition *Yorokobi no Koto,* à la mi-novembre 1963, après que Haruko Sugimura fut rentrée de voyages en Chine, interrompt soudain les répétitions, et informe Mishima que le spectacle est annulé. Une suite de délégations se rendent chez l'auteur pour lui exposer les motifs de la suspension des répétitions : certains des interprètes trouvent à redire aux répliques de droite mises dans la bouche des policiers de la pièce. Mishima est furieux. Quelques jours après sa démission du *Bungakuza,* il publie dans l'*Asahi Shimbun* une lettre ouverte à la troupe. En voici un passage : « Certes, *Yorokobi no Koto* diffère totalement de mes autres ouvrages, et comporte une part de risque. Mais quelle idée vous faisiez-vous de moi durant tout ce temps pour vous étonner d'une œuvre comme celle-ci ? Vous moquiez-vous de moi en disant que Mishima est un auteur dramatique... qui écrit des drames inoffensifs, capables d'attirer un large public ? Vous affichez des critères sans danger tels que *l'Art,* et dissimulez en vous une vague tendance politique (de gauche) en renonçant de temps à autre au principe de *l'art pour l'art...* N'est-ce pas simple hypocrisie et mercantilisme ? J'aime-rais que vous compreniez bien ceci : l'art contient toujours un aiguillon, et du poison ; l'on ne peut butiner le miel sans pomper le poison par-dessus le marché. » La rupture est complète. Peu de temps après, Mishima s'associe à une autre troupe théâtrale, le NLT (New Literature Theater — Nouveau théâtre littéraire). Triste épisode. Mishima ne retrouvera jamais de troupe aussi efficace que le *Bungakuza,* et le *Bungakuza* perd son meilleur auteur dramatique.

Cette querelle est énigmatique. Avant trois ans, Mishima professera des opinions politiques qui eussent pleinement justifié la rupture avec lui du *Bungakuza.* Il affirmera que *Toka no Kiku* est bien une pièce sur l'affaire Ni Ni Roku, et qu'il partage l'attitude patriotique des jeunes officiers fanatiquement impérialistes qui ont organisé cette affaire. Mais son impéria-lisme n'affleurera clairement dans ses écrits qu'au cours de l'été

1966, époque où il rédige *Eirei no Koe* (*Les Voix des morts héroïques*). Toutefois, la querelle revêt une surprenante violence. Durant sa vie, Mishima se chamailla bien rarement avec des personnes ou des organisations. Certes, il y eut des dissensions; pourtant, presque toujours, Mishima évita les manifestations publiques d'hostilité. Pareil à de nombreux Japonais — et bien qu'il se soit montré fort peu japonais à beaucoup d'égards —, il avait horreur des éclats publics.

Madame de Sade, la pièce de théâtre suivante, montre de nouveau Mishima bien plus intéressé par les problèmes de structure que par les questions politiques. S'il l'écrit, c'est qu'il est intrigué par ce qui poussa la marquise de Sade, absolument fidèle à son mari durant ses nombreuses années de prison, à le quitter sitôt qu'il fut libre. La pièce tente d'apporter à ce problème une solution; c'est « Sade vu par les yeux des femmes ». Les six personnages sont féminins, et le dialogue commande exclusivement l'action. Dans l'intention de l'auteur, les costumes rococo des femmes fournissent la séduction visuelle; les cinq personnages doivent former autour de madame de Sade un système précis, mathématique. Keene a formulé la dette de Mishima envers Racine : « La pièce *Madame de Sade* confère au classicisme de Mishima... son expression la plus extrême... Ici, il adopte la plupart des conventions du théâtre racinien : un seul décor, un recours à la *tirade*[1] pour rapporter les événements et exprimer les sentiments, nombre limité de personnages dont chacun représente un type spécifique de femme, absence d'action extérieure sur la scène. »

Madame de Sade, malgré son sujet un peu trop recherché, remporte un considérable succès à Tokyo. Après sa traduction en anglais, l'auteur espère qu'elle sera montée à Broadway, et presse son agent à New York, Audrey Wood, de lui trouver un théâtre. *Madame de Sade,* pourtant, ne tente pas les actrices américaines; le manque d'action extérieure sur la scène pose le problème principal. Il se peut fort bien qu'aucune des pièces longues de Mishima ne soit jamais représentée sur une scène occidentale. Et certes, il y a peu de chance pour que les grandes

---

1. En français dans le texte. (N.d.t.)

pièces suivantes de Mishima, *Suzaku Ke no Metsubo* (*La Chute de la maison Suzaku*, 1967) — pièce inspirée d'Euripide — et *Wagatomo Hitler* (*Mon ami Hitler,* 1969), séduisent beaucoup le public d'Occident. La seconde se passe en Allemagne en 1934 ; Mishima y narre les événements qui précèdent et suivent la Nuit des longs couteaux. Il défend la thèse qu'en l'occurrence Hitler eut une attitude « neutre » entre les Chemises brunes et les forces conservatrices : l'armée régulière et les grands milieux d'affaires. Mishima ne loue ni ne critique Hitler ; non plus que dans sa pièce il ne développe le caractère du dictateur. Mishima traite la Nuit des longs couteaux comme un incident au cours d'une lutte pour le pouvoir, une opération technique. Le titre de la pièce fait allusion à Röhm, le chef des Chemises brunes, l'une des victimes de Hitler au cours de cette Nuit. Dans la pièce, Röhm croit le Führer son « ami » — jusqu'à ce qu'il soit trop tard. A la première, qui a lieu à Tokyo le 19 janvier 1969, Mishima distribue au public la note suivante : « Le dangereux idéologue Mishima dédie une ode mauvaise au dangereux héros Hitler. » Son intention consiste à se moquer des critiques et du neutralisme vaguement gauchiste des intellectuels japonais. Le neutralisme, dit la pièce, peut mener à tout.

Dernière œuvre de Mishima pour le théâtre moderne : *Raio no Terrasu* (*La Terrasse du roi lépreux,* 1969). Il m'invita à la première, et je me rappelle son aspect ce soir-là : accompagné de Yoko, il portait une tenue de soirée toute blanche. Tennessee Williams était censé faire une apparition ; à l'endroit où il aurait dû se trouver, il y avait un fauteuil vide à côté de Mishima. La représentation proprement dite se passa assez bien. *Raio no Terrasu,* pièce non traduite, a pour héros le roi khmer Jayavarman III, bâtisseur du temple du Bàyon à Angkor Vat. Ce monarque était lépreux ; Bàyon est son monument funéraire. Mishima se sert de cette histoire pour illustrer la thèse que le matériel triomphe de l'immatériel, le Corps de l'Esprit : Bàyon, seul, subsiste. Mishima était particulièrement fier de la dernière scène, un dialogue sur les marches du Bàyon, nouvellement construit, entre le Corps — image du roi jeune — et l'Esprit, représenté par la voix du roi lépreux mourant (voix sépulcrale, enregistrée au magnétophone, dans la production Teigeki que nous avons vue).

LE CORPS : O roi, roi mourant, peux-tu me voir ?

L'ESPRIT : Qui m'appelle ? Je me souviens de cette voix. Cette voix claire.

LE CORPS : C'est moi. Me vois-tu ?

L'ESPRIT : Non. Bien sûr que non. Je suis aveugle.

LE CORPS : Pourquoi l'Esprit aurait-il besoin d'yeux ? Tu t'es flatté de voir sans te servir de tes yeux !

L'ESPRIT : Quelle dureté de langage ! Qui donc es-tu ?

LE CORPS : Je suis le roi.

L'ESPRIT : Absurde ! C'est moi.

LE CORPS : Nous avons le même nom. O roi, je suis ton Corps.

L'ESPRIT : Qui suis-je donc ?

LE CORPS : Tu es mon Esprit. L'Esprit qui a résolu de bâtir ce Bàyon. Ce qui meurt, ce n'est pas le Corps du roi.

L'ESPRIT : Mon corps, pourri, a disparu. Tu ne peux être mon corps, toi qui parles avec tant d'orgueil et d'audace.

L'acteur qui jouait le rôle du Corps, très bronzé, portait une courte tunique liée en travers de son torse nu. En disant ses répliques, il arpentait à grands pas la terrasse du temple avec de grands gestes des bras. Derrière lui, une face géante, en blocs de pierre d'un pied de haut (au temple du Bàyon, de tels visages abondent). L'acteur, Kinya Kiyaoji, avait un léger embonpoint ; sa voix tonnait, joyeuse, alors que l'Esprit gémissant tentait de lui répondre :

LE CORPS : C'est faux. Jamais ton Corps ne fut pourri. Ton Corps est ici, brillant de jeunesse, plein de vigueur, comme une immortelle statue d'or. La maudite maladie est une illusion de l'Esprit. Comment la maladie pourrait-elle affecter un roi triomphant tel que moi ?

L'ESPRIT : Mais que pourrait réaliser le Corps ? Que peut-il construire d'impérissable ? Ce ne sont pas les pierres qui ont conçu et construit cet impérissable

Bàyon. Les pierres ne sont que des matériaux. C'est l'Esprit qui a fait ceci.

LE CORPS : (*avec un grand rire d'orgueil*) : Si l'Esprit ne peut plus voir Bàyon, c'est que l'Esprit lui-même dépendait du Corps.

L'ESPRIT : Non. Je n'ai pas besoin de le voir. Bàyon achevé brille en mon esprit.

LE CORPS : Brille ? Ce n'est qu'un petit rai de lumière sur le point de s'éteindre. Réfléchis : s'il suffit de briller dans l'Esprit, pourquoi donc était-il nécessaire de construire Bàyon avec une aussi énorme quantité de pierres ?

L'ESPRIT : L'Esprit aspire toujours à la forme.

LE CORPS : Parce que tu es sans forme. La forme prend toujours modèle sur un beau corps tel que moi. Pour modèle de ce temple, as-tu pris le corps pourri d'un lépreux ?

L'ESPRIT : Sottise ! Le corps d'un lépreux n'est rien.

LE CORPS : Rien ? Tu souffres depuis si longtemps !

L'ESPRIT : Non, rien. L'Esprit est tout.

LE CORPS : Que sont-ils, les pourris, les difformes, les aveugles ? Ils sont la forme que prend l'Esprit. Ce n'est pas toi qui souffrais de lèpre. Ton existence même est lépreuse. Tu es lépreux de naissance.

L'ESPRIT : Acuité, clarté, faculté de percer à jour ce monde jusqu'en ses profondeurs, voilà ce qui a construit Bàyon. Le Corps ne saurait posséder un tel pouvoir. Tu n'es qu'un esclave, captif du Corps.

LE CORPS : Tu te dis plus libre que moi ? Vraiment ? Plus libre, parce que tu ne peux courir, sauter, chanter, rire ou te battre ?

L'ESPRIT : Je cours à travers un siècle. Tu ne cours que dans l'espace.

LE CORPS : L'espace est lumineux. Les fleurs éclosent ; les abeilles bourdonnent. Devant moi s'étend un magnifique après-midi d'été. Mais ce que tu nommes temps n'est qu'un humide et sombre tunnel souterrain.

L'ESPRIT : Oh ! Bàyon, mon amour...

LE CORPS : Pourquoi le laisses-tu ici ? Bàyon, c'est le présent. Le présent qui brille à jamais. L'amour ? As-tu jamais été assez beau pour être aimé ?

L'ESPRIT : Je meurs. Chaque respiration m'est un supplice. Oh ! mon Bàyon...

LE CORPS : Meurs ! Péris !... Tu as conçu et bâti. Telle fut ta maladie. Ma poitrine, comme un arc, brille au soleil. L'eau coule, étincelle et s'arrête. Tu ne m'as pas suivi. Telle fut ta maladie.

L'ESPRIT : O mon Bàyon...

LE CORPS : L'Esprit périt comme périt un royaume.

L'ESPRIT : C'est le Corps qui périt. L'Esprit est impérissable.

LE CORPS : Tu meurs...

L'ESPRIT : O Bàyon...

LE CORPS : Tu meurs.

L'ESPRIT : ...

LE CORPS : Que s'est-il passé ?

L'ESPRIT : ...

LE CORPS : Point de réponse. Es-tu mort ?

L'ESPRIT : ...

LE CORPS : Tu es mort.

(*On entend un chant d'oiseau.*)

Regardez. L'Esprit est mort. Un ciel bleu vif ! De beaux oiseaux, de beaux arbres, et Bàyon protégé par tout cela ! Je veux de nouveau régner sur ce pays. La jeunesse est immortelle. Le Corps est impérissable. J'ai gagné. C'est moi qui suis Bàyon.

Au début de 1970, Mishima surprend ses amis en annonçant qu'il n'écrira plus de pièces. Depuis tant d'années, le théâtre forme une part si importante de sa vie que sa décision est incompréhensible : certains la lui reprochent comme une faiblesse ; d'autres croient que, las de se colleter avec *La Mer de la Fertilité,* il a résolu de concentrer sur cet unique roman toute son énergie.

Peu de temps avant de se tuer, Mishima dispose dans son

petit salon d'en haut, chez lui, à Magome, une étagère de bibelots. Il y a là un vase grec, un petit nu de bronze qui le représente, des traductions de ses livres, une maquette du dernier décor de *Raio no Terrasu*. Un soir, il montre à des amis cette présentation. « Cela vous plaît ? leur demande-t-il d'un ton ironique. En vérité, voilà un résumé de ma vie, vous ne croyez pas ? » Et il éclate de rire.

4

Le Fleuve du Corps

Il s'agit là d'un jeune Fleuve qui soudain s'est mis à couler à mi-parcours de ma vie. Depuis un bon moment, un fait me contrariait : seul, mon esprit invisible était capable de créer de tangibles visions de beauté. Pourquoi ne pouvais-je être moi-même, dans le domaine visible, quelque chose de beau, digne d'être regardé ? A cette fin, je devais embellir mon corps.

Lorsque enfin j'en suis venu à posséder un tel corps, j'ai souhaité le montrer à tout le monde, en faire étalage, le mouvoir devant tous les yeux, exactement comme un enfant avec un nouveau jouet. Pour moi, mon corps est devenu pareil à une élégante voiture de sport dont le possesseur tire fierté. Dedans, j'ai parcouru maintes grand-routes en direction de lieux nouveaux. Des paysages que je n'avais jamais vus auparavant se sont ouverts à moi, ont enrichi mon expérience.

Mais le corps est voué au délabrement, tout comme le moteur compliqué d'une voiture. Pour ma part, je n'accepte pas, je refuse d'accepter pareil sort. Ce qui veut dire que je n'accepte pas le cours de la Nature. Je sais bien que je vais à contre-courant de la Nature ; je sais bien que j'ai engagé mon corps, de force, sur la voie la plus destructrice de toutes.

Yukio Mishima, Catalogue de l'exposition Tobu.

Sur le plan physique, Mishima était petit. Il mesurait un mètre soixante-quatre, soit un peu moins que la moyenne des hommes japonais de sa génération, bien que la race japonaise soit physiquement plus petite que les autres peuples d'Asie. Il était mince. Même après s'être adonné à la musculation — à l'âge de trente ans —, il ne s'élargit guère. En costume, il avait l'air d'un homme de corpulence moyenne pour sa taille. Il ne paraissait pas large d'épaules, et son torse n'était pas bombé. Il se tenait aussi droit qu'un militaire de carrière. Il n'en possédait pas moins un beau corps, solide et bien proportionné. Epaules, bras et jambes étaient fortement musclés, et les muscles se disposaient bien sur la fine ossature. Il avait la taille étroite, le ventre tout à fait plat et robuste, la poitrine — qui témoignait de l'entraînement aux haltères — puissante et bien développée. Phénomène rare chez un Japonais, il avait d'abondants poils noirs sur le corps, principalement sur la poitrine — ses compatriotes le taquinaient là-dessus. Son corps avait un défaut : les jambes étaient beaucoup trop courtes par rapport au tronc — trait assez courant chez les Japonais hommes et femmes. Il s'agissait là d'un sujet sur quoi Mishima, qui se moquait souvent de lui-même, ne plaisantait jamais. Il se jugeait beau, et lorsqu'il affirmait, dans une introduction écrite pour un livre contenant des portraits de jeunes culturistes japonais — *Young Samurai* (*Jeunes samouraïs*) —, qu'il représentait parmi eux le vilain petit canard (il figurait aussi dans le volume), il essayait en réalité de faire entendre le contraire : qu'il était le plus beau de tous. Et de fait il avait raison. Les culturistes professionnels, avec leurs masses de muscles saillants, ne sont pas beaux. En comparaison, l'amateur Mishima était d'une élégante minceur.

Dans son livre *Le Soleil et l'Acier,* Mishima expose la genèse de sa décision de s'adonner à un entraînement physique. Il avertit ses lecteurs que son explication sera difficile à suivre : « Grâce au soleil et à l'acier, je devais apprendre le langage de la chair, à peu de chose près comme on apprendrait une langue étrangère. Ce fut une seconde langue, un aspect de mon développement spirituel. Mon but, à présent, est de vous entretenir de ce développement. En tant qu'histoire personnelle, j'ai lieu de penser que ce sera différent de tout ce que l'on a vu auparavant et, de ce fait, extrêmement difficile à suivre. »

Voici l'essentiel de ce que Mishima déclare : au début de son existence, il éprouvait le dégoût de son corps ; il misa totalement sur les mots, sur la littérature ; les mots avaient tendance à corroder son être — comme si des termites le rongeaient —, aussi chercha-t-il un second langage, « le langage de la chair ». Ce fut le soleil qui lui ouvrit les yeux sur cette possibilité. Pendant la guerre, il avait soupiré « après la nuit de Novalis et les crépuscules irlandais de Yeats », et rejeté un soleil associé dans son esprit à la destruction : « C'était en partie la façon dont il avait lui aux ailes des avions, insufflant le courage aux départs en mission, aux forêts de baïonnettes, aux insignes des képis, aux broderies des étendards ; mais davantage, bien davantage, c'était sa façon de miroiter sur le sang qui coulait des chairs sans arrêt, sur le corps argenté des mouches agglutinées aux blessures. Etendant son règne sur la corruption, menant une jeunesse en troupeaux vers sa mort sur les océans et dans les campagnes des tropiques, le soleil commandait à ces ruines immenses dont le rouge rouillé s'allongeait jusqu'aux lointains. » Peu de temps après la guerre, il apprit à considérer différemment le soleil : « C'est en 1952, sur le pont du navire où j'accomplis mon premier voyage à l'étranger, que j'échangeai avec le soleil la poignée de main de la réconciliation. Depuis ce jour, je suis devenu incapable de lui fausser compagnie. Le soleil fut désormais mon compagnon sur la grand-route de ma vie. Petit à petit, ma peau a bruni sous son hâle, signe que j'appartenais désormais à l'autre race. »

La découverte du soleil par Mishima suscita sa décision de s'adonner au culturisme, trois ans plus tard : « Le soleil incitait mes pensées, presque en les arrachant, à se détacher de leur nuit de sensations viscérales, pour suivre le gonflement des muscles sertis sous le hâle de l'épiderme. Le voici qui m'ordonnait d'édifier une demeure nouvelle et robuste où mon esprit, à mesure qu'il s'élèverait peu à peu vers la surface, pourrait vivre en sûreté. Cette demeure, c'était une peau bronzée et luisante, des muscles puissants, délicatement ondulés... Voilà comment je me trouvai affronté à ces masses d'acier : lourdes, rebutantes, froides comme si l'essence de la nuit s'y trouvait encore plus concentrée. »

Mishima entreprit un entraînement physique intensif en 1955 — si l'on en croit un article qu'il écrivit pour *Sports Illustrated* et qui parut en décembre 1970). Au cours d'un voyage en Amérique, il avait entendu parler de culturisme ; un jour de l'été 1955, il tomba sur une illustration d'un journal de l'université de Waseda, accompagnée de cette légende : VOUS AUSSI, VOUS POUVEZ AVOIR UN CORPS COMME CELUI-CI. Il prit contact avec Hitoshi Tamari, le moniteur de Waseda ; lorsqu'ils se rencontrèrent, dans un hall d'hôtel au centre de Tokyo, le moniteur, écrit Mishima, fut « en mesure de me stupéfier par cet exploit : il faisait onduler ses pectoraux de telle sorte que leur activité se distinguait jusque sous sa chemise ». Tamari assurait : « Vous serez capable de faire la même chose un jour » ; alors, Mishima se laissa guider par le moniteur. Tamari venait chez lui trois fois la semaine ; Mishima acheta des haltères, un siège à glissière ; ainsi commença-t-il « à fournir aux caricaturistes des sujets pour plusieurs années ». Les débuts furent pénibles. Mishima souffrait d'enflure chronique des amygdales ; il s'inquiéta : ne s'était-il pas ruiné le corps ? Il se fit radiographier ; rien d'anormal ; il fallait continuer. Jour après jour, il prenait des forces ; il se rendait compte que ses muscles se développaient, ce qui renforçait sa résolution de poursuivre. Au bout d'un an, il s'aperçut un beau jour que les maux d'estomac qui le tourmentaient depuis des années avaient disparu. A la fin de la première année, il dénicha un second moniteur, Tomo Suzuki ; il prit à son compte le mot d'ordre de Suzuki : « Des exercices quotidiens. » Suzuki, personnage haut en couleur, amusait beaucoup Mishima. « Voyez donc, M. Mishima, dit-il un jour en désignant un élève modèle ; dans un corps sain vous trouverez un esprit sain. Voyez la parfaite souplesse de son corps, l'adresse de ses mouvements. Vous avez devant vous un être humain accompli. » Peu de temps après, cet adolescent modèle disparut avec les gains de Suzuki. « Encore aujourd'hui, écrit Mishima, je ne peux m'empêcher de sourire, chaque fois que je me remémore l'expression déconfite de Suzuki lorsque je le taquinais ensuite sur le fait qu'un corps sain entraînait nécessairement un esprit sain. »

Outre son entraînement au gymnase, Mishima s'adonne à un certain nombre d'activités physiques. Au cours de l'été 1956, il devient membre d'une équipe locale de jeunes dans le district de Jiyugaoka, la banlieue de Tokyo où habite la famille Hiraoka. Ces jeunes hommes ont pour fonction de porter le pesant *omikoshi* (autel portatif) à l'occasion de la fête estivale. Accompagnée d'un prêtre shintoïste et suivie d'une foule d'enfants chargés de leur propre petit *omikoshi*, la procession parcourt en tous sens les rues étroites de Jiyugaoka ; parmi les jeunes gens qui portent l'autel, Mishima sue sang et eau. Pour la circonstance, le front ceint d'un *hachimaki*, il est vêtu d'une légère tunique ; une photographie le montre avec une expression d'allégresse enfantine. Il ambitionne de porter un *omikoshi* par un jour d'été depuis l'enfance où il a vu pour la première fois un tel spectacle, fasciné par les rudes gaillards transpirants, entrés piétiner le jardin de Natsuko, à la maison natale de Mishima, à Yotsuya (scène longuement décrite dans *Confession d'un masque*) : « Maintenant la châsse elle-même apparut et il s'établit un état pernicieux de calme absolu, comme l'air des tropiques, qui s'accrochait uniquement autour d'elle. On eût dit une maléfique torpeur, vibrante et chaude, au-dessus des épaules des jeunes gens porteurs de l'*omikoshi*. Et derrière les cordages écarlates et blancs, derrière les barreaux de laque noire et d'or, derrière ces portes en feuille d'or hermétiquement closes, il y avait un cube de quatre pieds empli de ténèbres absolues. » Les magazines à sensation de Tokyo rapportent l'exploit de Mishima lors de la fête estivale. C'est le début d'un flot de publicité donnée à ses faits et gestes extra-littéraires, flot qui deviendra cataracte au cours des dernières années.

Mishima commence également à paraître sur scène. Il fait une brève apparition sous l'aspect d'un jardinier dans une production de *Rokumeikan* ; et dans une production du *Britannicus* de Racine, dont il a supervisé la traduction, Mishima figure un garde. Une photographie le montre dans ce dernier rôle, debout en scène avec deux autres gardes. Mishima, devant ses deux compagnons, a une expression figée. Derrière lui, deux hommes plus grands, des acteurs professionnels, moins tendus. Cette image intrigue. C'est l'une des premières de nombreuses photos de groupe de Mishima où il semble avoir la même stature que les hommes de haute taille avec lesquels il se trouve. En réalité, il s'arrange pour que le photographe prenne son image d'en bas — ou recoure à quelque autre stratagème pour donner l'impression que Mishima est aussi grand que ses compagnons. L'un de ses meilleurs trucs à cet effet consiste à porter une paire extraordinairement haute de *geta* (souliers de bois). Plaques de bois sur deux morceaux de bois rectangulaires et parallèles — l'un sous le talon, l'autre sous le cou-de-pied —, les *geta* sont faciles à rehausser. Un jour, Mishima paraît dans une scène de duel avec Shintaro Ishihara — haute silhouette gracieuse — juché sur des *geta* hauts d'une douzaine de centimètres, en faisant de vigoureux moulinets avec son sabre.

La grande ambition de Mishima, c'est de devenir athlète ; aussi, à l'automne de 1956, se met-il à la boxe dans un gymnase de l'université nippone. Là, il a un troisième entraîneur, homme austère appelé Tomo Kojima. Mishima adore ce gymnase : « Nous étions logés dans un vieux bâtiment crasseux. L'odeur des cabinets empiétait sur la salle de douche. Maillots et sweat-shirts étaient accrochés aux cordes du ring. Du plafond pendaient des punching-balls éventrés. C'est de cela, me disais-je, qu'était faite l'épopée du sport. Tous ces accessoires symbolisaient un genre d'élégance barbare que je n'avais pas connue jusqu'alors. » Mais la boxe est trop dure pour lui. Lors d'un assaut, un ami romancier, Shintaro Ishihara, venu avec une caméra de huit millimètres, filme la performance de Mishima. « Quelque temps après, quand le monde littéraire se fut réuni chez moi, il montra son film sur accompagnement de mambo (le mambo était de mode à l'époque), à l'hilarité générale. Et de fait, à l'écran, ma silhouette aux gestes désespérément évasifs, sur ces rythmes latins, semblait sortir d'un dessin animé. » En fin de compte, Mishima renonce à la boxe.

Quant à ses infortunes sur le ring, Mishima témoigne d'assez d'humour — qu'il accepte ainsi de se moquer de lui-même est l'un de ses charmes. Quand je le rencontrai des années après ces expériences, je croyais que ce Mishima ironique était le vrai. J'estimais que son entraînement physique représentait un aspect de son exubérance, et qu'il ne prenait pas au sérieux ce domaine de sa vie. Parfois, son narcissisme l'emportait ; je mettais cela sur le compte d'une bizarrerie de caractère. Il ne devait pas être le seul à avoir une attitude pareille. De toute évidence, il était un peu malade ; il souffrait de romantisme. On avait néanmoins peine à croire qu'un homme aussi intelligent pût se considérer — considérer son corps — comme un temple de la Beauté plus de quelques secondes par jour.

Si l'on avait lu ses livres plus attentivement, si l'on avait admis qu'il pensait ce qu'il écrivait, l'on aurait évité cette erreur. Dans *Le Soleil et l'Acier,* il décrit sans ambiguïté son attitude envers le culturisme. Quant aux raisons de son zèle pour le *bodei-biru,* il note en premier lieu qu'il fait partie d'un processus éducatif. *Mens sana in corpore sano :* tel est son argument ; il vante les mérites de l'éducation classique à la façon d'un lycéen anglais appliqué. Deuxièmement, il affirme qu'il lui faut un corps « classique » pour atteindre son but dans la vie, qu'il décrit ainsi dans *Le Soleil et l'Acier* : « Par-delà le processus éducatif, s'en dissimulait également un autre, un dessein romantique. L'élan romantique, à partir de l'adolescence, avait toujours été en moi une veine cachée, n'ayant de signification qu'en tant que *destruction* de la perfection classique. Cette impulsion se tenait à l'affût. De même que le thème d'une ouverture d'opéra qui se fera entendre plus tard à travers tout l'ouvrage, il m'imposait un cadre immuable avant que j'eusse rien accompli en pratique. En l'espèce, je chérissais un élan romantique vers la mort, tout en exigeant en même temps comme véhicule un corps strictement classique ; un sentiment particulier de la destinée me faisait croire que la raison pour laquelle mon impulsion romantique vers la mort demeurait inaccomplie dans la réalité, c'était le fait immensément simple que me manquaient les nécessaires qualifications physiques. Une charpente puissante et tragique, une musculature sculpturale étaient indispensables à une mort noblement romantique. Toute confrontation entre une chair faible et flasque et la mort me semblait inadéquate jusqu'à l'absurde. A dix-huit ans, impatient d'un trépas prochain, je m'y sentais inapte. Me manquaient, en bref, les muscles qui convenaient à une mort tragique. Et ma fierté romantique se trouvait profondément blessée du fait que c'était cette incapacité qui m'avait permis de survivre à la guerre. »

Voilà l'explication la plus plausible de la tricherie de Mishima lors de son conseil de révision, en 1945, bien que Mishima semble n'avoir jamais fait allusion dans la suite de sa vie à cette affaire. Une lecture honnête du *Soleil et l'Acier* mène à la conclusion que l'auteur, tout en se moquant de ses piètres performances de sportif, prenait son corps pour une œuvre d'art : « L'acier m'enseigna bien des choses diverses. Il me donna une espèce de connaissance totalement nouvelle, une connaissance que ni livres, ni expérience du monde ne peuvent impartir. Les muscles, devais-je découvrir, sont force autant que forme, et chaque système de muscles régit mystérieusement la direction où sa force s'exerce, tout comme s'ils étaient des rais de lumière qui auraient pris une apparence charnelle. Rien n'aurait pu mieux s'accorder à la définition de l'œuvre d'art qui longtemps avait été mienne, que ce concept de la forme enveloppant la force, associée à l'idée que l'œuvre doit être organique, de toutes parts rayonnant la lumière. Les muscles qu'ainsi je créai eurent à la fois en partage l'existence banale et l'œuvre d'art, et même, par antinomie, une nature abstraite en quelque sorte. Unique et fatal défaut, ils s'intégraient trop intimement au courant de la vie dont le verdict signifiait leur déclin et leur mort avec le déclin même de la vie. » Mishima avait découvert une autre voie que la littérature, ce qu'il appelait une « véritable antithèse des mots ». Il gouverna les dernières années de sa vie en fonction de sa *Bunburyodo,* la double voie de l'Art et de l'Action, laquelle aboutit à son suicide. On pourrait se demander comment il en arriva à un système tel que sa *Bunburyodo.* Comment passa-t-il du Fleuve du Corps au Fleuve de l'Action ? Dans le passage ci-dessus on peut trouver la clef de ce problème. Les muscles de Mishima présentaient un fatal défaut : Mishima vieillirait inéluctablement. En vue de réaliser sa romantique apothéose, il devait mourir tandis que son corps était beau encore, tandis qu'il se trouvait relativement jeune. Tel est l'argument du *Soleil et l'Acier.*

Convient-il de le prendre au sérieux — en tant que description de ce qui se passa dans l'esprit de Mishima vers le milieu des années 1960 ? Je le crois. Une preuve : celle de la cohérence intellectuelle. Cet essai est logique de bout en bout — à la différence des écrits « politiques » de son auteur à la fin des années 1960. Un second critère est d'ordre personnel. *Le Soleil et l'Acier* respire, à mes yeux, une passion rétrospectivement sincère, pour déplaisante qu'elle puisse être. En parlant de ce livre avec Mishima, je m'aperçus qu'il tenait beaucoup à ce que j'avais pris pour un simple divertissement ; de son vivant, je ne tins pas compte de cette découverte : je ne mis pas à l'étude *Le*

Soleil et l'Acier. Du vivant de l'auteur, il était malaisé de lire plus de quelques pages de ses pensées romantiques sans tomber de sommeil, malaisé de prendre au sérieux un volume plein de lugubres menaces, alors que son auteur — si « intrépide, calme et robuste », selon ses propres termes — paraissait une vivante réfutation de son romantisme.

Après la déception causée par le roman *Kyoko no Ie,* Mishima se plonge dans un tourbillon d'activités. Au début de 1960, il assume le rôle principal d'un film de gangsters, *Karakkaze Yaro* (*Un type quelconque*), au début duquel il apparaît en train de s'entraîner, torse nu, dans une cour de prison. Le film se clôt sur le meurtre du bandit à col blanc interprété par Mishima. (Il écrit et enregistre aussi la chanson leitmotiv du film.) Il paraît se laisser un peu aller à son narcissisme, pas davantage. En règle générale, il mène une existence très disciplinée, très laborieuse, consacre presque toute son énergie à son œuvre ainsi qu'à son entraînement acharné dans les salles de gymnastique et de kendo.

Trois ans plus tard, il pose pour un album dû au photographe en vogue Eikoh Hosoe. Sur ces magnifiques images, il apparaît dans un certain nombre de poses extraordinaires : couché sur le dos dans son jardin sur fond d'ornement baroque, tout nu, une rose blanche entre les dents ou posée sur sa poitrine velue. Cet album, intitulé *Baraket* (*Torture par les roses*), confère à Mishima une mauvaise réputation dans certains milieux. Des critiques et d'autres écrivains qui ne l'aiment pas affirment qu'il perd la tête. En outre, les nus photographiques encouragent un type de correspondants auquel Mishima ne s'attend pas — des « amis » anonymes qui lui écrivent des billets passionnés réclamant des nus encore plus audacieux. Toutefois, ces portraits passent le plus souvent pour ne refléter qu'une partie, et non la plus importante, du modèle ; aux yeux de la plupart des gens, son narcissisme est sans rapport avec son œuvre littéraire. D'autre part, on dit qu'il fait ce genre de chose pour rire, dans l'intention d'irriter les critiques qu'il méprise tant non seulement pour leur poitrine étroite, mais plus encore à cause de la mollesse de leurs attitudes intellectuelles. D'autres Japonais s'habituent à l'exhibitionnisme de Mishima, et l'on ne prête guère attention aux photographies à sensation qui paraissent dans les hebdomadaires bon marché.

Le fameux portrait de Mishima en saint Sébastien lui-même ne suscite qu'un faible intérêt. Il s'agit d'une photo prise en 1966 par Kishin Shinoyama, le plus grand des jeunes photographes japonais. Elle montre Mishima dans la pose choisie par Guido Reni pour le portrait de saint Sébastien qui — ainsi que l'a raconté Mishima dans *Confession d'un masque* — a provoqué sa première éjaculation. Il est debout contre un gros tronc d'arbre dont on distingue les feuilles basses, qui jouent le rôle de dais au-dessus du personnage. Au fond, l'on entrevoit un feuillage brumeux troué de soleil, comme dans un tableau de Titien. Les poignets de Mishima sont liés par une corde qui pend de l'arbre et lui maintient les bras très au-dessus de la tête. Les yeux au ciel, il penche un peu la tête d'un côté. Il n'est vêtu que d'un léger linge blanc noué autour des hanches, qui révèle son torse pleinement gonflé pour les besoins de l'image. Trois flèches y sont fichées, l'une à l'aisselle gauche. Les blessures saignent un peu ; de chaque flèche dégoutte un ruisselet de sang.

Lors de la parution de cette photographie au Japon, le public est accoutumé aux bouffonneries de Mishima. Les autres photos prises à l'époque par Shinoyama — l'une montrant Mishima botté, cache-sexe noir et casquette de marin, appuyé contre une grosse moto — ne créent pas non plus d'impression durable. Cette réaction, qui risque aujourd'hui de paraître obtuse en Occident, où les portraits de Mishima sont bien connus, est compréhensible. La plupart du temps, Mishima se trouvait engagé dans des entreprises sérieuses, en particulier son œuvre. On le considérait comme l'écrivain majeur de sa génération ; nul ne prêtait grande attention à ses faiblesses. « Quelle farce va-t-il encore inventer ? » Telle était la réaction la plus courante. Peu de temps après les photographies de Shinoyama, il figure dans le spectacle de cabaret avec Akihiro Maruyama, où il chante sa chanson *Le Marin tué par des roses en papier,* à la fin de quoi les deux hommes, Mishima et Maruyama, échangent un baiser. Réaction des hebdomadaires : « Encore un tour de Mishima » ; et le petit incident est vite oublié.

Quelqu'un qui sous-estimerait l'énergie de Mishima risquerait de penser qu'il passait tout son temps à poser pour des photographes. De 1966 également, il existe un portrait de Mishima accroupi sur un tatami en *fundoshi* blanc, portant un long sabre de samouraï — l'arme avec laquelle on le décapitera quatre ans plus tard. Son torse bronzé, la sueur légère qui mouille son corps, ajoutent à la saveur de ces photos prises à Tokyo chez Meredith Weatherby. En fait, Mishima se livre à mille autres activités, et bâcle avec un photographe émérite une série de portraits en quelques minutes. Ça l'amuse, mais il n'est pas disposé à perdre beaucoup de temps là-dessus. Ma propre réaction à ces exploits — un jour de 1969, je reçus une liasse des plus récentes photos de Mishima — doit être typique. Je fus choqué, puis cela m'assomma. Le paquet de photos qu'il m'envoyait pour les publier dans le *Times* de Londres comprenait un portrait de Mishima en tenue de ville, debout près d'un acteur de nô portant le masque utilisé pour la pièce *Hagoromo*. Le masque est fort beau ; quant à Mishima, il a une expression triste, absente, qui faisait de ce portrait de lui l'un des plus séduisants que j'eusse jamais vus. Une seconde photographie était aussi révoltante que la première était sympathique. Elle montre Mishima nu jusqu'à la ceinture, la lèvre supérieure retroussée, le front ceint d'un *hachimaki* sur lequel est inscrit le mot d'ordre *Shichisho Hokoku* (« Sers la Nation durant sept existences »). Mishima tient dans ses mains son sabre de Seki no Magoroku, au-dessus duquel il foudroie du regard l'objectif.

Aux abords de la quarantaine, l'âge commence à tracasser Mishima ; pourtant, cinq ans plus tard, il sera encore en excellente forme, sans guère donner signe de ralentissement physique. Sa silhouette restera presque celle qu'il avait quinze ans plus tôt, bien que les muscles de ses épaules aient une légère tendance au fléchissement, et qu'il soit moins impressionnant lorsqu'il bombe le torse en fanatique de culturisme. D'après son père, Mishima, souffrant d'une raideur du poignet, se fait souvent masser pour pouvoir pratiquer le kendo. Il y a d'autres signes de vieillissement. Lors de l'entraînement au Camp Fuji, Mishima ne peut suivre le rythme des jeunes gens de la Tatenokai ; il ne se joint à eux que pour les exercices où il est le meilleur ; les tractions, par exemple. Mais dans l'ensemble, pour un homme de quarante-cinq ans, il reste dans une forme extraordinaire. Deux mois avant sa mort, il pose pour une dernière suite de photographies dues à Shinoyama. Ces portraits, déclare-t-il, devront paraître dans un volume intitulé *Otoko no Shi* (*Mort d'un homme*). Parmi les poses que prend l'écrivain pour ce volume (encore inédit), un certain nombre le représentent en train de se faire hara-kiri. Il pose également, couvert de sang, en victime d'un accident de la circulation. Tel est son dernier voyage au fil du Fleuve du Corps.

5

Le Fleuve de l'Action

La Rivière du Corps se jetait naturellement dans le Fleuve de l'Action. C'était inévitable. Avec un corps de femme, cela n'aurait pas eu lieu. Un corps d'homme, avec sa nature et sa fonction inhérentes, contraint l'homme à s'orienter vers le Fleuve de l'Action, le fleuve le plus dangereux de la jungle. Dans ses eaux pullulent alligators et piranhas. Des camps ennemis jaillissent les flèches empoisonnées. Un tel fleuve s'oppose au Fleuve de l'Ecriture. J'ai maintes fois entendu cette maxime spécieuse : « Plume et Sabre se rejoignent sur une voie unique. » Mais en réalité, ils ne sauraient se rejoindre qu'à l'instant de la mort.

Le Fleuve de l'Action m'apporte les larmes, le sang, la sueur que je ne trouve jamais dans le Fleuve de l'Ecriture. Dans ce nouveau fleuve, j'ai des rencontres d'âme à âme sans avoir à me soucier des mots. C'est aussi le plus destructeur de tous les fleuves, et je comprends sans peine pourquoi peu de gens s'en approchent. Ce Fleuve n'a pour le fermier aucune générosité ; il n'apporte ni richesse, ni paix ni repos. Permettez-moi seulement de dire ceci : moi, né homme et menant la vie d'un homme, je ne puis surmonter la tentation de suivre le cours de ce Fleuve.

Yukio Mishima, Catalogue de l'exposition Tobu.

Patriotisme

Un aspect fort mystérieux — peut-être le caractère le plus impénétrable — de la tradition japonaise est le régime impérial. Il est essentiel au Fleuve de l'Action de Mishima.

Au cours de l'histoire, le rôle de l'Empereur a varié. Durant toute l'époque féodale, les Empereurs résidaient à Kyoto, l'ancienne capitale, et leurs pouvoirs temporels étaient réduits. On respectait l'Empereur en tant que symbole religieux et culturel de l'Etat. Comme tel, il avait un rôle important à jouer dans la société japonaise; il était une présence invisible, mystérieuse. Toutefois, les véritables maîtres du Japon, les shoguns, ne laissaient aux Empereurs que très peu de part au gouvernement. La faiblesse de la cour impériale à Kyoto fut l'œuvre d'une succession de shoguns qui limitèrent les revenus impériaux à tel point qu'un certain Empereur se trouva contraint de recourir à la vente d'échantillons de sa calligraphie pour subvenir à son modeste train de vie — à l'extrémité de son parc, on passait par-dessus le mur des rouleaux écrits de sa main. Ce ne fut qu'après 1868, une fois la cour impériale transférée à Tokyo et un jeune Empereur monté sur le Trône au Chrysanthème — l'Empereur Meiji (1868-1912) —, que le souverain japonais se vit accorder les insignes du pouvoir. Même alors, il resta dans une large mesure aux mains de ses hauts fonctionnaires, ses conseillers. Il n'est pas certain que Meiji, au cours de son long règne, ait été responsable d'une seule décision politique majeure. Taishō, son fils, qui régna de 1912 à 1926, mentalement déficient, resta lui aussi à l'écart des affaires politiques. L'Empereur actuel — connu en Occident sous le nom de Hirohito —, qui succéda à Taishō après une période où il assuma la régence, ne prit que deux décisions durant son règne, mais d'importance. Il éteignit la révolte appelée au Japon l'affaire Ni Ni Roku — la rébellion de février 1936 —, et prit la résolution de mettre un terme à la guerre du Pacifique en 1945.

Jusqu'à ce jour, le rôle joué par l'Empereur au Japon est un mystère. En vertu de la loi — la constitution d'après-guerre, élaborée en 1946 par le général MacArthur et ses conseillers, ratifiée l'année suivante —, l'Empereur ne possède aucune autorité temporelle. Il est le chef symbolique de l'Etat; ses fonctions se bornent à inaugurer les sessions parlementaires, et à paraître en public de temps à autre. Ses pouvoirs ont été rigoureusement réduits sous l'occupation alliée de 1945-1952, d'abord par la déclaration dite *ningen sengen,* où il désavouait formellement les croyances fondamentales de l'impérialisme japonais du xxe siècle ; et deuxièmement — de manière implicite — par le traitement que lui ont accordé les autorités des Etats-Unis. L'administration occupante ne consultait pas l'Empereur sur les affaires de l'Etat, et ne lui reconnaissait qu'un pouvoir nominal. Ses enfants, eux aussi, furent soumis à un traitement sans précédent ; son fils aîné, le prince héritier, avait une gouvernante américaine. Tout cela conforme à l'idée que les Etats-Unis se faisaient de la *demokurashi* au Japon. Le mariage du prince héritier avec une roturière en 1959 — c'était la première fois qu'un futur Empereur ou même un prince impérial se mariait en dehors de l'aristocratie traditionnelle — parut marquer l'acceptation par les Japonais du système de gouvernement proposé au pays sous l'Occupation. Et de fait, la situation de l'Empereur entre l'avant-Seconde Guerre mondiale et le Japon de l'après-guerre a subi un changement considérable. Après la guerre, l'Empereur est devenu personnage populaire plutôt que symbole divin d'autorité. Abandonnée, la pratique d'avant-guerre consistant à maintenir l'Empereur caché dans son palais sauf en de rares occasions où il en sortait sous l'aspect d'un homme monté sur un cheval blanc. Changement comparable à celui qui se produisit dans l'Angleterre du xviie siècle entre les règnes de Charles Ier et Charles II ; l'Empereur du Japon demeure entouré d'une atmosphère fort particulière, mais a cessé d'être une autorité suprême, appuyée sur le droit divin.

Toutefois, ce changement n'a pas été complet. Maints aspects du régime impérial sont encore inaccessibles au public ; ainsi ne peut-on discuter dans la presse de la situation de l'Empereur. Envers ce tabou, Mishima adopte une attitude agressive. En fait, plus qu'aucun autre Japonais depuis la fin de la guerre du Pacifique, il a son franc-parler au sujet de l'Empereur. Tantôt il prononce l'éloge du régime impérial ; tantôt il blâme l'Empereur Hirohito. Tantôt il apparaît d'un nationalisme intransigeant ; tantôt il semble mener contre l'Empereur une lutte à mort. Mon impression, c'est que l'impérialisme de Mishima — pour contradictoire qu'il fût — avait ses racines à la fois dans un culte sincère du régime impérial et dans son esthétique personnelle. Son esthétique, à mon avis, exerça sur Mishima la plus forte influence, et les sources de sa décision de se faire hara-kiri — traditionnellement, une action entreprise par un samouraï désireux de prouver son loyalisme envers son seigneur (qui peut être l'Empereur) — furent d'ordre individuel, et liées à son esthétique de longue date : « Ma nostalgie de la Mort, de la Nuit et du Sang. » Mishima était un impérialiste, certes, mais beaucoup plus que cela : un être froid, obsédé par soi-même, sujet à des crises passionnelles ; un romancier, un auteur dramatique, un sportif. Cet homme avait un caractère à multiples facettes, et l'on ne saurait considérer comme central son impérialisme ; le culte de l'Empereur n'était qu'une des facettes de Yukio Mishima.

La Rivière du Corps, a noté Mishima, se jetait dans le Fleuve de l'Action. La meilleure illustration de ce qu'il entendait par là, on la trouve dans sa pratique de l'art martial du kendo, escrime avec une lance japonaise épointée, une *shinai*. Il aborde le kendo en 1959, et ce sport, assure-t-il dans un article paru dans *Sports Illustrated* (*Sports illustrés*) en décembre 1970, juste après sa mort, « fait de moi ce que je suis ». Enfant, à l'école des Gakushuin, il détestait le kendo, exercice obligatoire. Il était gêné par les « cris rudes, barbares, menaçants » que poussent à pleins poumons les combattants en armure médiévale, en tournant autour de l'adversaire. « Aujourd'hui, trente années après, écrit-il, j'éprouve un tout autre sentiment. » Les cris du kendo lui sont devenus agréables ; il en est tombé amoureux. « Ce son est le cri même de Nippon, enfoui au fond de moi... un cri dont le Nippon actuel a honte et qu'il tente désespérément de refouler ; mais il explose, faisant voler en éclats toute présence. Lié à de sombres souvenirs, il évoque le flot de sang fraîchement versé. » Les cris des adversaires au kendo, ajoute Mishima, évoquent « le fantôme du Passé nippon », de longue date enchaîné. (L'appui qu'apporte à cet art martial Mishima lui vaut la reconnaissance des spécialistes japonais ; comme il convient, il se voit décerner un rang très élevé au kendo. Le cinquième dan, qui lui est attribué en août 1968, ressemble fort au doctorat *honoris causa* qu'une vieille université offre à quelque éminent homme d'Etat : Mishima nous assure qu'il ne vaut pas grand-chose au kendo.)

Les événements politiques de l'année 1960 servent de cataly-
seurs à la nostalgie qu'a Mishima du Passé nippon — un idéal
romantique. Son père, Azusa Hiraoka, dira, après la mort de
Mishima, que les émeutes et les désordres de l'été 1960
contribuèrent à orienter l'esprit de Mishima vers un impérialisme romantique. Un témoignage de poids. Pour la première
fois depuis la guerre, Mishima prend un vif intérêt aux
événements politiques après le début des manifestations au sujet
de l'Anpo (Traité de sécurité entre les Etats-Unis et le Japon),
au printemps 1960 — les pires troubles sociaux du Japon
d'après-guerre ; jusqu'alors, il n'a pas réagi aux événements
politiques de son pays, même aux transformations spectaculaires survenues au début des années 1950, époque où se termina
l'Occupation, et où le parti communiste japonais fit une
tentative avortée pour ouvrir la voie à une révolution violente.
Lors des émeutes de l'Anpo, Mishima descend dans la rue,
observe par lui-même, et fait des reportages pour la presse
nationale. Commentant la situation de Nobusuke Kishi, l'impo-
pulaire Premier ministre de droite, renvoyé de son poste à la
suite des troubles au sujet de l'Anpo, il raconte dans le *Mainichi
Shimbun* comment il a passé toute une nuit sur un balcon de
l'immeuble voisin du cabinet du Premier ministre, à l'observer
tandis que la foule affluait. Il songeait au « mince et solitaire
vieillard (M. Kishi) qui devait se trouver assis dans les ténèbres
de la résidence officielle, dont la nuit ensevelissait toutes les
fenêtres. Kishi est un tout petit, tout petit nihiliste, dont les
gens se détournent d'instinct car ils peuvent s'identifier à un tel
être... Avec quelle facilité la psychologie du type *je ne sais
pourquoi, Kishi ne me revient pas* pourrait se transformer en la
psychologie du type *je ne sais pourquoi, Untel me plaît bien* ! Alors
que l'on déteste un tout petit nihiliste, on risque d'accepter un
nihiliste de grand format comme Hitler ».

Peu de temps après les troubles au sujet de l'Anpo, Mishima
écrit la nouvelle intitulée *Patriotisme*. Excellent critique et juge
équitable de ses propres écrits, il note que *Patriotisme* contient
« le meilleur et le pire de (son) œuvre » ; on peut aussi
considérer cette nouvelle comme représentative de toute l'œuvre
de Mishima. *Patriotisme,* qu'il écrit au début de l'automne 1960,
est l'histoire d'un jeune lieutenant de l'armée impériale au

temps de l'affaire Ni Ni Roku, en février 1936. A l'époque, les deux factions principales, au sein des forces armées japonaises, sont l'une et l'autre expansionnistes : elles veulent voir le Japon suivre une politique de conquête. La Kodo-ha, faction de la Voie impériale, est favorable à une attaque en direction du nord, contre l'Union soviétique ; et la Tosei-ha, faction du Contrôle, préconise une attaque vers le sud, contre la Grande-Bretagne et les autres puissances coloniales d'Europe. Le conflit aboutit à l'affaire Ni Ni Roku, déclenchée par des officiers de la Kodo-ha qui cherchent à empêcher leurs rivaux de la Tosei-ha de s'emparer du pouvoir. Ce qui pousse à l'action, c'est un projet d'envoi de la première division, dont beaucoup d'officiers sont membres de la Kodo-ha, en Mandchourie — envoi qui eût fortement réduit la puissance à Tokyo de la Kodo-ha. Les adhérents à la Kodo-ha, menés par une poignée de jeunes officiers — Takatsugu Muranaka, Asaichi Isobe, Teruzo Ando, Yasuhide Kurihara, entre autres —, prennent la décision de s'attaquer aux autorités avant que cela ne se produise. Tôt dans la matinée du 26 février, la capitale étant ensevelie sous la neige fraîche, ces officiers mobilisent 1 400 hommes et s'emparent du centre de Tokyo, après avoir assassiné trois des principaux membres du gouvernement. Cette action, déclarent-ils, menée pour le compte de l'Empereur, vise ses mauvais conseillers. Après une brève hésitation, Hirohito lui-même leur donne l'ordre de se rendre. La révolte est matée en quatre jours.

Le protagoniste de la nouvelle de Mishima, le lieutenant Takeyama, fait partie d'un régiment en garnison à Tokyo. Ami des officiers rebelles, sympathisant avec leurs objectifs, il est pourtant laissé à l'écart de leurs projets parce qu'il vient de se marier. L'affaire Ni Ni Roku ayant éclaté, il reçoit l'ordre de mener une attaque contre les rebelles. Afin de sortir du dilemme moral où cet ordre l'a plongé, il se fait hara-kiri. Son épouse, Reiko, doit se tuer elle aussi. Dans *Patriotisme* (une des nouvelles recueillies dans *La Mort en été*, paru aux éditions Gallimard dans la traduction française de Dominique Aury), Mishima décrit le hara-kiri du jeune homme avec un extraordinaire luxe de détails. C'est probablement le compte rendu le plus poussé de ce rite de samouraï qui soit dans toute la littérature japonaise, et d'autant plus frappant que l'auteur semble partager l'idéologie du lieutenant Takeyama et de ses compagnons. Le hara-kiri, subtilement idéalisé par Mishima dans sa nouvelle, apparaît comme un acte monstrueux que justifie un idéal élevé :

« Lorsque le lieutenant se fut enfin complètement éventré, la lame n'enfonçait presque plus et la pointe en était visible, luisante de graisse et de sang. Mais, saisi soudain d'une violente nausée, le lieutenant laissa échapper un cri rauque. Vomir rendait l'affreuse douleur plus affreuse encore, et le ventre qui jusque-là était demeuré ferme, se souleva brusquement, la blessure s'ouvrit en grand et les intestins jaillirent comme si la blessure vomissait à son tour. Apparemment inconscients de la souffrance de leur maître, glissant sans obstacle pour se répandre dans l'entrejambe, ils donnaient une impression de santé robuste et de vitalité presque déplaisante. La tête du lieutenant s'affaissait, ses épaules se soulevaient, ses yeux s'entrouvraient et un mince filet de salive s'échappait de sa bouche. L'or de ses épaulettes brillait dans la lumière.

« Il y avait du sang partout. Le lieutenant y baignait jusqu'aux genoux et demeurait écrasé et sans force, une main sur le sol. Une odeur âcre emplissait la pièce. Le lieutenant, tête ballottante, hoquetait sans fin et chaque hoquet ébranlait ses épaules. Il tenait toujours dans sa main droite la lame de son sabre, que repoussaient les intestins et dont on voyait la pointe.

« Il est difficile d'imaginer spectacle plus héroïque que le sursaut du lieutenant qui brusquement rassembla ses forces et releva la tête. »

Autre élément remarquable de l'histoire : le lieutenant Takeyama se tue en premier, laissant Reiko le suivre dans la mort. Après avoir bien serré ses jupes, pour qu'on ne la trouve pas morte dans une posture indécente, elle se tranche la gorge avec un couteau. La raison donnée pour que le mari meure en premier au lieu de la femme, comme il eût été normal, c'est qu' « il était essentiel pour le lieutenant, quoi qu'il arrivât par ailleurs, qu'il n'y eût aucune irrégularité dans sa mort ». L'argument n'est pas facile à saisir. Ce qui saute aux yeux, c'est que l'officier veut être *regardé* tandis qu'il se fait hara-kiri. A

239

partir de ce seul détail, il ressort que *Patriotisme* est l'œuvre d'un anormal.

Mishima écrira deux fois encore au sujet de l'affaire Ni Ni Roku. Dans sa pièce *Toka no Kiku* et dans son ouvrage inclassable *Eirei no Koe* (*Les Voix des morts héroïques*, 1966), élégie pour les morts de la guerre, doublée d'une attaque de l'Empereur Hirohito pour avoir abandonné les âmes des défunts en intervenant dans l'affaire Ni Ni Roku et en proclamant son *ningen sengen* en 1946, Mishima souscrit à l'idéologie des officiers mutins de 1936. Il réunit les trois œuvres — *Patriotisme, Toka no Kiku, Eirei no Koe* — en un seul volume qu'il appelle sa trilogie Ni Ni Roku. Dans un post-scriptum à la trilogie, il dégage sa conclusion que je condense un peu ici :

> J'ai écrit *Patriotisme* à partir du point de vue du jeune officier qui ne pouvait éviter de choisir le suicide, étant donné qu'il ne pouvait prendre part à l'affaire Ni Ni Roku. Ce n'est ni une comédie, ni une tragédie, mais simplement l'histoire d'un bonheur... S'ils (le mari et la femme) avaient attendu une nuit de plus, l'attaque de l'Armée impériale (les rebelles) eût été décommandée, et leur mort eût été moins nécessaire, bien que les autorités légales (Takeyama), l'eussent rattrapé. Choisir le lieu de sa mort est aussi la plus grande joie de l'existence. Et le couple connut alors sa nuit la plus heureuse. En outre, aucune ombre de bataille perdue ne planait sur eux deux ; l'amour de ces deux êtres atteint à un sommet de pureté, et le douloureux suicide du soldat équivaut à une mort honorable sur le champ de bataille. J'ai quelque part acquis la conviction que si l'on manque sa nuit, jamais on ne trouvera d'autre chance d'atteindre dans la vie au bonheur suprême. Ont contribué à cette conviction mes expériences de guerre, ma lecture de Nietzsche pendant la guerre, et mes sentiments fraternels envers le philosophe Georges Bataille, ce *Nietzsche de l'érotisme...*
>
> A coup sûr, quelque grand dieu mourut quand l'affaire Ni Ni Roku échoua. A l'époque, je n'avais que onze ans, et cela ne m'a pas fait grande impression. Mais à la fin de la guerre, j'avais vingt ans, âge très vulnérable ; j'ai ressenti quelque chose de la terrible cruauté de la mort de ce dieu, liée en quelque manière à mon intuition de ce qui s'était passé quand j'avais onze ans. Ce lien, je fus longtemps incapable de le saisir ; mais quand j'écrivis *Toka no Kiku* et *Patriotisme*, tandis que j'écrivais une ombre obscure

apparut dans ma conscience — puis disparut de nouveau sans avoir pris forme précise. Il s'agissait d'une image « négative » de l'affaire Ni Ni Roku ; l'image positive était mon impression d'enfance de l'héroïsme des officiers rebelles. Leur pureté, leur bravoure, leur jeunesse et leur mort en faisaient des héros mythiques ; quant à leur échec et à leur mort, ils en faisaient d'authentiques héros de ce bas monde...

Entre-temps, la mélancolie qui était en moi augmentait ; je m'étonnais de constater que la fatigue incessante, que je prenais pour un état d'épuisement courant chez les jeunes, se métamorphosait en quelque chose qui était le contraire de la corruption : quelque chose qui me poussait en avant. Je m'épris du kendo, et ne trouvai de véritable signification que dans le clair écho du sabre de bambou contre le sabre, et dans les cris furieux, fanatiques. Après quoi, j'écrivis ma nouvelle intitulée *Ken* (*Sabre*). Comment expliquer mon état d'esprit ? Suis-je malade ou exalté ? Peu à peu, une peine et une colère inexplicables s'accumulèrent en moi ; tôt ou tard, elles ne purent manquer de se combiner au cri intense des jeunes officiers de l'affaire Ni Ni Roku. Depuis trente ans cette affaire me poursuit, faisant la navette entre ma conscience et mon subconscient... Le désir de consoler les mânes de ces authentiques héros qui depuis si longtemps m'influencent, de les réhabiliter, a toujours été au fond de moi. Mais chaque fois que je creuse la question, je ne sais que penser de la *ningen sengen* de l'Empereur. La défaite divise en deux l'histoire de la période Showa (le règne de Hirohito) ; or un homme tel que moi, qui ai vécu les deux parties (de l'ère Showa), ne saurait s'empêcher de rechercher une véritable continuité, la base d'une constance théorique. Cela semble parfaitement naturel de la part d'un être humain, qu'il soit écrivain ou non. La déclaration *ningen sengen,* par l'Empereur en personne, avait plus d'importance que la constitution nouvelle, qui fait de l'Empereur un symbole. Je n'ai pu m'empêcher d'évoquer l'ombre de l'affaire Ni Ni Roku ; j'ai donc entrepris *Eirei no Koe*. On s'étonnera peut-être que, dans un tel contexte, j'emploie le mot « esthétique ». Mais j'en suis venu à me rendre compte qu'à la base même de mon esthétique il y a un roc dur, énorme : le régime impérial.

Quoi que l'on puisse penser de l'impérialisme de Mishima, on ne saurait nier sa passion. Ce fut un tournant de sa vie lorsqu'en 1966, il s'enferma durant trois jours dans un hôtel de

Tokyo pour déverser dans les quatre-vingts pages d'*Eirei no Koe*
ce qu'il avait sur le cœur. C'est après avoir écrit *Eirei no Koe*, me
dira-t-il trois ans plus tard, qu'il résolut de créer la Tatenokai.
Son état d'esprit, au début de 1966, est vivement illuminé par
Eirei no Koe, dont voici le refrain : « *Nadote Sumerogi wa hito to
naritamaishi* » (« Pourquoi faut-il que l'Empereur soit devenu
un être humain ? ») L'ouvrage, la plupart des critiques japonais
en tombent d'accord, n'a guère de valeur littéraire ; une fois
éteint le scandale de sa publication, on l'oublia vite. Il n'importe
pas moins d'en savoir davantage sur l'attitude de Mishima à
l'époque. Il s'est exprimé avec force dans une interview sur *Eiro
no Koe*, intitulée *Théorie de l'Empereur*, qu'il accorda au
magazine *Sunday Mainichi*, début mars 1966 :

> MISHIMA : Il s'agit d'un thème sur lequel j'avais envie d'écrire
> un jour. Bien sûr, il est fort possible que l'on me contre-attaque
> de nombreux côtés : l'ouvrage lui-même a un double aspect. Je
> m'y attendais parfaitement.
>
> Q. : Que pensez-vous de l'affaire Ni Ni Roku ?
>
> MISHIMA : Cette affaire, qui s'est déroulée quand j'avais onze
> ans, a eu sur moi une grande influence spirituelle. Mon culte des
> héros et le sentiment d'effondrement que j'éprouve aujourd'hui
> proviennent l'un et l'autre de cette affaire.
>
> Inutile de le dire, je suis pour les jeunes officiers, les prétendus
> traîtres. Par conséquent, j'étais fou de rage contre les auteurs qui
> les ont dénoncés dans leurs œuvres comme traîtres à l'armée.
>
> L'action de ces jeunes officiers aurait pu amener la Showa
> Ishin, la restauration Showa ; cette action reposait sur une foi en
> le salut national. Mais on les a qualifiés de traîtres parce que les
> vieux vassaux lâches, pleurnichards et timorés qui entouraient
> l'Empereur ont comploté contre eux. En conséquence, l'Empe-
> reur est responsable ; il a accepté cela. L'Empereur devrait
> dépêcher le plus tôt possible un messager impérial (aux tombeaux
> des morts), afin de mettre un terme au déshonneur de leurs
> familles.
>
> Q. : Quel était votre propos en écrivant cet ouvrage ?
>
> MISHIMA : J'ai écrit *Toka no Kiku* du point de vue des vassaux,
> et « Patriotisme » était l'histoire d'un seul jeune officier laissé en
> dehors du soulèvement.
>
> Cette fois (dans *Eirei no Koe*), je me suis colleté de toutes mes
> forces avec l'esprit même de l'affaire.

Il existe aujourd'hui, chez les journalistes, une tendance à éviter de parler du chrysanthème (la famille impériale), de l'Amérique et de la Soka Gakkai (une secte bouddhiste militante) ; sujets tabous. Les écrivains font de même. Pour les écrivains et les journalistes, le meilleur type d'autodiscipline est l'introspection.

Que le parti communiste ait, lui aussi, cessé de critiquer le régime impérial est également lâche.

Je peux dire qu'à la base de ma décision d'écrire et de terminer rapidement cette histoire (*Eirei no Koe*), il y a la description que m'inspirent les tendances modernes.

Q. : Pensez-vous que pour la nation, le régime impérial d'avant-guerre soit le seul valable ?

MISHIMA : Oui. Le *kokutai* (régime national) s'est effondré depuis que l'Empereur a fait sa *ningen sengen*. Toute la confusion morale de l'après-guerre en découle. Pourquoi l'Empereur devrait-il être un être humain ? Pourquoi doit-il être un dieu, du moins pour nous autres Japonais ? Si je m'explique là-dessus, tout se réduit en fin de compte à une question d' « amour ». Au cours des temps modernes, les nations sont passées du système physiocratique au système capitaliste. C'est inévitable. Le régime féodal s'effondre, la nation s'industrialise et ne peut que devenir un moderne Etat providence — l'abomination de la désolation. Entre-temps, plus une nation se modernise, et plus les relations personnelles deviennent insignifiantes, perdent leur chaleur. Pour les gens qui vivent dans une telle société moderne, l'amour est impossible. Par exemple, si A croit aimer B, il n'a aucune moyen de s'en assurer, et vice versa. Par conséquent, l'amour ne saurait exister dans une société moderne — s'il ne s'agit que d'une relation réciproque. Sans l'image d'un tiers que les deux amants ont en commun — le sommet du triangle —, l'amour aboutit au scepticisme éternel. C'est là ce que (D. H.) Lawrence appelle agnosticisme. De longue date, les Japonais ont eu une image du sommet du triangle (Dieu), un dieu dans un système physiocratique ; et tout le monde avait une théorie de l'amour, de manière à ne pas être isolé.

L'Empereur était l'absolu pour nous autres Japonais.

Voilà pourquoi j'ai toujours dit que les fêtes (shintoïstes) sont nécessaires.

Q. : Et la famille impériale, aujourd'hui ?

MISHIMA : Je suis, bien sûr, impérialiste. Et j'estime que celui qui dit ce qu'il veut dire est un patriote.

La famille impériale, actuellement, se trouve dans une situation chaotique.

Par exemple, traiter la princesse Michiko (l'épouse du prince héritier) comme une vedette de cinéma est une absurdité. Ils (les médias) se contentent de vanter sa popularité. Je crois qu'ils devraient mettre l'accent sur les dévotions de Michiko au Grand Temple d'Ise (le principal sanctuaire shintoïste) à la suite du prince Akihito ; après tout, elle a fait ses études dans une université catholique.

Le prince héritier devrait aussi visiter l'Ecole supérieure de guerre des Jieitai, et offrir des cigarettes marquées du chrysanthème aux ardents patriotes.

Une seule cigarette peut valoir un jour cent millions de yens. Ce sont les gens sur qui la famille impériale peut s'appuyer en dernier ressort.

Le malheur, pour Sa Majesté, c'est de n'avoir pas été entourée de conseillers capables. Les vasseaux les plus proches de l'Empereur ont tous été élevés en Angleterre ; ces Japonais, éduqués là-bas, sont tous devenus des opportunistes et des faibles, uniquement résolus à maintenir le statu quo.

Une exception : Shigeru Yoshida (le plus célèbre des Premiers ministres de l'après-guerre), figure symbolique, le premier Japonais à résister au régime britannique et américain durant l'Occupation par une habile contre-attaque « à l'anglaise ».

En second lieu, Sa Majesté n'a pas eu l'occasion d'entrer en contact avec des jeunes gens.

Au temps de l'affaire Ni Ni Roku, Sa Majesté était remplie d'une haine profonde. Si l'Empereur était un être humain, l'assassinat de ses propres hommes devait naturellement le mettre en fureur. Mais non point Sa Majesté en tant que dieu. S'il avait eu des contacts avec les jeunes officiers, il aurait été en mesure de comprendre ce qui se trouvait derrière cette affaire, et n'eût pas foulé aux pieds la foi de jeunes patriotes.

Q. : Quel avenir souhaitez-vous au Japon, la famille impériale comprise ?

MISHIMA : Je suis écrivain ; je souhaite donc m'occuper de la situation humaine ; le régime actuel doit être l'affaire des politiciens. Me semble-t-il. Bien que tout le lot des politiciens actuels soit corrompu...

Après la publication d'*Eirei no Koe,* Mishima devient un favori de l'*Uyoku,* l'extrême droite, ainsi que de l'aile droite du parti démocrate libéral, le parti conservateur au pouvoir. Il ne se lie pas avec la première, qui comporte des éléments terroristes. Mais il noue d'amicales relations avec maints leaders conservateurs, dont le Premier ministre Sato et sa spirituelle et caustique épouse. Toutefois, son type d'impérialisme est unique ; il présente le même caractère narcissique que toutes les idées et actions de Mishima — comme il ressort clairement de ce choix de citations d'un long dialogue, daté de 1966, entre Mishima et le fanatique de droite Fusao Hayashi :

> (Les leaders de la restauration Meiji) sont parvenus à occidentaliser le Japon à quatre-vingt-dix-neuf pour cent. Le un pour cent restant, c'était une définition de l'Empereur en tant que sacré et intouchable — c'était la forteresse contre l'occidentalisation.
>
> L'Empereur est infaillible. L'être le plus mystérieux qui soit au monde.
>
> A mes yeux, l'Empereur, les œuvres d'art et le *Shinpuren* sont des symboles de pureté. Je veux identifier à Dieu mon œuvre littéraire.

Les deux premières affirmations sont assez orthodoxes. La dernière est fidèle à Mishima. Je crois qu'il se confondait parfois avec Dieu ou avec l'Empereur. Il m'a dit un jour : « Il n'y a personne que je puisse respecter dans le Japon actuel ; la situation est sans espoir ; nul ne vaut rien... » Suivit un long silence. Une étrange expression passa sur son visage. « Peut-être à l'exception de l'Empereur... »

D'autres écrits de lui révèlent un côté masochiste de son caractère. Détail important car il montre que son hara-kiri ne fut pas seulement un acte de loyalisme envers l'empereur, un acte de *kanshi* (le suicide de remontrance). Mishima voulait également se faire mal. Cela ressort de l'essai autobiographique auquel j'ai souvent eu recours afin d'éclairer mon propos, *Le Soleil et l'Acier :* « J'en arrivai à penser que la douleur pourrait bien être l'unique preuve d'une persistance charnelle de l'état conscient, l'unique expression physique de la conscience. A mesure que mon corps acquérait une musculature et par là de la force, peu à peu se faisait jour en moi une inclination à accepter positivement la douleur, et l'intérêt s'accrut que je portais à la souffrance physique. Malgré tout, je ne voudrais pas qu'on crût que cette évolution fût le résultat du travail de l'imagination. Ma découverte eut lieu directement, par mon corps, grâce au soleil et à l'acier. » Dans l'imagerie qu'il emploie, Mishima se montre assez explicite quant à l'instrument qui devrait causer la souffrance — un couteau : « La subtile contradiction entre la conscience de son être et l'existence commença à m'embarrasser. Je raisonnai que si l'on veut identifier voir et exister, la nature de la conscience de soi doit être aussi peu centrifuge que possible. Si seulement la conscience de soi peut concentrer son regard vers l'intérieur et le moi au point d'oublier les formes extérieures de l'existence, alors on peut *exister* aussi sûrement que le *je* dans le *Journal intime* d'Amiel... Imaginons tenir une pomme bien saine... Certes la pomme existe, mais jusqu'alors pour le cœur, cette existence paraît défectueuse ; si les mots sont impuissants à l'accréditer, alors seuls les yeux vont permettre d'y parvenir. Assurément, pour le cœur, la seule façon d'être certain de l'existence, c'est d'exister et de voir à la fois. Il n'est qu'une méthode pour résoudre cette contradiction. C'est de plonger un couteau au plus profond de la pomme afin de la fendre en deux, exposant ainsi le cœur à la lumière »...

Mishima classe un certain nombre de ses écrits — dont *Patriotisme, Eirei no Koe, Le Soleil et l'Acier* sous la rubrique de son Fleuve de l'Action. Ils résument ses raisons de s'engager dans l'action. L'engagement lui-même a lieu à la fin de 1966, quand Mishima, après avoir achevé *Neige de printemps,* demande à s'entraîner dans les camps des Jieitai. La deuxième étape de son engagement commence au début de l'été 1967, lorsqu'il se met à rechercher des jeunes hommes pour constituer son armée ou sa milice privée — il préfère le second terme. C'est une époque où la *Zengakuren* des étudiants de gauche a entrepris pour de bon sa campagne contre le gouvernement, et où des groupes, peu nombreux il est vrai, d'étudiants de droite, se sont organisés contre l'extrême gauche. Mishima dispose donc d'un certain nombre d'endroits où rechercher ses recrues éventuelles. Il se fixe sur deux groupes : un petit contingent d'étudiants qui publient une revue de droite peu connue, le *Ronso Journal,* contingent dont le chef est un étudiant du nom de Kuramochi ;

un groupe d'étudiants de l'université Waseda, l'université de Tokyo où l'extrême gauche est la plus active. Parmi eux se trouve un jeune homme de vingt et un ans, originaire de Yokkaichi, ville côtière proche de Nagoya ; il s'appelle Masakatsu Morita. Au cours de l'année 1967, Mishima reste en contact avec les deux groupes d'étudiants ; bien que des deux il préfère le groupe Waseda — peut-être parce qu'il est cohérent, bien défini —, il se voit forcé de se rabattre sur l'appui des jeunes gens du *Ronso Journal* étant donné qu'au début, le groupe Waseda ne veut pas entendre parler de Mishima qu'il prend pour un exhibitionniste excentrique.

Mishima inaugure ses activités avec les jeunes du *Ronso Journal* — activités qui se bornent d'abord à des rencontres et à de longues conversations — lors d'une séance qui a lieu dans les bureaux de la revue. Un des assistants a raconté la scène à Azusa Hiraoka, et nous devons au père de Mishima cette description d'une scène qui pourrait sortir en droite ligne d'un passage morbide de *Confession d'un masque*. Une douzaine de personnes se trouvaient là, réunies autour d'une table, dans le minable bureau de l'immeuble de Kami-Itabashi où le *Ronso Journal* avait son quartier général. « Sur une feuille de papier, il (Mishima) écrivit à la *sumi* (encre de Chine) : *Par la présente, nous jurons d'être la base du* Kokoku Nippon (Japon impérial). Alors, il s'entailla le petit doigt au moyen d'un canif, et pria chacun des autres de faire comme lui. Tous, debout, firent couler le sang de leurs doigts dans une coupe jusqu'à ce qu'elle fût pleine ; alors, chacun plongea un *mohitsu* (pinceau) dans la coupe, et signa avec le sang la feuille de papier... Certains se sentaient défaillir ; l'un dut aller vomir en toute hâte. Alors, Mishima proposa de boire le sang... Il prit le verre, et demanda : *Y a-t-il ici quelqu'un de malade ? Personne d'entre vous n'a de maladie vénérienne ?* Il semblait que non. Il demanda une salière et sala la tasse : puis il en but. Les autres suivirent son exemple. *Quelle belle bande de Draculas !* s'écria Mishima en regardant autour de lui les jeunes gens aux lèvres et aux dents sanglantes, et en riant de son rire rauque. Après quoi, les étudiants placèrent la coupe, avec ce qui restait du sang, dans le coffre-fort du *Ronso Journal*. Ensuite, Mishima commanda du café et des gâteaux ; ils s'assirent pour prendre ce léger repas.

Dès le départ, cette petite organisation, qui va devenir la Tatenokai, est pour Mishima un véhicule personnel. Au début du printemps 1968, Mishima, en train d'organiser son premier groupe à entraîner au Camp Fuji avec les Jieitai, fait appel aux étudiants de Waseda pour envoyer une douzaine des leurs afin de faire partie de son groupe. Un certain nombre de ses propres hommes lui ont fait faux bond — des jeunes gens auxquels il a plu de se lier avec un homme célèbre, mais qui n'ont guère envie de participer à quelque forme d'action que ce soit ; quelques-uns ont été rebutés par la demande de se couper les cheveux. Les étudiants de Waseda répugnent à suivre Mishima ; ce n'est qu'au dernier moment qu'une demi-douzaine d'entre eux le rejoignent au sein du groupe qui s'entraîne au Camp Fuji, en mars 1968. Morita, qui s'est cassé la jambe un mois plus tôt dans un accident, se joint le dernier de tous au groupe. Mishima se prend pour lui d'une immédiate sympathie, chante ses louanges devant les autres, le félicite d'accepter de s'entraîner malgré sa jambe plâtrée. Dans une lettre écrite du Camp Fuji à un ami, Morita parle de Mishima en utilisant le terme honorifique de « *sensei* » (« maître »), ce qui montre clairement qu'il le reconnaît pour chef. Les deux hommes se lient d'amitié.

Morita, c'est la clef des événements qui suivent. Dernier-né, deux semaines avant la fin de la guerre, dans la famille d'un pauvre directeur d'école secondaire, son prénom, Masakatsu, « la victoire à tout prix » selon une traduction littérale des caractères, reflète la foi patriotique de son père que le Japon gagnera la guerre. Orphelin à deux ans, l'enfant, élevé par son frère aîné, Osamu, est envoyé dans une école de missionnaires catholiques de Yokkaichi, où il révèle un tempérament de chef. En tête de sa classe à l'école supérieure, bien que son travail scolaire ne dépasse guère la moyenne, Morita préfère le judo, sport japonais, au base-ball, jeu populaire au Japon ; il ambitionne de devenir un homme politique conservateur, but extraordinaire chez quelqu'un d'aussi jeune. La plupart des Japonais de son âge sont de gauche ou *non-pori* (apolitiques). Un frère cadet d'Ichiro Kono, le principal politicien conservateur indépendant du jour, conseille à Morita d'effectuer des études universitaires avant de se mêler de politique ; Morita entre donc à Waseda à son troisième essai, au printemps 1966, époque où des étudiants de gauche ont envahi l'université. Waseda, l'endroit dont rêve Morita, est le centre de l'activité estudiantine d'extrême gauche de la nation. Morita réagit contre la *Zengaku-ren* en s'affiliant à un nouveau club d'étudiants d'extrême droite de l'université, le *Nichigakudo* (Mouvement des étudiants japonais), une organisation minuscule.

Si Morita et Mishima se rencontrent, au départ, c'est à cause de la ressemblance de leurs idées politiques. Tous deux font partie des rares Japonais qui estiment qu'il faut s'opposer par la force à la *Zengakuren* ; tous deux veulent diriger des groupes de combat contre les étudiants de gauche ; tous deux, ardents impérialistes, écrivent des pamphlets — indépendamment — réclamant pour le Japon la bombe H. Des gens d'un tel caractère, étant donné leur rareté, ne pouvaient manquer de s'associer ; aussi, Mishima et Morita, se rendant compte de tout ce qu'ils ont en commun, collaboreront-ils ensemble après le printemps 1968. Mishima assiste à des meetings, présidés par Morita, d'étudiants de droite ; quant à Morita, il assure la présence aux côtés de Mishima des étudiants de Waseda. Kuramochi, l'homme du *Ronso Journal,* est le leader étudiant officiel de la Tatenokai lors de sa fondation le 5 octobre 1968, date où sont posés ses principes :

(I) Le communisme, incompatible avec la tradition, la culture et l'histoire japonaises, s'oppose au régime impérial.
(II) L'Empereur est l'unique symbole de notre communauté historique et culturelle, ainsi que de notre identité raciale.
(III) Devant la menace que représente le communisme, le recours à la violence est justifié.

Sous les ordres de Mishima, Morita devient peu à peu le véritable chef étudiant de la Tatenokai. Son inflexible détermination, la lenteur assurée de son caractère plaisent aux autres étudiants. Il n'est pas gêné par le goût du clinquant chez Mishima — un grand nombre des meilleures recrues quittent l'organisation au cours de l'été 1968, quand Mishima leur montre le nouvel uniforme de la Tatenokai. Les luttes intestines entre membres de la Tatenokai sous Mishima ne dérangent pas non plus Morita. Son tempérament impassible et sa situation de favori de Mishima lui évitent d'être mêlé aux aigres disputes entre factions rivales.

Mishima organise la Tatenokai en huit sections indépendantes, dont les chefs sont responsables envers lui seul. Chaque section comporte une dizaine de membres — ce qui fait un total d'environ quatre-vingts membres. Presque toutes les recrues sont des étudiants des universités de la région de Tokyo. Mishima souhaiterait aussi des ouvriers, mais le temps qu'il demande aux membres rend inévitable que la plupart d'entre eux soient des étudiants. L'organisation par Mishima de la Tatenokai en sections qu'il contrôle indépendamment chacune est adroite, mais il dirige mal. L'armée privée se dit impérialiste ; pourtant, étant donné la confusion de la pensée de Mishima au sujet de l'Empereur, il ne peut donner à ses étudiants le genre de directives réalistes qui feraient une réalité de la Tatenokai.

Au cours de l'été 1968, il écrit un essai qui montre la confusion de sa pensée au sujet de l'Empereur. Cet essai, c'est *Bunkaboeiron* (*De la Défense de la culture*), sur lequel il peine durant près d'un an. Il conclut : « Les honneurs militaires, eux aussi, doivent être décernés par l'Empereur en tant que concept culturel. Comme je le crois légalement réalisable sous l'actuelle constitution, il conviendrait de rétablir en fait la prérogative impériale d'accorder les honneurs. L'Empereur devrait non seulement recevoir les saluts militaires, mais présenter en personne le drapeau. »

La faiblesse de *Bunkaboeiron,* c'est que Mishima n'y fait aucune tentative pour lier le thème principal de l'essai — que l'Empereur est un symbole culturel — à sa conclusion militariste, évocatrice de l'impérialisme d'avant-guerre où l'Empereur était le symbole divin de la nation doublé du commandant suprême des forces armées (et de fait, il présentait le drapeau).

Dans la revue *Queen* (janvier 1970), Mishima se livre à une défense bavarde et peu convaincante de la Tatenokai : « Ma *Shield Society* (SS) (Société-Bouclier, traduction littérale de « Tatenokai ») n'a qu'une centaine de membres : c'est la plus petite armée du monde, et je n'ai pas l'intention de l'agrandir. Mes hommes ne reçoivent aucune solde, mais deux fois par an un nouvel uniforme, képi et bottes. Cet uniforme, spécialement dessiné pour les SS, est tellement saisissant que les passants s'arrêtent dans la rue, médusés. J'ai dessiné le drapeau, qui montre deux anciens casques japonais, rouges sur fond de soie blanche ; ce motif simple apparaît également sur nos képis et sur nos boutons d'uniformes.

« Les membres de la SS, pour la plupart, sont des étudiants de l'université...

« La SS est une armée de réserve. Impossible de savoir quand sonnera notre heure. Peut-être ne sonnera-t-elle jamais ; au contraire, il est possible qu'elle sonne demain. D'ici là, les SS resteront tranquillement le doigt sur la gâchette. Pour nous point de manifestations de rues, point d'affiches, point de cocktails Molotov, point de harangues, point de jets de pierres. Jusqu'au dernier instant désespéré, nous refuserons de nous engager dans l'action. Car nous sommes l'armée la moins armée, la plus spirituelle.

« Certaines gens nous traitent avec moquerie de soldats de plomb. Voyons. Quand je suis de service, le clairon me tire du lit au point du jour... »

L'attitude de Mishima envers la Tatenokai se reflète dans l'hymne qu'il a composé pour elle (Ivan Morris m'en a communiqué une traduction en langue anglaise) :

> L'été, l'éclair ;
> L'hiver, le gel —
> Au pied du Fuji-Yama
> Nous sommes venus en pleine forme.
> Nous voici debout, nous autres jeunes guerriers ;
> Nous voici debout, tout armés.
> Le pur esprit du vieux Yamato
> Est l'arme que nous portons.
> Sur nos sabres bien trempés
> Brille la couleur du ciel.
> En avant, courage,
> Bouclier en avant !
>
> Nous devons cacher notre grand chagrin,
> Dissimuler notre grand rêve —
> Dans notre pays tombé si bas,
> Tous, nous fronçons un sourcil consterné

Car quel fils de Yamato
Demeurerait indifférent
Tandis que l'ennemi fait rage
Et souille notre cher pays ?
La vraie âme de Yamato,
C'est le sang de notre jeunesse
Qui si bravement s'avance,
Bouclier en avant !

Le fier cimier de nos casques,
C'est le bouclier que nous portons —
Pour protéger notre Empereur bien-aimé
Contre les tempêtes de la nuit.
La rouge lueur de l'aube
Sur les joues fraîches de nos guerriers,
C'est la couleur qui brille
Sur notre Drapeau de Grande Vérité.
De la sombre corruption nocturne,
Nous, clairs jeunes, nous sommes levés d'un bond
Pour nous avancer fièrement,
Bouclier en avant !

Pique-nique sur le Fuji-Yama

Début mars 1969, Mishima m'invita à assister à l'entraîne-ment de la Tatenokai dans un camp des Jieitai (Forces d'autodéfense) sur le Fuji-Yama. Pour autant que je sache, je fus le premier (et dernier) journaliste à voir la Tatenokai sur le terrain. Après ma visite du Camp Fuji et la publication dans le *Times* d'un article décrivant la Tatenokai, le programme d'entraînement fut interdit à la presse.

C'est à contrecœur, il m'en souvient, que je me frayais un chemin à travers la foule de la gare Shinjuku à Tokyo pour me rendre au Fuji-Yama. Je devais assister à toute une nuit d'exercices de la Tatenokai ; et mon inquiétude, la cause de ma répugnance, c'était le temps qu'il faisait. La nuit précédente, près de cinquante centimètres de neige étaient tombés sur Tokyo, et Dieu seul savait combien il en avait pu tomber sur le Fuji-Yama. La neige alourdissait les arbres de mon jardin, au centre de Tokyo ; vers midi, elle s'était mise à fondre. Mais sur le Fuji-Yama, il ferait beaucoup plus froid, un froid véritablement mordant la nuit — ce n'étaient pas là des conditions idéales pour une nuit complète d'exercices. Si je partais à reculons, c'est aussi que je doutais que cette excursion me soit bien utile en tant que journaliste. A Tokyo, je pouvais voir Mishima presque à tout moment ; je n'avais pas besoin d'aller jusqu'au Fuji-Yama pour le rencontrer. L'unique argument en faveur de mon voyage, ç'avait été de voir la Tatenokai à l'entraînement ; mais par un temps pareil, le jeu en valait-il la chandelle ?

A l'époque, comme presque tout le monde au Japon, je savais fort peu de chose sur cette organisation créée de fraîche date, hormis ce que m'en avait révélé Mishima dans une ou deux conversations brèves. Il avait traduit « Tatenokai » par Société-Bouclier d'après *tate,* bouclier, et *kai,* société. Il avait nommé la Tatenokai d'après un court poème extrait de l'anthologie classique japonaise du VIIIᵉ siècle, le *Manyoshu* — poème où un guerrier risque sa vie pour protéger contre l'ennemi son seigneur et maître, l'Empereur. Pendant la guerre, ce poème avait joui d'une grande popularité chez les soldats.

> *Aujourd'hui, je pars*
> *Sans souci de ma vie,*
> *Bouclier de l'Empereur.*

La Tatenokai devait tenir lieu de bouclier contre la menace communiste envers la personne de l'Empereur.

Je savais que Mishima venait de créer la Tatenokai, et la finançait pour une large part ; que les membres étaient peu nombreux ; que les Jieitai entraînaient certains membres du groupe. C'était ce fait qui m'intriguait. D'après ce qu'avait déclaré Mishima, le programme d'entraînement était unique — mais pourquoi les Jieitai entraînaient-elles une organisation comme la Tatenokai, « l'armée la plus petite et la plus spirituelle du monde », ainsi qu'il la décrivait ? Ce faisant, les Jieitai semblaient enfreindre la règle fondamentale qui gouvernait les relations entre les forces armées et les civils depuis la fin de la guerre : que les Jieitai ne devraient jouer aucun rôle politique d'aucune sorte. De quelque manière qu'on l'envisageât, la Tatenokai sentait l'organisation de droite. Certes,

253

Mishima n'était pas lié à la droite traditionnelle du Japon, laquelle a tendance à n'être guère plus qu'un groupe de gangsters hautement raffinés ; mais il s'était acquis la réputation d'avoir des opinions de droite, et il avait fondé la Tatenokai. En réalité, les Jieitai facilitaient l'entraînement d'un groupe organisé par un écrivain dont les idées sur la politique au Japon, si l'on en croyait ses écrits, ne se distinguaient pratiquement pas, à maints égards, de celles que les militaires japonais professaient avant et pendant la guerre.

Je savais que le point de vue politique, sur la Tatenokai, n'était pas le seul possible, et que bien des gens doutaient du sérieux de Mishima en matière de politique. A Tokyo, l'on tendait à rejeter la Tatenokai comme une folle plaisanterie. Une opinion voulait que Mishima eût créé cette organisation sur un coup de tête personnel, et qu'elle ne fût que le jouet pittoresque d'un être fort enclin à l'exhibitionnisme. Deuxième théorie, colportée par certains journalistes japonais : la Tatenokai n'était qu'un club homosexuel. Mais j'avais beau être habitué à tenir compte des joyeuses extrémités où se portait Mishima dans ses entreprises extra-littéraires, je ne le voyais pas bien créant la Tatenokai pour y rencontrer de beaux garçons ; le moyen eût été par trop tiré par les cheveux. Que Mishima eût des tendances homosexuelles, ses romans *Confession d'un masque* et *Couleurs interdites,* avec ses « sombres évocations des bas-fonds sodomites de Tokyo » — suivant l'expression de Donald Keene —, l'avaient de longue date laissé entendre. Pourtant, je n'en savais pas davantage sur cet aspect de sa vie privée, et n'allais sûrement pas traiter ce sujet à l'intention du *Times.* En tant que journaliste, je me demandais si la Tatenokai était une organisation de droite ou le simple joujou de l'écrivain. En réalité, je m'étais presque décidé d'instinct, plus ou moins, pour la première éventualité ; mais il ne me semblait guère nécessaire de prendre part à toute une nuit d'entraînement sur le Fuji-Yama pour vérifier mes conclusions. Rien ne pressait ; même la presse japonaise ignorait complètement la Tatenokai, et *moi,* je ne m'y intéressais que parce que je connaissais Mishima personnellement.

Ce dernier, pourtant, avait prévu ma répugnance à pousser jusqu'à sa conclusion l'idée excentrique d'un reportage à minuit sur le Fuji-Yama. Me considérant comme peu ponctuel et peu fiable, ce qui était sûrement le cas selon ses rigoureux critères, il avait pris des dispositions qui rendaient la fuite malaisée. Au début de la semaine, il avait téléphoné pour se faire confirmer que je me rendrais bien au Camp Fuji des Jieitai, le jeudi 13 mars ; il avait assuré que je serais l'unique journaliste à prendre part aux manœuvres. M'ayant de la sorte appâté, puis m'ayant fait confirmer mon intention de prendre part aux exercices, il avait refermé le piège. En cinq années de reportages au Japon, jamais je n'avais reçu d'instructions aussi détaillées. Je devais prendre à Shinjuku le train de 15 h 10, lequel arriverait à 16 h 46 en gare de Gotemba sur le flanc sud du Fuji-Yama. Deux jeunes assistants de Mishima, Maeda et Nakatsuji, que j'avais rencontrés une fois avec lui dans une salle de karaté, et connaissais vaguement, me devaient mettre au train ; à Gotemba, je devais prendre la sortie côté Fuji-Yama, où m'attendrait un sergent des Jieitai du nom d'Imai, qui m'accompagnerait au Camp Fuji. Pour le cas où ces dispositions se révéleraient insuffisantes, Mishima me donnait le numéro de téléphone de l'auberge de Gotemba, la Fujimotoya (« auberge du pied du Fuji-Yama »), où il m'avait retenu une chambre, et me conseillait de téléphoner là-bas si je me trouvais en difficulté. Même le Soka Gakkai, le très actif et très efficace mouvement bouddhiste, ne vous donnait pas des instructions aussi détaillées.

Ayant donc perdu tout espoir de me décommander à la dernière minute, je m'étais rendu à Shinjuku cet après-midi-là. Je trouvai mon chemin à travers le dédale, qui ne m'était pas familier, de boutiques, de passages souterrains, de quais, et finis par arriver à la ligne Odakyu. Noir de monde était le quai du train de 15 h 10 en partance pour Gotemba. Les gens faisaient queue entre les lignes peintes en blanc sur le quai, attendant de prendre d'assaut les wagons dès l'ouverture des portières ; d'autres couraient çà et là pour essayer d'avoir des places retenues. Scène de frénésie disciplinée, particulière au Japon. Dans la foule, je distinguai trois jeunes gens d'aspect athlétique, en costume et cravate sombres ; le visage de deux d'entre eux m'était familier. Leurs yeux aux aguets rencontrèrent les miens. C'étaient des journalistes d'une petite revue de droite avec laquelle Mishima se trouvait lié, le *Ronso Journal*. Nous échangeâmes des révérences ; ils me dirent qu'il serait bientôt l'heure de monter dans le train, un express doté d'une voiture panoramique. Il s'agissait de la « Voiture sentimentale », ainsi nommée par la ligne Odakyu en l'honneur des amoureux du week-end et des couples en lune de miel dont elle espérait s'attirer la clientèle. Quand les portières automatiques s'ouvrirent, mes guides me firent signe de monter, et me conduisirent à ma place. A ma surprise, ils s'assirent également : comme ils avaient trois séries de billets, il était clair qu'ils allaient m'accompagner jusqu'à Gotemba. Le troisième membre du groupe, resté sur le quai, nous jetait de temps à autre un coup d'œil ; il était chargé de téléphoner à Gotemba pour confirmer que nous étions bien partis.

Mishima n'avait rien laissé au hasard. J'avais beau être honoré du soin extrême qu'il prenait pour que j'arrive à bon port, je me demandais pourquoi il se donnait tant de mal. L'explication devait être son grand désir de publicité pour la Tatenokai, et qu'il considérait le *Times* de Londres comme un véhicule adéquat. N'ayant pas réussi à la faire prendre très au sérieux au Japon, il espérait susciter un peu d'attention au-delà des mers. (Le goût qu'avait Mishima de la publicité personnelle, ainsi que le caractère érotique de ses écrits, m'évoquaient Norman Mailer ; mais les deux hommes n'avaient pas grand-chose d'autre en commun si ce n'est un intérêt pour la boxe.)

A 15 h 10 précises, le train partit de Shinjuku. Notre départ fut suivi d'annonces par haut-parleur concernant notre voyage, faites dans l'agaçant ton de mélopée qu'adoptent les Japonaises pour s'adresser au public. Puis des jeunes femmes en uniforme nous apportèrent des essuie-mains, des horaires, des menus pour le thé. Avant l'arrivée du thé, mes compagnons me montrèrent un exemplaire du *Ronso Journal*, livraison n° 27. Je n'avais jamais vu cette revue ; elle piqua mon intérêt : je me demandais si elle pourrait m'éclairer sur les opinions politiques des membres de la Tatenokai, dont mes deux compagnons faisaient partie. Mais si j'avais espéré une publication de fanatiques de l'extrême droite, je fus déçu. En couverture figurait la face épanouie du Premier ministre Satō, la personnalité de droite la moins charismatique que l'on pût imaginer, un allié des grandes entreprises. Un article sur le *Zengakuren* de gauche, le mouvement de masse des étudiants, appela mon attention : il évoquait la récente débâcle des forces des factions, ou groupes internes, du *Zengakuren* ; il semblait s'agir d'une information policière. Deux semaines auparavant, j'étais allé à la prison de Sugamo voir un chef de la plus importante de ces factions ; à l'époque, une question me préoccupait : la Tateno-kai représentait-elle une réaction, bien que tardive, aux activités de ces étudiants de gauche, dont la police avait alors entièrement brisé les mouvements, et emprisonné les chefs ? Je bavardai là-dessus avec mes deux compagnons ; mais la barrière des langues nous empêcha de pousser très avant.

Je recommençai de m'intéresser au temps qu'il faisait. En route depuis trois quarts d'heure, nous étions déjà près des premiers contreforts du Fuji-Yama ; en regardant par les fenêtres la neige épaisse qui recouvrait les villages, et la circulation ralentie sur les routes, je me demandais comment les vêtements que j'avais apportés résisteraient à la nuit à venir. A la différence des deux jeunes gens, qui portaient des complets-vestons, je m'étais mis en tenue de ski, en prévision de la nuit ; j'avais apporté de gros pulls et un anorak noir pour mettre par-dessus. Je m'étais aussi muni de mon arme secrète contre le froid, une *haragake* japonaise, ceinture de laine que l'on s'enroule autour du ventre. Les chaussures avaient posé le plus gros problème : j'avais eu le choix entre de lourds souliers de ski, et une paire de bottines américaines du Viêt-nam, à parois de toile ; j'avais pris les premiers, bien qu'ils fussent énormes. J'avais eu raison. Par les fenêtres, nous ne voyions que nuages jaunes, annonciateurs d'une nuit mordante. Je n'avais jamais été aussi près du Fuji-Yama ; pourtant, nous ne pouvions distinguer que des nuages chargés de neige.

En gare de Gotemba, nous sautâmes sur un quai neigeux, et fûmes accueillis par un homme en uniforme gris-bleu auquel on avait communiqué le numéro de nos places, ce qui lui avait permis de nous identifier. Il nous fit le salut militaire et se présenta : sergent Imai. Nous nous hâtâmes de franchir le portillon aux billets. Devant la gare, stationnée de manière à ne pas gêner la circulation, nous attendait une petite Jeep Willys de type américain, conduite à gauche. Le siège situé à côté du conducteur était houssé de blanc ; on me donna cette place d'honneur, devant laquelle on avait mis dans un petit vase une fleur de Hong Kong jaune en plastique. Mes compagnons s'assirent à l'arrière de la Jeep ; nous parcourûmes rapidement la rue principale, neigeuse, de la petite ville de Gotemba, dépassâmes une rangée de boutiques, et quittâmes la ville par une route droite en direction du Fuji-Yama dont nous distinguions les forêts à travers la grisaille. Au bout d'une ou deux minutes, la Jeep ralentit, et nous virâmes à droite pour franchir les portes d'un enclos militaire, nous attirant le prompt salut des sentinelles. Ponctuels comme une horloge, à cinq heures moins le quart, nous arrivâmes au quartier général du régiment, long bâtiment quelconque où l'on nous fit entrer rapidement ; à la porte, les deux hommes du *Ronso Journal* tournèrent d'un côté pendant que l'on me conduisait dans le sens opposé, le sergent chargé de mon sac de week-end contenant les lainages.

Une fois entré dans le bâtiment, je fus mené par un couloir jusqu'à une porte où mon guide frappa bruyamment. Nous pénétrâmes dans un petit bureau doté d'une large table. Aux murs, un drapeau du régiment et des pancartes ; l'une d'elles, en grosses lettres *katakana* que j'avais appris à déchiffrer, vantait *Chiimu-waaku,* le travail d'équipe. D'un côté, j'avais un gros bocal de poissons rouges, et de l'autre un fauteuil vide, devant la table. C'était un confortable bureau de militaire. Un homme en uniforme, que je supposai être le chef du régiment, se leva en souriant pour m'accueillir. Tandis que nous nous serrions la main, il tira de sa poche du devant une petite *meishi* blanche, la carte de visite sans laquelle on est tout nu, sans laquelle on n'est personne au Japon. De la main gauche, je jouai ma propre *meishi ;* plusieurs années auparavant, j'avais appris à exécuter ce tour de carte ; chacun de nous examina les lettres de créance de l'autre. J'avais devant moi Hiroshi Fukamizu, le colonel commandant le régiment d'infanterie basé au Camp Fuji, responsable de l'école militaire de Fuji. Avec les manières d'un Japonais fort habitué à rencontrer des étrangers, il désigna le siège vide à côté de moi, et donna l'ordre au sergent de me laisser mon sac.

Le troisième homme qui se trouvait dans la pièce était Mishima. J'avais eu beau le rencontrer bien des fois, sa petite stature me surprit. Il m'arrivait au-dessus de l'épaule, mais sa taille paraissait toujours l'intimider comme s'il se fût pris pour un nain. Cette tête célèbre aux épais sourcils noirs, aux larges yeux fixes, aux oreilles un tantinet décollées, sembla un instant mal assurée sur les épaules. Il s'avança ; nous nous donnâmes une poignée de main. A l'invitation du colonel, je me hâtai de m'asseoir, et vis Mishima se détendre en s'asseyant lui aussi, et en tirant une cigarette d'une boîte en fer de Peace qu'il avait sur lui. La vue de ma tenue de ski, de mes souliers le fit sourire. Pour ma part, c'était la première fois que je le contemplais dans son rôle de soldat, en treillis et jersey brun à col roulé, les cheveux plus courts encore que d'habitude ; sur son vaste crâne, une petite brosse noire subsistait seule.

Le colonel, une fois les salutations achevées, exprima des doutes au sujet de mes brodequins. Par ce mauvais temps, dans la neige épaisse, je n'irais pas loin avec. Affaire d'habitude, répliquai-je ; je les avais achetés six ans plus tôt, et connaissais leur poids. Fukamizu sourit, peu rassuré, et diplomatiquement détourna la conversation sur le thème des souliers de ses propres hommes. Le budget des Jieitai ne suffisait pas à couvrir les dépenses nécessaires, disait-il, et le Camp Fuji manquait même de chaussures. Je le croyais sans peine : les uniformes gris-bleu adoptés près de vingt ans plus tôt, la façade pelée des bâtiments, la Jeep Willys, tout cela racontait la même histoire : manque de fonds. Si l'on comparait aux budgets de défense européens le budget militaire japonais, il était réduit, à l'époque ; mais le véritable contraste l'opposait aux Américains, dont les forces occupaient le sol japonais. Il faudrait du temps pour rétablir la situation et chausser convenablement les hommes, déclarait Fukamizu, approuvé par Mishima qui tirait sur sa cigarette Peace.

A ce moment, on sonna le clairon ; le commandant se leva de son fauteuil, derrière le bureau. Il était cinq heures de l'après-midi, l'heure du repas du soir, expliqua Mishima. Nous sortîmes derrière l'officier en chef, qui nous conduisit à un mess proche où nous rejoignit une demi-douzaine d'officiers. Menu : crevettes frites, avec une délicieuse salade, et de la soupe chaude. Je soupçonnais qu'il s'agissait là d'un souper spécial en mon honneur — j'étais en train d'accumuler des obligations morales ; toutefois, n'étant pas japonais, je pouvais m'épargner les subtils calculs auxquels un Japonais doit se livrer en de telles circonstances. A table, la conversation roulait sur la politique ; mais je n'écoutais que d'une oreille la traduction de Mishima : je me bourrais de combustible en vue de la longue nuit à venir ; peut-être était-ce notre dernier repas chaud avant des heures et des heures. Les officiers parlaient de la situation à Gotemba, où l'on venait d'élire un maire conservateur, ainsi que du problème des *iriaiken,* les droits d'entrée des fermiers et des forestiers sur les terrains militaires autour du Fuji-Yama. Sur le flanc nord de la montagne, il y avait eu des ennuis à un champ de tir d'artillerie où des fermiers avaient interrompu les exercices. Les partis politiques d'opposition de Tokyo, ainsi que la presse nationale, soutenaient les fermiers. C'était en réduction le problème des Jieitai au Japon ; les forces armées n'avaient point de place admise dans la société d'après-guerre.

A mon grand soulagement, j'appris enfin qu'en raison du mauvais temps et de la neige épaisse on avait annulé la nuit d'exercices de la Tatenokai. Pour une fois, les projets de Mishima se trouvaient contrecarrés. Depuis que nous nous connaissions, c'était la première fois qu'il était forcé de modifier complètement ses projets ; mais il fit contre mauvaise fortune bon cœur. D'une voix forte, il discuta du programme d'entraînement de la Tatenokai au camp, en assimilant au Fort Benning des Etats-Unis le Camp Fuji. La comparaison entre les deux principaux camps d'entraînement des deux pays était un peu tirée par les cheveux, étant donné que le premier est beaucoup plus grand ; mais comme à son habitude, Mishima voulait que tout fût plus grand que nature, conformément à sa vision romantique du monde. L'entraînement de la Tatenokai marchait fort bien, à ce qu'il déclarait. Au camp, il y avait deux groupes ; l'un, de deux douzaines d'hommes, suivait un cours de perfectionnement d'une semaine ; l'autre demeurerait avec Mishima tout un mois au camp. Mishima s'enorgueillissait du fait qu'ils couraient sur un kilomètre et demi chaque jour, et marchaient sur quarante-cinq kilomètres ; mais étant donné les conditions météorologiques, il n'en irait pas ainsi. Grâce au temps qu'il faisait, nous avions tous droit à un répit.

Si j'avais fini par échapper à la nuit d'exercices, Mishima me réservait une expérience qui, bien que différente, était tout aussi rude que de battre de nuit les forêts du Fuji-Yama. Après le repas du soir, il proposa que nous allions voir la Tatenokai, cantonnée dans les parages. Nous quittâmes le quartier général du régiment pour effectuer une marche pénible à travers la neige. Des lumières brillaient dans une caserne proche ; Mishima m'y conduisit, et le long d'un corridor de ce bâtiment. Il s'arrêta devant une porte, l'ouvrit brusquement ; nous entrâmes. La pièce était pleine de jeunes Japonais en treillis. Certains se tenaient assis à une longue table, près de nous ; d'autres, étendus sur leurs couchettes à deux étages, qui occupaient une grande partie de la salle, lisaient des *manga* (bandes dessinées) ou bavardaient. Comme il s'agissait d'une heure de détente, il ne régnait aucune de ces activités que j'associais aux casernes : polissage de souliers, repassage d'uniformes. Un ou deux de ces jeunes gens s'avancèrent pour se joindre à Mishima et moi tandis que nous prenions place à la table, près de la porte ; d'autres reculèrent vers le fond. Jeu de scène organisé d'avance, sans aucun doute ; Mishima ne laissait pas au hasard ce genre de chose.

Je lui demandai si je pouvais poser des questions aux membres de la Tatenokai ; il me présenta aux quelques jeunes gens assis avec nous comme étant Stokes-*san,* du *Times* de Londres ; ce faisant, il tirait de sa boîte en fer une cigarette ; il allait me servir d'interprète. La plupart des membres de la Tatenokai étaient des étudiants de l'université. Tel fut le premier point que j'établis en m'entretenant avec un étudiant, âgé de vingt-deux ans, de l'Université Waseda de Tokyo. Je demandai à ce jeune homme, Ikebe, pourquoi il était entré dans la Tatenokai. Réponse : ce qui l'avait attiré, c'est ce qu'il nommait la *jintoku* de Mishima, terme que l'écrivain traduisit par « personnalité ». Je devais comprendre, ajouta-t-il, que la Tatenokai n'était pas une organisation codée ; par quoi il devait vouloir dire qu'elle n'était pas secrète, et en aucune façon dangereuse ; Mishima s'exprimait d'ordinaire en un excellent anglais ; pourtant, cette fois, des problèmes de traduction se posaient à nous. Je soupçonnai l'existence d'une seconde barrière à la communication. J'avais le sentiment que Mishima avait soufflé aux étudiants ce qu'ils devaient me dire ; à savoir, que la Tatenokai n'était pas dangereuse. Si oui, Mishima avait deviné juste ; j'étais venu au Camp Fuji avec l'idée que la Tatenokai était un groupe extrémiste ; ce mouvement ne me plaisait pas, pour la simple raison que je le croyais de droite.

Mais l'étudiant avec lequel je causai ensuite adopta une attitude nettement indépendante, et mes réserves, quant au tour que prenait la rencontre, tombèrent. Mishima l'avait présenté sous le nom de Morita ; il s'agissait d'un étudiant de Waseda, âgé de vingt-trois ans. L'aspect de Morita ne présentait rien d'extraordinaire, il ne fit sur moi aucune impression ; au point que par la suite, je ne pus me rappeler à quoi il ressemblait ; il avait l'air sérieux et, à première vue, bête ; aussi ne vis-je en lui qu'un étudiant consciencieux qui jouait dans la Tatenokai un rôle de premier plan. (Plus tard, après son suicide avec Mishima, en regardant certaines photographies de Morita je parvins à me rappeler ses traits : les joues lourdes que l'on trouve chez quelques visages japonais, de grosses mâchoires inférieures s'épaississant vers les oreilles, et suggérant la force de caractère. Il n'était pas beau ; nulle trace de sensibilité dans sa lourde face ; sur son front, aucun signe d'intelligence. Mais sa forte personnalité n'était pas douteuse ; il s'agissait d'un chef-né.)

Morita bavarda sur lui-même : en réponse à ma question, il expliqua longuement les raisons qui l'avaient poussé à entrer dans la Tatenokai. Au Japon, trop peu de gens se souciaient de l'intérêt national, disait-il. A Waseda, il avait été choqué de constater combien les étudiants de la *Zengakuren* étaient actifs, et combien leurs manifestations à l'université étaient destructrices. Il avait aussi jugé faux que le grand public japonais les eût considérés comme représentatifs de la totalité des étudiants de Waseda. S'étant affilié à des groupes d'étudiants anti-*Zengakuren* à l'université, il était devenu le chef d'une de ces petites organisations, le Club contre-protecteur, suivant la traduction par Mishima de son appellation japonaise. Ce mouvement ne lui avait pas donné satisfaction : de tels groupes d'étudiants ne faisaient en réalité pas grand-chose ; afin de mieux comprendre la situation, il avait lu les œuvres d'écrivains nationalistes japonais. Or, une fois de plus, ses efforts avaient été vains. Il avait fini par se tourner vers la Tatenokai pour étudier les techniques militaires. Il concluait en disant, via Mishima qui traduisait à la troisième personne : « A sa manière, il veut suivre Mishima... Mishima est lié à l'Empereur. »

Je demandai à Morita ce qu'il entendait par ces paroles, et en particulier quel était le sens de l'expression « lié à l'Empereur ». A son avis, de quelle manière son chef était-il lié à l'Empereur ? Quand Mishima lui traduisit mes questions, Morita sembla troublé, confus. Il regardait autour de lui comme en peine de répondre ; un moment, il parut qu'il ne répondrait pas. Quand sa réponse arriva, elle était peut-être dépourvue de sens ; en tout cas, les membres de phrase que traduisit Mishima étaient décousus. Morita parlait de « la culture japonaise » et de « ses propres émotions » ; c'était à travers elles qu'il pouvait saisir « la relation entre l'Empereur et la mentalité de Mishima ». Au cours de ce processus, les livres n'avaient été d'aucun secours ; Morita n'avait « jamais tenté de saisir par la lecture de livres » ce qu'il comprenait par le sentiment. En ce qui touchait Mishima, Morita le félicitait de « garder le sens de la tradition... non grâce à la politique » mais par son « approche personnelle ».

Morita n'était pas facile à comprendre ; pourtant, je croyais saisir ses deux arguments principaux. Le premier, c'était l'importance, pour la Tatenokai, du concept d'Empereur ; le deuxième, la puissance du sentiment personnel qu'il éprouvait envers Mishima. C'était le premier point qui m'intéressait. Si le culte de l'Empereur se trouvait au centre de la Tatenokai, alors, il convenait en effet de prendre au sérieux cette organisation ; elle n'était pas un joujou de Mishima. (Tout naturellement, ceux qui exaltent l'Empereur, dans le Japon d'après-guerre, passent aux yeux de la plupart des Japonais pour être des héritiers de la tradition militariste des années 1930.)

J'avais le sentiment que si l'Empereur constituait la valeur centrale de la Tatenokai, ainsi que l'avait d'abord laissé entendre le choix fait par Mishima du nom de l'organisation, et comme l'assurait Morita, alors il s'agissait bien d'une organisation dangereuse. Une fois déjà au cours de notre siècle, le culte de l'Empereur avait mené le Japon sur le sentier de la guerre ; une résurrection du militarisme n'était guère souhaitable. Le culte de l'Empereur avait fourni à la fois un motif et une justification aux actes les plus graves : annexion de la Corée en 1910 ; invasion de la Mandchourie en 1931, et création de la république indépendante du Mandchoukouo ; invasion de la Chine du Nord en 1937 ; enfin, attaques de décembre 1941 contre les Alliés, lesquelles avaient précipité la guerre du Pacifique. Derrière ces actes d'agression se profilait une forme de culte de l'Empereur qui avait empoisonné les esprits. Si l'esprit du temps de guerre imprégnait la Tatenokai, alors mes soupçons étaient amplement justifiés. Pourtant, j'avais le sentiment que cela ne pouvait être aussi simple — pas en 1969, et avec Mishima dans l'affaire.

Deuxième argument de Morita : le sentiment puissant qu'il éprouvait pour Mishima en tant qu'individu. Or, à l'époque, j'avais du mal à comprendre ce qu'il voulait dire, ou, au-delà, quel pouvait bien être le rôle de Mishima en tant que chef de la Tatenokai. L'admiration d'hommes beaucoup plus jeunes envers Mishima était toute naturelle. Il avait vingt ans de plus que le plus vieux des étudiants de la Tatenokai ; son éducation datait d'avant et pendant la guerre ; il partageait leurs idées vraisemblablement nationalistes, à la différence de la plupart de ses contemporains. Rien d'étonnant à ce qu'ils admirassent l'un des hommes les plus connus du Japon. L'énigmatique, c'était la relation sur laquelle avait insisté Morita, entre l'Empereur et Yukio Mishima. Le chef des étudiants était un être d'apparence prosaïque, et Mishima un scrupuleux traducteur ; aucun doute possible : à deux reprises, Morita avait parlé de cette relation. Je me fis le raisonnement que Mishima était la seule personne qui pût avoir mis dans la tête des membres de la Tatenokai pareille idée ; c'était bien lui qui devait leur avoir persuadé que d'une façon mystérieuse il se trouvait lié à l'Empereur. La question était de savoir *comment* un homme de l'intelligence de Mishima avait présenté cet argument aux étudiants. Quoi qu'il en fût, j'avais le sentiment que c'était de cette manière qu'il s'était acquis l'affection d'un étudiant aussi impassible que Morita, et celle d'autres membres de la Tatenokai qui avaient accepté de suivre Mishima au Camp Fuji.

Après l'entretien avec Morita et quelques autres, Mishima proposa d'aller voir le deuxième groupe des membres de la Tatenokai, ceux qui, venus passer un mois entier au Camp Fuji, étaient relativement nouveaux dans le groupe. Mishima me conduisit jusqu'à eux. Nous trouvâmes les étudiants dans une longue pièce pareille à celle que nous venions de quitter ; même haut plafond ; mêmes rangées de couchettes ; mêmes jeunes Japonais en treillis, assis sur les lits à bavarder ensemble. Cette fois, je résolus de ne point poser de questions, et Mishima se mit à me parler de certains des étudiants qui se trouvaient avec nous dans la salle. J'observai qu'ils prêtaient attention à nos propos, et écoutaient ceux de Mishima ; fait inhabituel chez des étudiants japonais, quelques-uns d'entre eux pouvaient suivre une conversation en anglais. Un étudiant, me déclara Mishima, avait attendu deux nuits devant le palais impérial pour être le premier de deux cent mille personnes à signer le registre de l'Empereur au nouvel an. Les étudiants qui nous entouraient écoutaient avec attention ; je sentais qu'ils formaient un groupe beaucoup plus vivant, beaucoup plus intelligent que ceux avec lesquels nous venions de nous entretenir. L'un d'eux me demanda : « Croyez-vous qu'il doive y avoir la guerre tous les vingt ans ? Ces temps-ci, de plus en plus d'étudiants ont voulu se battre ; regardez seulement les rues de Tokyo... Qu'en pensez-vous ? » Après avoir brièvement répondu, je demandai à l'étudiant son opinion sur la *Zengakuren,* dans l'espoir de provoquer celui qui m'interrogeait.

« Ils sont très puérils », dit l'un des étudiants d'une voix forte. Il déclencha une petite salve d'applaudissements. « Nous avons des armes à feu, dit un autre ; eux n'ont que des *gewabo* » ; il voulait parler des gourdins portés par les étudiants de gauche lors de leurs combats de rues contre la police. Mishima tempéra aussitôt ce qu'il venait de dire en ajoutant que les membres de la Tatenokai avaient beau porter le fusil au camp, le règlement des Jieitai ne les autorisait pas à tirer. Les étudiants bavardaient bruyamment ; des visages inamicaux me regardaient de haut ; d'autres étudiants riaient et plaisantaient en nous considérant, assis à une table. Mishima me présenta l'étudiant qui avait attendu deux nuits devant le palais impérial, Tanaka, de l'Université d'Asie. « Pourquoi donc avez-vous attendu deux jours et deux nuits devant le palais ? » lui demandai-je. Mishima dut presque crier pour me permettre d'entendre la réponse : « Parce qu'il aime et respecte l'Empereur du fond du cœur ! » D'autres vociféraient aussi. « Ne nous comparez pas à la Sampa ! » dit en anglais un étudiant de haute stature — Fukuda, de l'Université Waseda — en se référant à la plus militante des factions de la *Zengakuren*, la Sampa Zenga-kuren. J'aurais dû répondre que Mishima lui-même avait fait une telle comparaison à propos de l'esprit de la Tatenokai ; mais durant quelques instants je restai court. « Et vous, que pensez-vous de la Tatenokai ? cria l'étudiant de haute stature. Est-ce que nous vous épouvantons ? — Oui, vous me faites une peur bleue ! » répliquai-je en me demandant si je n'étais pas sincère. Cet interrogatoire serré avait quelque chose de bizarre ; parmi toutes ces vociférations régnait une atmosphère d'excitation sexuelle.

Je me trouvais au Japon depuis près de cinq ans, mais jusque-là je n'avais jamais connu de réception pareille. En général, il était malaisé de tirer une véritable réaction d'un groupe de Japonais lors d'une première rencontre ; le premier contingent de la Tatenokai s'était montré typique à cet égard : lent, lourd et dur. Le deuxième groupe n'aurait pu être plus différent. « Etes-vous un espion *gaijin ?* » cria l'un, en utilisant le mot qui veut dire « étranger », *gaijin,* lequel, dans la bouche d'un adulte, présente une signification ou bien familière, ou bien péjorative. Parmi les étudiants de la Tatenokai, il y eut d'autres rires, d'autres bavardages, ainsi qu'une ou deux faces nettement revêches. « Espion *gaijin !* Espion *gaijin !* » Certains prenaient la chose à la blague, et d'autres tout à fait au sérieux.

Expérience difficile à analyser, mais à l'arrière-plan de mon esprit se posait la question : « Pour ce deuxième groupe de la Tatenokai, que signifie l'Empereur ? » On eût dit que Mishima lisait dans ma pensée. Attablé près de moi, il déclara : « Dans la Tatenokai, A se rapporte à B, B se rapporte à moi, et moi, à l'Empereur. » C'était là précisément ce qu'il devait avoir dit aux membres de la Tatenokai. Il ajouta : « Le tout repose sur des relations personnelles. » Sur le moment, je n'eus pas la présence d'esprit de lui demander comment s'étaient nouées ses relations personnelles avec l'Empereur. Je me sentais étourdi, mal à l'aise. « Vous me donnez tous une peur bleue », dis-je en tâchant une fois de plus de plaisanter ; mais j'étais à demi sincère. « Ce garçon, reprit Mishima en désignant un étudiant, a été arrêté huit fois par la police, pour s'être attaqué à des barricades de la Sampa. »

Avant de quitter la caserne, ce soir-là, je m'entretins avec Mishima de l'organisation de la Tatenokai. Il me dit, alors, qu'il la finançait complètement. Les étudiants assumaient leurs frais de voyage ; les Jieitai les logeaient gratis à la caserne, et payaient, entre autres choses, l'essence des camions blindés qui servaient au Camp Fuji pour le transport des troupes. A part cela, tout le fardeau retombait sur Mishima. C'est pourquoi, disait-il, l'organisation devrait demeurer réduite ; les membres ne dépasseraient pas la centaine. Il me parla aussi du recrutement de la Tatenokai. Presque tous ses membres étaient des étudiants : les étudiants, à la différence des gens qui travaillaient, avaient le temps de s'entraîner avec les Jieitai durant un mois d'affilée. Les membres de première année se recrutaient par annonces dans le *Ronso Journal,* et par l'intermédiaire de Mochimaru, le chef des étudiants de la Tatenokai. Les conditions requises étaient rigoureuses, assurait Mishima ; la première année, on n'accepta que cinq postulants sur cent cinquante. Les membres de seconde année se recrutaient sur présentation personnelle, bien que Mishima eût aussi placardé une affiche à l'Université Waseda. Cela se passait une fois que la Tatenokai fût connue publiquement, à l'automne de 1968, époque où elle fut inaugurée officiellement, et où parut dans un magazine de Tokyo le premier reportage sur elle.

Peu après huit heures, je quittai la caserne ; on me conduisit en Jeep à la Fujimotoya, qui se révéla toute proche de l'entrée du camp. En deux minutes, j'étais de retour dans ce que je considérais comme le monde réel. Accueilli dans le hall par une femme de chambre âgée, j'ôtai mes chaussures ; le long des corridors glacés auxquels on s'attend l'hiver, dans une *ryokan* (auberge) japonaise, on me conduisit à ma chambre. Là, je passai rapidement une robe *yukata ;* la femme de chambre m'aidait, pliait mes vêtements de ski. Je m'efforçais de cacher l'épaisse *harakage* qui me ceignait la taille ; je ne tenais pas à être la risée du village, le drôle d'étranger à la *harakage.* « A cette époque de l'année, y a-t-il des clients à la Fujimotoya ? » demandai-je. « *Botsu botsu* », répondit la vieille — « pas beaucoup » — et elle me poussa de nouveau le long des corridors glacés vers la salle de bains. J'enlevai ma *yukata*; tout était prêt pour un bain prolongé; je tins compte de l'inscription en anglais : NE PAS SE SAVONNER DANS LE BAIN. Dans cette auberge m'environnaient les minuscules problèmes qui, au Japon, se posent à un étranger : des problèmes normaux, des gens réels. De retour à ma chambre, je constatai que l'on avait garni le matelas, sur le sol couvert de tatami, d'une petite couverture brune obstinément fourrée entre les draps, à la japonaise; j'ôtai la couverture, et me couchai. Grâce à Dieu, je n'étais pas sur le Fuji-Yama à pareille heure.

Quand je regagnai le camp le lendemain matin, peu avant sept heures, j'appris que l'on prévoyait toute une journée d'exercices. C'était Mishima qui avait décidé la chose; je jouerais le rôle de l'un des collaborateurs ou espions locaux. Nous mènerions en territoire ennemi une colonne de guérilleros de la Tatenokai; et finirions par lancer une attaque sur un camp ennemi. Je fis appel à mes souvenirs d'entraînement militaire dans un collège anglais, quinze ans plus tôt; essentiellement, il devait s'agir d'un exercice de lecture de carte, de déplacement sur le terrain, d'assaut. J'observerais du point de vue de mon entraînement au Corps des cadets du collège de Winchester. Des images d'attaques de flanc et de charges à la bombe fumigène me traversaient l'esprit, ainsi qu'un souvenir de mon ultime exercice sur le terrain, à dix-huit ans, couché dans un bois d'East Anglia, tourmenté par les mouches.

Il faisait un temps superbe. Au lieu du ciel brouillé de la veille, il y avait un firmament d'un bleu vif, sans le moindre nuage. L'air était sec et froid; la neige étincelait partout. Au-dessus du camp, un large drap de neige montait jusqu'aux forêts, à deux ou trois kilomètres de distance; au-delà des arbres, le Fuji-Yama semblait fort élevé, inaccessible et sacré; il formait contre l'azur un triangle blanc, pointu. Je n'avais jamais été aussi près de cette montagne, un volcan plus ou moins éteint qui n'était plus entré en éruption depuis le XVIIIe siècle. Quoi de plus magnifique ? Je brûlais de faire avec des skis, bien chaussé de peau de phoque, l'ascension du Fuji-Yama, puis de redescendre lentement à skis dans une neige à coup sûr merveilleusement poudreuse, mais qui risquait de disparaître en un jour.

Rien de ce genre en perspective ; j'avais bien peur que nous ne montions point plus haut, ce jour-là, que la ligne des arbres, laquelle, à mille huit cents mètres, se trouve à mi-pente du Fuji-Yama. A skis, c'était facile ; mais sans, la progression serait lente.

J'avais retrouvé Mishima dans sa petite chambre, à la caserne ; après avoir pris le café et bavardé du roman *Neige de printemps,* qui venait de paraître, il m'emmena dehors attendre la Jeep qui nous venait chercher. Pour jouer son rôle d'espion, Mishima s'était vêtu avec beaucoup plus de soin que je ne m'y étais attendu. Il portait une paire de blue-jeans élégamment délavés, et des guêtres pour protéger de la neige ses simples bottines militaires. Il avait aussi endossé une veste de cuir noir croisée à ceinture, du type qu'il avait porté autrefois pour interpréter le rôle principal d'un film de gangsters, *Karakkaze Yaro.* Mais son ornement majeur, pour la circonstance, était un vaste chapeau kaki, rond, emboîtant bien la tête, et bordé de fourrure blanche. Deux épais rabats de fourrure blanche pendaient sur les oreilles ; il les laissait voltiger dans les airs tout en faisant des exercices pour se réchauffer dans le brillant soleil matinal. Les rabats volèrent et se balancèrent tandis qu'il sautait sur le siège avant de la Jeep en me disant de m'asseoir à l'arrière avec un sergent. Nous quittâmes le camp en direction de l'est, par une étroite route déblayée de sa neige, le Fuji-Yama à notre gauche.

Nous arrivâmes bientôt à notre lieu de rendez-vous. Là, nous devions rencontrer la colonne de la Tatenokai, partie avant nous, à pied, de la caserne. Nous devions alors prendre la relève en tant que guides, conformément au plan de manœuvres. Il fallait attendre ; le sergent, qui portait un sac, en tira du bois sec et s'absorba dans la confection d'un feu. Tandis que nous nous réchauffions le dos à la flamme, Mishima bavardait avec moi du chef nationaliste Masaharu Kageyama. J'écoutais la curieuse histoire de la façon dont les partisans de ce personnage, jusqu'au dernier, s'étaient fait hara-kiri à la fin de la guerre du Pacifique, et dont Kageyama s'était abstenu de les suivre, quand parut la Tatenokai, qui gravissait lentement vers nous la route. Ses membres, je dus le reconnaître, étaient bien équipés en vue de leur rôle de guérilleros. Certains avaient des postes émetteurs-récepteurs de radio, du modèle dit P-6, muni d'une longue antenne flexible. Chacun des membres du groupe, une douzaine d'hommes ou davantage, portait le fusil militaire japonais de type 1964, une bonne arme ; ils étaient coiffés de casques en fibre de type américain. Mishima et moi prîmes la tête de la Tatenokai ; le sergent, seul d'entre nous à connaître le terrain, ouvrait la marche. Nous commençâmes de gravir péniblement l'étroite route, droit vers le Fuji-Yama. Au début, les étudiants marchaient écartés les uns des autres ; mais à mesure que la route se réduisait à un étroit sentier, et que s'épaississait la neige, nous nous mîmes à enfoncer jusqu'à la ceinture, et les étudiants progressèrent à la queue leu leu dans les trous creusés par l'énergique sergent. Même ainsi, nous n'avancions guère ; il nous fallut plus de deux heures pour atteindre la forêt où nous fîmes halte sous les premiers arbres, un éparpillement de bouleaux blancs. Nous ne monterions pas plus haut.

C'était l'heure du déjeuner ; je m'aperçus qu'un véhicule militaire avait réussi à monter derrière nous avec des provisions ; il devait exister une route praticable. Du camion descendit un certain nombre d'officiers en anorak blanc pour les distinguer du reste d'entre nous ; c'étaient les arbitres de notre petite guerre pour rire. Les officiers ne se joignirent pas à Mishima et moi pour déjeuner mais à la Tatenokai, laquelle avait fait halte dans les bois proches, nous laissant pique-niquer seuls, servis par le sergent. Ce dernier débarrassa le sol, et déploya des couvertures sur la neige à notre intention. Après quoi, il disposa devant nous de grands plateaux de fer-blanc chargés de force nourriture. Il s'agissait d'un riche repas japonais, notamment de *sekihan,* riz glutineux agrémenté de petits haricots rouges, un mets de choix. L'on sortit des flacons de sauce au soja que l'on ficha dans la neige à côté de nous, et le festin débuta. Mishima mangeait vite ; il engloutissait son riz qui descendait sans encombre. Mais le mien s'y refusait ; de brûlantes gorgées de thé vert demeuraient sans résultat. Mishima terminait son bol de *sekihan* alors que je n'en étais encore qu'à la dixième partie du mien : en quoi la structure de sa gorge différait-elle de la mienne ? En avalant encore du thé vert apporté par le sergent, je parvins à faire descendre un tiers environ du *sekihan,* mais il était hors de question d'aller plus avant. Je me levai de ma couverture ; en présentant des excuses, je creusai un trou dans la neige et me débarrassai de mon *sekihan*.

Par-dessus son épaule, Mishima me lança un coup d'œil, sans rien dire ; mais son expression contrite ne laissait aucun doute : j'avais commis une gaffe. Je ne m'étais pas aperçu qu'il existe une différence de nature entre la conception anglaise et la conception japonaise du pique-nique. Contrairement à son habitude, Mishima se taisait ; il avait interrompu son bavardage sur la Yomeigaku, école néoconfucéenne de philosophie, et les péchés du professeur Masao Maruyama, le politologue, qu'il accusait de ne pas connaître Yomei. Je me sentais pareil au chien qui, ayant offensé son maître, doit attendre en silence son pardon. Le moment viendrait où nous quitterions l'endroit que j'avais souillé ; d'ici là, on me ferait expier. Bientôt, à mon soulagement, chacun se mit à s'agiter pour se préparer au départ. Marcher dans la neige épaisse nous réchauffait ; Mishima semblait recouvrer sa bonne humeur. Il marchait devant, enfonçant jusqu'aux genoux, regardant autour de lui. Il faisait toujours parfaitement beau ; la neige était plate, lisse, immaculée, comme s'il n'y avait guère eu de vie animale autour de nous. De la chaîne de montagnes, de l'autre côté du Fuji-Yama, nous parvenait parfois un grondement d'artillerie, et de temps à autre des hélicoptères passaient au-dessus de nous pour gagner l'une des bases japonaises ou américaines proches. Mais la plupart du temps nous n'étions pas dérangés, et pouvions profiter de la promenade.

Mishima levait les yeux vers le Fuji-Yama, autour duquel un ou deux nuages avaient commencé de se former à haute altitude, ce qui embellissait encore la montagne. Aucun bruit hormis celui de nos pas écrasant la neige, et parfois celui de la neige glissant d'une branche. Nos petites silhouettes noires et brunes se détachaient sur la vaste étendue blanche ; nous paraissions nager dans cette neige profonde, puis retomber en arrière au lieu d'avancer. Mishima tourna la tête pour me crier à travers la neige : « C'est une bonne excuse pour se promener dans cette magnifique neige. Si l'on marche seul, on se sent devenir fou. » Tandis qu'il se retournait pour s'élancer derechef en avant, les cache-oreilles de son bonnet tournoyaient dans l'air, rebondissant contre ses tempes rasées de près. Le soleil frappait la fourrure blanche, comme si deux gros fruits de pissenlit lui dansaient sur les épaules.

Nous avions beau approcher de notre cible, le camp ennemi, la troupe entière, gagnée par la bonne humeur, ne semblait pas s'en préoccuper. Les membres de la Tatenokai progressaient en file indienne, à découvert ; sans faire aucun effort pour s'écarter les uns des autres ou se cacher, ils étaient en réalité tous agglomérés en lisière de forêt. De vagues souvenirs des Meads, à Winchester, et des maîtres d'école criant : « Déployez-vous ! », me revenaient à l'esprit. Ne se déployait-on point, pour ne pas risquer d'être tous fauchés à la fois par la mitrailleuse ? N'était-ce pas là une des règles les plus fondamentales ? Il me vint à l'esprit qu'en réalité, il s'agissait bien d'une simple promenade ; il s'agissait bien d' « une bonne excuse pour se promener dans cette magnifique neige ». Même les officiers qui nous accompagnaient semblaient prendre tout cela fort à la légère. Parallèlement à nous, ils titubaient dans la neige avec leurs anoraks blancs et leurs lunettes sombres, bavardant et riant ; il aurait pu s'agir de moniteurs de ski. Je me remémorais la conversation que j'avais eue avec Mishima le matin même en prenant le café ; comparant la Tatenokai à la *Zengakuren*, il avait affirmé que la première avait plus de « cran », et qu'elle était plus proche de l' « esprit samouraï ». Pourtant, il fallait bien admettre que la *Zengakuren* se battait, alors que la Tatenokai ne faisait que s'entraîner ; et même, son niveau d'entraînement n'était guère élevé. La Tatenokai ne semblait pas avoir grand rapport avec les samouraïs traditionnels, hormis les idéaux romantiques de son chef ; il voulait être un genre de Lord Byron japonais. Et même, ce matin-là, il avait parlé de Byron avec envie, évoquant la façon dont le poète avait pu se permettre de rassembler trois cents hommes à son service, et de réparer des navires.

Nous suivions l'orée inférieure des forêts depuis environ deux heures, quand un ordre arriva via les instructeurs militaires : Mishima et moi devions nous détacher de la colonne des guérilleros pour nous frayer un chemin vers le camp ennemi. De là nous assisterions à l'assaut final, par la Tatenokai, de la position adverse. A notre arrivée, très en avance sur les étudiants, nous constatâmes que les sous-officiers qui occupaient le camp avaient construit deux igloos grossiers et un mur de neige afin de se réchauffer ; c'était douillet. Nous attendîmes longtemps ; parfois, nous entendions des cris et apercevions un instructeur militaire. Il fallut attendre la fin d'après-midi pour que l'attaque eût lieu. D'une colline proche, les étudiants s'élancèrent vers nous par deux et par trois tandis que des bombes fumigènes fusaient dans la neige. Ils avaient tous « fait le mort » à deux cents mètres, sur la ligne de crête, et n'en avançaient pas moins sans se baisser, exposés au « feu » sous forme des éclairs de magnésium lancés de nos igloos. Quand ils finirent par franchir la neige, déjà las, ils furent attaqués par les sous-officiers qui les plaquèrent au sol, leur arrachèrent leurs bottes en un clin d'œil, les ficelèrent étroitement l'un à l'autre. Mishima prit part à l'escarmouche et roula dans la neige, hurlant de rire, aux prises avec le sergent. En dix minutes, tout fut terminé.

Après notre longue marche dans la neige, le bain s'imposait ; je retournai à l'auberge jusqu'au repas du soir. Je consacrai mon temps à prendre des notes et à téléphoner à Tokyo ; peu avant cinq heures, je repartis de l'auberge et montai à pied vers le camp. Notre repas devait être un dîner d'adieu en l'honneur des aînés de la Tatenokai, lesquels avaient achevé leurs cours de perfectionnement. A l'entrée du camp, je fus dirigé vers le mess des sous-officiers, où le festin devait avoir lieu. Arrivé le premier, je trouvai une salle pleine de tables et de chaises, le couvert déjà mis, les victuailles prêtes. Il y avait là des casiers de bouteilles de bière et de boissons non alcoolisées, ainsi que des piles de sandwiches. Dans un coin de la salle, un juke-box ; au mur, un calendrier orné du portrait d'une blonde bien en chair. Désireux de me faire remarquer le moins possible, je m'attablai dans un angle de la salle, pour attendre l'arrivée de la Tatenokai. Les convives seraient nombreux, cinquante en tout.

L'un après l'autre, les étudiants de la Tatenokai entrèrent avec fracas, suivis, à cinq heures précises, de Mishima qui fit de sa démarche dansée, en treillis, son entrée dans la salle. Le repas commença ; la bière passa à la ronde, suivie de saké (whisky japonais) ; bientôt, les trognes s'enluminèrent partout. Les clameurs des étudiants qui gesticulaient noyaient le son du juke-box. L'un après l'autre, ils se levaient pour chanter ; leurs camarades reprenaient en chœur. Les chansons célébraient les fleurs de cerisier, les pilotes kamikazes, les gangsters et Yamato Damashii, l'esprit du vieux Japon. Mishima, debout au milieu de la salle tandis que les autres demeuraient assis, dirigeait les chœurs, en passant ses mégots à ses acolytes pour qu'ils les jetassent dans les cendriers. De toute évidence, le culte des héros était florissant. Tout le monde était un peu gris ; mon voisin, un intellectuel à lunettes, arrivé en retard, embrochait sauvagement avec ses baguettes les saucisses roses à apéritif. Les chansons se succédaient ; enfin, à sept heures, Mishima leva la séance en déclenchant trois *banzai* en l'honneur de la Tatenokai. Tout le monde se leva, mon voisin et moi compris ; l'on entonna l'hymne national. Quand ce fut terminé, mon compagnon se tourna vers moi, me saisit la main, la secoua vigoureusement et s'écria : « J'adore l'Angleterre ! », déclaration qu'il répéta par deux fois.

A mon réveil, le lendemain, j'étais loin de me sentir en train. Le temps avait changé de nouveau ; c'était une journée lourde, molle, beaucoup plus chaude que la veille. Je dus avaler en hâte mon petit déjeuner, et quitter l'auberge avant d'être bien réveillé pour me trouver dès sept heures et demie à la caserne. C'était le dernier jour au camp ; pourtant, je n'avais pas déterminé les questions que je devais poser à Mishima avant que nous ne nous séparions. Il était trop tôt dans la matinée pour cela, et nous avions encore le temps ; Mishima et moi ne devions pas quitter le camp avant midi, heure à laquelle nous regagnerions ensemble Tokyo par le train.

J'avais été convoqué au camp d'aussi bon matin pour assister à une parade de la Tatenokai. Elle devait avoir lieu dans un grand bâtiment proche de l'entrée du camp. Normalement, elle aurait dû être organisée en plein air, sur le champ de manœuvres du régiment ; mais la neige était trop bourbeuse pour cela. A mon entrée dans le bâtiment, j'y trouvai un certain nombre de membres de la Tatenokai, dans leurs uniformes brun jaunâtre, en train de se rassembler ; il y avait aussi des sous-officiers plus un ou deux officiers. Mishima vint à ma rencontre ; lui aussi portait l'uniforme de la Tatenokai, avec son large képi et son insigne formé de *kabuto* (casque de samouraïs) anciens. Nous discutâmes brièvement — il était pressé — de l'endroit où je devais me tenir pour observer les opérations. Je souhaitais une position latérale, discrète ; mais Mishima me voulait sur le devant, à l'extrême gauche, d'où je verrais tout le défilé, l'estrade d'où le colonel parlerait, ainsi que la fanfare en train de se former. Les sous-officiers se livrèrent alors à une courte répétition, en présence de Mishima ; il ne donnait pas d'ordres, semblait-il, au Camp Fuji, ni à l'exercice, ni à la parade. Les vingt-cinq hommes qui prenaient part à la parade ne furent maintenus au garde-à-vous que deux minutes ; pourtant, à ma surprise, deux d'entre eux tournèrent de l'œil et durent être emportés. L'atmosphère était trop renfermée ; moi-même, je me sentais mal à l'aise.

A huit heures juste, la Tatenokai se remit au garde-à-vous, et le colonel Fukamizu fit son entrée, accompagné de son état-major, à l'extrémité du baraquement. Sur un ordre donné, la parade entière se tourna dans ma direction. Tandis que l'on jouait l'hymne national — qui me sembla interminable —, les vingt-cinq paires d'yeux de la Tatenokai regardèrent à travers moi. Je compris ce qui se passait. Les étudiants s'étaient disposés face à Tokyo ; c'était là que vivait l'Empereur. Pure malchance : moi, en tenue de ski, d'autant moins élégant après l'avoir portée durant trois jours, je me trouvais par hasard dans la ligne de tir. Aurais-je aussi dû faire un geste en me tournant vers l'Impériale Présence ? J'en caressai l'idée un instant, mais trop tard... Je maudissais Mishima de n'avoir point prévu cela. L'hymne enfin terminé, la parade se remit de face. Le colonel, maintenant, passait en revue les troupes ; suivant les instructions de Mishima au début de la cérémonie, je m'inclinai par deux fois dans sa direction, tout en me demandant si c'était vraiment nécessaire. Le colonel passa l'inspection (que pouvait-il bien penser de ces uniformes ?), et prit place sur l'estrade, d'où il fit une brève allocution sur le *riidashippu* (commandement). Quelques minutes plus tard, nous sortions tous, au pas de gymnastique, du baraquement.

Ma visite au Camp Fuji touchait à son terme. J'attendis que Mishima me précisât les modalités de notre voyage, tout en le regardant, lui et les membres de la Tatenokai en uniforme, s'aligner pour la dernière fois devant le baraquement afin de se faire prendre en photographie. Mishima disposa rapidement ses hommes, les petits au milieu, les grands à chaque bout. Après quoi, il prit place au centre ; devant le Fuji-Yama visible à travers les nuages, la photographie fut tirée. Bien que Mishima fût pressé, nous bavardâmes quelques instants ; il m'apprit qu'un incident s'était produit la veille au soir. A la fin de la réunion, un étudiant avait déversé un seau d'eau sur la tête du sergent. Il y avait eu des larmes et des excuses ; on avait condamné l'offenseur à exécuter cinquante tractions sous la surveillance de Mishima. C'étaient cet étudiant et l'un de ses camarades qui s'étaient évanouis ce matin-là. Mishima me dit alors avoir modifié ses projets pour le voyage ; il avait loué un taxi pour nous ramener à Tokyo à midi ; il me prendrait à la Fujimotoya.

J'étais heureux de cet extravagant arrangement qui me permettait de préparer mes questions, et de causer avec Mishima sans crainte d'être interrompu. J'avais vu deux aspects de la Tatenokai. L'avant-veille au soir, j'avais essuyé toutes sortes de propos idéologiques délirants, centrés sur l'Empereur et donnant à penser que la Tatenokai était une inquiétante organisation de droite et nationaliste. Le lendemain, lors de nos exercices dans la neige, j'avais vu l'organisation sous un jour tout différent. Pour l'essentiel, les étudiants, qui manquaient d'entraînement, auraient peu de chances de constituer une force efficace. Au début des événements, avant même de mettre le pied au Camp Fuji, je m'étais demandé si la Tatenokai était un groupe de droite ou bien un simple jouet ; j'inclinais vers la première solution. Pourtant, la vue des hommes sur le terrain m'avait fait douter de ma conclusion. Mes questions à Mishima devaient tourner autour de ce problème : la nature de la Tatenokai — club fasciste ou joujou d'écrivain ? (Non que je crusse le problème facile à résoudre au moyen de questions, dans un sens ou dans l'autre. Je ne croyais pas non plus que la chose était d'une importance fondamentale pour Mishima lui-même, dont l'écriture constituait l'activité majeure.)

Midi venait de sonner quand Mishima arriva en voiture à l'auberge ; je montai à côté de lui sur le siège arrière. Il s'agissait d'un moyen coûteux de regagner Tokyo. Nous aurions pu prendre le train, ce qui eût en outre été plus rapide — mais de toute évidence, ce mode de locomotion ne convenait pas à mon compagnon ce jour-là. C'était bien là Mishima. Pour la circonstance, il arborait la tenue d'un homme qui regagne la capitale après une fin de semaine passée à la campagne, chez des amis : superbe costume de tweed anglais, cravate assortie, chaussures de marche brunes d'importation. Pourtant, vers quelle capitale croyait-il retourner ? Dans quel pays étions-nous ? Quel autre intellectuel japonais se serait-il donné la peine de s'équiper de la sorte ? L'entraînement de la Tatenokai mis à part, il s'agissait là d'une touche finale que Mishima seul pouvait avoir inventée. Il devait avoir laissé au camp ses gros bagages, car il n'emportait qu'une petite valise ; je l'avais vu mettre dans la malle de la voiture. Pourquoi diable interroger un homme à qui le style importait de toute évidence tellement plus que le reste ?

L'intérêt de notre retour en voiture à Tokyo, c'était le paysage. Des collines entourant Hakone, nous eûmes notre meilleure vue du Fuji-Yama ; en fait, à Gotemba nous étions trop près de la montagne pour en bien distinguer les proportions. Toutefois, tandis que le taxi Toyota commençait à descendre vers Odawara, nous nous sentîmes l'un et l'autre davantage d'humeur à bavarder. Aussi demandai-je à Mishima pourquoi il avait créé la Tatenokai. La Tatenokai, répondit-il, tandis que notre voiture tombait dans les bouchons au-dessus d'Odawara, était « le premier exemple d'une Garde nationale » ; il cherchait le mot juste en vue d'exprimer l'essence de l'organisation — il s'agissait d'un spectacle. Mishima voulait « inspirer aux gens un sentiment de fierté nationale », disait-il, comme s'il eût imaginé le son des fanfares et des acclamations de la multitude. En s'adressant à moi, je m'en rendais compte, Mishima était enclin à souligner l'aspect de la Tatenokai qui lui était personnel, l'aspect non idéologique, l'aspect romantique, pas davantage. J'essayai de le pousser sur le caractère de droite de l'organisation, en le priant de confirmer qu'elle jouissait auprès des Jieitai de privilèges uniques en ce qui touchait l'entraînement. Oui, c'était vrai ; seule, la Tatenokai pouvait s'entraîner avec des armes à feu. Des dizaines de milliers de civils avaient beau passer par les camps des Jieitai, ils n'y restaient pour la plupart que quelques jours en vertu d'un programme de vacances, conçu pour les relations publiques des Jieitai. Ils n'avaient pas le droit de toucher aux fusils. Comment donc avait-on pris en faveur de la Tatenokai ces dispositions exceptionnelles ? demandai-je. Ç'avait été fort difficile, répondit Mishima. Il avait dû voir un grand nombre de gens des Jieitai, de puissants généraux ; mais en fin de compte, l'affaire s'était conclue grâce à un civil, le chef du service de la Défense, Kaneschichi Masuda — et, je le soupçonnai, grâce au Premier ministre.

Et pratiquement, que représentait la Tatenokai ? Je posai la question tandis que nous étions pris dans un bouchon. Mishima tentait d'obtenir du chauffeur qu'il empruntât un raccourci, mais l'homme répliquait avec fermeté que la voie express que Mishima voulait prendre n'avait pas encore été ouverte au public. Mishima se radossa en haussant les épaules. Eh bien, il voulait accroître la Tatenokai jusqu'à une centaine de membres en tout ; alors, chacun de ses hommes pourrait se charger de vingt autres, ce qui constituerait une force assez importante pour entreprendre une action efficace. Organiser un coup d'Etat ? aurais-je pu demander. Mais je ne posai pas la question. Je ne croyais point à ce genre de rêve. En parlant avec Mishima de la Tatenokai, l'on sentait que la conversation jouxtait ses rêves, et j'avais de nouveau le sentiment qu'avec moi il préférerait souligner l'aspect personnel de l'organisation, non son aspect idéologique. Il était difficile de trouver une bonne question à poser à Mishima. J'adoptai une autre stratégie, et lui demandai quand il avait pris la décision de fonder la Tatenokai. Après avoir terminé son livre *Eirei no Koe* (*Les Voix des morts héroïques*), répondit-il, « il y a trois ou quatre ans » (en juin 1966). Je n'avais pas lu cet ouvrage. Tandis que nous dévalions la route de plus en plus abrupte, prenant des virages en épingle à cheveux et passant sous les ramures de grands arbres, Mishima changea de sujet ; il parla de Goethe et de son essai sur le suicide : « Si la littérature n'est pas une activité sérieuse, alors l'action constitue la seule voie », paraphrasait-il.

Comme nous quittions Odawara pour atteindre l'autoroute côtière située au-delà, la voiture dépassa la première d'une succession de grosses usines que nous allions voir en regagnant la capitale, à une heure encore au moins de distance. Il n'y avait pas de plage au-dessous de nous, seulement une morne série de tétrapodes massifs en béton armé, destinés à briser l'élan de la mer qui frappait en bas la paroi puissante. « Je crois à la culture en tant que forme, et non pas en tant qu'esprit », déclarait Mishima, à propos du thème d'un drame auquel il travaillait alors, l'histoire du monarque khmer lépreux Jayavarman III construisant l'un des temples d'Angkor Vat, Bàyon. Il semblait très fatigué tandis qu'il parlait. « Je veux garder vivant l'esprit japonais », ajouta-t-il, comme inconscient du fait qu'il se contredisait. Sa voix continuait à dériver. L'Empereur était la « forme culturelle suprême », disait-il ; son « corps physique » était la forme même de la culture. Dans cette chose unique, l'institution impériale japonaise avec sa longue tradition de poésie, il trouvait la suprême valeur. Il ajoutait encore : « Je ne crois pas à l'immatériel, mais seulement au tangible. » Quelques minutes plus tard, la tête nichée au creux du bras gauche, renversé sur les coussins, il s'endormait profondément. La voiture continuait de filer vers Tokyo que nous atteindrions une demi-heure après. J'avais le sentiment que des mondes me séparaient de la compréhension de cet être extraordinaire ; et moi aussi, j'essayai de dormir. De temps en temps j'apercevais des immeubles, de nouvelles usines, d'autres autoroutes. En passant à Chigasaki, l'on voyait parfois au bord de la route un pin toujours debout sur ce qui était jadis la vieille route historique de Tokaido à Osaka, à près de cinq cents kilomètres à l'ouest. Voilà peut-être tout ce qui subsistait du vieux Japon : quelques pins.

Saunas et discrétion

Un homme d'action est destiné à subir une longue période de tension et de concentration jusqu'au dernier instant où il achève sa vie par son acte final : la mort — soit par causes naturelles, soit par hara-kiri.

Yukio Mishima.
Essai sur Hagakure, 1967.

Un mois après son retour de l'entraînement avec la Tatenokai au Camp Fuji, Mishima est invité à prendre part à un débat libre avec les étudiants de gauche à son ancienne université,

Todai. Il se rend à la salle où doit avoir lieu ce débat — dans les jardins Komaba de Todai —, vêtu d'une chemise noire, lacée par-devant ; à l'entrée de la salle, sur un panneau d'affichage, une grande caricature le représente sous l'aspect d'un gorille. Lui-même et ses hôtes étudiants sont d'humeur agressive, et le spectacle de leurs deux heures et demie de débat est un succès. Les étudiants de Todai, stimulés par Mishima, manifestent un remarquable intérêt pour la question de l'Empereur :

> UN ÉTUDIANT : Mishima écrit beaucoup sur l'Empereur. La raison en est que l'Empereur n'existe pas. Sa non-existence constitue pour Mishima la beauté absolue. Alors, pourquoi fait-il tout le temps l'imbécile ? Il devrait s'en tenir à l'esthétique. A la place, il perd son temps, ce qui détruit la beauté incarnée par l'Empereur.
>
> MISHIMA : Vos remarques patriotiques me touchent. Vous désirez garder votre belle image de l'Empereur ; c'est pourquoi vous souhaitez me voir rester dans mon cabinet de travail... (*Rires*)
>
> UN AUTRE ÉTUDIANT : Je désire vous interroger au sujet de l'Empereur. S'il lui arrive de tomber amoureux d'une autre femme que l'Impératrice, que doit-il faire ? Il doit subir tant de contraintes ! Il faut avoir pitié de lui.
>
> MISHIMA : Pourtant, je crois vraiment que l'Empereur ferait mieux d'entretenir des maîtresses... (*Rires*)
>
> (Extrait d'un compte rendu mot à mot, publié par Shinchosha en 1969.)

En arrivant à la salle de Komaba, Mishima connaît un instant de paranoïa : il redoute que les étudiants ne s'emparent de lui pour l'assassiner sur-le-champ. Ensuite, il observera : « J'avais autant le trac que si j'étais descendu dans la fosse aux lions, mais en fin de compte je me suis bien amusé. Je me suis aperçu que nous avions beaucoup de points communs : une idéologie rigoureuse et le goût de la violence physique, par exemple. Eux et moi, nous représentons dans le Japon d'aujourd'hui une espèce nouvelle. J'éprouvais de l'amitié pour eux. Nous sommes des amis séparés par des fils de fer barbelés. Nous nous sourions sans pouvoir nous embrasser. » Autre commentaire de Mishima : « Les étudiants de la *Zengakuren* et moi, nous représentons presque la même chose. Nous avons les mêmes cartes sur la table, mais je possède un joker : l'Empereur. »

Je discutais souvent avec Mishima de l'actualité japonaise ; aussi, au milieu de l'été, lui demandai-je d'écrire à mon intention un bref article résumant sa pensée. Je me proposais de l'envoyer au *Times* de Londres. A la mi-août, il m'annonça que le papier était prêt, et m'invita à Shimoda où il passait avec sa famille les vacances d'été. J'y passai moi-même deux jours, à me baigner à la plage avec les Mishima, et rapportai à Tokyo sa contribution au *Times*.

L'article, qui parut le 24 septembre 1969, cristallisait nos conversations ; c'est l'un des résumés les plus clairs qu'ait jamais faits Mishima de ses idées « politiques » :

Récemment, au début d'août, un jeune Japonais a tenté d'attaquer avec un couteau, à l'aéroport de Tokyo, le secrétaire d'Etat américain Mr. William Rogers. La presse japonaise a réagi en accablant d'injures cet individu, et en condamnant son acte sans réserve.

L'homme a expliqué qu'il entendait blesser un représentant américain à titre de représailles ; des baïonnettes américaines avaient blessé des Japonais qui prenaient part à la campagne contre la base (militaire) américaine d'Okinawa, alléguait-il. Il n'en voulait pas à Rogers en personne, disait-il. Non plus qu'il n'appartenait à aucune organisation de droite.

Pour ma part, je ne défends ni le terrorisme, ni l'esprit de l'acte de ce jeune homme. Pourtant, le fait que tous les journaux japonais l'aient accablé d'injures, que tous aient manifesté la même réaction hystérique, m'intéresse beaucoup. Quelles que fussent les convictions politiques du journal — de gauche, neutres, de droite —, la réaction a été la même. Seuls, des gens qui ont quelque chose à cacher manifestent une hystérie pareille. Sous tant de colère et d'insultes, qu'essaie au juste de cacher la presse japonaise ?

Regardons un peu en arrière. Au cours des cent dernières années, les Japonais ont déployé d'énormes efforts pour faire de leur pays un modèle de civilisation occidentale. Le caractère artificiel de cette attitude s'est trahi à maintes reprises ; le pied fourchu n'a été que trop visible ! Après la Seconde Guerre mondiale, on a cru mis en lumière le plus grave défaut du Japon. Là-dessus, le Japon, qui s'est rangé au nombre des plus grandes nations industrielles, n'a plus à craindre de se trahir. La seule chose que l'on estime nécessaire, c'est que nos diplomates vantent la culture japonaise comme éprise de paix — symbolisée par la cérémonie du thé, et par l'*ikebana*, l'arrangement floral.

En 1960, lorsque Inejiro Asanuma, chef du parti socialiste, fut assassiné à Tokyo, j'étais à Paris. Asanuma fut poignardé par un jeune homme de droite âgé de dix-sept ans, Otoya Yamaguchi ; ce garçon se tua presque aussitôt après, en prison. A l'époque, le Moulin-Rouge, à Paris, donnait une *Revue japonaise*[1] comportant une scène de combat au sabre. L'ambassade du Japon à Paris se hâta de suggérer au Moulin-Rouge de couper cette scène afin d'éviter les « malentendus ». La peur des malentendus, c'est parfois la peur des révélations.

Je n'oublie pas l'affaire Shinpuren de 1877 — affaire qui garde aujourd'hui, chez les intellectuels japonais, la réputation d'avoir manifesté le fanatisme et le caractère irrationnel japonais ; quelque chose de bien honteux que les étrangers devraient ignorer. Cet incident eut lieu lors d'une révolte conduite par une centaine d'anciens samouraïs têtus, conservateurs et chauvins. Ils haïssaient tout ce qui était occidental, et considéraient d'un œil hostile le nouveau gouvernement Meiji comme un exemple de l'occidentalisation du Japon. Ils allaient jusqu'à se couvrir la tête de leurs éventails blancs lorsqu'ils devaient passer sous des lignes électriques, en se déclarant souillés par la sorcellerie occidentale.

Ces samouraïs résistaient à toutes les formes d'occidentalisation. Quand le nouveau gouvernement promulgua une loi abolissant les sabres, confisquant ces symboles mêmes de l'esprit samouraï, une centaine de rebelles s'attaquèrent à une caserne japonaise occidentalisée, sans autres armes que leurs sabres et leurs lances. Beaucoup d'entre eux furent abattus au fusil — fusils importés d'Occident ; et tous les survivants se firent hara-kiri.

Arnold Toynbee écrit dans *A Study of History* que l'Asie du XIXe siècle n'avait que deux possibilités : accepter l'Occident et survivre après complète reddition à l'occidentalisation ; ou bien résister et périr. Cette théorie est exacte, sans exception.

Le Japon, de fait, a construit une nation moderne et unie en acceptant l'occidentalisation et la modernisation. Au cours de ce processus, l'acte le plus frappant de résistance pure a été la révolte Shinpuren. D'autres mouvements de résistance étaient

---

1. En français dans le texte. (N.d.t.)

plus politiques ; il leur manquait la pureté idéologique et l'élément culturel de la révolte Shinpuren.

Ainsi, l'aptitude japonaise à se moderniser et à innover, frisant parfois la rouerie, en vint-elle à être louée hautement — alors que d'autres peuples asiatiques se voyaient méprisés pour leur indolence. Toutefois, les Occidentaux ne comprenaient guère quels sacrifices les Japonais étaient obligés de faire.

Au lieu d'essayer de s'informer sur cette réalité, l'Occident préfère s'en tenir à la notion de péril jaune, car il flaire intuitivement quelque chose de sombre et d'inquiétant dans l'âme asiatique. Ce qu'il y a de plus exquis dans une culture nationale est étroitement lié à ce qui risque aussi d'être le plus désagréable — tout comme dans la tragédie élisabéthaine.

Le Japon a tenté de ne montrer qu'un côté de lui-même, une seule face de la lune, à l'Occident, tout en continuant activement de se moderniser. Aucune époque de notre histoire n'a connu d'aussi grands sacrifices concernant l'ensemble de la culture — qui doit embrasser le clair et l'obscur à part égale.

Au cours des vingt premières années de ma vie, la culture nationale était dominée par le monstrueux puritanisme des militaristes. Au cours des vingt dernières années, le pacifisme a lourdement pesé sur l'esprit samouraï, sur l'âme « espagnole » facile à stimuler des Japonais. L'hypocrisie des autorités a imprégné l'esprit des habitants, incapables de trouver une issue. Partout où la culture nationale cherche à recouvrer son intégrité, il se produit des incidents presque déments. L'on interprète ces phénomènes comme le courant sous-jacent du nationalisme japonais, qui jaillit par intermittence ainsi que de la lave à travers les crevasses d'un volcan.

En fonction de quoi l'on peut expliquer l'acte évident et radical récemment commis par l'adolescent de Tokyo. Néanmoins, peu de gens s'aperçoivent qu'au Japon, aussi bien la droite que la gauche exploitent le nationalisme sous toutes sortes de masques internationaux. Au Japon, le mouvement contre la guerre du Viêt-nam était surtout de gauche ; il n'en exerçait pas moins beaucoup d'attrait sur le nationalisme — un étrange type de nationalisme par procuration. Avant cette guerre, peu de Japonais savaient même où se trouvait le Viêt-nam.

On se sert du nationalisme dans un sens ou dans un autre à des fins politiques ; ainsi perd-on souvent de vue que le nationalisme est fondamentalement un problème de culture. Au contraire, la centaine de samouraïs qui s'attaquèrent à une caserne moderne au seul sabre reconnaissaient ce fait. Leur action téméraire et leur défaite inévitable étaient nécessaires pour manifester l'existence d'un certain esprit essentiel. Leur idéologie était difficile ; elle constituait la première prophétie radicale du danger inhérent à la modernisation japonaise, qui ne saurait manquer d'endommager l'ensemble de la culture. La pénible condition de la culture japonaise, que nous sentons aujourd'hui, est le fruit de ce que seuls, des Japonais pouvaient saisir vaguement du temps de l'affaire Shinpuren.

Que devait faire Mishima de sa Tatenokai ? Le 3 novembre, il invita quelques correspondants étrangers, dont je faisais partie, à assister à la seule parade publique jamais organisée par son armée privée. Cela avait lieu sur le toit du Théâtre national, par une journée froide et venteuse. On avait dressé une tente rayée sur le toit de l'édifice, et disposé là des sièges à l'intention des personnalités qui devaient assister à la cérémonie. Les dignitaires arrivèrent un par un. Il y avait une poignée d'officiers supérieurs des Jieitai, dont un général en retraite qui passa les troupes en revue. Puis les membres de la Tatenokai affluèrent sur le toit dans leurs uniformes brun jaunâtre. Tandis que Mishima les observait du flanc du terrain de manœuvres — mince petite silhouette sanglée dans son uniforme —, Morita donnait les ordres. Durant plusieurs minutes, les hommes défilèrent sur le toit, sous l'œil du général. A la fin du défilé, tous firent face à l'est, au-delà du fossé du palais impérial, creusé au pied du Théâtre national, et saluèrent Sa Majesté. Après quoi, tout le monde descendit dans le théâtre, où une réception se déroula. Tandis que son auditoire grignotait des sandwiches, Mishima fit deux brèves allocutions, l'une en japonais et une deuxième, identique, en anglais, au cours de laquelle je pris des notes :

La raison qui m'a poussé à créer la Tatenokai est simple. Ruth Benedict a écrit un livre célèbre, *Le Chrysanthème et le Sabre*. Telles sont les caractéristiques de l'histoire japonaise : le chrysanthème et le sabre. Après la guerre, l'équilibre entre les deux s'est rompu. Depuis 1945, on ignore le sabre. Mon idéal est de rétablir l'équilibre. De ranimer la tradition du samouraï, par ma littérature et mon action. Aussi ai-je demandé aux Jieitai de donner à mes hommes un entraînement de base, par périodes d'un mois.

Les Jieitai se composent de volontaires. Deux cent cinquante mille hommes sont insuffisants pour défendre notre pays. Une collaboration civile s'impose donc. Elle est nécessaire, parce que la guerre du xxᵉ siècle est menée par des guérilleros ; il s'agit d'un nouveau type de guerre, mené par des marginaux... Mon idéal consiste à doter le Japon d'un système pareil au système suisse de service militaire.

Début décembre 1969, Mishima part pour la Corée du Sud. But de son voyage : voir en action l'armée de la Corée du Sud. A son retour, il m'écrit que la situation de calme qu'il a trouvée en Corée l'irrite. Il dit s'être rendu sur la côte orientale pour voir l'endroit où les guérilleros ont débarqué du nord, l'entraînement des forces antiguérilla, et la milice garde-côte. L'avion YS-II qui le ramenait à Séoul avait été détourné le lendemain vers la Corée du Nord. Si seulement lui-même avait été détourné vers la Corée du Nord, ajoutait-il, il s'ennuierait moins. Cette lettre donnait une impression trompeuse sur son état d'esprit. En réalité, il s'encourageait en secret à faire le plongeon, à organiser le coup d'Etat miniature et son propre hara-kiri. Cela ressort clairement d'une remarque émise au cours d'une discussion de décembre 1969 avec un ami, Ichiro Murakami, discussion publiée en 1970 dans un volume intitulé *Shobu no Kokoro* (*L'Ame du guerrier*). Mishima déclarait — ses propos n'étaient guère ambigus : « L'on doit assumer la responsabilité de ses paroles, une fois qu'on les a prononcées. Il en va de même du mot écrit. Si l'on écrit : *Je mourrai en novembre,* alors on doit mourir. Si l'on fait une fois bon marché des mots, l'on continuera de le faire. »

Au début d'avril 1970, Mishima constitue en secret le groupe d'étudiants, au sein de la Tatenokai, qui l'assistera dans sa version xxᵉ siècle de l'affaire Shinpuren. Les membres de ce groupe sont — outre Morita — Masayoshi Koga et Masahiro Ogawa, tous deux âgés de vingt et un ans et étudiants d'universités de Tokyo. Chibi-Koga, comme le surnomment les autres membres de la Tatenokai (pour le distinguer d'un autre Koga du groupe), est le fils unique d'un producteur de mandarines d'Arita, dans la préfecture de Wakayama ; son père étant mort en 1953, sa mère l'a élevé seule. Elle l'a fait entrer, à douze ans, dans une organisation religieuse aux opinions fortement nationalistes, la *Seicho no Ie,* où il a acquis des idées de droite. Ayant rencontré Mishima en août 1968, il est devenu membre de la Tatenokai après un mois d'entraînement au Camp Fuji ; en avril 1969, il est nommé chef de section. Bien que minuscule, Chibi-Koga ne manque pas d'énergie ; dévoué à la Tatenokai, il jouit de l'entière confiance de Mishima et Morita. Masahiro Ogawa, autre type d'adolescent, fils d'un employé de bureau, habite Chiba, près de Tokyo. Meilleur ami de Morita, ce dernier le présente à Mishima ; en avril 1970, il est nommé chef de section de la Tatenokai. Grand et pâle, avec sa moustache taillée en brosse, Ogawa est le porte-drapeau de la Tatenokai ; mais bien que sa silhouette ne passe pas inaperçue dans un défilé, il est faible sur le plan physique. Ce groupe de quatre hommes — Mishima, Morita, Koga, Ogawa — se rencontre en secret ; ils changent souvent de lieu de rendez-vous pour éviter de faire naître le moindre soupçon. Et ils commencent à échafauder leurs plans.

Ces plans ont pour auteurs principaux Mishima et Morita. Au début d'avril, Mishima rencontre Chibi-Koga dans un café de l'Imperial Hotel, et lui demande s'il accepte de s'engager « à fond » — sans s'expliquer là-dessus. Chibi-Koga accepte aussitôt. La semaine suivante, Mishima pose la même question à Ogawa, chez lui, dans la banlieue de Tokyo. Ogawa, après avoir hésité, accepte. A la mi-mai, lors d'une autre rencontre chez lui, Mishima propose aux trois étudiants que la Tatenokai, dans son ensemble, organise un soulèvement avec le concours des Jieitai, et occupe le Parlement ; après quoi, ils réclameront une révision de la Constitution. Pourtant, Mishima reste vague et ne paraît pas avoir de plan d'action précis. Trois semaines plus tard environ, le 13 juin, Mishima rencontre à nouveau les trois étudiants — cette fois dans la chambre 821 de l'Hôtel Okura. Il explique qu'il va leur falloir exécuter leur projet seuls : ils ne peuvent compter sur les Jieitai (il est à présumer qu'il a tâté le terrain auprès des Jieitai, mais que les résultats n'ont pas été encourageants). Mishima propose alors un changement de direction à cent quatre-vingts degrés ; au lieu d'agir avec l'armée, ils s'attaqueront à l'armée. Mais il hésite encore beaucoup sur le plan d'action, et fait un certain nombre de propositions. Une idée consiste à s'attaquer à un arsenal des Jieitai. Autre suggestion : prendre un général en otage — il propose pour cible un général éminent qui a son QG dans un lieu d'importance historique pour l'armée impériale d'avant-guerre, le général Kanetoshi Mashita, commandant l'armée de l'Est à Ichigaya, au centre de Tokyo. Mishima essaie de trouver un moyen de forcer un commandement de Jieitai à rassembler un auditoire de jeunes soldats. Son objectif suprême consiste à haranguer ces militaires — les jeunes soldats et les jeunes officiers lui inspirent confiance — afin de les amener à organiser un soulèvement avec lui et ses étudiants de la Tatenokai.

Je suppose que Mishima s'était mis de force dans un état d'esprit où il pût croire à cet incroyable scénario ; en même temps, il devait y avoir en lui un élément de froide logique qui affirmait silencieusement qu'il disait des bêtises. On ne peut comprendre la détermination de Mishima à ignorer cette contradiction que si l'on pose en principe que son but ultime était de mourir, et que les moyens qui lui permettraient d'atteindre ce but, pourvu qu'ils eussent un caractère théâtral, n'avaient qu'une importance relative. En tout cas, lors de cette rencontre, Mishima et les étudiants conviennent de prendre en otage le général Kanetoshi Mashita ; ils le feront au défilé du second anniversaire de la Tatenokai, lequel aura lieu en novembre. Et ils créeront l'occasion de s'emparer du général en l'invitant à passer les troupes en revue.

La rencontre suivante a lieu dans un autre hôtel de type occidental, au centre de Tokyo. Cette fois, Mishima choisit un hôtel d'écrivains, l'Hôtel Yamanoue (Sommet de la colline). Il convoque le groupe huit jours après la rencontre à l'Okura. D'abord, il informe les étudiants qu'il a obtenu l'autorisation pour la Tatenokai de faire l'exercice sur une piste d'hélicoptères à la base militaire d'Ichigaya. Il ajoute qu'en fait de cible, on remplacera le général Mashita par le commandant du régiment d'infanterie en garnison à Ichigaya (qui est sous l'autorité suprême de Mashita), un certain colonel Miyata dont le bureau se trouve plus rapproché que celui de Mashita de la piste d'hélicoptères (il s'agit là d'une cible beaucoup plus modeste). Il propose également de s'armer de sabres japonais, et demande à Chibi-Koga d'acheter une voiture dont on se servira pour introduire les sabres à l'intérieur de la base. Approbation générale.

Quel est le but réel de Mishima ? Les trois étudiants qui l'accompagnent le prennent pour un ardent patriote, mais c'est bien plus compliqué. Mishima se trouve au bord de sa décision définitive de se faire kara-kiri. On peut spécifier exactement la chronologie de sa décision : lors de la rencontre au Yamanoue, il propose de s'armer de sabres à Ichigaya. Il se dit, je suppose, qu'il n'est pas certain de mourir s'il se borne à organiser une attaque au sein d'une base de Jieitai (fût-ce au moyen d'armes à feu) ; il se rend bien compte que l'armée ne l'abattrait, ni lui ni ses hommes (depuis la guerre, l'armée n'est pas autorisée à tirer sur des civils, quelles que soient les circonstances). Ainsi est-il amené à prendre la décision d'utiliser le sabre au cours de l'attaque d'Ichigaya. Quoi qu'il advienne, avec un sabre en main et un poignard à sa portée, il est presque sûr de mourir — de sa propre main.

Durant tous ces événements, je rencontrais Mishima sans en discerner le moindre signe. Je rencontrais un autre Mishima : l'hôte habituel, cordial et mondain. Je le vis lors de ses vacances d'été à Shimoda. Sans manifester de tension particulière, il se reposait au bord de la piscine, le corps tout bronzé ; l'après-midi, il se rendait avec sa famille à la plage. Un jour, il reçut un coup de téléphone de Shigeru Hori, le bras droit du Premier ministre, proposant une rencontre avec M. Satō. Un autre jour, Yasuhiro Nakasone, le chef du Service de la Défense (qui commande les Jieitai), demanda par téléphone à Mishima de parler à un groupe de ses partisans — sa faction au sein du parti conservateur au pouvoir. Ces signes de popularité de Mishima auprès des politiciens conservateurs me surprenaient. Mishima se montrait caustique à leur égard. il traitait Nakasone d'imposteur, et disait n'avoir aucune intention de les aller voir. Dans tout cela, il entrait un élément de *shibai* (théâtre).

Ses bruyants propos sur le suicide avaient également un air de comédie. Etendu au bord de la piscine à se prélasser au soleil, il prédisait avec assurance le suicide d'autres écrivains (Truman Capote, par exemple) ou spéculait sur le mystère de leur mort (il

affirmait que Saint-Exupéry avait jeté son avion tout droit dans
l'Atlantique) ; on ne pouvait imaginer qu'il fût sérieux. Un soir,
j'accompagnai les Mishima à un film de *yakuza* (gangsters) ;
après quoi, debout dans un snack-bar en buvant un café, il
affirma que les *yakuza* étaient les seuls Japonais à posséder
encore l'esprit samouraï. Je ne pouvais m'empêcher de trouver
qu'il déraisonnait.

Derrière ce masque frivole, Mishima continuait d'ourdir son
complot. De Shimoda, il restait en contact constant avec les
trois membres du groupe de la Tatenokai. Il les envoyait à
Hokkaido, l'île septentrionale du Japon, passer à ses frais des
vacances d'été. Il leur demandait aussi de recruter un membre
supplémentaire ; il n'ignorait pas que le groupe était bien réduit
pour la tâche qu'il envisageait. (Donnant à la sécurité la priorité
suprême, il résolut de ne prendre qu'un membre de plus.) Il
arrêta son choix sur Hiroyasu Koga, Furu-Koga ; c'était le fils
d'un directeur d'école primaire à Hokkaido, chargé de cours au
quartier général de Seicho no Ie, qui lui avait révélé les idées de
droite. Agé de vingt-trois ans, un an de plus que Chibi-Koga et
Ogawa, il venait d'entreprendre des études d'avocat. Le 9 septembre, Mishima le rencontre dans un restaurant du Ginza pour
lui faire confidence de tout le projet. Mishima déclare qu'il
serait impossible de trouver des hommes des Jieitai capables de
se soulever avec eux, et que lui-même devra mourir quoi qu'il
advienne. La date sera le 25 novembre.

Le 15 septembre, les cinq hommes dînent ensemble à
Momonjiya (Ryogoku), en revenant d'assister à une démonstration de *ninjatakai,* art martial de l'époque féodale, pratiqué par
des hommes vêtus de noir — leur art consiste à se volatiliser.
Dix jours après, ils se rencontrent dans un sauna de Shinjuku ;
Mishima dit qu'ils doivent prendre des dispositions rigoureuses
pour la rencontre mensuelle de novembre. Les membres de la
Tatenokai qui ont des parents dans les Jieitai devront être exclus
de la rencontre ; Mishima signera personnellement toutes les
invitations. Une semaine plus tard, ils se rencontrent dans un
restaurant chinois du Ginza, où Mishima expose le détail du
projet. La réunion mensuelle débutera à onze heures du matin.
A douze heures trente, Mishima et Chibi-Koga quitteront
l'assemblée sous le prétexte de devoir assister à un enterrement.

En voiture, ils iront chercher les sabres ainsi que deux reporters (amis de Mishima) qui les attendront au Palace Hotel — mais sans rien savoir d'autre du projet. Ils reviendront à Ichigaya, et gareront la voiture au quartier général du 32ᵉ régiment d'infanterie. Les reporters attendront dans l'auto. Alors, le groupe prendra le colonel Miyata en otage. Entre-temps, le reste de la Tatenokai (le contingent réduit, invité pour cette journée) aura commencé l'exercice à la piste d'hélicoptères. Le 9 octobre, nouvelle réunion du groupe, d'où Furu-Koga, en voyage à Hokkaido — où il fait ses adieux à sa famille —, est absent. Dix jours plus tard, ils font prendre un portrait de groupe en grand uniforme à la Salle Tojo, où les réceptions de mariage constituent la clientèle habituelle. (Mishima dit aux autres, en plaisantant, que les photographes de la Salle Tojo ont l'art d'embellir tout le monde.)

En novembre, quand le groupe se rencontre à Misty, sauna de Roppongi, au centre de Tokyo, les projets de Mishima entrent dans une phase finale. Les conjurés prennent leur bain dans la grotte qui fait l'orgueil de ce club, puis passent au salon, au sommet de l'immeuble, où Mishima les rassemble autour d'une table, dans une salle réservée d'habitude aux joueurs de mahjong, cachés derrière des écrans de verre fumé. Il a une déclaration à leur faire : « J'apprécie votre ferme résolution de mourir tous ensemble. Mais je dois demander aux deux Koga et à Ogawa de veiller à ce que le colonel ne se suicide pas lui aussi, à notre exemple, et de le remettre sain et sauf à ses hommes. » Il ajoute : « Morita doit pratiquer le *kaishaku* (la décapitation) le plus tôt possible. Je vous en prie, ne me laissez pas agoniser trop longtemps. » Mishima révoque donc le projet de faire mourir les trois plus jeunes membres du groupe ; ils protestent avec véhémence ; Mishima et Morita les calment. « Il est bien plus difficile, déclare Mishima, de continuer de vivre que de mourir. Ce que je vous demande, c'est de prendre le parti le plus pénible de tous. » Les trois étudiants acceptent de se conformer à ses instructions. Le surlendemain, le groupe se rend à Gotemba, près du Fuji-Yama, pour prendre congé d'autres membres de la Tatenokai, lesquels y suivent des cours ; quand tout le monde se rencontre dans une auberge de la ville, les autres membres de la Tatenokai ne se rendent pas compte qu'il s'agit d'un dernier adieu. Mishima porte des toasts de saké aux quarante personnes présentes ; il boit avec chaque étudiant et chaque officier instructeur des Jieitai qui se trouvent là — et s'enivre beaucoup pour la seule fois de sa vie. A leur retour à Tokyo, Morita et les trois autres vont à Ichigaya choisir un lieu de stationnement pour la voiture, le 25 novembre, et font un rapport à Mishima. Le 12 novembre, lors d'une rencontre dans un café nommé Parkside, un rendez-vous d'étudiants proche de Shinjuku, Morita prie Ogawa de lui faire *kaishaku.* Ogawa accepte. Le 14 novembre, le groupe se rencontre encore à Misty. Mishima déclare qu'ils enverront leurs photographies et une copie du *gekibun,* le dernier manifeste, à ses deux amis reporters, Daté et le journaliste du *Sunday Mainichi* Tokuoka, le matin du 25. Le groupe vérifie aussi le *gekibun.* Le lendemain — rencontre dans un autre sauna —, ils discutent de l'horaire. Prendre en otage le colonel Miyata et rassembler la garnison des Jieitai demandera vingt minutes ; le discours de Mishima durera trente minutes ; chacun des quatre autres parlera pendant cinq minutes ; et la réunion s'achèvera sur *Tenno Heika Banzai,* « Longue vie à l'Empereur ».

Au dernier moment, modification radicale du plan. Le 21 novembre, Morita se rend à Ichigaya pour s'assurer que le colonel Miyata s'y trouvera bien le 25. Il apprend qu'en réalité le colonel sera absent, en manœuvre. Lors d'une rencontre dans un restaurant chinois du Ginza, Mishima décide qu'au bout du compte on prendra en otage le général Mashita (commandant l'armée de l'Est). Il téléphone au bureau de Mashita pour prendre rendez-vous le 25 novembre, à onze heures du matin, avec le général. Le jour même et le lendemain, un dimanche, les quatre étudiants achètent des accessoires (Mishima a des obligations familiales) : de la corde pour ligoter le général ; du fil de fer et des pinces pour se barricader ; des banderoles où inscrire leurs revendications, et que l'on suspendra au balcon ; de l'eau-de-vie et une bouteille d'eau. Mishima leur donne de quoi régler ces achats. Le soir du 22, Morita — craignant d'être incapable de décapiter Mishima comme il faut — demande à Furu-Koga d'agir à sa place, pour le cas où il échouerait. Koga, homme d'épée émérite, accepte.

Les 23 et 24 novembre, le groupe se réunit dans la chambre 519 du Palace Hôtel. Ils se livrent à huit répétitions complètes de leur plan, à savoir : Mishima présentera les quatre étudiants au général, en expliquant qu'il va leur donner des récompenses ; alors, il montrera son sabre au général. Quand Mishima dira : « Koga, un mouchoir » — Mishima en aura besoin pour essuyer le sabre avant de le montrer au général —, Chibi-Koga passera derrière le général afin de l'immobiliser. Furu-Koga et Ogawa l'aideront. Mishima et Morita barricaderont les portes. Si les officiers des Jieitai essaient d'entrer, ils leur barreront le passage. Alors, ils donneront lecture aux officiers de leurs revendications. Une fois les soldats rassemblés en foule devant le bâtiment principal, du haut du balcon Mishima prononcera un discours, et les quatre autres, eux aussi, se présenteront brièvement. Sur quoi, Mishima et Morita se feront hara-kiri. Les autres les décapiteront.

Ils coupent la corde en longueurs adéquates, inscrivent leurs revendications sur les calicots, rédigent aussi les *tanka* d'adieu — poèmes de trente et une syllabes (composés par les soldats avant d'aller se battre au cours de la Seconde Guerre mondiale). Mishima répète son discours avec la télévision branchée dans la chambre, pour qu'on ne l'entende pas de l'extérieur ; enfin, les hommes emballent leurs accessoires. Parmi ceux-ci, des tampons de coton hydrophile. Morita demande à Mishima à quoi ils serviront ; ce dernier sourit pour répondre qu'ils devront tous deux se bourrer l'anus de coton hydrophile, pour ne pas vider leurs intestins en se faisant hara-kiri. Mishima téléphone à ses deux amis reporters de tenir des caméras prêtes pour le lendemain, ainsi que des brassards ; eux-mêmes devront être prêts pour onze heures du matin. Il ajoute qu'il les rappellera à dix heures, le lendemain matin, pour leur donner ses dernières instructions.

Ce soir-là, le 24, le groupe fait un dîner d'adieu dans un petit restaurant dénommé le Suegen, dans le quartier Shimbashi. Le Suegen, restaurant traditionnel, est situé dans une partie insolite du cœur de Tokyo. Les bars et les petits restaurants qui l'entourent donnent sur des rues étroites, dans des maisons de deux étages ; ce quartier, hanté de *yakuza* et d'entraîneuses, comporte un célèbre sanctuaire shintoïste, le Karasumori Jinja. Le Suegen ne comprend qu'une vaste salle, occupée par la

Tatenokai pour la soirée. Le sol est couvert de tatami ; grande *kakeji* (calligraphie), œuvre d'Ichiro Hatoyama — « Révère les dieux et aime l'humanité », maxime du général du XIXe siècle Takamori Saigo. Mishima commande le repas : *otsumami* (petits haricots bruns), *tori-arai* (tranches de poulet cru avec glaçons), *tori-soup-ni* (ragoût de poulet à l'oignon et au chou), riz, bière.

Après le repas, le groupe se rend en voiture chez Mishima. Là, il les quitte ; ils continuent jusqu'au logement de Morita, dans le quartier de Shinjuku. Après avoir déposé Morita, les trois plus jeunes poursuivent jusqu'au logement de Chibi-Koga, où ils passent la nuit.

Mishima fait alors une courte visite à ses parents. Shizue étant sortie, il se trouve seul avec son père. Azusa grogne contre les habitudes de fumeur de son fils — Mishima fume une cigarette Peace après l'autre ; là-dessus, Shizue rentre. La mère et le fils bavardent un petit moment, puis Shizue le raccompagne à la porte : « En le regardant partir, je n'ai pu m'empêcher de penser qu'il avait l'air bien fatigué, bien voûté », déclarera-t-elle plus tard. Chez lui, Mishima trie ses papiers jusque tard dans la soirée. Il signe la livraison finale de *L'Ange en décomposition*, qu'il date du 25 novembre 1970. Il ferme aussi deux lettres adressées à des universitaires étrangers, Ivan Morris et Donald Keene. Et sur son bureau, il dispose cette note brève : « La vie humaine est limitée, mais j'aimerais vivre éternellement. »

L'Ange en décomposition

Terminer ce long roman (*La Mer de la Fertilité*) me donne un sentiment de fin du monde.

Yukio Mishima à l'auteur.
Octobre 1970.

On s'interroge sur la raison qui a poussé Mishima à choisir pour date de sa mort le 25 novembre. Une hypothèse veut qu'il ait choisi ce jour parce que c'était l'anniversaire de la mort du héros du XIXe siècle Shoin Yoshida. Lors de mon séjour à Shimoda, en août 1970, je parlai avec Mishima de Yoshida : je lui signalai qu'il y avait une grande statue de Yoshida dans un sanctuaire proche de l'auberge où je logeais — le sanctuaire Mishima (ainsi nommé d'après un sanctuaire de la ville proche du Fuji-Yama, à laquelle Mishima avait emprunté son nom de plume, près de trente années plus tôt). Mais au cours de cette conversation Mishima ne manifesta guère d'intérêt envers Yoshida, et je doute qu'au fond de lui-même il s'intéressât à cet homme.

Mon hypothèse est que Mishima choisit de mourir le 25 novembre parce qu'à cette date il devait remettre la dernière livraison du quatrième tome de sa longue tétralogie, *La Mer de la Fertilité.* Pour ce manuscrit c'était la date limite, et d'ordinaire, Mishima respectait rigoureusement ses délais. Il avait calculé que fin novembre il remettrait la dernière partie de *L'Ange en décomposition,* quatrième livre de la tétralogie, à la revue *Shincho.* Cette revue, qui publiait l'ouvrage en feuilleton, avait reçu chaque livraison le 25 de chaque mois, ou à peu près. Mishima, en réalité, avait achevé sa dernière partie dès août 1970 : un autre invité à Shimoda, Donald Keene, l'avait vue à l'époque. Ainsi Mishima pouvait-il combiner de longue main que sa mort coïnciderait avec la remise de la conclusion de son dernier livre, et que son œuvre littéraire prendrait officiellement fin le même jour que sa vie. Contrôler de la sorte ses dernières actions dans le moindre détail était bien caractéristique de Mishima. L'homme qui garda un visage souriant durant ses ultimes vacances d'été à Shimoda, tout en organisant secrètement sa fin sanglante, respecta fidèlement jusqu'au bout ses délais professionnels.

Quel genre de livre put-il écrire en même temps qu'il organisait sa mort ? Ce livre, on pourrait le considérer comme une tentative pour justifier et pour expliquer son acte — un message ultime à la postérité —, mais ce n'est là qu'un aspect d'un roman très complexe. Il reflète, à coup sûr, l'état d'esprit désespéré de son auteur durant la dernière année de sa vie : il se termine par une « catastrophe », ainsi que Mishima le dit au critique littéraire Takashi Furubayashi le 18 novembre, dans la dernière interview qu'il ait accordée. A une question sur son emploi du thème de la réincarnation dans *La Mer de la Fertilité,* Mishima répond : « L'une des raisons (qui m'ont poussé à employer ce thème) est d'ordre technique. J'estimais désuet le roman chronologique. En recourant à (l'idée de) réincarnation, il était facile de faire des bonds dans le temps et aussi dans l'espace ; je trouvais cela commode. Pourtant, avec l'idée de réincarnation, le roman devenait conte de fées. C'est pourquoi j'ai si fort insisté sur la philosophie de la réincarnation dans la première partie du *Temple de l'aube*. Il s'agissait de préparer le quatrième volume. Dans ce dernier livre, je n'ai écrit que des épisodes menant droit à la catastrophe. » Mishima avait écrit l'ouvrage rapidement — une fois décidé à mourir en 1970 ; ce roman exprimait non seulement ses idées sur la réincarnation, mais ses idées sur le cours d'une vie humaine. Et la catastrophe ? La totalité de *L'Ange en décomposition* répond à cette question.

L'action de ce dernier roman (publié aux éditions Gallimard en 1981 dans une traduction française de Tanguy Kenec'hdu) se situe dans le Japon du début des années 1970 ; il s'ouvre au commencement de l'été 1970, et se clôt à la fin de l'été 1975. Une fois encore, Honda est l'un des personnages principaux ; une fois encore, il est associé au protagoniste, un autre garçon d'une remarquable beauté physique, Toru. L'intrigue est fort simple en comparaison des trois premiers volumes de la tétralogie. Honda, l'avocat vieillissant, fait de Toru son fils adoptif ; Honda a soixante-seize ans, et le jeune garçon, seize. Tous deux vivent ensemble à Tokyo où Toru, adolescent d'une grande intelligence, passe ses examens d'entrée à l'université de cette ville. Honda vieillit ; Toru se fait plus agressif, le vieil homme attend la mort de Toru à l'âge de vingt ans car le corps du garçon présente le signe montrant qu'il est la réincarnation de Kiyoaki et des autres : trois grains de beauté au côté. Toru, lui, attend impatiemment d'hériter la fortune de Honda. Devenu méchant, il finit par attaquer Honda à coups de tisonnier, et lui inflige des blessures superficielles. Honda n'en peut mais : il craint que s'il se plaint, Toru ne le fasse enfermer pour sénilité. A la fin de *L'Ange en décomposition*, Toru et Honda ont l'un et l'autre des malheurs. Le garçon, tourmenté par Keiko, la vieille amie de Honda et l'ex-comtesse qui dans *Le Temple de l'aube* était l'amante de Ying Chan, tente de se tuer en absorbant de l'alcool à brûler mais ne parvient qu'à s'aveugler, événement symbolique qui se produit juste avant son vingt et unième anniversaire.

A vingt et un ans, pourrait-il être la véritable réincarnation ?
Les mouvements des corps célestes avaient laissé de côté
Honda. « Par une légère erreur de calcul, ils avaient conduit
Honda et la réincarnation de Ying Chan dans des secteurs
séparés de l'univers. Trois réincarnations avaient occupé l'existence de Honda puis, l'ayant traversée de leur sentier lumineux
(cela aussi avait été un accident des plus improbables), elles
s'étaient enfuies, dans un nouvel éclair, vers un coin ignoré des
cieux. Peut-être quelque jour, quelque part, Honda rencontre-
rait-il la centième, la dix millième, la cent millionième réincarnation. Rien d'urgent. » Toru continue à mener une existence
misérable chez son père adoptif. Honda lui-même est publiquement déshonoré. La police l'arrête à la suite d'un incident
survenu dans un jardin public où il épiait des amoureux ; la
presse titre : « Un célèbre juge devient voyeur. » Il commence
également à souffrir de douleurs à l'abdomen : « Un affaiblissement généralisé et des accès de douleurs sporadiques engen-
draient de nouvelles facultés de réflexion. En vieillissant, son
cerveau avait perdu toute aptitude à se concentrer, mais voilà
que celle-ci lui revenait et même, la douleur s'en emparait,
faisait éclore certaines facultés vitales autres que rationnelles. A
l'âge de quatre-vingt-un ans, Honda parvenait à un royaume de
mystère prodigieux qui jusque-là lui était demeuré interdit. Il
savait désormais qu'on pouvait atteindre à une vision plus
globale du monde par débilité physique que grâce à l'intelligence, par une douleur sourde dans les entrailles que par la
raison, du fait d'un défaut d'appétit plutôt que par l'analyse...
Honda était de lui-même parvenu à cet affûtage des sens auquel
si peu atteignent en ce monde, vivant la mort de l'intérieur.
Jetant un regard en arrière sur sa vie, du bord éloigné de cette
dernière où elle apparaît tout autre qu'un voyage en plat pays,
espérant que ce qui avait dépéri allait revivre, cherchant à croire
que la douleur était éphémère, s'accrochant évidemment au
bonheur comme à une chose d'un instant, pensant que la
mauvaise fortune suit nécessairement la bonne, voyant dans les
hauts et les bas, dans les montées et les retombées l'itinéraire de
sa marche en avant — alors il estimait que tout était à sa place,
bien ajusté et que la fin s'apprêtait en bon ordre. »
Il prend rendez-vous à l'Institut de recherche sur le cancer ; la

veille, il regarde la télévision, ce qui ne lui arrive pas souvent. Il y a un plan sur une piscine où s'ébattent des jeunes gens. « Honda verrait son existence s'achever sans avoir connu ce qui ressentait le possesseur d'une chair magnifique. Si, un seul mois, il pouvait en être revêtu ! Il aurait dû s'y essayer.. Lorsque l'admiration outrepassait une charmante docilité pour se transformer en adoration insensée, cela devait devenir un tourment pour le possesseur. Délire et tourment qui étaient gages de sainteté. Ce à côté de quoi était passé Honda, ç'avait été l'étroit et sombre sentier qui, par la chair, mène à la sainteté. Bien sûr, l'emprunter était le privilège du petit nombre. »

Au bout d'une semaine d'examens, Honda en apprend le résultat. « Il semble qu'il n'y ait qu'une tumeur bénigne sur le pancréas. » Le médecin ajoute : « Tout ce qu'il faut, c'est que nous nous en débarrassions. » Honda ne le croit pas ; il craint que la tumeur ne soit maligne. Il demande « un sursis d'une semaine » avant d'entrer à l'hôpital.

Il va voir Toru. Plus tôt dans le roman, nous avons appris quels sont les cinq signes de la décomposition d'un ange, les cinq signes que la mort est arrivée. D'après *La Vie du Bouddha,* cinquième fascicule : « Les fleurs des cheveux se fanent, les aisselles exhalent une sueur fétide, les robes se salissent, le corps cesse d'être lumineux, il perd la conscience de soi. » Honda semble découvrir chez Toru tous ces signes. « On ne respirait aucun parfum de fleurs » ; « la crasse et la graisse du kimono mêlées à la sueur exhalaient cette odeur qui, l'été, émane des jeunes hommes, comme d'un canal nauséabond » ; « Toru avait abdiqué toute autorité dans les contrées situées au-dessus de son cou »... Nous assistons à la décomposition de l'ange. Nous assistons également à la décomposition de Honda, mais elle a pris beaucoup plus longtemps. (« Lui qui, dès le début, n'avait jamais eu pareille conscience, continuait à vivre. Mais il n'était pas un ange. »)

Il décide aussi de satisfaire l'ambition de toute sa vie, car il ne lui reste peut-être plus beaucoup de temps : revoir Satoko Ayakura, la maîtresse de Kiyoaki dans *Neige de printemps,* devenue abbesse du couvent où elle a cherché refuge contre le monde, soixante années auparavant. Satoko a maintenant quatre-vingt-trois ans. En juillet 1975, Honda obtient un rendez-vous avec elle, et fait le voyage de Tokyo à Kyoto, où il descend à l'hôtel. Le lendemain, par une belle journée d'été, il se met en route pour Gesshuji, le couvent. Il refuse la proposition du chauffeur qui le conduit d'être mené tout droit à la grande porte de Gesshuji ; il entend subir les souffrances que connut soixante années plus tôt Kiyoaki. Dans les bois chantent d'innombrables cigales. Honda, appuyé sur sa canne, gravit lentement un haut escalier de pierre ; de temps à autre, il s'arrête pour dominer sa souffrance corporelle ; enfin, en nage, il arrive à la porte. Il se remémore nettement la scène, soixante années plus tôt ; des années qui ne paraissent qu'un instant. Il se sent redevenir jeune ; Kiyoaki l'attend là-bas, à leur hôtel, avec sa fièvre dangereuse. Au couvent, on le fait entrer pour le conduire à une salle de réception. Il exprime sa profonde gratitude à la religieuse qui l'a escorté ; il éprouve un grand bonheur à se dire que le scandale dont il est victime à Tokyo n'a pas fait obstacle à cette entrevue. En même temps, il songe que s'il n'avait pas honte, s'il n'avait pas conscience de sa mauvaise nature et de la mort, il ne serait pas venu au couvent.

Une religieuse âgée, accompagnée d'une religieuse plus jeune qui la tient par la main, pénètre dans la pièce. La vieille religieuse porte un kimono blanc, et par-dessus, une robe violet foncé (une *hifu,* robe mi-longue). Ce doit être Satoko. Durant un moment, Honda n'ose la regarder ; il sent les larmes lui monter aux yeux. Ce doit bien être Satoko, se dit-il en se décidant à regarder son visage — son nez, la forme de sa bouche ; elle a même conservé sa beauté. L'âge a purifié Satoko ; ses yeux sont clairs. La vieille abbesse présente le caractère d'une pierre précieuse, cristallisée par les ans.

Elle avoue avoir lu la lettre de Honda, qui lui a paru avoir « un air presque trop sérieux... Je pensais qu'il devait y avoir entre nous comme un lien sacré. »

Honda lui rappelle que, soixante années plus tôt, on ne l'avait pas autorisé à la voir, ce qui l'avait irrité. « Après tout, Kiyoaki Matsugae était mon ami le plus cher.

— Kiyoaki Matsugae. Qui donc cela pouvait-il être ?

Honda la regarda d'un air stupéfait.

Si dure d'oreille qu'elle pût être, elle n'avait pu manquer de l'entendre. »

Elle renouvelle sa question : « Qui pouvait-ce bien être ? »
« D'une politesse scrupuleuse, il raconta ses souvenirs de
l'amour de Kiyoaki et de son aboutissement mélancolique. »

Quand il a terminé, l'abbesse déclare froidement : « Voilà
une bien intéressante histoire, mais malheureusement, je n'ai
pas connu M. Matsugae. Je crains que vous ne m'ayez confon-
due avec quelqu'un d'autre.

— Mais je crois que vous vous appelez bien Satoko Ayakura ?...

— Tel était mon nom dans le monde.

— Alors, vous avez dû connaître Kiyoaki.

Il était courroucé. Il fallait que ce fût non pas l'oubli, mais un
cynisme effronté...

Son insistance à lui dépassait la limite raisonnable, mais elle
ne semblait pas lui en vouloir. Malgré la chaleur, le manteau
violet dont elle était revêtue n'était que fraîcheur. Ses yeux et sa
voix toujours si belle disaient sa sérénité.

— Non, monsieur Honda. Je n'ai oublié aucune des bénédictions qui furent miennes dans ce monde d'où vous venez. Mais
je crains de n'avoir jamais entendu le nom Kiyoaki Matsugae.
Ne croyez-vous pas, monsieur Honda, qu'il n'a jamais dû y
avoir semblable personne ? Vous paraissez convaincu qu'elle a
existé ; pourtant, ne vous semble-t-il pas que pareille personne
n'a jamais dû exister, dès l'origine, nulle part ? Je ne pouvais pas
m'empêcher de le penser en vous écoutant.

— Mais alors, pourquoi nous connaissons-nous ? Et les
Ayakura et les Matsugae doivent encore avoir des papiers de
famille.

— Oui, pareils documents pourraient résoudre des problèmes dans cet autre monde. Mais avez-vous véritablement connu
une personne appelée Kiyoaki ? Et pouvez-vous dire avec
certitude que, tous les deux, nous nous sommes déjà rencontrés ?

— Je suis venu ici il y a soixante ans.

— La mémoire est comme un miroir fantôme. Il arrive
qu'elle montre des choses trop lointaines pour qu'on les voie, et
elle les montre parfois comme si elles étaient présentes.

— Mais si, dès le commencement, il n'y avait pas Kiyoaki...
Honda tâtonnait à travers un brouillard. Cet entretien ici,

avec l'abbesse, semblait à moitié un rêve. Il parlait à haute voix, comme pour recouvrer le moi qui s'éloignait comme les traces d'une haleine à la surface d'un plateau de laque.

— ... S'il n'y avait pas Kiyoaki, il n'y a pas eu non plus Isao. Il n'y eut pas Ying Chan, et — qui sait — peut-être n'y a-t-il pas eu moi.

Pour la première fois, il y avait de la force dans les yeux de l'abbesse.

— Cela aussi est comme c'est dans le cœur de chacun. »

Au bout d'un long silence, l'abbesse appelle sa novice. Elle souhaite montrer à Honda le jardin du Sud. « C'était un clair et paisible jardin, sans rien de bien particulier. Tel un rosaire qu'on roule entre les doigts. Y régnait le cri strident des cigales.

Pas d'autre bruit. Le jardin était vide. Il était venu, pensa Honda, en un lieu de nul souvenir, de néant.

Le plein soleil d'été s'épandait sur la paix du jardin. »

C'est la dernière chose que nous sachions de Honda, et la dernière ligne de *La Mer de la Fertilité.*

Il doit s'agir de la « catastrophe » à laquelle Mishima faisait allusion. La réincarnation est mise en doute, de même que la vie entière de Honda. « Qui sait — peut-être n'y a-t-il pas eu moi. » La tétralogie dépendait de l'idée de réincarnation, représentée par les vies de Kiyoaki, Isao, Ying Chan et finalement Toru. Puis, au terme des 1 400 pages de ce roman, Mishima semble faire exploser l'idée que les trois successeurs du bel adolescent Kiyoaki soient des réincarnations ; le thème qui relie entre eux les quatre tomes de *La Mer de la Fertilité* se trouve mis en question avec une ironie toute classique. Telle est mon interprétation de cette fin et de l'emploi fait par Mishima du mot « catastrophe » pour la désigner.

Fin adéquate. Mishima lui-même ne croyait pas à la réincarnation, et ce qu'il écrit là-dessus dans *La Mer de la Fertilité* manque de conviction ; il est raisonnable qu'il mette en doute et même rejette une telle idée à la fin de son œuvre. En insistant sur la réincarnation dans les premières parties de la tétralogie, il amène la grande scène où il remet en question la structure entière de l'histoire. Il laisse son personnage principal, tout au bout de sa longue existence, douter qu'elle ait une signification quelconque. Et pourtant, rien dans ce roman n'est aussi simple.

Honda, semble-t-il, est entré en nirvana, ou extinction selon les bouddhistes — un lieu froid, inconfortable, « de nul souvenir », un lieu apparenté à la surface lunaire. Telle est la conclusion ironique de *La Mer de la Fertilité,* au titre non moins ironique ; nul doute que l'on discutera longtemps de son interprétation exacte. Comme cela ressemble bien à Yukio Mishima de terminer sur cette note sa dernière œuvre littéraire — et son dernier commentaire sur la vie ! Sous ses dernières pages, on peut presque entendre son rire si familier : « Heuh-heuh-heuh ! »

Après le suicide de Mishima, les circonstances conspirèrent pour me donner un point de vue privilégié sur tout ce qui se passait à Tokyo. Je me trouvai être l'unique reporter étranger à la conférence de presse donnée par les Jieitai au quartier général d'Ichigaya, un quart d'heure environ après la mort en cet endroit de Mishima. Le lendemain, je passai chez lui déposer un mot à l'intention de sa veuve ; à ma surprise — je m'étais attendu à ce que la famille refusât les visites —, je fus invité à entrer. La demeure de Mishima était pleine de chrysanthèmes blancs et de femmes élégantes en kimono de soie noire, famille ou amies très intimes. Là, j'étais le seul non-Japonais ; je ne restai que peu de temps, à causer avec une amie de Mishima. Le service funèbre privé eut lieu une demi-heure après, suivi de la crémation.

Au mois de décembre, en ma qualité de journaliste, j'assistai à une réunion commémorative dans une salle d'Ikebukuro, non loin du grand magasin où l'on avait organisé la dernière exposition de Mishima ; au mois de janvier, j'étais présent aux obsèques publiques, au temple Tsukiji Honganji de Tokyo. A ces funérailles assistaient plus de dix mille personnes ; c'était la plus imposante cérémonie de son espèce qui eût jamais eu lieu au Japon. Avant que le grand public n'eût été autorisé à jeter un coup d'œil dans le temple (le public n'était pas admis au sein de l'édifice même), il y eut un court service à l'intention d'environ trois cents personnes. L'autel offrait un spectacle magnifique : d'énormes sphères formées de petits chrysanthèmes blancs, à côté desquelles scintillaient de hauts cierges. Les membres de la famille étaient assis au premier rang avec Yasunari Kawabata qui menait le deuil ; derrière eux, au grand complet, les quatre-vingts membres de la Tatenokai, en uniforme. Après le service, Kawabata, vieilli, frêle dans son costume noir, fit une brève allocution très mesurée où il priait l'assistance de tout mettre en œuvre pour aider la veuve et ses enfants.

J'étais apparemment le seul non-Japonais invité aux obsèques (s'il y en avait d'autres, ils ne sont pas venus) ; j'étais aussi le seul Occidental présent lorsque s'ouvrit devant la Cour du district de Tokyo, en mars 1971, le procès des trois survivants de l'action d'Ichigaya. Les autorités refusaient d'admettre au procès plus d'un reporter étranger, or il devait maîtriser mieux que moi le japonais car il devait prendre des notes à l'intention de toute la presse étrangère. (Takeshi Oka, du *New York Times,* un Japonais, accepta cette responsabilité.) Pour assister au procès, dès sept heures du matin, je fis la queue avec environ cinq cents autres personnes : je tentais ma chance dans le tirage au sort qui déterminait qui serait admis. J'avais beau n'avoir qu'une chance sur dix de réussite, je fus l'un de ceux qui reçurent un morceau de papier marqué d'une croix : je serais autorisé à assister au procès Mishima.

Il se trouva que le début fut la seule partie intéressante de ce procès qui dura jusqu'en avril 1972 (et s'acheva sur des sentences de quatre ans de prison pour les étudiants de la Tatenokai). C'était la première fois que les deux Koga et Ogawa paraissaient en public ; habillés à l'occidentale, ils portaient des chemises à col ouvert ou des pulls à col roulé ; ils avaient un air de netteté alerte. Ce qui me stupéfia, ce fut leur taille — ils paraissaient minuscules —, leur fragilité, leur jeunesse apparentes. Les deux Koga, tout petits, avaient un visage frais, enfantin ; Ogawa, le porte-drapeau de la Tatenokai, plus grand, arborait une moustache taillée en brosse qui lui donnait un air un peu plus vieux ; mais comparés à mon souvenir de Mishima, ils semblaient tous très jeunes et peu développés. Lors de la séance d'ouverture, tous trois furent priés de faire une déclaration. Furu-Koga, adolescent au visage sensible, se révéla le plus éloquent : chauvinisme, impérialisme et loyalisme envers Mishima, tels furent ses thèmes. Depuis la mort de Mishima, une transformation s'était produite : le ton chauvin de la déclaration de Furu-Koga contrastait avec tout ce qu'avait représenté Mishima en tant qu'auteur et en tant qu'homme. J'avais le sentiment que les occasionnelles pointes xénophobes de Mishima dans ses romans et sa conversation avaient été gonflées hors de toute proportion par ses soi-disant alliés de droite. Les témoignages apportés à ce procès constituaient pour la biographie de Mishima une fin aussi ironique que pour son œuvre littéraire *La Mer de la Fertilité*.

V

POST MORTEM

Il s'est suicidé pour achever son œuvre littéraire.
Takeo Okuno, critique littéraire
Il est mort pour défendre ce qu'il aimait.
Shintaro Ishihara, auteur et homme politique de droite
Un acte motivé par un sentiment de crise fantôme.
Daizo Kusayanagi, sociologue
L'intensification de sa sexualité produisit un besoin croissant de
se suicider par éventration.
Tadasu Iizawa, auteur dramatique
Un suicide provoqué par un désir explosif d'auto-exhibitionnisme.
Shigeta Saito, psychiatre
Une splendide mosaïque d'homosexualité, de *Yomeigaku* et de
culte de l'Empereur.
Un ami japonais, trois mois après la mort de Mishima

1

L'image de la tête de Mishima, encore ceinte du *hachimaki*
(bandeau), maintenue droite sur le tapis ensanglanté du bureau
du général Mashita — la presse japonaise et le magazine *Life* ont
publié cette photographie — ne s'efface pas de mon esprit. Cette

tête puissante, arrachée à ses épaules !... De quelle façon Mishima justifiait-il à ses propres yeux un tel acte ?

Dans *L'Ange en décomposition,* Honda, le personnage principal, regrette d'être le genre de personne qui est « incapable d'arrêter le temps », et qui par conséquent ne saurait jouir de la « beauté physique infinie » qui est « le privilège particulier de ceux qui abrègent le temps.

« En vieillissant, la conscience de soi devint la conscience du temps. Il en vint peu à peu à distinguer le bruit des fourmis blanches. De moment en moment, de seconde en seconde, avec quelle conscience sans profondeur les hommes glissaient à travers un temps sans retour ! L'âge seul enseignait la richesse, voire l'ivresse contenue dans chaque goutte de la beauté du temps, telles les gouttes d'un vin rare et généreux. Et le temps s'égouttait comme du sang. Les vieillards se desséchaient puis trépassaient, payant ainsi d'avoir négligé d'arrêter le temps à l'instant glorieux où le sang généreux, à l'insu de celui-là même qu'il habite, apportait une généreuse ivresse.

« Juste avant l'apogée où il faut abréger le temps se trouve l'apogée de la beauté physique », ajoute Mishima. Il sait qu'il a dépassé la première apogée et atteint la seconde, semble-t-il expliquer dans son dernier roman ; or, à la différence de Honda, il n'entend pas ignorer « le radieux moment ». Si cela est vrai de son propos dans *L'Ange en décomposition,* son hara-kiri n'a fait qu'arrêter le temps pour lui : une éternelle beauté physique serait par conséquent son « privilège particulier ».

Il s'agit là d'une explication littéraire en accord avec un grand nombre des idées qui avaient obsédé Mishima durant la majeure partie de sa vie ; pourtant, cette explication paraît trop simple quand on se remémore le ravissement qu'il éprouvait à jouer des rôles — combien il eût aimé expliquer à la postérité le « radieux moment », et surtout les événements de cette ultime journée. Nous avons vu comment ses plans se sont modifiés, comment Morita a fourni un soutien essentiel, comment la police et l'armée n'ont pas réussi à intervenir efficacement — il est facile d'imaginer comment cette ultime journée aurait pu tourner de façon différente, comment Mishima aurait manqué son « radieux moment » et peut-être continué de vivre comme Honda (pourtant, c'était un homme si résolu, il avait tant de fois répété sa mort, qu'elle présente un caractère inévitable). Jusque dans *L'Ange en décomposition,* il y a d'un bout à l'autre un arrière-plan d'ironie. L'incapacité de Honda à arrêter le temps, son lent vieillissement paraissent apporter certaines compensations comme si peut-être le narrateur mettait en doute son précédent soliloque au sujet du radieux moment. Rien n'est simple : tout est-il douteux ? Du moins dans le dernier roman de Mishima se méfie-t-on d'un message trop visible : peut-être ne s'agit-il que d'une autre confession d'un masque, et non de la véritable expression de l'homme réel, ce complexe et perspicace ex-animateur de la nature humaine, y compris de la sienne propre. Peut-être qu'à son insu même, à un niveau inconscient, son dernier roman exprime certains doutes sur ce qu'il est sur le point d'entreprendre. Eprouvonsnous une sympathie grandissante, voire de l'envie, à l'égard de Honda qui a manqué le radieux moment, mais a continué de vivre ?

Un grand nombre des contemporains de Mishima n'ont pas accepté une explication simple de ce qui s'était passé, même plusieurs mois après qu'eut été publiée la conclusion de *L'Ange en décomposition.* Au printemps 1971, la *Japan Quarterly* fit paraître un article de Junro Fukashiro intitulé *Post mortem,* qui résume les théories populaires concernant les mobiles de Mishima : « La *théorie de la folie,* qui n'a pas besoin de plus ample explication ; la *théorie esthétique,* qui veut que la beauté recherchée par Mishima dans sa quête littéraire ne pouvait être complète sans sa propre mort tragique ; la *théorie de l'épuisement du talent,* qui suggère que Mishima s'était totalement exprimé en près de trente années de carrière, et n'avait rien d'autre à attendre que le désespoir ; la *théorie du suicide par amour,* laquelle voit en lui un homosexuel qui a commis un *shinju* (double suicide passionnel) avec (Morita) en quête d'un plaisir érotique suprême ; la *théorie du patriotisme,* enfin, qui postule que Mishima tente d'inciter les membres des Jieitai à organiser un coup d'Etat qui réalisât l'idéal personnel de Mishima : le Japon en tant qu'Etat-nation uni sous l'autorité de l'Empereur. »

2

Même si l'on admet que Mishima ait à ses propres yeux choisi le « radieux moment », il convient de le relier à son narcissisme et à son homosexualité, deux aspects complexes du personnage. L'homosexualité, selon moi, fournit une clef de son suicide. Mon hypothèse est qu'il avait une liaison avec Masakatsu Morita, et que tous deux ont commis un suicide passionnel. La preuve en est circonstancielle : Mishima et Morita ont conçu ensemble l'affaire d'Ichigaya, puis y ont fait entrer les trois autres membres de la Tatenokai. Ils ont décidé qu'eux seuls se suicideraient, et n'ont communiqué leur décision aux autres qu'ensuite — lors de la rencontre au sauna Misty, le 3 novembre 1970.

Après les suicides, deux personnes qui avaient connu Mishima personnellement m'ont fait des déclarations, en réponse à des questions d'ordre général, confirmant l'idée qu'il s'agissait bien d'un *shinju*. L'une de ces personnes était un haut fonctionnaire de la police qui avait accès à l'énorme dossier concernant l'affaire Mishima. Un certain nombre de personnes extérieures à l'affaire, mais qui s'intéressaient à ces suicides, avaient recours à lui car on savait qu'il avait été proche de Mishima, et aussi à cause du rang élevé qu'il occupait. La veille de la visite que je lui fis, à son bureau, en février 1971, il avait reçu un coup de téléphone de l'homme politique conservateur Shintaro Ishihara, pour lui poser des questions sur les relations Mishima-Morita. Ce fonctionnaire de la police parlait bien volontiers de Mishima, à condition que je ne citasse pas son nom, et je fus impressionné par sa manière humoristique, ironique, de répondre à mes questions. Il déclara que Mishima et Morita étaient probablement amants, mais que seuls, les deux disparus en auraient pu jurer.

Mon autre source d'information était une personne très différente : une femme qui avait connu Mishima intimement durant toute sa vie adulte, mécène élégante et accomplie, épouse de l'un des principaux hommes politiques du Japon. Je déjeunai avec elle, au début du printemps 1972, dans un hôtel occidental de Tokyo ; toute notre conversation ayant lieu en japonais, ma secrétaire était là pour nous servir d'interprète en cas de nécessité. Je ne connaissais guère cette dame ; elle ne m'en fit pas moins confiance, et me parla librement de Mishima. Il lui avait jadis proposé le mariage, et elle conservait une correspondance volumineuse dont elle me montra par la suite une partie. « Mishima était profondément épris de Morita », assurait-elle. Selon elle, Morita avait exercé une influence considérable sur Mishima ; elle estimait que seul, ce dernier ne se fût pas suicidé (il eût manqué le « radieux moment » ?). Elle considérait Morita comme un étudiant de droite conventionnel, pas très intelligent, et Mishima comme l'homme qu'il était : un écrivain brillant, intelligent, charmant, un peu instable, qui avait pour idéal une belle mort. Les intérêts des deux hommes avaient coïncidé. En réalité, Morita proposa le premier que la Tatenokai organisât un coup d'Etat (la police confirma cette assertion) ; il émit cette suggestion à l'automne de 1969 ; à l'époque, Mishima la repoussa, mais y souscrivit quelques mois plus tard. Ainsi l'affaire Mishima eut-elle son origine dans l'esprit de Masakatsu Morita. Mishima adopta sans réserve cette idée, laquelle convenait parfaitement à ses objectifs, dès qu'il sut qu'il aurait achevé sous peu *La Mer de la Fertilité*. Dans un sens, Morita trouva le terrain tout préparé, et déclencha sans le savoir le mécanisme.

Quand je vis les deux hommes ensemble, au Camp Fuji, en 1969, ils étaient manifestement très liés. Morita déclara ne pouvoir comprendre l'idéal de l'Empereur qu'à travers Mishima, uni de façon mystique à l'Empereur. L'Empereur étant l'idéal de Morita, son culte dut se communiquer à Mishima. Voilà qui est capital pour comprendre la relation entre les deux hommes — à condition de suivre Mishima dans sa conception de l'Empereur. Dans son essai accompagnant la trilogie d'œuvres sur l'affaire Ni Ni Roku, Mishima dit que l'amour n'est possible que sous l'égide de l'Empereur. *A* aura beau aimer *B*, *B* aura beau aimer *A*, leur relation n'aura de sens que si l'Empereur existe ; autrement, elle sera creuse. Mishima compare la situation à un triangle qui a pour sommet l'Empereur, et dont les amants sont les deux angles de base.

Les idées de Mishima sur le commandement éclairent également sa relation avec Morita. Dans sa façon d'être au sein de la Tatenokai, il est brutal, autocratique, mais aussi prêt à admettre la critique. Un de ses livres favoris, le *Hagakure*, recueil du XVIIIe siècle sur l'éthique du samouraï — Mishima le déclara un jour sa lecture préférée —, explique en termes d'amour les rapports entre guerriers samouraïs ; et de fait, les samouraïs étaient souvent des amants homosexuels. Le *Hagakure* dit aussi que les subordonnés, ou disciples, ont pour devoir principal de « faire des remontrances » à leurs supérieurs ou seigneurs féodaux si ces derniers s'écartent du droit chemin. Mishima, selon Morita, ne traitait pas sérieusement la Tatenokai en la privant d'agir. Morita, le disciple fidèle et l'admirateur passionné, poussait à l'action Mishima.

L'éros et le « sang » étant étroitement liés dans la littérature de Mishima, il ne put manquer de rêver de réaliser cette idéale combinaison. Mishima et Morita ont tous les deux pris soin de détruire la correspondance et les journaux intimes qui auraient pu nous donner des certitudes ; pourtant, l'être avec lequel Mishima est mort, l'être par lequel il a été tué, ne pouvait être que son amant.

3

Et la « théorie de la folie » ? Certaines des anecdotes et des conversations que j'ai rapportées vers la fin de sa vie montrent que Mishima se trouvait dans un considérable état de tension. Je me rappelle en particulier l'étrange dîner où il décrivit le Japon comme étant menacé par un « serpent vert ». Beaucoup des dernières photographies pour lesquelles il a posé le montrent en train de représenter ses fantasmes. Il est bien certain, par exemple, que Mishima en saint Sébastien franchissait les limites de la pathologie ; et sur la célèbre photographie où il brandit le sabre géant qui devait le tuer, son expression paraît démente. Pourtant, il était dans la vie un acteur et un metteur en scène si incroyable que l'on peut encore se demander jusqu'à quel point, même là, il ne jouait pas la comédie.

Le témoignage des spécialistes sur la condition mentale de Mishima ne nous aide guère. Le seul psychologue qui l'ait jamais examiné, le docteur Kataguchi, qui lui fit subir des tests aux taches d'encre de Rorschach en 1962 — huit longues années avant sa mort —, n'en tira pas d'opinion précise au-delà du fait que Mishima était homosexuel. Il n'en écrivit pas moins, après la mort de Mishima, un article qui le décrivait comme étant paranoïde, psychopathe et schizophrène ; voilà qui ne contribuait guère à approfondir la compréhension de l'homme. Je préfère une approche de bon sens, fondée sur ce que nous connaissons de l'enfance de Mishima. Toute sa vie, il a tenté de compenser par des actions prodigieuses sa fragilité. Brûlant de prouver qu'il n'était *pas* faible, il cherchait à dominer tout son entourage. Ce qui, avec les années, dut énormément l'éprouver. Si ses proches, ceux qui le voyaient de façon régulière, laissèrent échapper ces signes (sa veuve dit ensuite qu'elle pensait bien qu'il allait arriver quelque chose, mais peut-être l'année suivante), les gens de l'extérieur, en particulier les lecteurs de Mishima, se rendaient compte. Environ un an avant sa mort, un incident se produisit chez lui qui reflète cela. Un matin de bonne heure, un jeune homme se mit en faction devant la maison (technique courante au Japon pour se présenter ; plus le demandeur attend longtemps, plus on respecte sa sincérité, et plus il a de chances de rencontrer l'homme célèbre). Il attendit la journée entière ; vers le soir, Mishima, dont la famille avait remarqué le jeune homme, se laissa fléchir et envoya sa femme de chambre lui ouvrir. Mishima l'accueillit avec les paroles suivantes : « Comme je suis un homme occupé, je ne vous laisserai me poser qu'une seule question, pas davantage. D'accord ? » Le visiteur observa un moment de silence. « *Sensei,* demanda-t-il, quand est-ce que vous allez vous tuer ? »

On se souvient de la réflexion de Honda vieillissant, dans *L'Ange en décomposition :* « Il savait maintenant que l'on pouvait tirer de l'affaiblissement physique une vision du monde plus complète que de l'intelligence... » Etait-ce une réflexion de Mishima sur son propre état d'esprit ? L'image qu'il donnait dans ce dernier roman d'un Japon laid, matérialiste, reflétait-elle un désespoir de déséquilibré ? Ainsi qu'Edward Seidensticker, le traducteur en anglais du roman, l'a écrit de Toru : « Le héros est un jeune garçon enclin à une cérébralisation brillante et totalement creuse. Il saute aux yeux que Mishima détestait ce garçon, au demeurant un remarquable personnage

de roman, et qui n'évoque rien tant que Mishima en personne. »
Mais pour un adepte de la Yomeigaku — la philosophie
néoconfucéenne qui poussait Isao à se faire hara-kiri dans
Chevaux échappés, et qui joua un rôle dans la décision prise par
Mishima lui-même de mourir —, il ne suffisait pas de reconnaître dans une confession fictive la pourriture intérieure à soi-
même ; l'adepte devait en outre agir pour échapper à la
cérébralisation creuse, et il fallait que ce fût un vrai suicide, non
un suicide saboté comme celui de Toru.

L'importance de la Yomeigaku pour Mishima éclate dans une
lettre qu'il écrivit à l'un de ses traducteurs, Ivan Morris, juste
avant sa mort ; il y affirme avoir été influencé par la Yomeigaku,
et estimer que « savoir sans agir » n'est pas une connaissance
suffisante, et que l'acte lui-même n'a aucunement besoin d'être
efficace. Sa dernière lettre à Morris (il en écrivit une similaire,
elle aussi postée après sa mort, à Donald Keene), je l'interprète
comme suit : point ne suffisait à Mishima de regretter par
« simple expression verbale » la disparition de la tradition
japonaise ; il ne pouvait « connaître » véritablement la situation
de son pays qu'en agissant. Comme il estimait que le Japon se
trouvait dans un état désastreux, seule, la réaction la plus
extrême, le suicide — un acte de protestation —, représenterait
un « absolu de connaissance ». De plus, il lui fallait se tuer sur
un mode théâtral : l'aspect dramatique était la note dominante
des actions des héros fameux de l'histoire japonaise au xixᵉ siècle, adeptes de la Yomeigaku. Quoi de plus théâtral que de
remettre la fin de son dernier roman, puis de se faire hara-kiri
presque devant les caméras de télévision ? Ainsi qu'il l'écrivait à
Ivan Morris, il se séparait de *L'Ange en décomposition* « le jour
même de (son) acte en vue de réaliser (sa) *Bunburyodo* ».

Non, la « théorie de la folie » est une explication beaucoup
trop simple et beaucoup trop commode. Il se peut, suivant le
commentaire d'un de mes amis, que les trois principaux facteurs
aient été l'homosexualité, la Yomeigaku et le culte de l'Empereur, et qu'ensemble ils forment une « splendide mosaïque ».
Mais cet ami estime qu'aucun de ces éléments, pris de manière
isolée, ne fut décisif. Ce qui importait, c'était l'effet d'ensemble : même dans son œuvre — en particulier dans ses pièces de
théâtre — Mishima s'était souvent beaucoup plus intéressé à la

forme qu'au contenu. Pareil à maints artistes ayant des tendances suicidaires, Mishima considérait sa mort comme sa dernière œuvre d'art, et la plus importante. « Je veux faire de ma vie un poème », écrivait-il à vingt-quatre ans. Voilà qui était bien dans son caractère fortement narcissique. Son but dominant consistait à mourir en beauté ; l'esthétique de sa vie entière (« la Mort, la Nuit, le Sang ») lui dictait d'employer pour armes des sabres et des couteaux, non des fusils. Le hara-kiri constituait à ses yeux l'acte sexuel par excellence — la « masturbation suprême », ainsi qu'il le dit à un visiteur au cours de l'été 1970. A cette époque, dans sa conviction que l'événement le plus beau, c'était la mort violente d'un jeune homme, il ne pouvait se permettre, âgé de quarante-cinq ans, d'attendre beaucoup plus longtemps.

Mais cela aussi paraît trop simple : l'explication de la mort de Mishima se trouve dans sa vie entière. Tout le présent livre est mon explication.

4

Cet événement émut à coup sûr un grand nombre de personnes. Il affecta beaucoup les hommes de la génération même de Mishima au Japon, non parce qu'ils respectaient ses arguments, tels qu'ils se trouvaient exposés dans le *gekibun* ou avant cela dans *Eirei no Koe,* mais parce que son acte leur remémorait le culte de l'Empereur qu'ils avaient pratiqué durant la guerre, alors qu'ils s'étaient tous attendus à mourir pour l'Empereur. En temps de guerre, la vertu la plus haute avait consisté à se sacrifier pour l'Empereur sur le champ de bataille ; d'où le prestige des pilotes kamikazes dont Mishima faisait l'éloge dans *Eirei no Koe.* Mishima, pour beaucoup, avait ravivé le vieil idéal de l'Empereur, et sa mort émut un grand nombre de ses contemporains plus profondément qu'aucun autre événement depuis 1945. A leurs yeux, elle prouvait la sincérité de son impérialisme.

Un sondage de presse montra qu'un tiers environ des étudiants comprenaient Mishima dans une certaine mesure, tout en condamnant son hara-kiri. La presse, dans son ensemble, émit des commentaires défavorables ; non seulement les partis d'opposition mais aussi les conservateurs condamnèrent Mishima. Presque personne n'était disposé à dire en public un mot en sa faveur. Pourtant, la grande majorité des Japonais avaient beau déclarer qu'ils désapprouvaient l'acte de Mishima, bien des gens ressentaient pour lui une sorte de sympathie, qui s'accrut au fur et à mesure que le choc de ce sinistre événement s'estompait dans le passé.

Bien des proches de Mishima critiquèrent son suicide. Peu de temps après, Yasunari Kawabata, arrivé au quartier général d'Ichigaya, fut mené devant les cadavres et interrogé séance tenante par la police. Ensuite, il ne trouva pas grand-chose à dire à la presse. « Quel gâchis ! » s'exclama-t-il. Il fut la première personne à faire une visite à Mme Mishima ; il semble que l'un et l'autre désapprouvaient le suicide. Un indice de son attitude à elle : son choix de la photographie exposée au-dessus de l'autel, lors des obsèques publiques. Elle évita les portraits de son mari en uniforme de la Tatenokai, pour en choisir un où il portait un tee-shirt sombre. Elle prit aussi des mesures rapides pour mettre fin à la Tatenokai. Le 28 février 1971, une brève cérémonie à laquelle assistait Yoko Mishima eut lieu dans un sanctuaire shintoïste de Tokyo ; la Tatenokai y fut licenciée. Cette action sous-entend que la Tatenokai était une organisation personnelle de Mishima, un véhicule de son suicide, et que, Mishima une fois mort, son armée privée n'avait plus de raison d'être.

Yoko Mishima se révéla de fait une vraie veuve de samouraï, manifestant beaucoup plus de force de caractère que son mari ne l'avait fait parfois. Elle avait beaucoup de travail en tant que principale héritière de la succession littéraire de Mishima ; or, elle affronta les problèmes qui se posaient à elle avec une extraordinaire force de caractère. Avant longtemps, dans le monde de l'édition, elle se trouva dans une plus grande position de force que son mari ne l'avait été. Femme d'affaires à l'esprit pratique, elle prit toutes les dispositions nécessaires à la succession de Mishima ; cette dernière s'accrut rapidement : les livres de Mishima se vendaient beaucoup plus — la première année qui suivit sa mort, les revenus dépassèrent deux cent cinquante mille dollars, dus en majeure partie aux ventes au Japon.

Toutefois, Yoko ne parla jamais en public de son mari après sa mort. De la famille, à travers des amis, filtraient des bribes de renseignements. On apprit que Mishima, au début de 1970, désireux de faire une gâterie à ses enfants, avait proposé à Yoko de les emmener en été, pour leur premier voyage outre-mer, à Disneyland. Yoko, disant que son mari devait d'abord terminer son long roman, avait refusé. Peut-être ne saura-t-on jamais ce qu'elle pensait, et ce qu'elle pense, de son mari. Il est tout à fait possible qu'elle ait été la seule personne, en dehors du groupe de la Tatenokai, à sentir qu'il préparait quelque chose de capital ; mais il ne semble pas l'avoir avertie de façon directe, et, ce matin-là, il la laissa mener les enfants à l'école sans un dernier adieu.

Elle souhaitait avant tout protéger la réputation de son mari. Elle voulait que l'on se souvînt de lui comme d'un écrivain de classe internationale, et non comme d'un extrémiste de droite. Chez elle, elle exposa la grande photographie qui avait servi aux obsèques ; auprès d'elle, elle en disposa une, plus petite, de Morita : Mishima, après tout, avait été responsable de sa mort.

D'autres membres de la famille désapprouvaient aussi le suicide de Mishima. Son père y trouvait à redire ; son fils n'avait pas même fait ses adieux à la famille, grommelait-il. Le frère cadet de Mishima, Chiyuki, qui travaillait au cabinet du Premier ministre à l'époque du suicide, et qui chez Mishima se trouvait chargé des rapports avec la presse, n'approuvait pas non plus le suicide. L'unique membre de la famille à avoir une attitude compatissante fut la mère. Shizue critiquait avec aigreur le reste de la famille, en déclarant que l'on n'avait jamais compris son fils. Elle accusait son mari, Azusa, d'être un philistin, et disait que Yukio ne se serait jamais tué s'il avait eu une meilleure épouse que Yoko. Les dissensions au sein de la famille Hiraoka furent rendues publiques par Azusa, qui écrivit dans la presse des articles racontant les querelles. Il décrivait Shizue pleurant devant l'autel bouddhiste de leur demeure, sur lequel elle avait disposé un volume de Nietzsche pour que son fils le pût lire ; hors de lui, Azusa sortait dans le jardin fumer une cigarette afin de recouvrer son calme.

Désapprouver le suicide de Mishima, c'était une chose ; l'empêcher de vous troubler l'esprit, une autre — le cas de Yasunari Kawabata en est la preuve. L'année qui suivit la mort de Mishima, il se jeta dans un tourbillon d'activités ; il mena campagne pour le candidat conservateur au poste de gouverneur de Tokyo, et donna une conférence de presse où il affirmait que l'exemple de Mishima lui avait inspiré son action. Déprimé, il confiait à des amis qu'en voyage il souhaitait parfois être victime d'un accident d'avion. Le fantôme de Mishima le hantait, disait-il ; le spectre lui apparaissait quand il était seul à son bureau, ou venait troubler ses rêves. Bien que le vieil écrivain eût plus d'une fois exprimé la désapprobation que lui inspirait le suicide, en avril 1972, dans son appartement, il se suicida au gaz.

5

Ma propre attitude envers le suicide de Mishima est ambivalente. Il m'inspirait à la fois une émotion profonde et de la répulsion. Mishima avait été un ami d'un grand charme, d'une grande générosité, de beaucoup d'esprit ; il avait le don de persuader aux gens qu'il rencontrait qu'eux seuls comptaient pour lui ; doté d'une extraordinaire énergie, il donnait à ceux d'entre nous qui ne possédaient qu'une fraction de sa vitalité le sentiment de n'être que de pâles vermisseaux. Son atout majeur était son intelligence. Presque seul parmi les intellectuels japonais modernes, il était familiarisé avec la culture occidentale et avec la culture japonaise classique. Il avait en outre un considérable sens de l'humour. Une soirée en sa compagnie passait comme un rêve, cependant qu'il égrenait les anecdotes sur les événements et les personnalités du Japon. Son trait le plus frappant, d'après ma propre expérience, était sa faculté d'empathie avec autrui, son aptitude à comprendre la pensée d'autrui, et à y répondre. Aucun de mes amis japonais ne possédait ne fût-ce qu'un atome de cette étrange adresse à connaître ce qui se passait dans mon esprit. Qu'il eût mis fin à ses jours me parut ensuite, des mois durant, un fait totalement inconcevable, inimaginable. Lorsque enfin, après de multiples tentatives, je parvins à rédiger un compte rendu de son suicide — qui forme le premier chapitre du présent livre —, j'eus un terrible cauchemar. Je rêvai que Mishima venait chez moi, à Glastonbury, en Angleterre, et frappait à la porte. Quand je le vis là debout, je l'abattis à coups de pioche. En réalité son suicide, son meurtre de soi-même, me révolta longtemps ; je ne parvenais pas à voir là-dedans quoi que ce fût de beau. J'aimais Mishima, et j'avais le sentiment d'avoir été trahi par sa mort (il me fallut dominer un tel sentiment avant de pouvoir être assez objectif pour entreprendre les recherches nécessaires à ce livre). Beaucoup de ceux qui le connaissaient eurent des réactions similaires. Son biographe japonais, Takeo Okuno, a rapporté que Mishima lui donna des cauchemars durant deux ou trois cents nuits d'affilée ! Et de fait, il avait une personnalité d'une force extraordinaire. Sinon, comment eût-il exercé un tel impact sur ceux qui le connaissaient — ou le lisaient ?

Un aspect de son charme était sa connaissance de soi et son ironie spirituelle ; se rappeler cela rend suspecte toute interprétation simpliste de ses actions. Lors d'une conversation qu'il a notée, avec le romancier plus âgé Jun Ishikawa, à l'automne de 1970, Mishima déclara — et sa mort était proche : « J'entre en scène, bien décidé à faire pleurer le public ; au lieu de quoi, il éclate de rire. » En d'autres termes, il savait combien son suicide paraîtrait fou — et sans beauté — au public qui assistait à ses ultimes actions. Quelle farce, que son dernier discours ! Il était là, sous les quolibets d'un vaste public, jusqu'au tout dernier instant de sa vie. Il semble avoir su que cela se produirait ; le manque *absolu* de réponse, de la part de son public, ne l'en déçut pas moins.

Comment la postérité considérera-t-elle Mishima ?

Pour une part, il laissera le souvenir d'un agitateur fasciste. Son type de mort, ses écrits sur l'impérialisme, ne laissent aucun doute sur ses tendances fascistes. Il a eu recours à la violence au nom de l'Empereur ; il a tenté d'engager son pays dans la voie du militarisme en exigeant que l'Empereur fût rétabli une fois de plus dans sa dignité, et que l'on révisât la constitution de manière à sanctifier le rôle des forces armées au sein de l'Etat sous le commandement de l'Empereur, comme avant la Seconde Guerre mondiale. Seul parmi les principaux intellectuels japonais de sa génération, il était partisan du régime obscurantiste du culte de l'Empereur, régime qui jeta le Japon dans une guerre inutile, laquelle suscita des millions de morts et la dévastation du pays. Qu'il se soit fait hara-kiri, action spirituelle par excellence dans la tradition japonaise, était une recommandation auprès de la droite du Japon qui, bien qu'elle demeure faible, pourrait jouer quelque jour un plus grand rôle dans les affaires de l'Etat. Il existe déjà au sein du parti conservateur au pouvoir un élément puissant, le groupe dit Seirankai (Association de la tempête bleue »), favorable à l'impérialisme, au réarmement, à la colonisation de T'ai-wan et de la Corée ; parmi ses membres, on trouve des hommes politiques qui considéraient avec sympathie l'acte final de Mishima ; l'un d'eux, Shintaro Ishihara, déclara, après sa disparition, que Mishima était « mort pour défendre ce qu'il aimait ».

Je préférerais toutefois qu'il fût honoré en tant que romancier plutôt que dénigré en tant que fanatique de droite. Il a consacré la plus grande partie de sa vie à écrire des pièces de théâtre et des romans — ses œuvres complètes parurent après sa mort, en trente-six volumes ; jusqu'à la fin des années 1960, on le considérait en réalité comme un écrivain ayant des sympathies vaguement gauchistes : jamais il n'exprima d'opinions réactionnaires avant les cinq dernières années de son existence. Dans sa jeunesse, il fut invité à entrer au parti communiste, et aux abords de la quarantaine il demeurait intensément suspect à l'Uyoku, la droite fanatique de Tokyo. Aucun de ses romans ne donne à penser qu'il fût ∟n aucune manière affilié à la droite japonaise ; en fait, il n'eut jamais le moindre contact avec l'Uyoku, qu'il considérait comme une bande de gangsters. Parallèlement, sa réputation de romancier n'a jamais été plus grande en Occident qu'aujourd'hui. L'on considère *La Mer de la Fertilité* comme le meilleur de ses nombreux romans ; cette vision panoramique du Japon au xxᵉ siècle en dit plus long sur le Japon moderne qu'aucun autre ouvrage en traduction. Les descriptions du Japon au début de la période Taisho, la chronique d'Isao (le terroriste de droite du début des années 1930), le tableau déprimant du Japon moderne, dans *L'Ange en*

318

décomposition, sont de brillantes évocations d'un pays mal compris en Occident.

Toutefois, c'est probablement sur lui-même que Mishima écrivit le mieux. On peut le comparer à André Gide auquel il ressemblait à tant d'égards, en tant qu'individu et en tant qu'écrivain. Mishima, pareil à Gide, était né dans une famille de la grande bourgeoisie où la mère jouait le rôle dominant. Les deux hommes avaient pour pères des personnages faibles, falots, et les mères avaient la part principale de responsabilité dans l'éducation de leurs fils (dans le cas de Mishima, il convient de tenir compte de sa redoutable grand-mère). Les deux hommes avaient de fortes tendances narcissiques ; l'un et l'autre étaient homosexuels ; l'un et l'autre se plaisaient au jeu de la double identité, figurant sous leur propre nom dans la vie privée, tout en adoptant des noms de plume (chez Gide, André Walter). Les œuvres les plus importantes de Gide furent ses écrits autobiographiques ; et selon moi le plus beau « roman » de Mishima fut son autobiographique *Confession d'un masque.* Leurs limitations étaient qu'ils éprouvaient de la difficulté, voire une impossibilité, à mettre une certaine distance entre eux-mêmes et leur œuvre. Les tensions de leur enfance — ils furent élevés seuls, à l'écart des autres enfants — les situèrent dans de petits mondes imaginaires d'où jamais ils ne sortirent. Ces mondes avaient beau être des lieux fascinants, soumis à l'examen de l'intelligence, ils n'en étaient pas moins limités.

Un jour, quelqu'un écrira une « psychobiographie » de Yukio Mishima, comparable à l'ouvrage classique de Jean Delay, *La Jeunesse d'André Gide.* Ce quelqu'un aura accès à la correspondance familiale, et bénéficiera du froid détachement que seul apporte le passage du temps — nous sommes encore trop près de l'événement. En commençant de travailler au présent livre, je me disais que je serais satisfait si je trouvais dans la vie de Mishima l'ombre d'une explication à sa mort. Aujourd'hui, à la fin du livre, je me souviens de la dernière note qu'il a laissée sur son bureau : « La vie humaine est limitée ; or, je voudrais vivre éternellement. » Ce livre aura donc été une tentative pour décrire comment il vivra — ne serait-ce que dans mon souvenir.

Glossaire

Note sur la prononciation : Le japonais est une langue syllabique. Toutes les syllabes sont prononcées ; toutes sont accentuées de manière à peu près égale. Dans la présente édition, nous n'avons pas fait la distinction entre voyelles brèves et voyelles longues. Kimitake Hiraoka, par exemple, se prononce « Ki-mi-ta-ké Hi-ra-o-ka » ; Shizue se prononce « Shi-zu-é ».

AKAGAMI. Le « papier rouge » qui appelait les hommes à servir dans l'armée impériale japonaise, durant la Seconde Guerre mondiale. Equivalent d'une (honorable) sentence de mort aux yeux des Japonais.

ANPO. Le Traité de Sécurité entre Etats-Unis et Japon, fondement de la politique étrangère japonaise après la Seconde Guerre mondiale. En butte aux attaques de la gauche en 1960, époque de manifestations de masse à Tokyo.

BAISHAKU-NIN. L' « intermédiaire » à un mariage protocolaire japonais ; il n'a d'autre fonction effective que d'assister au mariage, et de prier les invités de prononcer des allocutions. En échange de ces services, il reçoit de modiques honoraires.

BAKAYARO. Le terme le plus insultant de la langue japonaise. Imprudemment employé, il risque de pousser au meurtre. Equivalent français, en gros : « enculé » ; mais ce dernier vocable est moins fort que *bakayaro.*

BU. L'éthique du sabre, d'où dérive *Bushido,* le credo du samouraï, ou la Voie du Guerrier.

321

BUNBURYODO. La double voie des arts littéraires et martiaux, adoptée par les plus fiers samouraïs de l'époque féodale, et, à l'époque moderne, par Mishima pour se guider dans la vie.

BUNDAN. Le milieu littéraire japonais, beaucoup plus fermé que les milieux correspondants à Londres, New York ou Paris. Etouffant.

BUNGAKUZA. Le plus prestigieux groupe théâtral au Japon ; Mishima travailla pour lui durant une décennie, avant de se quereller avec lui en 1964.

BUNGEI. Littérature. *Bungei-bu* signifie cercle littéraire.

BUSHI. Equivalent de samouraï ; racine : *Bu.*

CHUO KORON. La principale revue intellectuelle du Japon ; a publié l'essai de Mishima *Bunkaboeiron* (« De la Défense de la culture », 1968). Politiquement timorée depuis la tentative d'assassinat du président de la société, en 1961, par des terroristes de droite.

DANNASAMA. Mot désuet pour désigner un chef de famille ; employé ironiquement par Mishima pour se désigner lui-même.

DEMOKURASHI. « Démocratie » ; « mot fétiche » dans le Japon d'après-guerre.

FUNDOSHI. Pagne de coupe traditionnelle, porté par Mishima pour poser pour des photographies, ainsi qu'au dernier jour de sa vie.

GAIJIN. Terme descriptif signifiant « étranger » ; sert aussi dans une acception péjorative.

GAKUSHUIN. L'Ecole des Pairs, fréquentée par Mishima de 1931 à 1944 ; toujours très active, bien que l' « aristocratie » ait disparu sous l'occupation américaine de 1945-1952.

GEISHA. Hôtesse, et non prostituée ; doit être habile à la conversation, aux arts, et non point seulement à l'amour.

GEKIBUN. Manifeste du type de celui que rédigèrent, lors de l'affaire Ni Ni Roku, en 1936, les officiers rebelles ; Mishima imita leur style.

GENTEIBON. Edition de luxe. Celles de Mishima coûtaient cher, et certaines étaient de bon goût ; la meilleure d'entre elles est *Barakei* (*Torture par des roses*).

HACHIMAKI. Serre-tête porté par les Japonais en signe de militantisme. A l'origine, simple serre-tête.

HAORI. Veste courte à manches courtes, qui se porte avec un kimono.

HARAGAKE. Ceinture chère aux *yakuza,* comme dans la scène finale de

Confession d'un masque. La *haragake* que je portais au Fuji-Yama était une version modifiée de la ceinture traditionnelle.

HARA-KIRI. Littéralement « coupure au ventre ». Les Japonais, qui trouvent laid ce mot, ne l'emploient pas ; pourtant, Mishima se plaisait à l'utiliser.

HOSSO. La plus intellectuelle des sectes bouddhistes japonaises ; rare aujourd'hui. Seuls, quelques temples sont Hosso.

JIEITAI. Les forces armées au Japon, dites en anglais forces d'autodéfense. Leur caractère constitutionnel est mis en doute, ainsi que le déclarait Mishima.

JIKACHUDOKU. Littéralement, « auto-intoxication ». Cependant, la nature précise de la maladie infantile de Mishima reste obscure.

KABUKI. Forme théâtrale baroque, haute en couleur, développée aux XVIIe et XVIIIe siècles. Stylisée ; énorme scène. Les acteurs sont des hommes ; ceux qui jouent des rôles féminins sont appelés *onnagata*.

KAISHAKU. Le deuxième stade du hara-kiri classique, la décapitation.

KAMIKAZE. Littéralement, le « vent divin » ; les pilotes suicidaires de 1944-1945. L'expression provient de l'histoire du XIIe siècle.

KAPPUKU. Le premier stade du hara-kiri classique, l'éventration.

KENDO. Escrime japonaise en armure médiévale ; sport de Mishima.

KOAN. Enigme bouddhiste. Mishima aimait ces devinettes du Zen

KOBUN. Examen très sélectif en vue des postes administratifs japonais.

KOTO. Instrument de musique à treize cordes pincées, posé au sol.

MEISHI. Carte de visite, indispensable au Japon quand on rencontre un inconnu. Mishima se refusait à en faire usage ; il pouvait s'en passer en raison de sa célébrité.

MIKAN. La mandarine japonaise, moins sucrée que les variétés d'Europe et de Californie.

MITAMASHIRO. Tablette sacrée shintoïste, portée par le chef des samouraïs de l'affaire Shinpuren.

MOHITSU. Pinceau qui sert à tracer à l'encre noire des caractères japonais. Mishima se proposait de le faire avant son hara-kiri, mais s'en désintéressa.

NIGIRI-MESHI. Boulette de riz, plat ordinaire.

NINGEN SENGEN. Proclamation faite par l'Empereur au premier jour de l'an 1946, où il niait posséder aucun attribut divin. Cela mit la droite en fureur.

NI NI ROKU (AFFAIRE). Le plus spectaculaire des coups d'Etat des années 1930, au cours duquel des soldats et des officiers rebelles occupèrent le centre de Tokyo durant une semaine à partir du 26 février 1936. Réprimé par l'Empereur en personne. La deuxième offense de Hirohito, aux yeux des nationalistes de droite.

NIPPON ROMAN-HA. Les romantiques japonais, petit groupe d'intellectuels du temps de guerre qui croyaient à la « guerre sainte », et dont l'idée philosophique centrale était l' « ironie », notion que ne définit jamais clairement Yojuro Yasuda, le chef du groupe. Influa sur le jeune Mishima.

NÔ. La plus noble des formes théâtrales japonaises, réservée à la cour impériale à l'époque féodale.

OBASAMA. Titre archaïque employé pour s'adresser à quelqu'un — comme *Okasama*; son utilisation par Mishima amusait beaucoup ses contemporains.

OKURASHO. Le ministère des Finances, centre du pouvoir au sein de la bureaucratie japonaise.

OMIAI. Rencontre officielle d'un jeune couple qui ne se connaissait pas, préambule à un mariage de raison. Encore d'usage courant au Japon.

OMIKOSHI. Autel portatif shintoïste.

ONNAGATA. Dans le théâtre kabuki, les acteurs masculins qui jouent les rôles féminins.

RONIN. Samouraï sans maître; samouraï qui a perdu son seigneur.

SAKÉ. Eau-de-vie de riz.

SAMBON SUGI. Marques sur la lame d'un sabre, du type du sabre de samouraï du XVIIᵉ siècle de Mishima, façonné par Seki no Magoroku. Elles sont petites, difficiles à distinguer — une série de demi-cercles foncés, fuligineux, qui s'entrelacent en une ligne parallèle au bord tranchant du sabre. Sur un sabre de ce genre, le connaisseur les recherche.

SAMOURAÏS. Classe privilégiée de guerriers qui représentait environ cinq pour cent de la population du Japon féodal. Dans le Japon moderne, ce mot ne s'applique plus à grand-chose en dehors de contextes comme « esprit samouraï ».

SENSEI. Terme honorifique employé par les membres de la Tatenokai en parlant à ou de Mishima. Très courant au Japon : utilisé par les écoliers pour s'adresser à leurs maîtres, etc. Au Japon, les formules de « respect » sont d'une importance capitale.

SEPPUKU. Le mot japonais pour *hara-kiri,* lequel implique le respect du rituel.

SHINJU. Double suicide par amour, popularisé par le théâtre kabuki au XVIIe siècle. Au cours de l'histoire, les *shinju* homosexuels ont été rares ; Takamori Saigo, général et héros du XIXe siècle, en a fait une tentative, mais n'a réussi qu'à noyer son amant.

SHINPUREN (AFFAIRE). Affaire datant de 1877, et sur laquelle Mishima a modelé son propre « putsch » ; attaque au sabre, par des samouraïs, d'une caserne moderne ; repoussée avec de grandes pertes en vie humaines. Suicide en masse, teinté d'un élément pathologique.

SHUZAI. Réunion de documents et prise de notes, pratique « journalistique » utilisée par Mishima pour préparer la rédaction d'un roman ; il se rendait sur place, carnet en main.

SONNO JOI. Slogan chauvin sonore : « Révère l'Empereur et expulse les Barbares » — apprécié de Mishima en certaines circonstances.

SUMI. Encre noire de Chine.

SUMO. Lutte de gros hommes juchés sur des tonneaux de bière et des montagnes de riz.

TORII. Entrée d'un sanctuaire shintoïste. En forme de lettre grecque 兀.

UYOKU. L'extrême droite violente au Japon. Minuscule quant à la dimension, mais d'une efficacité hors de toute proportion avec sa taille ; formée de centaines de groupes mutuellement hostiles, de clubs, de sociétés d'étude, dont certaines portent des noms comiques ; par exemple, le parti des lutins du Japon. Liée au parti conservateur au pouvoir ; indispensable à la compréhension du Japon.

YAKUZA. Gangsters ; comparables à la Mafia. Les *yakuza* contrôlent tous les milieux de spectacles au Japon.

YOMEIGAKU. Ecole néo-confucéenne de pensée, venue au Japon, au XVIIe siècle, de Chine où elle joua un rôle déterminant dans la réaction contre le confucianisme traditionnel. Encore plus puissante au Japon, à certains égards. L'intérêt éprouvé par Mishima pour cette philosophie, dont le principe le plus connu est : « Savoir sans agir n'est pas encore savoir », fut probablement de l'ordre du dilettantisme ; il n'en agit pas moins en vertu de ses principes.

YOROIDOSHI. Poignard à lame rectiligne, longue d'une trentaine de centimètres.

ZAIBATSU. Grands trusts industriels et commerciaux qui ont dominé le Japon avant la guerre et le dominent à nouveau, au péril des Japonais.

ZENGAKUREN. Fédération panjaponaise des conseils d'étudiants. Les membres d'extrême gauche du mouvement Zengakuren ont provoqué les émeutes estudiantines de 1967-1969, troubles les plus violents du Japon d'après-guerre, où quinze mille policiers et un nombre inconnu d'étudiants furent blessés.

ZENKYOTO. Conseil d'étudiants (dans une université déterminée). En mai 1969, Mishima eut un débat public avec le Zenkyoto de l'université de Tokyo.

Chronologie

1925

14 janvier. Naissance à Tokyo de Kimitake Hiraoka (Yukio Mishima), fils aîné d'Azusa et Shizue Hiraoka. L'enfant reçoit son prénom de son grand-père Jotaro lors d'une cérémonie célébrée la semaine suivante, d'après un ami de ce dernier, le baron Kimitake Furuichi. Pris à vingt-neuf jours à sa mère par sa tyrannique grand-mère, Natsuko. Elevé par cette grand-mère.

1928

Naissance de Mitsuko, sœur de Mishima.

1929

Mishima tombe gravement malade ; on désespère de le sauver. Il souffre de *jikachudoku* (auto-intoxication), maladie récurrente qui l'affaiblit. Il n'en guérira qu'à l'âge adulte.

1930

Naissance de Chiyuki, frère cadet de Mishima.

1931

Mishima entre aux Gakushuin (Ecole des Pairs), où il est loin de faire merveille. C'est son grand-père Jotaro qui a choisi cette école.

1937

Entre à l'école intermédiaire des Gakushuin où il réussit dans ses études. Quitte ses grands-parents, chez lesquels il habitait ; c'est maintenant sa mère, Shizue, qui s'occupe de lui. Depuis deux ans, il vivait avec ses grands-parents dans une autre maison que celle de ses parents ; un déménagement permet à ceux-ci de réclamer l'enfant à sa grand-mère jalouse, malade et près de sa fin.

1938

Remarqué par des élèves plus âgés des Gakushuin, en particulier des membres du *Bungei-bu,* le club littéraire. Malgré la différence d'âge, il est admis pour compagnon et pour ami par des garçons plus âgés que lui — en raison de ses dons littéraires. Dès son entrée à l'école intermédiaire, il collabore de façon régulière à la revue de l'école, *Hojinkai Zasshi.*

1939

Son travail scolaire est florissant ; il se lance dans un ambitieux roman, *Yakata* (Résidence), où son idée du « théâtre du crime » est pour la première fois développée. Il ne termine pas *Yakata ;* c'est à peu près l'unique ouvrage inachevé de sa carrière. Le 19 janvier, mort de Natsuko.

1940

Présenté par sa mère à Ryuko Kawaji, poète romantique bien connu, sous ses indications il écrit.des poèmes. L'un d'eux, *Magagoto* (*Choses mauvaises*), annonce le caractère de toute son œuvre. Ses auteurs favoris sont Raymond Radiguet et Oscar Wilde.

1941

Peu de temps avant que n'éclate la Seconde Guerre mondiale, termine sa première œuvre longue, *Hanazakari no Mori* (*La Forêt tout en fleurs*), publiée par la revue *Bungei Bunka,* par l'entremise d'un professeur aux Gakushuin, Fumio Shimizu, qui s'intéresse particulièrement au travail de Mishima. Prend pour nom de plume Yukio Mishima. Ses écrits sont couverts d'éloges par Zenmei Hasuda, professeur ami de Shimizu, qui commence à exercer une influence sur Mishima.

1942

Entre à l'école supérieure des Gakushuin, où il obtient de brillants résultats. Il publie des poèmes patriotiques dans la revue de l'école, et son goût pour les classiques japonais se développe. Sous l'influence de Hasuda et Shimizu, il s'intéresse aux *Nippon Roman-ha* (Romantiques japonais), mouvement littéraire que dirige Yojuro Yasuda, partisan de la « guerre sainte ».

1943

Essaie en vain de faire paraître en volume *Hanazakari no Mori*. Rencontre Yojuro Yasuda ; son enthousiasme pour les *Nippon Roman-ha* est tempéré par son goût de l'austère tradition littéraire japonaise d'Ogai Mori.

1944

Passe en tête de sa classe ses examens de sortie des Gakushuin, et reçoit de l'Empereur, en récompense, une montre d'argent ; la cérémonie a lieu au palais, où l'accompagne le directeur de l'école. En mai, il passe une visite médicale de l'armée, mais n'est pas appelé sous les drapeaux, et commence en octobre ses études à l'Université impériale de Tokyo. Le même mois, *Hanazakari no Mori* paraît à Tokyo.

1945

Travaille dans une fabrique d'avions quand arrive, en février, son appel sous les drapeaux. A Tokyo, il prend congé de ses parents qui croient, comme lui, qu'ils ne le reverront pas, qu'il mourra à la guerre. Il est refusé au conseil de révision : un médecin militaire inexpérimenté diagnostique à tort un début de tuberculose (encouragé dans son erreur par le malin Mishima qui donne aux questions du médecin des réponses trompeuses). Mishima retourne à Tokyo. La guerre s'achève en août. Mitsuko meurt de la typhoïde en octobre.

1946

Etudie le droit à l'université de Tokyo ; essaie de publier ses nouvelles — première étape, au Japon, pour qui aspire à devenir romancier. Grâce à Yasunari Kawabata, il réussit à faire paraître une nouvelle (*Tabako*) ; déçu par l'accueil réservé à sa nouvelle, il s'attelle à ses études de droit.

1947

A la suite d'un concours, il obtient un poste à l'Okurasho (ministère des Finances) où il entre à la fin de l'année, bien résolu à continuer de travailler à des nouvelles et à un roman, *Tozoku* (Voleurs).

1948

Parvient à placer ses œuvres dans des revues littéraires de Tokyo. En septembre, estimant pouvoir vivre de sa plume, il démissionne de l'Okurasho. En novembre, il commence *Confession d'un masque*, roman autobiographique où il décrit les fantasmes homosexuels et sadomasochistes d'un adolescent de sa génération.

1949

Confession d'un masque paraît en juillet. Yukio Mishima est salué comme une étoile qui monte au firmament littéraire. Une importante troupe théâtrale interprète une première pièce, *Kataku* (Maison de feu).

1950

Mishima fait paraître un second roman majeur, *Une soif d'amour.* La critique le couvre d'éloges. Mishima va habiter avec ses parents une nouvelle demeure à Midorigaoka, banlieue élégante de Tokyo. Ecrit son premier nô moderne, *Kantan.*

1951

Termine *Couleurs interdites,* roman controversé sur la société homosexuelle de Tokyo. En décembre, entreprend son premier tour du monde ; il s'embarque pour l'Amérique à bord du *Président-Wilson.* A rencontré beaucoup d'obstacles pour se procurer des devises étrangères en vue de ses voyages, et joue le rôle de correspondant étranger spécial auprès de l'*Asahi Shimbun,* le grand quotidien. Son père l'a aidé à obtenir le parrainage de l'*Asahi.*

1952

Voyages en Amérique où il discute de la traduction de *Confession d'un masque* avec son premier traducteur, Meredith Weatherby. Il visite le Brésil et l'Europe ; le point fort du voyage est la Grèce, qui nourrit l'« aspiration classique » de Mishima. Rentre au Japon dans un état d'esprit optimiste.

1953

Achève une suite à *Couleurs interdites,* moins bien accueillie par la critique, et prend la décision d'écrire des œuvres « classiques ».

1954

Publie *Le Tumulte des flots,* roman à succès. Ecrit également une pièce de théâtre, *Shiro Ari no Su (La Termitière),* laquelle établit sa réputation d'auteur dramatique. Toho, la grande société de production cinématographique japonaise, achète les droits du *Tumulte des flots.*

1955

S'adonne à la musculation, et persiste dans son entraînement malgré maintes difficultés d'ordre physique. Ses activités de musculation appellent sur lui l'attention du public, ce qui n'est point pour lui déplaire. On publie des photographies de lui en train de s'exercer aux haltères.

1956

Ecrit deux des plus grands succès de sa carrière, *Le Pavillon d'or,* roman, et *Rokumeikan,* pièce. Se lie avec la Bungakuza, principale compagnie théâtrale du Japon. En Amérique, Alfred A. Knopf publie *Cinq nôs modernes;* Mishima entretient de bonnes relations avec ses traducteurs.

1957

Invité par Alfred A. Knopf en Amérique, prononce une allocution à l'université du Michigan. Reste six mois en Amérique, et passe un automne mélancolique à New York où il attend vainement la représentation de ses nôs. Il apprend l'anglais et voit toutes les pièces qui se jouent à New York, où il poursuit sa musculation.

1958

Ayant appris que sa mère avait un cancer (diagnostic erroné), décide de se marier. A une *omiai* (rencontre officielle entre deux personnes qui envisagent un mariage de raison) avec Michiko Shoda, belle joueuse de tennis; leurs rencontres cessent, probablement sur l'ordre de la famille Shoda, et Michiko se fiance au prince héritier. Mishima épouse Yoko Sugiyama, vingt et un ans, fille d'un peintre japonais traditionnel célèbre. Décide de faire construire à grands frais, pour lui-même et sa jeune épouse, une maison moderne; à côté, il fait bâtir une demeure à l'intention de ses parents. *Le Pavillon d'or* et *Confession d'un masque* paraissent en Amérique.

1959

La maison « anti-Zen » de Mishima est achevée en mai 1959, et, le mois suivant, Yoko met au monde leur premier enfant, Noriko, une fille. Mishima travaille à un ambitieux roman, *Kyoko no Ie* (*La Maison de Kyoko*), qu'il termine à l'automne et que la critique considère comme un échec. S'adonne au kendo, escrime japonaise.

1960

Ecrit *Après le banquet,* roman plein d'esprit sur la vie politique au Japon. Dans le film *Karakkaze Yaro* (*Un type quelconque*), il tourne son premier rôle, celui d'un jeune *yakuza* (gangster), où il apparaît nu avec sa partenaire. L'Anpo (traité de Sécurité américano-japonais) suscite des émeutes — un tournant dans la vie de Mishima; ces émeutes stimulent son imagination, et le poussent à écrire une nouvelle,

Patriotisme, où il décrit fort longuement le hara-kiri d'un jeune officier.

1961

Mishima, de retour au Japon après un voyage outre-mer avec Yoko, au cours duquel il a séjourné à New York, a des ennuis. *Après le banquet* lui attire un procès en dommages-intérêts. Reçoit des coups de téléphone de terroristes de droite qui le menacent d'incendier sa demeure et de le tuer ; ils lui reprochent d'avoir fait l'éloge d'une nouvelle, « Furyu-Mutan », qu'ils considèrent comme anti-impéria-liste. Mishima, deux mois durant, a un garde du corps de la police. Naissance de son fils Ichiro.

1962

Le genre de vie de Mishima, dans la première moitié des années 1960, se fait jour. Il se concentre sur la composition de pièces de théâtre, et ne s'attaque pas à un roman majeur ; *Utsukushii Hoshi* (Belle étoile) est un roman de science-fiction. « Avant deux ou trois ans, déclare Mishima, je devrai me faire un plan de vie. »

1963

Querelle avec la Bungakuza, la compagnie théâtrale avec laquelle Mishima se trouve associé depuis dix ans. Mishima quitte la Bunga-kuza dont il accuse les membres d'hypocrisie. Pose pour l'album de photographies *Torture par les roses.*

1964

L'année des Jeux Olympiques de Tokyo. Mishima fait sur ces événements de brillants reportages, et décrit ses expériences de kendo (escrime). Il n'a toujours pas trouvé son « plan de vie ».

1965

Mort du romancier plus âgé Junichiro Tanizaki. Mishima cité comme candidat au prix Nobel dans des dépêches d'agences de presse en provenance de Stockholm. S'est lancé dans le premier volume de sa tétralogie, *La Mer de la Fertilité,* et a commencé un essai autobiogra-phique, *Le Soleil et l'Acier.*

1966

Prononce son unique allocution à la presse étrangère au Japon. Il achève *Neige de printemps* et commence *Chevaux échappés,* second volume de *La Mer de la Fertilité.* Il prend contact avec les Jieitai, les Forces d'autodéfense, afin d'obtenir l'autorisation de s'entraîner dans des bases militaires. Il pose pour sa photographie en saint Sébastien.

1967

S'entraîne dans des bases des Jieitai. Rencontre des étudiants de l'Université Waseda pour les attirer dans ce qui sera son armée privée, la Tatenokai. Il échoue ; inaugure l'armée privée au cours d'une cérémonie de serment par le sang à Tokyo. Fait un voyage en Inde avec Yoko, à l'invitation du gouvernement ; se rend à Bénarès, Ajanta et Calcutta.

1968

Achève *Chevaux échappés,* et se lance dans le troisième volume, le plus difficile, de la tétralogie, *Le Temple de l'aube.* Il annonce la formation de la Tatenokai. En octobre, le prix Nobel de littérature est décerné à Yasunari Kawabata ; Mishima passait pour avoir de fortes chances, mais son âge joue contre lui.

1969

A quelque doute au sujet de la Tatenokai. Il ne peut trouver de rôle à jouer pour son armée privée. Ignorée au Japon. A la suite de la publication d'*Eirei no Koe* (*Les Voix des morts héroïques*), en 1966, il s'est acquis la réputation d'avoir des idées de droite, et a perdu sa popularité dans le *Bundan,* le milieu littéraire. La création de la Tatenokai est considérée comme un geste absurde par ses amis, et ignorée par les autres. Les membres de la Tatenokai se disputent entre eux.

1970

Au début de l'année, Mishima prend la résolution de mourir une fois qu'il aura terminé *La Mer de la Fertilité.* Il n'est pas certain de la méthode qu'il emploiera pour mourir ; il décide d'utiliser la Tatenokai comme véhicule de sa mort. Après avoir terminé *Le Temple de l'aube,* troisième tome de sa tétralogie, il réunit en secret un petit groupe au sein de la Tatenokai, et discute avec ses membres de la possibilité d'organiser un coup d'Etat. Ces naïfs adolescents ne comprennent pas le caractère de Mishima. Masakatsu Morita, le chef des étudiants de la Tatenokai sous les ordres de Mishima, encourage ce dernier à agir ; son soutien renforce la résolution de Mishima. Vers le mois de juin, Mishima décide de se faire hara-kiri, et fixe le plan de base du suicide. Deux mois plus tard, il achève la scène finale de *La Mer de la Fertilité,* qu'il garde par-devers lui. Le 25 novembre, il remet la dernière livraison de l'ouvrage, et se suicide avec Morita.

Remerciements et Sources

De nombreuses personnes m'ont aidé à élaborer le présent ouvrage. Je tiens à mentionner en particulier l'assistance et le soutien que m'a prodigués Gilbert de Botton, de Zurich. Il m'a encouragé à entreprendre ce livre, m'a conseillé à toutes les étapes du manuscrit, m'a trouvé un éditeur, m'a hébergé quand j'ai eu l'infortune d'être expulsé de mon appartement zurichois.

Un certain nombre d'éminents spécialistes m'ont apporté leur secours. Il n'existe en langue anglaise que fort peu d'écrits sur Mishima. Quand j'ai commencé mes recherches, je me suis appuyé sur les principaux spécialistes en ce domaine. Le professeur Ivan Morris m'a encouragé à orienter mes études vers l'esthétique de Mishima ; ce faisant, il m'a évité ce qui eût risqué d'être un long détour par sa « politique ». Le professeur Donald Keene m'a conseillé à divers stades du présent travail ; et, comme Ivan Morris, il en a lu un premier jet en 1971 : il m'a été utile pour la question de l'authenticité de *Confession d'un masque* : il m'a permis de déterminer sur quels passages de cette œuvre de base je pouvais m'appuyer comme étant d'ordre autobiographique, et de quels autres passages je ne devais pas tenir compte. En outre, j'ai reçu de la police japonaise et des Jieitai une aide inestimable. La première m'a fait gagner beaucoup de temps en démentant certaines des folles rumeurs qui circulaient dans Tokyo après le suicide de Mishima ; les secondes m'ont donné accès à la pièce où ce suicide a eu lieu.

Au Japon, la personne qui m'a aidé le plus a été Nobutoshi Hagiwara, l'éminent historien et journaliste ; il m'a donné sur le présent ouvrage, dont il a lu une première version, un avis critique. Je tiens également à remercier Junro Fukashiro de l'*Asahi Shimbun,* lequel a encouragé sur une période de trois ans la gestation du livre. Je remercie encore mon équipe de Tokyo, en particulier Michiko Shimizu, qui a effectué pour moi des recherches ; Kanji Takamasu s'est tardivement joint à moi pour les recherches, a traduit des passages difficiles des œuvres de Mishima, et critiqué les sept versions successives du livre ; Michiko Murasugi a étudié pour mon compte la carrière théâtrale de Mishima. Enfin, je tiens à remercier Mme Yoko Mishima qui dès le départ a considéré mon projet d'un œil objectif, et donné son avis sur les risques encourus par qui voulait écrire sur un romancier japonais sans maîtriser sa langue.

J'aimerais aussi remercier mes amis correspondants étrangers à Tokyo, notamment Bernard Krisher, de *Newsweek,* qui à l'origine avait l'intention d'écrire avec moi le livre, ainsi que Samuel Jameson, du *Los Angeles Times,* qui me téléphona quand il apprit la nouvelle, à la radio, le 25 novembre 1970. Quelqu'un d'autre a suivi dès le début mon entreprise : Takao Tokuoka, du *Sunday Mainichi,* lui aussi un ami de Mishima, et sans doute l'homme qui, en dehors de moi, connaît le mieux le présent ouvrage.

Mon directeur de publication chez Farrar, Straus et Giroux, Bill Weatherby, m'a beaucoup aidé aux stades terminaux de la mise au point du manuscrit. Je tiens également à remercier Mr. Robert Giroux qui m'a obtenu des éditeurs de Mishima l'autorisation de citer certaines de ses œuvres ; je suis reconnaissant à Alfred A. Knopf, New Directions et Kodansha International de leur générosité dans ce domaine. Je suis particulièrement sensible à l'amabilité qu'a eue Knopf de me communiquer des épreuves non corrigées de la traduction par Edward Seidensticker de *L'Ange en décomposition* pour me permettre d'en citer certains passages clefs. Bien d'autres personnes m'ont aidé pour ce livre : en particulier Akiko Sugiyama, Paolo Carosone, Jason Roussos. Je tiens à remercier aussi le *Times* de Londres, pour son autorisation de citer un article ; Georges Borchardt, mon agent à New York, et Becky Kapell, son assistante ; le Swire Group et Phillips & Drew, pour leur aide financière ; mon père et deux de mes sœurs, Susan et Charity, pour leurs conseils.

De plus, je voudrais signaler un problème de source. Le premier chapitre de ce livre comporte d'abondants dialogues. Pourtant, nul ne sait au juste ce que les personnages du drame d'Ichigaya, le 25 novembre 1970, se sont dit les uns aux autres ; dans une certaine mesure, j'avais le choix entre exclure de mon compte rendu le dialogue, ou l'inventer. Autant que possible, j'ai basé mon dialogue

sur une lecture de documents officiels, en particulier des papiers
fournis par la police (à l'accusation lors du procès des trois jeunes gens
de la Tatenokai qui survécurent au drame), notamment le document
dit *Boto Chinjutsu.* J'ai aussi pris en note le témoignage apporté lors du
procès par les acteurs du drame : le général Kanetoshi Mashita ; les
trois étudiants de la Tatenokai ; certains officiers supérieurs des
Jieitai. J'ai de plus interviewé des membres de la police et des Jieitai
ayant accès à des dossiers confidentiels sur l'affaire. Second problème
de source : en recopiant mes pages de journal et mes notes en vue du
prologue, j'avais recours, dans une certaine mesure, à ma mémoire ;
j'avais eu beau prendre des notes détaillées sur mes rencontres avec
Yukio Mishima, certains points présentaient des lacunes. J'avais fort
minutieusement noté ma visite au Camp Fuji pour prendre part aux
manœuvres nocturnes avortées auxquelles Yukio Mishima m'avait
convié en mars 1969. Pour préparer mon long compte rendu de ces
exercices, j'utilisai mes notes. Toutefois, mes sources principales,
pour ce livre, ont été les œuvres de Yukio Mishima. En règle générale,
j'ai évité de recourir à des interviews. Il existe assez de documents
publiés pour occuper durant des années quelqu'un qui lit couramment
le japonais, et pour nourrir quantité d'ouvrages sur Mishima (il en est
déjà paru trente-trois en japonais).

Enfin, je souhaite remercier certains éditeurs japonais pour l'autorisation de citer des œuvres non traduites de Mishima : la société
d'éditions Shinchosha pour *Niniroku Jiken to Watakushi* et « Isu » ; la
société d'éditions Kodansha pour *Watakushi no Henreki Jidai ;* les
grands magasins Tobu pour des extraits de leur catalogue de
l'exposition Mishima. Pour d'autres ouvrages, je voudrais remercier :
les revues *Shokun* et *Bungei* de leurs souvenirs sur Mishima ; l'*Asahi
Shimbun,* pour des extraits d'articles, d'interviews et de lettres ; le
Mainishi Shimbun, pour des extraits d'articles et d'interviews, et
Pacific Community pour des extraits de l'article d'Edward Seidensticker sur Mishima, paru dans le numéro d'avril 1971. Dans certains
cas, j'ai légèrement *condensé* le matériel provenant de sources jusque-là
non traduites, sans l'indiquer dans le texte.

Bibliographie

Cette liste des livres de Yukio Mishima a été établie avec l'aide de Donald Keene. Quelques-uns des titres ne pouvant se traduire de manière satisfaisante, je les ai laissés tels quels. Cette bibliographie comprend les *Œuvres complètes* en cours de publication chez Shinchosha en trente-six volumes, à l'exclusion de toutes autres éditions d'œuvres groupées. Mishima a écrit un grand nombre de ses livres pour des raisons commerciales ; il les jugeait sans valeur sur le plan littéraire, et je n'en parle pas dans mon propre ouvrage, bien qu'ils apparaissent dans la bibliographie.

1944   Hanazakari no Mori *La Forêt tout en fleurs*

1947   Misaki nite no Monogatari *Une histoire au cap*

1948   Tozoku *Voleurs*
         Yoru no Shitaku *Préparatifs pour la nuit*

1949   Hoseki Baibai *Trafic de pierres précieuses*
         Kamen no Kokihaku *Confession d'un masque*[1]
         Magun no Tsuka *Le Passage des démons*

1950   Todai *Le Phare*
         Kaibutsu *Monstre*
         Ai no Kawaki *Une soif d'amour*[1]
         Junpaku no Yoru *La Pure Nuit blanche*
         Ao no Jidai *La Période bleue*

---

1. Paru en traduction française.

1951　Seijo *La Sainte Vierge*
Kari to Emono *Le Chasseur et sa proie*
Tonorie *Club équestre*
Kashiramoji *Initiales*
Kinjiki (vol. 1) *Couleurs interdites*
Natsuko no Boken *L'Aventure de Natsuko*

1952　Aporo no Sakazuki *La Coupe d'Apollon*

1953　Manatsu ni Shi *La Mort en été*[1]
Nipponsei *Made in Japan*
Yoru no Himawari *Tournesol crépusculaire*
Higyo (Kinjiki, vol. 2) *Médecine secrète*
Aya no Tsuzumi *Le Tambour incarnat*

1954　Migoto na Onna. Todai. Uma *Merveilleuse femme. Le Phare. Cheval*
Shiosai *Le Tumulte des flots*[1]
Koi no Miyako *La Capitale d'amour*
Kagi no Kakaru Heya *La Chambre à porte verrouillée*
Wakodo yo Yomigaere *Jeunes hommes ressuscités*
Bungakuteki Jinseiron *Discussion littéraire sur la vie*

1955　Shizumeru Taki *La Chute d'eau souterraine*
Megami *Déesse*
Radige no Shi *La Mort de Radiguet*
Shosetsuka no Kyuka *Vacances d'un romancier*

1956　Shiroari no Su *La Termitière*
Kofukugo Shuppan *Départ du vapeur « Bonheur »*
Kindai Nogakushu *Cinq nôs modernes*[1]
Shi o Kaku Shonen *Le Garçon qui écrit des poèmes*
Kame wa Usagi ni Oitsukuka *La tortue rattrapera-t-elle le lièvre ?*
Kinkakuji *Le Pavillon d'or*[1]
Nagasugita Haru *Le Printemps qui était trop long*

1957　Rokumeikan
Bitoku no Yoromeki *La Vertu chancelante*
Gendai Shosetsu wa Koten Tariuru ka *Un roman moderne peut-il être un classique ?*

1958　Shishi *Lion*
Hashizukushi *Les Sept Ponts*[1]
Tabi no Ehon *Livre d'images de voyage*

1. Paru en traduction française.

Bibliographie

Bara to Kaizoku *La Rose et le Pirate*
Nichiyobi *Dimanche*

1959   Fudotoku Kyoiku Koza *Cours d'éducation immorale*
Bunsho Dokuhon *Manuel de style*
Kyoko no Ie (vol. 1) *La Maison de Kyoko (vol. 1)*
Kyoko no Ie (vol. 2) *La Maison de Kyoko (vol. 2)*
Ratai to Ishi *Nudité et Vêtements*

1960   Zoku Fuditoku Kyoiku Koza *Cours d'éducation immorale* (suite)
Utage no Ato *Après le banquet*[1]
Ojosan *La jeune Dame*

1961   Star *Star*
Kemono no Tawamure *Le Sport des bêtes*
Bi no Shugeki *L'Attaque de la beauté*

1962   Utsukushii Hoshi *Une belle étoile*

1963   Ai no Shisso *L'amour devient fou*
Hayashi Fusao Ron *De Fusao Hayashi*
Gogo no Eiko *Le Marin rejeté par la mer*[1]
Ken *Sabre*

1964   Nikutai no Gakko *Une école pour la chair*
Yorokobi no Koto *La Harpe de joie*
Watakushi no Henreki Jidai *Mes années errantes*
Kinu to Meisatsu *Soie et Intuition*
Daiichi no Sei — Dansei Kenkyu Koza *Le Premier Sexe — études de mâles*

1965   Ongaku *Musique*
Ame no naka no Funsui. *La Fontaine et la Pluie*
Me — Aru Geijutsu Danso *L'Œil — réflexions fragmentaires sur l'art*
Sado Koshaku Fujin *Madame de Sade*[1]

1966   Han-Teijo Daigaku *Le Livre de la sagesse anti-chaste*
Yukoku *Patriotisme*[1]
Eirei no Koe *Les Voix des morts héroïques*
Taiwa — Shin Nihonjin Ron *Dialogue sur le peuple japonais*

1967   Areno yori *Des champs désolés*
Geijutsu no Kao *Le Visage de l'art*
Hagakure Nyumon *Introduction à Hagakure*

---

1. Paru en traduction française.

Yakaifuku *Robe du soir*
Suzakuke no Metsubo *La Chute de la maison Suzaku*

1968 Fukuzatsu na Kare *Un type compliqué*
Taidan — Ningen to Bungaku *Dialogue sur l'homme et la littérature*
Mishima Yukio Reta Kyoshitsu *Salle de classe épistolaire de Yukio Mishima*
Taiyo to Tetsu *Le Soleil et l'Acier*[1]
Wagatomo Hittora *Mon ami Hitler*
Inochi Urimasu *Je vous vendrai ma vie*
Haru no Yuki *Neige de printemps*[1]

1969 Honba *Chevaux échappés*[1]
Bunka Boeiron *De la Défense de la culture*
Kurotokage *Lézard noir*
Mishima Yukio vs Todai Zenkyoto *Yukio Mishima contre étudiant de l'Université de Tokyo*
Raio no Terasu *La Terrasse du roi lépreux*
Wakaki Samurai no tame ni *Pour de jeunes samouraïs*
Chinsetsu Yumiharizuki

1970 Akatsuki no Tera *Le Temple de l'aube*[1]
Shobu no Kokoro *Le Cœur des esprits martiaux*
Kodogaku Nyumon *De l'Action*
Gensen no Kanjo
Sakkaron *Essais sur des auteurs*
Tennin Gosui *L'Ange en décomposition*[1]
Ranryoo

1973-1975 Mishima Yukio Zenshu *Œuvres complètes (36 vol.)*

1. Paru en traduction française.

Le Plan de mort de Mishima

La *Bunburyodo,* ou double voie de l'Art et de l'Action, de Mishima exigeait qu'il progressât sur la route qui mène à la mort, tout en se vouant simultanément à la littérature et à l'action militaire, comme le montre un résumé des activités des cinq dernières années de sa vie.

	LITTÉRATURE	ACTION
Automne 1966	Achève *Neige de printemps*	Demande à s'entraîner dans les Jieitai
Été 1968	Achève *Chevaux échappés*	Fonde la Tatenokai
Printemps 1970	Achève *Le Temple de l'aube*	Constitue au sein de la Tatenokai un groupe d'action en vue d'organiser un coup d'État
25 nov. 1970	Remet la dernière livraison de *L'Ange en décomposition,* terminant ainsi *La Mer de la Fertilité*	Se fait hara-kiri avec Masakatsu Morita

Index

Achevé d'imprimer en février 1985
sur presse CAMERON,
dans les ateliers de la S.E.P.C.
à Saint-Amand-Montrond (Cher)

N° d'Impression : 321-211.
Dépôt légal : février 1985.
ISBN 2-7158-0520-9
F 2-6958